방랑시인
김삿갓(金笠) 시집

개정증보판

방랑시인 김삿갓(金笠) 시집 개정증보판

This Edition was published by Jipmoondang in 2017, Seoul, Korea.

방랑시인
김삿갓(金笠) 시집

개정증보판

이명우 엮음

집문당

역주자 석로 이명우(夕露 李明雨)

1933년 (음력) 7월 10일 생
덕수중·상업고등학교 졸업
동국대학교 문리과대학 국어국문학과 졸업
경기도 평택시 안중고등학교 교사
충청남도 천안시 복자여자고등학교 교사 역임
1999년 2월 교직에서 퇴임

저서 2007. 1. 20. 韓國歷代 漢詩選集. 전2권. 집문당
2012. 3. 11. 가문의 긍지, 후손된 책임감. 대명사
2014. 2. 9. 夕露集. 대명사

방랑시인 김삿갓(金笠) 시집 개정증보판

2017년 10월 30일 1판 1쇄
2020년 1월 15일 1판 2쇄

역주자 | 이명우
발행인 | 임동규
발행처 | **(주)집문당**
등록 | 1971. 3. 23. 제2012-000069호
주소 | 03134 서울시 종로구 돈화문로 82 집문당빌딩 5층
전화 | (02)743-3192~3 팩스(02)742-4657
이메일 | sale@jipmoon.co.kr
홈페이지 | www.jipmoon.co.kr

편 집 | 남시중
디자인 | 임용우

ISBN 978-89-303-1761-0 93810

가격 20,000원

이 도서의 국립중앙도서관 출판시도서목록(CIP)은 e-CIP홈페이지(http://www.nl.go.kr/ecip)와 국가자료공동목록시스템(http://www.nl.go.kr/kolisnet)에서 이용하실 수 있습니다.(CIP제어번호: CIP2017026593)

| 개정증보판(改訂 增補版)을 내면서 |

2000년 10월 1일 이 책 1판 1쇄를 발간한 이후 5쇄가 발매되고 있는 현재(2017. 6. 30)까지 이 책을 애독하여 주신 애독자 여러분께 감사의 말씀을 드린다. 무려 17년간이라는 긴 세월이 흘렀는데, 현재까지 꾸준히 발매되고 있음은 천학비재(淺學菲才)한 필자가 편찬 역주한 책을 독자께서 변함 없이 애독하여 주셨기 때문이다. 1판 1쇄를 발간한 이후로 여러 번 교정을 거듭하였으나 아직도 미흡한 곳이 많아서 이 기회에 오자, 탈자, 제목이 잘못된 것 등을 찾아내어 고쳐 썼고, 17년간 수집한 작품이 42수가 되어 기존『방랑시인 김삿갓(金笠) 시집』에 실려 있었던 250수에 42수를 더하여 292수가 되었는데, 292수 중에 김삿갓의 작품이 아니거나 의심이 가는 4수(초판본의 78번 시「사세구(辭世句)」, 110번 시「이별의 한(別恨)」, 198번 시「화석정(花石亭)」, 199번 시「금강산에서 스님에게(答僧金剛山詩))」를 뺀 288수를 개정증보판에 싣게 되었다.

이번에 실린 42수 외에도 김삿갓의 과체시(科體詩)가 여러 편 더 전해지나, 현대의 한글 세대 독자들에겐 어려운 작품이라고 생각되어 이 책에 싣지 않았다.

김삿갓의 시가 세상에 널리 알려지게 된 계기를 마련한 사람은 이응수(李應洙: 1909~1964?) 씨인데, 그는 함경남도 고원군 태생으로 경성제대(京城帝大: 현 서울대의 전신)를 졸업한 인텔리(intelligentzia)로, 전국 방방곡곡을 답사하면서 김삿갓 시를 수집하여 1935, 1939, 1941년에 『김립 시집(金笠 詩集)』을 발간한 때부터이다. 또 그는 8 · 15 광복 후에 북한에서 문학서(文學書)를 집필하기도 한 문학에 조예가 깊은 학자였다.

한편 현재까지 알려진 김삿갓에 관한 문헌으로는 『해동시선(海東詩選)』, 『대동시선(大東詩選)』, 『대동기문(大東奇聞)』, 『녹차집(綠此集)』 등이 있다.

오늘날 우리가 매우 애석하게 여기는 것은 김삿갓 자신이 썼던 시편들을 모아 만든 시집이 없다는 점이다. 항상 배고프고 서러운 방랑 생활을 하였던 김삿갓이었기에 술 한 잔에 시 한 수를 팔았고, 헌 옷 한 벌에 시 한 수를 써 주었기 때문에 지금까지 알려지지 않거나 다른 사람의 작품으로 잘못 알려지는 작품이 부지기수일 것이다. 이처럼 김삿갓의 시를 찾아내기가 어려운 일이기는 하지만, 김삿갓의 시는 지금 이 시간에도 내일도 먼 훗날에도 계속 발굴될 것이다.

독자 여러분의 건승과 행운이 늘 함께 하기를 기원하며, 이 책을 읽으면서 미흡한 점이나 잘못 써진 곳을 지적해 주신다면 약 5, 6년 뒤 또 개정증보판을 발간할 때에 고쳐 쓸 것을 약속드린다.

이번 개정증보판의 간행을 흔쾌히 찬동해 주신 집문당의 임동규 사장님께 진심으로 감사의 말씀을 드린다. 또 개정증보판의 편집과 교정 과정에서 필자가 미처 착안하지 못해 내용이 어색한 부분이나 매끄럽지 못한 문장 등을 자연스러운 필치로 다듬어 주신 남시중 편집부장님의 노고에 고마운 마음을 전하면서 『방랑시인 김삿갓(金笠) 시집』 개정증보판의 서문을 마친다.

2017년 6월 30일
하늘 아래 가장 편안한 곳 천안시 성황동
일우(一隅)에서 편찬(編纂) 역주자(譯註者)
夕露 李明雨 識

| 이 책을 엮으며 |

이 책의 맨 앞에 「김병연(金炳淵)이 삿갓을 쓰고 방랑시인(放浪詩人)이 된 내력」과 「논 정가산 충절사 탄 김익순 죄통우천(論鄭嘉山 忠節死 嘆 金益淳 罪通于天)」을 배열했다. 이유는 문학작품을 이해하려면 그 작가의 출생, 성장과정, 시대배경, 그 작가의 생활 등을 이해하지 못하고는 작품세계를 이해할 수 없을 것이라고 생각했기 때문이다. 곧 왜 김병연이 삿갓을 쓰고 일생을 방랑시인으로 떠돌며 그 생애를 마쳤는가를 독자들이 이해하도록 하기 위해서이다. 그리고 '문학이란, 작가가 체험을 통해 얻은 진실을 언어를 통하여 표현하는 언어 예술로서, 인생을 탐구하고 표현하는 창조의 세계'라고 문학의 정의를 내리는 것만 보아도 문학은 작가의 체험을 중요시한다는 사실을 알 수 있다. 특히 문학의 여러 장르 중에서도 '시(詩)는 사람의 생각이나 느낌을 일정한 형식에 의하여 통일된 언어의 울림, 리듬, 하모니 등의 음악적 요소와 언어에 의한 이미지, 시각 등 회화적 요소에 의해 독자의 감각이나 감정에 호소하고, 상상력을 자극하여 깊은 감명을 주는 것을 목적으로 하는 운문 문학의 한 갈래'라고 생각해 보면, 시인이 몸소 체험한 극한 상황까지도 거짓 없이 문자언어로 표현했을 때, 그 시는 좋은 시로 독자들에게 많은 감명을 줄 것이다. 이런 점에서 김삿갓의 시는 '체험의 시'로서 손색이 없는 훌륭한 시라고 생각한다.

세상에서는 흔히 김삿갓을 방랑시인(放浪詩人), 천재시인(天才詩人), 걸인시인(乞人詩人)이라고 불러왔다. 불과 57세의 나이로 1863년 3월 29일 전라도 화순군 동복에서 눈을 감을 때까지 삼천리 방방곡곡을 두루 편력하면서 방랑생활을 하였다는 점에서는 당나라 이백(李白)에 필적할 만한 시선(詩仙)이었으며, 누구보다도 인생의 많은 정신적 고통을 겪었다는 측면에서는 시성(詩聖) 두보(杜甫)만큼이나 불우하고 가련했으며, 형극(荊棘)의 길을 자청한 고집스런 기인(奇人)이기도 하였다. 살을 에는 듯한 엄동설한(嚴冬雪寒) 겨울밤에 하룻밤 몸을 눕혀 쉬어갈 만한 방을 구하지 못하여, 불을 때고 재마저 긁어 낸 남의 집 아궁이 속에서 쪼그리고 앉아 자면서,

"구만리장천 높은 하늘에 머리 하나 들기 어렵고,
삼천리강산 넓은 땅에 다리 하나 뻗을 곳이 없구나."
(九萬長天擧頭難 三千地濶未足叙.)(147번 시)

라고 탄식할 정도로 불우하고 불쌍한 시인이었다. 오늘날 우리들은 계절이 바뀌면 그 계절에 맞는 옷으로 바꿔 입는다. 그러나 김삿갓은 남이 주는 옷만 입을 수밖에 없는 딱한 처지였기 때문에 계절에 맞추어 옷을 갈아입는다는 것은 상상할 수도 없었다. 함박눈이 펄펄 쏟아지는 아득한 들판을 걸어가면서,

“발 밑에는 삼동의 눈이 깔렸는데,
내 몸에는 여름철에 입는 베옷을 걸쳤구나.”
(足下三冬雪 身邊六月麻.)(163번 시)

라고 읊었으니, 김삿갓은 이런 서러운 현실을 통곡하지 않았으며, 눈송이의 원무(圓舞)를 고공무용(高空舞踊) 쯤으로 여겨,

“하늘에서 훨훨 나는 눈송이는 춘삼월 호시절의 나비와 같고,
눈을 밟는 소리는 오뉴월 논두렁의 맹꽁이 소리와 같도다.”
(飛來片片三月蝶 踏去聲聲六月蛙.)(162번 시)

라고 읊었다. 이처럼 궁상맞고 처량한 처지를 노골적인 신세타령이나 눈물, 한탄, 한숨으로 읊었다면 더욱 볼품없이 비참해져서 춥고 배고프고 서러운 넋두리가 되고 말았을 것이다. 하지만 김삿갓은 그렇게 못난 시인이 아니었다. 그는 자신의 어려운 처지를 해학으로 승화시키는 놀라운 시인이었다.

필자가 김삿갓 시에 대한 관심을 가지게 된 것은 퍽 오래전의 일이었다. 고등학교 2학년 때 학교에서 밤늦게까지 공부하고 귀가하기 위해서 청계천 다리를 건너 동대문 가까이 갔을 때, 책장수가 카바이드 등불을 켜 놓고 싸구려 책을 땅바닥에 수북이 쌓아 놓고 팔고 있었다. 호기심에 잠시 서서 어떤 책들이 있는가 살펴보다가 김삿갓 시집(金龍濟 著, 『金笠放浪記』)이 눈에 들어 왔다. 그 당시 나는 교과서도 제대로 사 볼 수 없는 어려운 형편이어서 친구들의 교과서를 빌려 노트에 베껴 공부를 해야 하는 처

지였지만, 눈 딱 감고 비상금을 털어서 이 책을 샀다. 김삿갓 시에 대해서는 이미 그 전에 몇 수를 알고 있었기에, 이 책을 사서 김삿갓 시 전부를 읽어 볼 욕심에서였다. 책을 산 날이 마침 토요일 밤이었기에 밤낮으로 꼬박 24시간 만에 독파하였고, 이 김삿갓 시에 반해서 대학에 들어갈 무렵에는 장시(長詩) 몇 편과 난해한 시 몇 편을 제외하고는 그 책에 실려 있는 김삿갓 시 거의를 외워 쓸 수 있을 정도였다. 그 후 대학을 졸업하고 교편을 잡으면서부터 김삿갓 시편들을 수집하기 시작하였던 것이 1998년 여름방학이 끝나갈 무렵에는 200여 수에 이르렀다.

그런데 지금까지 김삿갓 시집을 펴낸 분은 무려 20여 분이나 되지만 대부분 주석도 붙이지 않았고(황병국 선생은 주석을 붙임) 한시(漢詩)의 독음도 없으며 의역을 많이 해서 초보자들이 읽기에는 어려움이 많았겠다는 사실을 알게 되었고, 김삿갓 시집을 만들어 보라는 동학 교사들의 권유와 격려에 힘입어 1998년 겨울방학 때부터 집필에 들어가서, 늦어도 1999년 연말에는 상재(上梓)하리라 마음먹었다. 그러나 세상사는 마음먹은 대로만 되는 것이 아니어서 집안의 대소사(大小事)로 계속해서 집필을 못했고, 특히 1999년 2월에 교단에서 퇴직한 뒤로는 그 동안 교단에서 쌓였던 피로 때문이었는지 건강이 좋지 않아 수개월간을 허송세월을 하였으며, 또 지난해 11월에는 막내(相秀) 녀석의 결혼 관계로 2개월여나 글을 쓰지 못하다가 이제야 겨우 이 보잘것없는 소책자(小册子)로 꾸며 보게 되었다.

한 가지 필자 자신도 미흡하게 생각되는 바는 내 나름대로는 김삿갓의 시를 많이 수집하려고 노력은 해 보았으나 김삿갓의 시가 김삿갓의 이름으로 전해지지 않고 타인의 이름으로 전해지거나 인멸(湮滅)된 작품이 많을 것이라는 점이다. 그의 주옥같은 시편들이, "종이가 귀하여 좋은 시도 분판에 썼다가 흰 가루로 사라져 버린(紙貴淸詩歸板粉. 67번 시) 작품들이 많았다"고 탄식하였고, "나도 또한 훌륭한 시는 황금을 받고 팔았다"(瓊琚亦是黃金販. 67번 시)고 김삿갓 자신이 술회 하였듯이, 오늘날 전해지는 한시 중에는 김삿갓의 작품인데 타인의 이름으로 전해지는 작품이 부지기수(不知其數)일 것으로 생각되지만 그것을 밝혀낼 수 없음이 못내 안타까울 뿐이다.

또 한 가지 여기에서 꼭 밝혀 둘 것은 김삿갓 시에는 과체시(科體詩, 科詩, 功令詩)가 많으므로 약간의 고찰이 필요하다고 생각된다.

[과체시는 부, 송, 시무책(時務責)과 함께 과거 시험에 답하는 과시문(科詩文)의 특수한 형식으로 과거 시험을 좌우하는 주요 과목이다. 김삿갓은 이 과체시에 남다른 실력을 가지고 있었다. 당시는 과거제도의 문란으로 대작(代作) · 차작(借作: ghost-writing) 등의 매문(賣文) 행위가 예사롭게 이루어졌던 시대였다. 김삿갓 자신은 과거를 볼 수 없었지만 과거 지망생들에게 과체시 지도를 하고 경향 각지의 과장(科場)을 출입하며 대작(代作)을 일삼았던 듯 하다. 이러한 연유로 김삿갓의 과체시가 서울 · 경기 · 강원 등지를 비롯한 전국 각처에서 많이 발굴된 바도 있었다고 한다. 김삿갓의 과체시에 대한 평가는 당시에도 마치 교과서처럼 또는 답안지 같은 대우를 받았고 후대에 와서도 김태준 · 조윤제 · 이가원 ·

문선유 등 국문학자들도 그들의 저서에서 김삿갓의 과체시에 대하여 언급을 가하고 김삿갓의 희작시에 대해서 인색했던 사람들도 이 과체시만은 높이 평가해 주었다. 그러면 현재 그 분량은 얼마나 될까? 여러 곳에 실려 전하지만 중복된 것을 제외하고 208편(『시집』에 126편, 『東詩』에 1편' 『東選』에 55편, 『영월본』에 26편)에 달한다. 일반 한시 248편과 과체시 208편을 합치면 지금까지 김삿갓 시는 모두 456편이 발굴된 셈이다.](이상 [ ] 안의 글은 정대구 선생의 『김삿갓 연구』에서 발췌 인용한 것이다.)

그 다음으로 밝혀 둘 것은,

(1) 필자가 알기로는 김삿갓의 시가 아니고 다른 사람의 작품인데, 종래 간행된 여러 필자의 김삿갓 시집에 수록하였기에 필자도 이 책에 실었다.

(2) 의역(意譯)보다는 가능한 한 직역(直譯)을 하였으나 독자들이 이해하기 어렵겠다고 생각되는 곳은 의역도 했다.

(3) 김삿갓의 첫 번째 애인인 가련과 관련된 시 가운데, 可憐夜鳥泣秋灰 咽流寒沙轉蕭哀. 綿綿餞別郞詩笠 疑是月仙地徘徊.(14번 시)와 두 번째 애인 명순의, 花無一語多情蜜 月不踰墻問深房. 雖若家夫愁身獨 莫如童子學貴郞.(34번 시)과 세 번째 애인 홍련의, 今宵狂蝶花裡宿, 明日忽飛向誰怨.(18번 시)은 김용제 씨가 창작해서 그의 『김립 방랑기(金笠放浪記)』에 실었던 작품들인데, 이 시편들은 김삿갓 시와 잘 어울리는 작품들이라고 생각되어 이 책에 실었다.

(4) 제목, 주제, 작품내용 등이 같거나 유사한 유명시인(한국·중국)들의 시도 김삿갓 작품 맨 끝 〈감상〉란에 시인의 성명을 밝혀 적어 넣었는데, 이것은 한시를 많이 알고자 하는 독자들에게 도움을 드리고자 함이다. 〈예〉 김삿갓의 「금강산의 경치(金剛山)」(221번 시) 작품의 〈감상〉 끝에 김병학의 「금강산 신선봉」을 소개한 것과 같다.

(5) [주석]을 많이 붙였고, 한시의 독음을 모두 썼으며, 〈감상〉을 써넣었는데, 이것은 독자들이 한시를 좀 더 쉽게 이해할 수 있도록 도우려는 마음에서이다.

(6) 김삿갓의 시를 감상할 때는 한시의 전통적 율조인 4(2·2)·3에서 벗어난 율조로 된 작품들도 있음을 사전에 알고 임해야 한다. 몇 작품을 예로 들어 보면,

① 128번 시: 1~7행은 5(2·3)·2조로, 8행만은 4·3조로,

② 222번 시: 1행은 4·3조로, 기타는 3·4조로,

③ 239번 시: 1~6행은 3·4조로, 7~8행은 4·3조로,

④ 247번 시: 1~2행은 5(2·3)·2조로, 3~4행은 3·4조로 읽어야 해석이 가능하다.

악필(惡筆) 원고를 이렇게 아담한 책자로 만들어 주신 집문당 임경환 사장님과 성인숙 편집부장님, 표지화를 그려 주신 임용우 실장님, 교정을 보아 주신 손칠성 선생님에게 감사의 말씀을 드린다. 독자 여러분께서 이 책의 잘못된 점을 숨김없이 솔직하게 지적하고 꾸짖어 준다면 필자는 고맙게 받아들여 바로 잡겠다.

끝으로 필자나 독자 여러분께서 다 함께 간절히 소원하는 바일 것으로 생각되는 우리들의 희망을 송강 정철(松江 鄭澈 1536~1593)의 한시(漢詩) 3수로 대신하면서 독자 여러분의 건강하심과 가정에 평화만이 깃드시기를 기원한다.

新年祝新年祝	새해에 비네, 새해에 비네
所祝新年朝著清	비는 바는 새해 들어 정치가 맑고 밝아
痛掃東西南北說	동서니 남북이니 편당을 없애고
一心寅協做昇平.	일심 협화해서 승평(昇平)세상 만드세.

新年祝新年祝	새해에 비네, 새해에 비네
所祝新年風俗醇	비는 바는 새해에 풍속이 순후하여
家有愛君憂國士	집안에는 애군 우국하는 선비가 있고
世無非古是今人.	세상에 옛은 그르고 오늘만 옳다는 이 없길.

新年祝新年祝	새해에 비네, 새해에 비네
所祝新年芳景遲	비는 바는 새해에 꽃다운 날 더디 가서
入耳無非好消息	귀에 들려오는 것은 모두가 좋은 소식
滿前皆是美男兒.	눈앞에는 아름다운 남아가 가득하도록.

—『송강속집 · 권일(松江續集 · 卷一)』에서—

서기 2000년 6월에
엮은이 이명우

| 차 례 |

| 개정 증보판(改訂 增補版)을 내면서 | v

| 이 책을 엮으며 | ix

Ⅰ. 과체시편(科體詩篇) / 1

1. 김병연(金炳淵)이 삿갓을 쓰고 방랑시인이 된 내력 2
2. 논 정가산 충절사 탄 김익순 죄통우천
(論 鄭嘉山 忠節死 嘆 金益淳 罪通于天) 7
3. 내 평생을 돌아보며(蘭皐平生詩) 13
4. 천지자만물지역려(天地者萬物之逆旅) 20
5. 희우정(喜雨亭) 26

Ⅱ. 애정시편(愛情詩篇) / 33

6. 베 짜는 모습을 보며(織錦) 34
7. 가련에게 준 시(可憐妓詩) 35
8. 회갑을 맞이한 노인에게(贈還甲宴老人) 37
9. 첫날밤에(初夜) 38
10. 명기 가련(名妓可憐) 39
11. 가인(佳人) 40

12. 이별(離別) ① 42
13. 이별(離別) ② 42
14. 김삿갓을 보내고 가련이 지은 시 43
15. 오디(桑實) 44
16. 평양기생(平壤妓生) 44
17. 송편(松餠) 45
18. 어두운 밤에 홍련을 찾아(暗夜訪紅蓮) 47
19. 별리(別離)의 정(情) ① 48
20. 별리(別離)의 정(情) ② 49
21. 별리(別離)의 정(情) ③ 49
22. 가을바람에 미인을 찾아왔다가 만나지 못하고(秋風訪美人不見) 50
23. 회양 사또와의 이별 ① 51
24. 사또와의 이별 ② 52
25. 사모곡(思母曲) 53
26. 기생 금화에게 주는 시(贈妓) 54
27. 여걸 기생 금화(女傑妓生錦花) 57
28. 죽향(竹香)을 위로함 58
29. 강변 이별(江邊離別) 59
30. 아무개 여자에게 줌(贈某女) 61
31. 완월정(玩月亭)에서 홍련과 함께 지음 62
32. 길에서 처음 만나고(街上初見) <其一>
김삿갓이 명순에게 지어준 시 63
33. 길에서 처음 만나고(街上初見) <其二>
김삿갓의 애인 명순의 답 시 65
34. 길에서 처음 만나고(街上初見) <其三>
명순(明順)이 김삿갓에게 지어준 시 66
35. 만사(輓詞) 67

36. 『시경』을 외우는 어느 촌녀(村女)와의 수답(酬答) 四首 68
37. 학성에 미인을 찾아갔으나 만나지 못함(鶴城訪美人不見) 73
38. 마도에서(馬島) 75
39. 이씨 댁의 셋째 딸(李氏之三女吟) 78
40. 쟁계암(爭鷄巖) 79

Ⅲ. **인간 · 인생(人間 · 人生)** ／ 80

41. 죽 한 그릇(粥一器) 81
42. 역발산(力拔山) 83
43. 회양 땅을 지나던 때에(淮陽過次) 84
44. 거짓말을 읊은 시(虛言詩) 二首 中 其一 86
45. 거짓말을 읊은 시(虛言詩) 二首 中 其二 87
46. 갓 쓴 어린 신랑을 조롱함(嘲幼冠者) 89
47. 서당 훈장을 훈계함(訓戒訓長) 90
48. 곱사등이(佝僂) 91
49. 한식날 북루에 올라(寒食日登北樓吟) 93
50. 노파(老嫗) 94
51. 수연시(壽宴詩) 95
52. 훈장(訓長) 97
53. 꽃을 피하기는 어려움(難避花) 98
54. 양반론(兩班論) 100
55. 춘흥(春興) 101
56. 지관을 조롱함(嘲地官) 102
57. 풍수를 조롱함(嘲地師) 103
58. 점쟁이(術客) 105
59. 혼자 읊음(自詠) 107

60. 걸인의 시체를 보고(見乞人屍) 108
61. 팔대가의 이름으로 쓴 시(八大家詩) 110
62. 시력이 약해진 눈(眼) 112
63. 게으른 여자(懶婦) ① 113
64. 게으른 여자(惰婦) ② 115
65. 게으른 여자(惰婦) ③ 116
66. 옳은 것은 옳고 그른 것은 그르다(是是非非詩) 118
67. 즉흥시(卽吟) 119
68. 처와 첩에게 장난으로 쓴 시(戱贈妻妾) 121
69. 송아지 값 고소장(犢價訴狀) 123
70. 청상과부의 곡(哭)을 보고(輓歌) 124
71. 비(雨) 126
72. 추야(秋夜)에 126
73. 늙어서 읊음(老吟) 127
74. 새벽 종소리를 들으며(聽曉鐘) 129
75. 하루 종일 머리를 굽실굽실하는 손(盡日垂頭客) 131
76. 혼자 상심하며(自傷) 132
77. 잠꾸러기 여인(多睡婦) 134
78. 아내의 죽음을 애도함(喪配自輓) 136
79. 늙은 기생에게 주는 시(贈老妓) 137
80. 노인의 자조(老人自嘲) 140
81. 산을 구경하며(看山) 142
82. 가을밤에 우연히 읊음(秋夜偶吟) 144
83. 배 띄워 놓고 술에 취하여(泛舟醉吟) 146
84. 우연히 읊음(偶吟) 147
85. 우연히 감회에 젖어(偶感) 149

86. 물고기의 배에 장사지냄(魚腹葬) 151
87. 무덤에 대한 소송(山所告訴狀) 152
88. 대장장이의 소송을 씀(冶匠之訴題) 153
89. 무덤에 관한 다툼(墓爭) 155
90. 아내를 빼앗기고 소송을 제기함
(義興人失其妻於本郡册方爲定訴於本郡) 157
91. 변방에 나가(出塞) 161
92. 파격적으로 쓴 소장(破來訴題) 163
93. 조운경과 함께 누각에 올라(與趙雲卿上樓) 165
94. 사향(思鄕) ① 167
95. 사향(思鄕) ② 168
96. 향수(鄕愁) 170
97. 과음 경계(過飮警戒) 172
98. 나무꾼(樵客) 174
99. 이사난(移徙難) 175
100. 물속에 비치는 자신을 보고 176
101. 승속문답(僧俗問答) 177
102. 사신(使臣) 178
103. 숨어사는 선비(隱士) 180
104. 괴촌 유선비에게 답함(槐村答柳雅士) 183

IV. **방랑 · 걸식(放浪 · 乞食)** ／ 185

105. 삿갓을 읊음(咏笠) 186
106. 인심이 박함(風俗薄) 187
107. 비를 만나 촌가에서 자며(逢雨宿村家) 189
108. 괴로운 가난(艱貧) 二首 中 其一 190

109. 괴로운 가난(艱貧) 二首 中 其二 192
110. 가난을 탄식함(貧吟) 193
111. 멱자시(覓字詩) 194
112. 세상을 경계함(警世) 195
113. 낙엽을 읊음(吟落葉) 197
114. 스무나무 아래에서(二十樹下) 199
115. 강좌수 축객시(姜座首逐客詩) 200
116. 장단을 지나며(過長湍) 201
117. 체념(諦念)의 시(詩) 203
118. 해 저물어가는 강가 서재에 묵으면서(暮投江齋吟) 204
119. 산중 노인을 조롱함(嘲山老) 206
120. 광탄을 지나며(過廣灘) 207
121. 옥지(屋之) 210
122. 어려울 난자 시(難字詩) 210
123. 석백(石白) 211
124. 그대의 말(爾言) 212
125. 개성 남산에 올라가서(登開城南山) 212
126. 공씨 집을 욕하다(辱孔氏家)) 213
127. 키 작은 사냥꾼에게 214
128. 스스로 탄식함(自嘆) 216
129. 가을을 읊음(秋吟) 218
130. 자신을 되돌아보며 우연히 읊음(自顧偶吟) 220
131. 저물어 강가 서재에서 읊음(暮投江齋吟) 222
132. 산골 훈장을 비웃음(嘲山村學長) 223
133. 절에서 푸대접을 받고 225
134. 농가에서 묵으며(宿農家) 226

135. 옥구 김진사(沃溝金進士) 227
136. 진주 원당리(晋州元堂里) 228
137. 윤가 마을을 욕함(辱尹哥村) 230
138. 관 쓴 연장자를 조롱함(嘲年長冠者) 二首 中 其一 231
139. 관 쓴 연장자를 조롱함(嘲年長冠者) 二首 中 其二 232
140. 계룡산에서 내려오는 중에게 233
141. 안락성을 지나면서 보다(過安樂見) 234
142. 주막에서 술 마실 것을 생각하며(艱飮野店) 235
143. 개성축객시(開城逐客詩) 236
144. 참외(甘瓜)를 얻어먹고 237
145. 산에서 놀며 읊음(遊山吟) 239
146. 찾아온 나그네와 함께 힐난하며(與訪客詰拒) 240
147. 스스로 탄식함(自嘆) 242
148. 길주 명천(吉州明川) 243
149. 사자운(四字韻) 244
150. 가난을 읊음(貧吟) 245
151. 탁주내기(濁酒來期) 247
152. 은다리를 건넘(渡銀橋) 248
153. 장주로 가면서(長州行) 250

V. 영물시편(詠物詩篇) / 253

154. 붓(筆) 254
155. 그림자를 읊음(吟影) 二首 中 其一 255
156. 그림자를 읊음(吟影) 二首 中 其二 257
157. 눈(雪) ① 259
158. 눈(雪) ② 260

159. 눈(雪) ③ 262
160. 은덕을 입음(蒙恩) 263
161. 설경(雪景) ① 264
162. 설경(雪景) ② 266
163. 설경(雪景) ③ 267
164. 요강(溺鋼) 268
165. 씨아(攪車) 270
166. 돈(錢) 二首 中 其一 271
167. 돈(錢) 二首 中 其二 272
168. 담뱃대(煙竹) ① 274
169. 담뱃대(煙竹) ② 275
170. 갓(冠) 276
171. 바둑(棋, 碁) 278
172. 종이(紙) 280
173. 벼루(硯滴) 282
174. 콩(太) 284
175. 발(簾) 287
176. 맷돌(磨石) 289
177. 목침(木枕) 290
178. 낙엽(落葉) 292
179. 안경(眼鏡) 294
180. 화로(火爐) 296
181. 등불(燈火) 297
182. 죽시(竹詩) 299
183. 장기 훈수(將棋訓手) 300
184. 설중한매(雪中寒梅) 302

185. 화롯불을 쬐며 303
186. 낙화를 읊음(吟落花) 306
187. 벌목(伐木) 308
188. 눈 오는 날(雪日) 311
189. 장승(長丞) 312
190. 연적(硯滴) 314
191. 오래 묵은 나무(古木) 316
192. 등불(燈火) 317
193. 망건(網巾) 320
194. 원추리(萱草) 321
195. 정월 대보름날 밤의 달(上元月) 324
196. 문(門) 326

VI. **곤충 · 동물(昆蟲 · 動物)** / 328

197. 새(鳥) 329
198. 제비(燕子) 330
199. 개(犬) 331
200. 갈매기 시(白鷗詩) 336
201. 닭(鷄) ① 337
202. 닭(鷄) ② 339
203. 매(鷹) 340
204. 늙은 소(老牛) 341
205. 고양이(猫) ① 343
206. 고양이(猫) ② 344
207. 고양이(猫) ③ 346
208. 벼룩(蚤) 347

209. 이(虱) 349
210. 개구리(蛙) 351
211. 잉어(鯉魚) 352

VII. 산천 · 누각(山川 · 樓閣) / 354

212. 금강산(金剛山) ① 355
213. 금강산(金剛山) ② 357
214. 금강산(金剛山) ③ 358
215. 금강산(金剛山) ④ 360
216. 금강산(金剛山) ⑤ 361
217. 금강산 백운봉(金剛山白雲峰) ⑥ 362
218. 금강산(金剛山) ⑦ 363
219. 야귀승(夜歸僧)과의 문답(問答) ⑧ 365
220. 금강산(金剛山) ⑨ 365
221. 금강산의 경치(金剛景) ⑩ 366
222. 금강산에 들어가서(入金剛) ⑪ 367
223. 금강산(金剛山) ⑫ 369
224. 금강산에 들어가(入金剛) ⑬ 371
225. 시승과 함께 읊음(金剛山立石峰下庵子詩僧共吟) ⑭ 372
226. 하운다기봉(夏雲多奇峰) ⑮ 377
227. 금강산(金剛山) ⑯ 378
228. 금강산(金剛山) ⑰ 379
229. 구월산(九月山) 380
230. 관우를 모신 사당(關王廟) 381
231. 안변 표연정(安邊飄然亭) ① 383
232. 안변 표연정(安邊飄然亭) ② 384

233. 비 내린 뒤의 경치(霽後回頭詩) 386
234. 안변 노고봉(安邊老姑峰) 388
235. 안변 학성산(安邊 鶴城山)의 산성(山城)에서 389
236. 함흥 구천각에 올라(登咸興九天閣) 391
237. 최백담(崔白潭)과의 대련(對聯) 392
238. 개성 선죽교(開城 善竹橋)에서 393
239. 대동강 연광정(大同江練光亭)에서 395
240. 매화유정(梅花幽情) 397
241. 청천강(淸川江) 가의 백상루(百祥樓)에서 398
242. 영남에서의 술회(嶺南述懷) 400
243. 석굴암(石窟庵)의 조각미(彫刻美) 401
244. 보림사를 지나며(過寶林寺) 404
245. 광한루에 올라(登廣寒樓) 405
246. 문성대(文星臺)에서 407
247. 묘향산시(妙香山詩) 409
248. 촉석루(矗石樓) 410
249. 오동 낙엽(梧桐落葉) 411
250. 함관령(咸關嶺)에서 412
251. 낙민루(樂民樓) 413
252. 송도를 지나며(過松都) 414
253. 대동강(大同江) 416
254. 부벽루(浮碧樓)에서 418
255. 강가의 집(江家) 419
256. 삼가정(三嘉亭) 420
257. 개잔령(開殘嶺) 421
258. 바로 눈앞에 보이는 경치(卽景) 422

Ⅷ. 파자 · 육담(破字 · 肉談) ／ 425

259. 파자시(破字詩) ① 426

260. 파자시(破字詩) ② 428

261. 십사자(十四字)로 된 육담(肉談) 429

262. 김삿갓의 한역시(漢譯詩) 431

263. 젖을 빨다(嗍乳三章) 433

264. 빈집에서 읊음(吟空家) 436

265. 제삿집에 욕함(辱祭家) 437

266. 옥문(玉門) 439

267. 천탈관(天脫冠) 440

268. 서진사(徐進士)에게 441

269. 원생원(元生員) 441

270. 조롱하는 시(弄詩) 442

271. 패담시(悖談詩) 443

272. 파격시(破格詩) 444

273. 평양(平壤) 446

274. 사또의 답장 해독(答狀解讀) 446

275. 승속문답(僧俗問答) 449

276. 중과 선비를 조롱함(嘲僧儒) 451

277. 새벽녘 누각에 올라 453

278. 정사(情事) 454

279. 무제(無題) 457

280. 오랑캐 땅의 화초(胡地花草) 458

281. 천렵(川獵) 458

282. 불이 석 달 동안이나 꺼지지 않았다(火三月不滅) 460

IX. 언문·진서 혼용시(諺文·眞書 混用詩) / 462

283. 국문 운자(國文韻字) 463

284. 매를 찾는 판결(求鷹判題) 464

285. 봄철에 시회를 연 곳에서 지음(開春詩會作) 465

286. 언문풍월(諺文風月) 465

287. 언문시(諺文詩) ① 465

288. 언문시(諺文詩) ② 466

부록 1. | 한시의 첫 구 순서 | 467

부록 2. | 참고서적 | 479

부록 3. | 시선(詩仙) 김삿갓의 난고선생 유적비 (蘭皐先生 遺蹟碑) | 481

Ⅰ. 과체시편(科體詩篇)

다산 정약용(茶山 丁若鏞)은 그의 「문체책(文體策)」에서 "세상에서 가장 훌륭한 글이란 물태 인정(物態 人情)을 나타낸 것"(臣以 爲天地間 大文章莫如 物態人情…)이라 하였고, 또 「오학론(五學論)」 중의 '문장론(文章論)'에서 "중국의 한유(韓愈)나 유종원(柳宗元)이 비록 문장을 중흥시킨 시조라고 하나, 사실인즉 속에서 우러나는 문장이 아니고 겉으로부터 꾸며 놓은 문장으로 그런 문장을 가지고 대가라고 자처한다. 한유나 유종원, 구양수(歐陽修), 소식(蘇軾)이 지은 서(序)나 기(記)는 화려한 것 같지만 내용이 없어서 기이한 듯하나 바르지 않으니" …(韓愈 柳宗元 雖稱中興之祖 而本之則 亡如之何… 文章不自內發 迺皆外襲以自雄… 韓柳歐蘇其所 謂序記諸文 率皆華而無實 奇而不正…)라고 한 것을 보면 진실한 가슴에서 피어나는 문장(시도 포함), 읽고 마음이 순화(醇化)될 수 있는 글이라야 한다고 주장하였으니, 이런 점에서 볼 때 김삿갓의 시편들이야말로 그의 고난(苦難) 속에서 우러나온 한(恨)의 결정체(結晶體)일 것이니 바로 '가슴에서 피어나는 시'가 아닐까 한다.

누구 못지않게 많은 공부를 하였으나 조부의 탓으로 과거 시험도 볼 수 없는 신세, 세상에 이름 석 자를 드러내어 떳떳하게 말할 수 없는 처지, 그러면서도 호구(糊口)를 위하여 권문세가(權門勢家) 남의 자식들에게 과거시(科擧詩)를 지도하는 김삿갓의 울분은 그 무엇으로 삭여 낼 수 있었을까? 그것은 바로 술 한 잔에 시 한 수였을 것이다.

1. 김병연(金炳淵)이 삿갓을 쓰고 방랑시인이 된 내력

조선(朝鮮) 순조(純祖) 11년(1811년) 신미년(辛未年)에 홍경래(洪景來 1780~1812)는 서북인(西北人)을 관계(官界)에 등용하지 않는, 조선 역대의 편벽된 정책에 반감을 품고, 또 탐관오리들의 행악에 분개해서, 평안도 용강(龍岡)에서 반란을 일으켰다. 홍경래는 비록 역적의 죄명을 면치 못하였지만, 당대의 영악한 하나의 인물이었다. 그는 교묘한 수단으로 동지들을 규합함에 성공하고, 민심의 불평불만을 잘 선동해서 조직한 그의 반란군은 순식간에 가산(嘉山), 박천(博川), 곽산(郭山), 태천(泰川), 정주(定州) 등지를 파죽지세(破竹之勢)로 휩쓸어 버리고, 군사적 요새지인 선천으로 쳐 들어갔다.

이때의 싸움에서 가산 鄭 郡守(鄭蓍)는 일개 문관(文官)의 신분이었지만 최후까지 싸워서, 마침내 비장한 죽음으로써 충성을 다하여, 굳은 절개를 후세에까지 빛냈다.

한편 김병연의 조부인 김익순(金益淳)은 관직이 높은 선천 방어사였다. 그는 함흥에서 중군(中軍)으로 있다가 그 해 가을에 선천으로 와서 아직 3개월도 채 못 되는 시기였다. 김익순은 반란군이 습격해 오리라고 예기치 못한 바는 아니었으나, 군비가 부족하고 대세는 이미 기울어져 있었다. 낙심하던 차에 공교롭게도 날씨가 추워서 술을 마시고, 취하여 정신없이 자고 있는 동안에 반란군이 갑자기 달려와서, 손쉽게 잡아 묶고 항복을 받았다. 김익순에게는 물론 그 가문에도 큰 과실이며 치욕이었다. 그러나 실제로는 부득이한 사정이었으며, 무엇보다도 억울하고 통탄할 것은 싸워 보지도 못하고 항복해 버린 그 자신의 심정이었다.

그러나 대의명분(大義名分)은 그러한 개인의 사정을 참작할 나위도 없었고, 국법의 심판은 매우 냉혹하였다. 이듬해 2月에 반란이 평정되자, 김익순은 3월 9일 마침내 사형을 당하였다. 그리고 그의 일문은 조정으로부터 폐족(廢族) 선고를 받아 다시는 관직에 오르지 못하고, 세상이 용납지 않는 누명을 쓰게 되었다.

지금으로부터 191년 전인 1826년(순조 32년) 늦은 봄 어느 날이었다. 김병연(金炳淵: 김삿갓의 본명)은 영월(寧越) 읍내의 동헌(東軒) 뜰에서 군 단위 백일장의 시제(詩題)인 「논 정가산 충절사 탄 김익순 죄통우천(論 鄭嘉山 忠節死 嘆 金益淳 罪通于天)」이라는 백일장 제목을 받고는 시상(詩想)을 가다듬었다. 그의 정의감(正義感)에 불타는 젊은 피는, 충절의 죽음에 대한 동정과 찬양을 아끼지 않았다. 그리고 그와 반대로 김익순의 불충불의의 죄에 대하여는 강개의 칼로 목을 자르다시피 하여, 망군(忘君), 망친(忘親)의 벌로 만 번 죽어도 마땅하다고, 추상같은 필주(筆

誅)를 가하였다.

김병연이 이 백일장에서 장원(壯元)을 하여 부상(副賞)으로 받아 온 명주 필과 모시 필을 본 어머니가 집안의 내력을 들려주셨다.

사실 그의 가문은 대대로 명문거족(名門巨族)이었다. 김병연은 안동 김씨의 후예였다. 안동 김씨 중에서도 장동(壯洞)에 사는 사람들은 특별히 세도가 당당하였기 때문에 세상에서는 그들을 '장동김씨(壯洞金氏)'라고 불렀는데, 김병연은 바로 그 장동 김씨의 가문에 태어난 사람이었다.

어머니는 지금까지 자신만이 알고 있던 비밀을 병연에게 털어놓았다.

"네가 오늘 백일장에서 '만고의 역적'으로 몰아 세워 욕을 퍼부은 익자(益字) 순자(淳字) 휘자(諱字)를 쓰셨던 선천 방어사는 너의 친할아버님이라는 사실과, 그래서 할아버님은 사형을 당하셨고, 또한 너희들에게는 이 분이 너희 할아버님이라는 사실을 눈치 채지 못하게 하느라고 너의 할아버님 제사 때 신주를 모시기는커녕 지방(紙榜)과 축문(祝文)에 관직이 없었던 것처럼 '처사(處士)'로 써서 너희들에게 숨겨왔단다…."

병연은 지금 어머님의 말씀이 꿈인지 생시인지를 분간할 수가 없었다. 너무도 기막힌 사실에 말문까지 막혀 버렸다.

"아니, 아니… 이럴 수가…"

외에 다른 말이 나오지를 않았다.

"반란군의 괴수, 홍경래에게 비겁하게 항복한 그 김익순이 내 할아버지라니…."

청천의 벽력이었다.

잠시 후 병연은 어머니의 무릎에 엎드려 통곡하였고, 병연의 처 황씨 부인은 어린 것(학균)을 껴안고 통곡하였다.

김익순이 비참한 극형을 받은 뒤에 병연의 집안은 폐족(廢族)을 당하였다. 부친 김안근(金安根)은 그로 인한 심화가 병이 되어 일찍 세상을 떴다. 그 난리 때에 형 병하(炳夏)는 여덟 살, 병연은 여섯 살, 아우 병호(炳湖)는 젖먹이였다. 마침 김익순이 데리고 있던 종복(從僕)에 김성수(金聖秀)라는 좋은 사람이 있었는데, 황해도 곡산에 있는 자기 집으로 병하·병연 형제를 데리고 가서 피신시키고, 한동안 기르면서 공부도 시켜 주었다. 그 뒤에 조정의 벌(罰)은 김익순 한 사람에게만 한(限)하고 두려워하던 멸족(滅族)에는 이르지 않고 폐족(廢族)에 그쳤으므로 병하·병연 형제를 다시 집으로 데려왔다. 이때 김병연의 부모는 서울을 떠나 이천에서 살다가(이 무렵에 병호는 사망한 듯) 가평으로 이사하면서 데려온 듯하다. 그 폐족의 설움을 지금 당하고 있는 것이니 아무리 재주가 비상하다고 한들 세상에서는 입신양명(立身揚名)은커녕 반은 죽어지내는 억울한 운명이 되었다.

이 무렵에 아버지 안근이 화병으로 별세한 듯하며, 그 후 홀어머니 함평 이씨가 형제를 데리고 강원도 영월군 영월읍 삼옥리로 이주했고(1816), 병연은 한 살 연상의 장수 황씨와 결혼했으며, 집을 영월읍에서 32km 떨어진 산속인 강원도 영월군 하동면 와석리(江原道 寧越郡 下東面 臥石里) 어둔(於屯) 마을로 이사를 오게 되었으며 장자 학균도 낳았다(1828).

김병연은 여러 날 여러 밤을 고민한 끝에 주유천하(周遊天下)할 것을 결심하고 삿갓을 쓰고 방랑의 길을 떠났고, 전국 방방곡곡을 누비며 풍자·해학의 시를 갈겨썼다.

자신이 조부를 다시 죽인 후손이며 천륜을 어긴 죄인이라고 자신을 단죄하고 하늘을 볼 면목이 없다며 삿갓을 쓰고 전국을 방랑하며 한 많은 일생을 보냈다. 이 방랑은 조부에게는 끝없는 속죄의 길이요 자신에게는 운명에 대한 집요한 저주였는데, 가는 곳마다 탁월한 재능으로 위선과 권위를 풍자한 파격의 시로 사람들의 심금을 울렸다.

김병연은 장남 학균이 영월로 돌아가자는 여러 번의 간청을 끝까지 물리치고 계속 방랑하다가 객지에서 한 많은 일생을 마감하니, 차남 익균이 시신을 모셔와 노루목에 안장하였다(장남 학균은 청춘에 요절했다).

김병연이 집을 떠났을 때의 나이는 약관(弱冠)에 불과한 갓 스물 정도였다고 한다(혹은 22세 때였다는 설도 있다). 이로부터 1863년(철종 13년) 57세를 일기로, 전남 화순군 동복면 구암리 안참봉 댁 사랑에서 마지막 숨을 거둘 때까지 세상에서는 김병연을 '김병연'이라는 본명 대신 '김삿갓(金笠)'이라고 불렀다.

2. 논 정가산 충절사 탄 김익순 죄통우천
(論 鄭嘉山 忠節死 嘆 金益淳 罪通于天)

왈이세신김익순　　曰爾世臣金益淳
정공불과경대부.　　鄭公不過卿大夫.
장군도리농서락　　將軍桃李隴西落
열사공명도말고.　　烈士功名圖末高.
시인도차역강개　　詩人到此亦慷慨
무검비가추수사.　　撫劍悲歌秋水涘.
선천자고대장읍　　宣川自古大將邑
비저가산선수의.　　比諸嘉山先守義.
청조공작일왕신　　清朝共作一王臣
사지영위이심자.　　死地寧爲二心子.
승평일월세신미　　升平日月歲辛未
풍우서관하변유.　　風雨西關何變有.
존주숙비노중련　　尊周孰非魯仲連
보한인다제갈량.　　輔漢人多諸葛亮.
동조구신정충신　　同朝舊臣鄭忠臣
저장풍진입절사.　　抵掌風塵立節死.
가릉노리양명정　　嘉陵老吏揚名旌
생색추천백일하.　　生色秋天白日下.
혼귀남무반악비　　魂歸南畝伴岳飛
골매서산방백이.　　骨埋西山傍伯夷.

서래소식개연다	西來消息慨然多
문시수가식록신.	問是誰家食祿臣.
가성장동갑족김	家聲壯洞甲族金
명자장안항렬순.	名字長安行列淳.
가문여허성은중	家門如許聖恩重
백만병전의불하.	百萬兵前義不下.
청천강수세병파	淸川江水洗兵波
철옹산수괘궁지.	鐵甕山樹掛弓枝.
오왕정하진퇴슬	吾王庭下進退膝
배향서성흉적취.	背向西城凶賊脆.
혼비막향구천거	魂飛莫向九泉去
지하유존선대왕.	地下猶存先大王.
망군시일우망친	忘君是日又忘親
일사유경만사의.	一死猶輕萬死宜.
춘추필법이지부	春秋筆法爾知否
차사유전동국사.	此事流傳東國史.

가산(嘉山)의 군수 정공(鄭公: 鄭蓍)이 충성을 다하여 싸우다 죽은 사실을 찬양하고, 선천(宣川)의 방어사(防禦使) 김익순(金益淳)이 비겁하게 적에게 항복한 하늘이 아는 죄상을 규탄하다.

대대로 성은을 입어 오던 김익순아! 너 내 말을 들어보아라.

정 군수는 경대부에 불과하나 죽음으로써 충성을 다하였다.

농서의 장군 이능처럼 비겁하게 항복하지 않아서

충신 열사들 중에서도 공과 이름이 서열 중에 으뜸이로다.
시인도 이에 이르러 또한 비분 강개의 마음을 금할 수 없어
칼을 어루만지며 가을 물가에서 구슬픈 노래를 부르노라.
선천은 예로부터 대장이 맡아보던 고을이었는데
가산 땅에 비하면 선천은 먼저 충의를 다해 지켜야 할 땅이었다.
정가산과 너는 모두 청명한 조정의 한 임금 신하로서
죽는 마당에 어찌 두 마음을 품어 배반한다는 말이냐?
아, 태평세월이던 저 신미년(辛未年)에
관서 지방에서 비바람 몰아치니 이 무슨 변고인가?
주나라를 받드는 데는 노중련 같은 충신이 없었고
한나라를 보좌하는 데는 제갈량 같은 명장이 많았도다.
그와 한가지로 우리 조정에도 가산에 정충신이 있어서
맨 손으로 풍진을 막다가 절개를 지키고 죽었도다.
늙은 관리로서 구국의 기치를 든 가산 군수의 명성은
맑은 가을 하늘의 빛나는 태양과 함께 영원히 빛나리로다.
혼은 남묘로 돌아가 악비와 같이 벗할 것이요,
뼈는 서산에 묻히어도 백이의 곁에서 벗하리로다.
이때 서쪽에서는 매우 슬픈 소식이 들려오니
묻노니 너는 대체 누구의 녹을 먹은 신하이더냐?
너의 가문은 이처럼 장동 김씨의 으뜸가는 명족이요
이름은 만호장안에서도 떨쳐대는 순(淳)자 항렬이 아니더냐?
너의 가문이 이와 같이 성은을 두터이 입었으니,
백만 대병 앞일지라도 대의를 저버려선 안 되리라.

청천강 맑은 물에 깨끗이 씻은 병마와
철옹산 나무로 만든 강한 활을 메었도다.
그런데 너는 우리 임금의 어전에 나아가 무릎을 꿇듯이
저 서쪽의 흉적 홍경래에게 무릎을 꿇었구나.
너의 혼은 죽어서 저승에도 못 갈 것이니,
지하에도 선왕(先王)들께서 계시기 때문이다.
임금을 버리는 그 날엔 또 조상도 버리는 법이니
한 번 죽음은 오히려 가볍고 만 번 죽어야 마땅하다.
공자의 준엄하신 춘추필법을 너는 아느냐?
너의 치욕의 일은 우리 역사에 기록되어 영원히 오점을 남기리라.

【주】

세신(世臣): 세록지신(世祿之臣)의 준말로, 대대로 한 왕조(王朝)를 섬겨온 공로가 있는 신하. 『맹자(孟子)』에 "有世臣之謂也."

정공(鄭公): 홍경래 난이 일어났을 때 가산 군수이던 정시(鄭蓍)를 가리킴. 정시는 그의 부친 정로(鄭魯)와 함께 굴복하지 않고 끝까지 홍경래 반란군과 싸우다가 장렬하게 죽었다.

장군 이(將軍李): 전한(前漢) 무제(武弟) 때의 장군이었던 이능(李陵)을 가리킴. 흉노족의 침입 때 항복하였다.

농서(隴西): 지금의 중국 감숙성(甘肅省) 임조부(臨兆府)에서 공창부(鞏昌府)의 서쪽에 걸쳐 있는 옛 진·한 시대의 지명.

도말고(圖末高): 충신열사들은 죽은 뒤에도 사당에 그들의 초상화를 안치하여 제사를 지냄. 그 초상화를 배열하는 데 있어서도 공(功)의 대소(大小)에 따라 서열을 정했다고 함. 이 시에서는 정가산과 악비를 높은 서열에, 그리고 이능과 김익순을 낮은 서열에 놓았다.

강개(慷慨): 의분이 북받쳐 슬퍼하고 한탄함. 『후한서(後漢書)』에 "定遠

慷慨專功西遐."

무검(撫劍): 칼을 어루만지다.

자고(自古): 예로부터. 自는 전치사로, '~로 부터(from)'.

비저가산(比諸嘉山): 가산에 비교하다. 저(諸)는 전치사로, '~에'.

영위(寧爲): 어찌 ~하다. 寧은 부사로, 어찌(何也).

승평일월(升平日月): 세상이 태평함을 이름. 『품자전(品字箋)』에 "升平猶言成平 升平言升斗之價得平也."

풍우(風雨): 바람과 비의 뜻이나, 여기선 홍경래의 난을 가리킴.

관서(關西): 마천령(摩天嶺) 서쪽의 지방, 곧 평안도.

노중련(魯仲連): 주나라 때의 충신.

제갈량(諸葛亮): 181~234. 촉한(蜀漢)의 승상. 자(字)는 공명(孔明). 융산에 물러나 밭 갈고 지낼 때 유비(劉備)가 세 번 찾음(三顧草廬)에 감동하여 천하삼분(天下三分)의 계략을 듣고 신하가 된 후, 적벽(赤壁) 싸움 등에서 조조(曹操)의 군사를 깨뜨린 뒤로 지반을 닦아, 촉의 유비(劉備), 위의 조조(曹操), 오(吳)의 손권(孫權)이라는 삼국정립(三國鼎立)의 대세를 이루게 하고, 성도(成都)에 자리 잡아 한(漢)이라 이름하게 하였음. 전후출사표(前後出師表)는 명문(名文)으로 전함.

풍진(風塵): 세상의 소동. 병진(兵塵), 병란(兵亂).

저장(抵掌): 맨손으로 막다.

명정(名旌): 명성(名聲), 성명(聲名).

생색(生色): 빛깔로 나타남. 『맹자(孟子)』에 "其生色也. 睟然見於面".

백일(白日): 한낮. 빛나는 태양.

반(伴): 벗 반. 동무 반.

악비(岳飛): 1103~1141. 송(宋)나라의 장수. 자는 붕거(鵬擧). 고종을 섬겨 금나라 군사를 물리치고, 여세를 몰아 북을 쳐 진격하려 하였으나, 진회(秦檜)가 적에게 매수당하여 말렸으므로 성공하지 못함. 그의 모친이 그의 등에 '진충보국(盡忠報國)'의 네 글자를 써 준 그대로 충성을 다하였으나, 진회의 참소를 입어 39세로 옥사(獄死)함.

백이숙제(伯夷叔齊): 상(商)나라 고죽군(孤竹君)의 두 아들. 아버지가 죽을 때 숙제에게 대(代)를 잇게 하려 하였으나, 숙제는 백이가 대를 이어야 한다고 듣지 않았으며, 백이는 또한 아버지의 유언을 지켜 아우에게 대를 잇게 하려고 도망쳤다고 함. 뒤에 주(周)나라 문왕(文王)의 어짊을 듣고 이를 섬기려고 주나라로 찾아갔으나, 문왕이 죽고 무왕(武王)이 은(殷)의 주왕(紂王)올 치려는 것을 말리다 못하여, 태공 여상(太公 呂尙)의 구함을 받아, 수양산(首陽山)에 숨어 "주나라의 곡식을 먹지 않겠다" 하고 고사리만 캐어 먹다가 "고사리도 또한 주나라 땅에서 난 것"이라는 말을 듣고 드디어 굶어죽었다고 함.

개연(慨然): 분개하여 한탄하는 모양. 슬퍼 탄식하는 모양. 『후한서(後漢書)』에 "慨然有澄淸天下之志."

식록신(食錄臣): 녹을 먹은 신하.

갑족(甲族): 삼한갑족(三韓甲族). 예로부터 우리나라의 문벌이 높은 집안.

장안(長安): ① 중국 산서성에 있는 지명. 수(隋)와 당(唐)의 수도. ② 우리나라의 서울. 여기서는 ②를 가리킴.

철옹산(鐵甕山): 튼튼하고 굳은 것.

구천(九泉): 황천(黃泉)과 같음. 저승. 사람이 죽으면 간다는 곳. 『맹자 · 등문공(孟子 · 滕文公)』에 "蚓上食槁壤下飮黃泉." 그리고 『문선 · 고시십구수(文選 · 古詩十九首)』에 "下有陳死人 杳杳卽長暮 潛寐黃泉下 千載永不寤"

지하유존선대왕(地下猶存先大王): '지하에 묻히려고 해도 지하에 계시는 선왕(先王)들의 혼령이 김익순을 받아주지 않을 것'이라는 뜻.

춘추필법(春秋筆法): 대의명분을 밝혀 세우는 사필(史筆)의 논법. 『춘추(春秋)』는 오경의 하나. 노(魯)나라의 사관이 편년제로 기록한 역사서를 공자가 윤리적인 입장에서 비판하고 주장을 하여 정사(正邪), 선악(善惡)의 가치 판단을 내린 것과 같이 엄정한 필치.

〈감상〉

김삿갓의 나이 20세 때 영월읍 군(郡) 단위 백일장에서의 장원 작품이다. 그는 김익순의 불충불의(不忠不義)에 대하여 추상같은 필주(筆

誅)를 가하였다. 상장과 부상(副賞)으로 받은 물품들을 껴안고 의기양양 집에 돌아와 어머니를 뵈었으나 기뻐하실 줄 알았던 어머니는 슬프게 울면서 “오늘 네가 글로써 욕을 퍼부은 대상자 김익순은 바로 너의 조부님이시다”라고 하였다. 청천벽력(青天霹靂)이었다. 중국 역사상의 인물을 많이 등장시켜 비유하여 내용 파악이 난해한 시에 속한다. 바로 이 작품으로 인하여 김병연은 삿갓을 쓰고 천하를 방랑하는 불우한 일생을 보내게 된다.

3. 내 평생을 돌아보며(蘭皐平生詩)

조소수혈개유거	鳥巢獸穴皆有居
고아평생독자상.	顧我平生獨自傷.
망혜죽장노천리	芒鞋竹杖路千里
수성운심가사방.	水性雲心家四方.
우인불가원천난	尤人不可怨天難
세모비회여촌장.	歲暮悲懷餘寸腸.
초년자위득락지	初年自謂得樂地
한북지오생장향.	漢北知吾生長鄕.
잠영선세부귀인	簪纓先世富貴人
화류장안명승장.	花柳長安名勝庄.
인인야하농장경	隣人也賀弄璋慶
조만전기관개장.	早晩前期冠蓋場.
수모초장명점기	鬚毛稍長命漸奇

회겁잔문번해상. 灰劫殘門翻海桑.
의무친척세정박 依無親戚世情薄
곡진야양가사황. 哭盡爺孃家事荒.
종남효종일납리 終南曉鐘一納履
풍토동방심세량. 風土東方心細量.
심유이역수구호 心猶異域首丘狐
세역궁도촉번양. 勢亦窮途觸藩羊.
남주종고과객다 南州從古過客多
전봉부평경기상. 轉蓬浮萍經幾霜.
요두행세기본습 搖頭行勢豈本習
설구도생유소장. 揳口圖生惟所長.
광음점향차중실 光陰漸向此中失
삼각청산하묘망. 三角青山何渺茫.
강산걸호관천문 江山乞號慣千門
풍월행장공일낭. 風月行裝空一囊.
천금지자만석군 千金之子萬石君
후박가풍균성상. 厚薄家風均誠嘗.
신궁매우속안백 身窮每遇俗眼白
세거편상빈발창. 歲去偏傷鬓髮蒼.
귀혜역난저역난 歸兮亦難佇亦難
기일방황중로방. 幾日彷惶中路傍.

새들도 둥지가 있고 짐승도 굴이 있어 살 곳이 있는데

내 한평생을 되돌아보니 나 홀로 마음 아프다.
짚신 신고 대지팡이 짚고 천 리 길을 떠도는데
흐르는 물과 같이, 떠도는 구름같이 사방이 내 집이었네.
사람을 탓하고 하늘을 원망함이 옳지 않고 어려우니
한 해가 저물어 슬픈 회포만 마음에 남는도다.
나이 어릴 때는 행복한 집안에서 태어났으니
한양 도성은 내가 태어나서 자란 고향이었노라.
벼슬이 높았던 선조들은 부귀영화를 누리던 사람들이었고
아름다운 장안에서도 이름 높은 집안이었다네.
이웃 사람들은 옥동자(아들)를 낳았다고 축하하였고
머지않은 장래에 공명을 얻으리라고 미리 기대했었다.
턱수염이 점점 자라고 성장함에 따라 운명이 점차 기박해져서
가문이 멸족되어 상전벽해(桑田碧海) 되어 버렸도다.
의지할 친척은 없고 세상 인심은 야박하기만 한데
부모님마저 별세하시니 집안이 몹시 황폐해졌네.
종남산 새벽종이 울자 짚신 한 켤레를 신고서
동쪽 풍토를 향해 길 떠날 것을 결심했다네.
마음은 이역(異域)에서 고향을 향해 머리 둔 여우와 같고
형세 또한 곤궁하여 울타리에 뿔 걸린 숫양 같더라.
남쪽 고을에는 예로부터 길가는 나그네가 많았으니
쑥대가 굴러다니고 부평초가 떠다니듯 몇 해를 보냈던가!
머리를 굽실거리는 신세가 어찌 타고난 본래의 습성이겠는가!
입을 놀려 살길을 꾀함 내가 할 일이로다.

세월은 점차 이렇게 살아가는 동안에 사라져갔으니
삼각산 푸른빛이 어찌 그리도 멀고 아물아물한가!
팔도강산에서 구걸하는 소리 수많은 문전에 익숙해졌고
음풍농월(吟風弄月) 벗 삼아 살아가니 행장의 배낭은 텅 비었구나.
부잣집 아들과 만석꾼 부자(富者)들을 두루 만나
가풍의 후박을 진실로 골고루 맛보았도다.
몸이 궁하니 만나는 사람마다 눈 흘김을 하였고
해를 거듭할수록 머리털이 희어짐을 슬퍼하노라.
집에 돌아가기도 어렵고 또한 머물러 있기도 어려우니.
얼마나 기나긴 날들을 길가에서 방황해야 하는가?

【주】

난고(蘭皐): 김삿갓의 호

조소(鳥巢): 새의 보금자리, 둥우리. 『시경(詩經)』에 "維鵲有巢 維鳩居之."

망혜(芒鞋): 미투리, 짚신(芒履, 麻鞋). 진사도(陳師道)의 시에 "竹杖芒鞋取次行."

수성운심(水性雲心): 물 같은 성질과 구름 같은 마음. 곧 한 곳에 머물러 있지 못하고 물같이 흘러가고 구름같이 떠돎을 나타냄.

우(尤): 탓할 우(咎也). 허물할 우(怨也).

불가(不可): 옳지 않음.

장(腸): 마음 장(腸心). 고시(古詩)에 "哀鳴傷我腸."

초년(初年): 中年 이전의 시대(初期).

낙지(樂地): 즐거운 곳. 안락한 땅.

생장향(生長鄕): 태어나서 성장한 고향.

잠영(簪纓): 비녀와 갓끈이니, 곧 벼슬이 높은 사람(高官). "簪纓北闕來."

화류(花柳): 아름다움. 왕발(王勃)의 시에 "花柳一園春".

장(庄): 농막장(農幕). 곧 일반 백성의 집.

농장경(弄璋慶): 농장지경(弄璋之慶)의 뜻으로, 아들을 낳았을 때의 경사를 뜻함.

조만(早晩): 머지않아(早晩間), 곧.

관개장(冠蓋場): 과장(科場)에서 관을 쓰다. 곧 과거 시험에 합격하여 공명(功名)을 얻음.

수(鬚): 턱수염 수, 아랫수염 수(頤毛).

초장(稍長): 점점 자라다.

회(灰): 활기 없을 회(灰心). 꺼진 재와 같이 욕심이 없고 고요하여 외부의 유혹을 당하지 않는 마음. 『장자(莊子)』에 "心固可使如死灰心乎."

번해상(翻海桑): 상전벽해(桑田碧海)로 뽕나무밭이 변하여 푸른 바다가 된다는 뜻이니, 곧 세상의 모든 일이 덧없이 변천함의 비유이다(桑田滄海, 滄海桑田).

잔문(殘門): 멸문(滅門)의 가문.

야양(爺孃): 부모의 속칭(爺娘). 두보(杜甫)의 「병거행(兵車行)」에 "爺孃妻子走相送".

종남(終南): 종남산(終南山). 중국에 있는 산. 섬서성 남쪽으로부터 동쪽 끝은 하남성, 서쪽은 감숙성에 이르는 산. 진령(秦嶺)이라고도 함.

납리(納履): 신을 신다.

심유(心猶): 마음은 ~와 같다.

수구호(首丘狐): 首邱初心으로 여우가 죽을 때 머리를 제가 살던 굴로 향한다는 뜻인데, 죽어서도 고향 땅에 묻히고 싶은 마음(=歸正首邱)을 가리킴. 丘는 邱와 같음. 『초사(楚辭)』에 "鳥飛反故鄕兮 狐死必首丘."

궁도(窮途): 곤궁한 처지, 고통스러운 경우.

촉번양(觸藩羊): 저양촉번(羝羊觸藩)을 가리키는 말로 사람이 진퇴양난(進退兩難)의 처지에 놓인 경우를 뜻함. 저양(羝羊)은 숫양인데, 숫양은 강장(剛壯)하여, 물건에 부딪히는 것을 즐기지만, 그러나 울타리(藩)에 부딪히면 나아갈 수 없다는 데서 나온 말이다.

종고(從古): 예로부터. 從은 전치사(前置詞)로, ~로부터의 뜻.

전봉부평(轉蓬浮苹): 쑥대가 굴러다니고 부평초가 떠다니다.
경기상(經幾霜): 서리가 몇 번이나 내림. 세월이 몇 해가 지나갔음을 뜻함.
요두(搖頭): 구걸할 때 머리를 굽실거리는 동작.
도생(圖生): 살아감을 꾀함.
소장(所長): 장점으로 생각하는 일(長點).
광음(光陰): 세월(歲月). 光은 日, 陰은 月을 뜻함. 이백(李白)의 「춘야연도리원서(春夜宴桃李園序)」에 "光陰者는 百代之過客이라."
묘망(渺茫): 묘망(渺漭)과 같은 뜻. 넓고 끝이 없음. 멀고 아물아물함.
풍월(風月): 淸風과 明月. 자연계의 경치. 『남사(南史)』에 "初秋涼夕, 風月甚美." 풍류(風流)를 즐기는 것. 바람과 달에 부쳐 시가(詩歌)를 지음. 음풍농월(吟風弄月).
천금지자(千金之子): 부잣집 아들.
만석군(萬石君): 벼 만(萬) 섬의 수입이 될 농토를 가진 부자(富者).
상(嘗): 맛볼 상(探味). 『시경(詩經)』에 "嘗其旨否."
안백(眼百): 눈이 희다. 곧 흰자위가 나오도록 눈을 흘기다.
빈발(鬂髮): 빈발(鬢髮)과 같음. 살쩍과 머리털, 머리털 전체.
창(蒼): 흰털창(蒼浪華髮).
저(佇): 잠깐 머물 저(延佇). 『초사(楚辭)』에 "結幽蘭而延佇."
노방(路傍): 길옆, 길가.

〈감상〉

김삿갓의 시들 가운데 장시(長詩)이며, 내용도 복잡하고 난해한 시에 속한다. 중국의 고사(故事)와 고전(古典)을 많이 참고한 것만 봐도 이 시인의 해박한 지식을 엿볼 수 있다. 면면촌촌(面面村村) 가가호호(家家戶戶)에서 문을 두드리면 저마다 이 거지 시인을 냉대했던 그 모습들이 눈에 선히 보일 정도로 사실적이다.

서울과 경기지방에서 겨울을 보낸 김삿갓은 따뜻한 남국의 햇볕이 그리워졌다. 서울에서 출발한 지 달포 남짓하여 김삿갓의 지팡이는 전라도 화순 동복 땅 안참봉의 문전에 당도하였다. 김삿갓과 안참봉은 관

포지교(管鮑之交) 이상의 교분을 누려왔다. 관중(管仲)과 포숙(鮑叔)처럼 어려서부터 한 마을에 살았던 죽마고우(竹馬故友)가 아니라는 부분만 다를 뿐 두 사람의 사이는 그야말로 '지기지우(知己之友)'였다. 김삿갓이 오랜 방랑 생활에서 지칠 때면 안참봉 댁을 찾았고, 안참봉은 친형제나 다름없이 맞아들이고 환대해 주었다.

김삿갓의 몸을 깨끗이 씻기고, 비록 새 옷은 아니지만 반듯하고 깨끗하게 다림질 해 두었던 안참봉의 옷으로 갈아입힌 후 마주앉아 술잔을 나누면서 안참봉은 속으로 몹시 놀랐다. 그것은 김삿갓의 몸이 많이 쇠약해져 있었고 눈동자가 이미 빛을 잃고 있었기 때문이었다. 아니나 다를까. 하룻밤을 신음하며 자고 나더니 자리에 몸져 누워버리는 것이었다. 안참봉은 약을 달여 권해 보았지만 김삿갓은 막무가내로 물리치며,

"약은 그만 두시고 술이나 한 잔 주실 수 있습니까?" 하는 것이었다. 안참봉은 내일 영월로 사람을 급히 보내어 가족들에게 알려야겠다고 생각했다.

"김선생, 김선생의 몸도 편찮으신데 죄송하오나 부탁이 있습니다."

안참봉 말이었다.

"…"

"김선생께서 지금까지 많은 시를 쓰셨을 터이지만, 오늘은 이 사람에게 장시(長詩) 한 편만 지어 주실 수 있습니까?"

영월의 가족들도 미처 도착하지 못하고, 유언 한마디 없이 김삿갓이 눈을 감아버린다면 김삿갓의 마지막 길이 너무도 외롭고 한(恨)이 될 것이며, 한편으론 김삿갓이 운명하기 전에 최후로 어떤 걸작(傑作)을 지어낼 수 있지 않을까 하는 안참봉의 기대 심리도 있었다.

"안참봉께서는 내 형제나 다름없는 고마운 분이신데 부탁이라고 말씀하심은 당치 않습니다. 한 편뿐이 아니고 얼마든지 말씀만 하십시오."

그리하여 안참봉은 김삿갓을 일으켜 앉혔고 먹을 갈고 종이를 펼쳐 놓고 붓을 쥐어 주었다.

"어떤 내용의 시를 써볼까요?"

"그거야 김선생의 의향에 따르십시오. 어젯밤 김선생께서 주무실 때

잠결에 하신 말씀을 너무도 또렷하게 엿들었습니다."

"제가 무엇이라고 잠꼬대를 하였습니까?"

"새들도 집이 있고 짐승도 굴이 있는데…라고 여러 번 반복하셨습니다."

"네, 새들도 집이 있고 짐승도 굴이 있는데…라고 하였다구요?"

김삿갓은 이렇게 반문한 후 한참동안 무엇인가를 골똘히 생각하더니,

"그것을 첫 구로 하여 시를 지어보지요."

하였다.

"새들도 둥지가 있고 짐승도 굴이 있어 살 곳이 있는데, … 나는 한평생을 흐르는 물과 같이 떠도는 구름같이 사방이 내 집이었네(鳥巢獸穴皆有居 … 水性雲心家四方)를 첫 구로 지어 놓은 작품이 바로 이 「난고평생시(蘭皐平生詩)」이다. 쓰기를 마치자 김삿갓의 숨이 가빠지기 시작했다. 안참봉은 얼른 김삿갓을 자리에 뉘어주었다. 잠시 후 김삿갓은 한 많던 이 세상을 뒤로 하고 조용히 눈을 감으니, 때는 철종 13년(1863) 3월 29일 김삿갓의 나이 57세였다. 이때 김삿갓은 자식들을 위해 평생을 고생만 하신 학발(鶴髮)의 어머님 모습을 최후로 환상 속에서 보았으리라.

4. 천지자만물지역려(天地者萬物之逆旅)

조화주인거로장	造化主人籧廬場
극구과간개여허.	隙駒過看皆如許.
양개벽후잉조모	兩開闢後仍朝暮
일순식간혼래거.	一瞬息間渾來去.
회간우주억천겁	回看宇宙億千劫

유도선생작숙소.	有道先生昨宿所.
무애천지물유애	無涯天地物有涯
백년기간오역려.	百年其間吾逆旅.
몽선뇌공단장편	蒙仙礧空短長篇
석씨강장홍복어.	釋氏康莊洪覆語.
구구삼만육천일	區區三萬六千日
배주청련여몽처.	盃酒青蓮如夢處.
동원도리편시춘	東園桃李片時春
일포건곤장감서.	一泡乾坤長感敍.
광음숙거숙래국	光陰倏去倏來局
혼돈방생방사서.	混沌方生方死序.
인유처일물호만	人惟處一物號萬
이변간지무거세.	以變看之無巨細.
산천초목성변장	山川草木星變場
제백후왕번복서.	帝伯侯王翻覆緖.
기중수개일대하	其中遂開一大厦
지황천황주남녀.	地皇天皇主男女.
분구헌제광정구	分區軒帝廣庭衢
연석황와고주초.	練石皇媧高柱礎.
행인일전화옹채	行人一錢化翁債
명월청풍상수여.	明月清風相受與.
천태노구소석대	天台老嫗掃席待
대저삼간상해저.	大抵三看桑海渚.

우산낙일객숙제　　牛山落日客宿齊
신루추풍인과초.　　蜃樓秋風人過楚.
부상옥계제일성　　扶桑玉鷄第一聲
곤곤기행무아여.　　滾滾其行無我汝.

조물주가 만들어 놓은 신비로운 이 세상은
달리는 말을 문틈으로 보는 것 같이 모두 이처럼 빠르도다.
천지가 생긴 이후로 아침이 있고 저녁이 있음이 거듭되니
눈 깜짝할 사이에 세월은 오고 가도다.
아, 아득한 우주의 억천 겁을 되돌아보니
길을 아는 선생(도사) 어제 밤에 자고 간 곳일세.
천지는 끝이 없으나 만물들은 유한하고
그중에 백년의 짧은 인생이 나의 나그네 신세로다.
몽선의 현묘한 이야기는 짧고 긴 수수께끼요
석씨께서 닦은 자비로움은 넓은 세상을 덮은 크신 말씀이로다.
변변치 못한 백년의 삼만 육천 날은
술잔에 어리는 청련(青蓮)이요 꿈과 같은 곳일세.
동쪽 화단에는 복숭아꽃 오얏꽃이 핀 봄날 한때로
물거품 같은 이 세상을 긴 한숨으로 탄식하도다.
세월이 잠깐 가고 잠깐 오는 동안에
혼돈한 만물은 사는가 싶었는데 금시에 죽는구나.
인간은 오직 외롭게 살고 만물은 무성하지만
변화의 눈으로 그것을 보면 크고 작은 것이 없도다.

산천은 초목이 번성해 가는 무대요

제왕(帝王)과 제후(諸侯)는 홍망이 반복되는 시초라네.

이 천지간에 마침내 큰집을 하나 지으니

지황씨와 천황씨가 모든 인간(남녀)을 다스리도다.

터를 마련하는 헌제는 뜰 마당을 넓히고

돌을 다듬는 와황은 주춧돌을 높이도다.

길가는 나그네가 한 푼을 빌린 신선의 빚은

값없는 명월과 청풍으로 서로 주고받도다.

극락세계의 노파는 자리를 깨끗이 쓸고 기다리노니

세 번이나 상전(桑田)이 벽해(碧海)로 변하는 세상을 보았도다.

서쪽 산에 해가 떨어졌으니 나그네는 제나라 땅에서 자고

신기루에 가을바람이 쓸쓸하니 초나라 길을 지나가도다.

신선 사는 나라에서 첫 닭 우는 소리 들리니

끝없이 흐르는 나그네의 길에 너와 내가 없도다.

【주】

천지자만물지역려(天地者萬物之逆旅): "천지간의 만물은 모두 무상(無常)하여 천지는 마치 만물이 하룻밤을 묵는 여관 같다"는 말. 이백(李白)의 「춘야연도리원서」에 "夫天地者 萬物之逆旅 光陰者 百代之過客 …".

조화주인(造化主人): 만물을 창조하는 신. 造物主, 造化翁이라고도 함.

거로장(遽盧場): 사람이 노니는 인생의 무대. 여관, 세상.

극구(隙駒): 틈 앞을 지나가는 말(망아지). 세월이 빠름을 일컫는 말. 세월이 흐름이 마치 지나가는 말을 문틈으로 보는 것과 같다는 뜻.

개여허(皆如許): 모두 그러하도다. 다 이러하도다.

회간(回看): 돌아다 보다.(回顧)

억천겁(億千劫): 한없이 긴 세월.

무애(無涯): 가없다.

유애(有涯): 유한하다.

오역려(吾逆旅): 내가 겪은 나그네 신세.

몽선(蒙仙): 『몽산화상법어약록언해(蒙山和尙法語略錄諺解)』를 말한 것으로 봄. 원(元)의 몽산화상 법어를 약록하여 한글로 번역한 책. 조선 세조 때 신미(信眉)가 번역했다고 전함. 모두 1권의 목판본. 중종 때에 중간(重刊) 되었음.

석씨(釋氏): 釋迦牟尼(Sakamuni, 556~477 B.C.). 불교의 교조(敎祖). 불(佛), 불타(佛陀), 석가(釋迦), 석존(釋尊). 세존(世尊). '석가(Saka: 종족명)+모니(muni: 거룩한 사람)'의 뜻.

강장(康莊): 번화한 거리. 四通八達의 큰 거리. '康'은 '五達道', '莊'은 六達道. 康衢. 『史記』에 "爲列第莊之衢".

구구(區區): 각각 다름. 변변하지 못함.

동원도리편시춘(東園桃李片時春): 동쪽 정원에 복숭아꽃 오얏꽃이 활짝 핀 봄날의 한 때.

일포(一泡): 하나의 물거품.

건곤(乾坤): 천지(天地).

광음(光陰): 세월, 때.

숙거숙래(倏去倏來): 잠깐 가고 잠깐 오다.

혼돈(混沌, 渾沌): 하늘과 땅이 아직 나누어지지 않은 상태. 사물의 구별이 확실하지 않은 상태.

방생방사(方生方死): 사는가 싶었는데 금시에 죽는다.

이변간지(以變看之): 之는 대명사 · 목적어로, '그것을'. 그러므로 변해 가는 그것을 보다의 뜻.

일대하(一大廈): 큰 집을 하나 짓다.

주남녀(主男女): 남녀를 主管하다(다스리다).

지황씨천황씨(地皇氏天皇氏): 중국 태고 시대의 전설적인 임금들.

헌제(軒帝): 헌원씨(軒轅氏). 중국 태고 시대의 임금. 성(姓)은 공손(公孫) 또는 희(姬).

연석(然石): 돌을 다듬다.

황와(皇媧): 와황(媧皇). 곧 여와씨(女媧氏)를 가리킴.

명월청풍(明月淸風): 일반적으론 청풍명월(淸風明月)로 쓴다. “청풍명월불용일전매(淸風明月不用一錢買)”라고 하면 한 푼도 들지 않고 완상(玩賞)할 수 있으므로 극히 깨끗한 것이다.

천태(天台): 극락세계(極樂世界).

노구(老嫗): 늙은 여인. 노파.

객숙제인과초(客宿齊人過楚): 제나라 땅에서 자고 사람이 초나라 길을 지나간다. 두시(杜詩) 「망악(望嶽)」에 “음양할혼효(陰陽割昏曉)”라 하였으니 ‘태산의 높은 봉우리 때문에 생긴 응달과 양달은 아예 밤과 낮을 나눌 수 있을 정도다.’라는 뜻이다.

부상(扶桑): 동해 물 위에 있다는 신목(神木). 해가 뜨는 곳. 『山海經』에 “湯谷之上有扶桑 十日所欲” … ‘부상’의 반대되는 것은 ‘함지(咸池)’인데, ‘함지’는 천연으로 된 못(池), 해가 목욕하는 곳임. 서해에 있다고 함.

곤곤(滾滾): 물이 성(盛)하게 흐르는 모양. 두시(杜詩) 「등고(登高)」에 “不盡長江滾滾來”(다함이 없는 긴 강물은 잇고 이어서 계속 흘러오도다).

〈감상〉

김삿갓은 세상 사람들의 일부가 자기를 단순한 광시인(狂詩人)으로 인식하는 데 대한 불만도 풀 겸해서, 박학다식한 고전(古典)의 조예를 자랑하기 위해서 이러한 장시(長詩)를 지었을 것이다. 시의 내용은 우주 만물의 이치를 궁구(窮究)하고 천지가 생긴 이래로 많은 세월이 흐르는 동안, 인간은 그 속에서 짧은 세월을 살며 우주는 무한하지만 인생은 유한함을 말하였다. 사람이 이승에서 어떻게 살았던 것과는 관계없이 한번 죽으면 저승으로 떠나는 것은 모두 마찬가지이니, 결국 인간은 모두 나그네의 길을 걷고 있음을 읊은 시이다.

천지만물(天地萬物)의 이치를 깨달은 즐거움을 나타낸 시로는 북송

(北宋)의 대유(大儒)인 정호(程顥)의 「추일우성(秋日偶成)」이 유명하기에 소개한다.

閑來無事不從容　한가롭고 일 없으나 조용하지 아니한데
睡覺東窓日已紅.　잠에서 깨고 보니 동창엔 해가 이미 밝게 비치는구나.
萬物靜觀皆自得　만물을 조용히 바라보면 모두 터득되는 바 있어
四時佳興與人同.　사시에 느끼는 아름다운 흥취도 남들과 함께 한다.
道通天地無形外　도(道)란 천지의 무형한 속에서 통하고
思入風雲變態中.　생각은 바람과 구름의 변화 속에서 얻어진다.
富貴不淫貧賤樂　부귀나 음탕함을 탐하지 않고 빈천을 좋아하니
男兒到此是豪雄.　남아가 이 정도에 이르러야 영웅이라 하리라.

5. 희우정(喜雨亭)

화렴신권서산모　畫簾新捲西山暮
하어동남석연무.　賀語東南石燕舞.
한공시가위만음　韓公詩假慰滿吟
구로헌명풍악취.　歐老軒名豐樂取.
인기패연익연성　因基沛然翼然成
만리연화정유주.　萬里烟花亭有主.
동파건필선기사　東坡健筆善記事
부독자정위희우.　不獨玆亭爲喜雨.
능허대호설영신　凌虛臺號雪迎新
원경누요풍근고.　遠景樓謠風近古.

명시괴아핍림자　　明時愧我乏霖資
백적풍상호해고.　　百謫風霜湖海苦.
기양일우제하거　　岐陽一雨際下車
한여신공궐시보.　　旱餘神功厥施普.
방춘화기본기한　　方春和氣本記漢
일양휴징홍범우.　　日暘休徵洪範禹.
오위태수욕지희　　吾爲太守欲志喜
일정하심기자토.　　一亭何心記玆土.
장연승상악양칭　　長烟勝狀岳陽稱
낙하한정등각도.　　落霞閒情滕閣覩.
등림차락총우사　　登臨此樂摠雨賜
조석가명첩군부.　　肇錫嘉名帖郡簿.
무변제월영화량　　舞邊霽月暎畫樑
미료유운요수호.　　未了油雲繞繡戶.
풍조상서합대유　　風調上瑞合大有
일주풍요등팔부.　　一州豐謠登八釜.
선공후사축전주　　先公後私祝田周
배음임양첨실로.　　背陰臨陽瞻室魯.
분명모년모월명　　分明某年某月名
상량도편참일구.　　上樑都扁參一矩.
상양무처지전준　　商羊舞處至田畯
요조비시성동우.　　潦鳥飛時成棟宇.
관아청주우중락　　官娥清奏雨中樂

주란홍정가무보.　　酒闌紅亭歌舞譜.

새로 만든 발(簾)을 걷어 올리고 보니 서산에 해는 저물고
제비는 동남쪽으로 지저귀며 춤추듯 날아다닌다.
한유는 시의 형식을 빌려(假)「위삼농(慰三農)」을 읊었고
구영숙(歐永叔)은 집 이름을「풍악정」이라 하였다네.
비가 많이 내리는 날 정자를 보니 두 날개를 활짝 편 새와 같고
만 리에 안개꽃 피어오르는 정자 내가 주인이로다.
소동파(蘇東坡)는 시문(詩文)을 잘도 지어 적어서
이 정자를 유독 희우(喜雨)라고 한 것은 아니라네.
능허대란「설부(雪賦)」에서 새로 만난 것이고
원경루는 풍속에 있는 근고자(近古者)를 노래했네.
태평한 시대에 어진 신하가 될 자격 없음을 부끄러워하고
백 번이나 귀양 가는 모진 풍상, 세상의 괴로움 모두 맛보았네.
기양(岐陽) 땅에서 수레 내리니 때 마침 비가 오는데
가뭄 끝에 신의 은총으로 이처럼 골고루 베푸시네.
『한본기(漢本記)』의 봄기운이 때맞춰 이곳에 당도했으니
「홍범편(洪範篇)」의 우왕(禹王)의 밝은 정치가 펼쳐질 것이네.
이곳 태수인 나는 이 정자 이름을 희우(喜雨)라고 기록하려는데
이 지방 사람은 이 정자 이름을 무엇이라고 기록하려는가?
악양루에 올라 짙게 안개 낀 장관 기린 바 있고
등왕각에 올라 저녁놀 낀 한가로운 광경 본 적 있도다.
이 정자에 이르러 즐기려는데 별안간 비가 내리니

정자 이름을 군청 장부에 '희우'라고 이름 올렸네.

끝없이 맑은 제월(霽月)이 대들보의 그림을 비출 것이고

아직 다 끝내지 못하고 피어오르는 구름은 이 정자를 수놓으리.

우순풍조(雨順風調)하여 큰 풍년이 올 것이며

이 한 고을 풍년가가 천지를 울릴 것이다.

공전에 먼저 사전은 뒤에 물을 대는 주나라의 정전법을 송축하고

음기를 등지고 양기를 향해 집을 짓는 노나라의 풍습을 찬양하리.

모년(某年) 모월(某月)의 이름을 분명히 정하여

도편수도 이름을 써서 상량에 참여하도다.

춤 잘 추는 상양(商羊)이 있는 곳에 전관(田官)이 이르고

빗속에 나는 새가 날아 올 때 마룻대와 추녀가 완성되었네.

관기들은 우중곡(雨中曲)을 기쁘게 연주하고

술이 다한 고운 빛의 정자에 가무보가 요란하도다.

【주】

화렴신권서산모(畫簾新捲西山暮): 왕발(王勃)의 「등왕각(滕王閣)」에 "畫棟朝飛南浦雲 朱簾暮捲西山雨(단청한 이 다락엔 아침에 구름 일고 발 늘인 창밖 석양에 비 내리네)"에서 인용한 것.

하어(賀語): 새가 우는 소리.

석연(石燕): 제비의 일종. 「상주기(湘州記)」에 "零陵有石燕逢雨則飛"에서 인용함.

한공(韓公): 韓愈(768~824). 중국 당나라 때의 시인.

위만음(慰滿吟): 한유의 「위삼농(慰三農)」이라는 글을 인용한 것.

구로(歐老): 구양수(歐陽修, 1007~1072). 송나라 정치가이며 문장가. 자는 영숙(永叔)

패연(沛然): 비가 몹시 내리는 모양 『맹자(孟子)』에 "沛然下雨."

익연(翼然): 새의 두 날개를 편 것처럼 좌우로 쭉 뻗은 모양. 구양수(歐陽修)의 글에 "有亭翼然臨於泉上者醉翁亭也."

동파(東坡): 소동파(蘇東坡, 蘇軾 1036~1101). 송(宋)나라 때의 시인. 문장가.

건필(健筆): 시문(詩文)을 잘 지음. 잠삼(岑參)의 시에 "雄辭健筆 皆若飛."

능허대(凌虛臺): 정자의 이름.

설(雪): 『설부(雪賦)』.

원경루(遠景樓): 정자 이름.

근고(近古): 소식(蘇軾)의 「원경루기(遠景樓記)」에 "吾州之俗 有近古者三其士大夫 貴經術而重氏族 其民尊吏而畏法 其農夫合 耦相助…"를 인용한 것.

명시(明時): 평화스러운 세상. 태평한 세상(昭代, 淸時). 조식(曹植)의 시에 "志欲自效于明時."

백적(百謫): 여러 번 유배 감.

기양(岐陽): 지명(地名).

하거(下車): 가마에서 내리다.

방춘화기본기한(方春和氣本己漢): 『한본기(漢本記)』의 "方春和時草木群生之物皆有以白樂"을 인용한 것.

휴(休): 아름다울 휴(美也, 善也). 『서경(書經)』에 "惟王受命 無疆惟休."

홍범(洪範): 『서경(書經) · 홍범편(洪範篇)』의 "洪範九疇曰休徵"의 인용.

지(志): 기록할 지(記也). 『주례(周禮)』에 "小史掌邦國之志."

악양루(岳陽樓): 중국 호남성 파릉현(巴陵縣) 성서문(城西門) 위에 있는 누(樓)의 이름. 당나라 장설(張說)이 이곳에 올라 시를 지은 뒤부터 유명해짐. 두보(杜甫)의 「등악양루(登岳陽樓)」가 유명함.

낙하(落霞): 저녁놀.

한정(閒情): 한가로운 정취.

등각(滕閣): 등왕각(滕王閣). 정자 이름.

조석가명(肇錫嘉名): 굴원(屈原)의 「이소(離騷)」에 "皇覽揆余初度兮 肇

錫予以嘉名…"을 인용.

무변(舞邊): 무변(無邊)의 오기(誤記)인 듯. 한이 없음. 끝이 없음. 가없음(無限).

제월(霽月): 비가 그치고 갠 하늘에 뜬 달. 『송사(宋史)』에 "胸懷洒落 如光風霽月."

미료(未了): 아직 다 끝내지 못함. 미필(未畢). 관휴(貫休)의 글에 "三千功未了大道元無程."

유(油): 구름 피어오를 유(雲盛貌). 『맹자 · 양혜왕상(孟子 · 梁惠王上)』에 "天油然作雲."

풍조(風調): 바람이 때에 맞추어 순조롭게 불다. 여기선 풍조우순(風調雨順: 기후가 순조로워 곡식이 잘 되는 것)의 뜻으로 쓰임.

풍조상서(風調上瑞): 소동파(蘇東坡)의 시에 "雨順風調百穀登 民不饑寒爲上瑞"를 인용한 것.

대유(大有): 대유년(大有年)으로 큰 풍년이 든 해.

풍요(豐謠): 풍년을 구가하는 노래.

팔부(八釜): 天地와 같음.

선공후사(先公後私): 『시경(詩經)』에 "雨我公田 遂及我私"라고 하여, 국가의 공전(公田)에 먼저 비가 온 다음에 사전(私田)에 오라고 노래한 것의 인용.

전주(田周): 주(周)나라 때의 정전법(井田法).

배음임양(背陰臨陽): 『시경(詩經)』의 한 구절로 노(魯)나라에서는 영실성(營室星)을 보고 점을 쳐서 집을 지었다고 함. 음기를 등지고 양기에 임하다.

첨(瞻): 우러러볼 첨(仰視). 도잠(陶潛)의 「귀거래사(歸去來辭)」에 "乃瞻衡宇載欣載奔."

도편수(都編手): 수석 목수(首席 木手).

상양(商羊): 비가 올 때 춤을 잘 춘다는 양(羊)의 일종.

전준(田畯): 전관(田官).

요조(潦鳥): 비가 오면 잘 날아다닌다는 새.

동우(棟宇): 집의 마룻대와 추녀 끝.

관아(官娥): 관기(官妓).

〈감상〉

이 작품의 제목 「회우정(喜雨亭)」의 회우(喜雨)는 두보(杜甫)가 49~50세(760~761) 때 성도(成都)에서 지은 명시(名詩) 「춘야희우(春夜喜雨)」의 희우(喜雨)와 같은 뜻인 '내리는 비를 기뻐함'이다. "정자에 올라 즐기려는데 갑자기 비가 내려 '희우정(喜雨亭)'이라고 정자 이름을 지었다"는 것이다.

소식(蘇軾)의 「희우정기(喜雨亭記)」에서 제목을 취한 작품이다. 「희우정기(喜雨亭記)」는 소식(蘇軾)이 송(宋)나라 인종(仁宗) 가우(嘉祐) 7년 부풍(扶風) 태수 진희량(陳希亮)의 밑에 있을 때 지었다고 한다. 비와 농사에 관한 고전을 많이 인용한 난해한 시에 속한다.

소식(蘇軾)의 「희우정기(喜雨亭記)」에 "亭以雨名志喜也."

㉮	㉯
구슬이 바위에 떨어져 흩어진들	縱然岩石落珠璣
꿴 끈이야 끊어질 때가 있으랴.	纓縷固應無斷時.
임과 천 년을 서로 헤어져 있더라도	與郎千載相離別
한 조각 맺은 정이야 어찌 변하리.	一點丹心何改移.

—『益齋亂藁·第四·小樂府』—

㉮는 고려가요「서경별곡(西京別曲)」제2연을 현대어로 옮긴 것이고, ㉯는 여말(麗末)의 대학자 익재(益齋) 이제현(李齊賢)이 한역(漢譯)한 것이다. 절절한 애정의 노래이다. 이 단원에는 김삿갓이 사랑했던 여인들과의 애정은 물론이거니와 지기지우(知己之友)였던 사또, 고향에 계시는 어머님을 그리는 사모곡(思母曲) 등의 작품을 실었다. 김삿갓은 염문(艶聞)도 많이 뿌리고 다녔다. 김삿갓 자신도,

"한평생을 꽃 없는 동네엔 들어가지 않았고, 열 번 죽더라도 술 있는 마을 그냥 지나기는 어렵더라."(平生不入無花洞 十死難過有酒村. 279번 시)

라고 하였으니 멋을 알고 주색을 아는 풍류시인이 남긴 염문이 어찌 손가락으로 셀 수 있으리오. 술이 있는 곳엔 시가 있었고, 시가 있는 곳에는 여인이 있었다.

6. 베 짜는 모습을 보며(織錦)

연사출몰경사부	煙梭出沒輕似鳧
향입진천반야오.	響入秦天半夜烏.
성최월호명기솔	聲催月戶鳴機蟀
교학풍첨역락주.	巧學風簷繹絡蛛.
단사직성홍금패	但使織成紅錦貝
하수원득백구호.	何須願得白裘狐.
폭쇄어양광학학	曝曬於陽光鶴鶴
오문수식견여구.	吳門誰識絹如駒.

안개를 일으키며 북이 드나드는 모양은 물오리처럼 경쾌하고
소리는 진나라 한밤중 밤하늘에 우는 까마귀가 아닐까?
그 베틀 소리는 달 비친 창틀에서 우는 귀뚜라미와 같고
그 재주는 바람 부는 처마 밑에서 그물 엮는 거미같이 정교하다.
홍금패의 고운 비단을 짜낼 수 있다고 하면
어찌 흰옷을 만들려고 여우의 갖옷을 구하리오?
곱게 짠 비단을 볕에 바래 말리면 눈부시게 흰 백학 같은데

누가 저 고운 비단을 흰 망아지로 보지 않겠는가!

【주】

연사출몰(煙梭出沒): 안개를 일으키며 드나드는 베틀의 북(織具).
경사부(輕似鳧): 물오리와 같이 경쾌하다.
반야오(半夜烏): 한밤중에 우는 까마귀.
풍첨(風簷): 바람 부는 처마.
역락주(繹絡蛛): 그물을 엮는 거미. 그물을 뜨는 거미.
홍금패(紅錦貝): 붉은 실로 짠 명주.
구호(裘狐): 여우의 갖옷.
폭쇄(曝曬): 바람에 쐬고 볕에 바래다. 바래다.
학학(鶴鶴): 깃털의 흰 모양『孟子 · 梁惠王』에 "백조학학(白鳥鶴鶴)."

〈감상〉

최백담이 김삿갓을 데리고 가 소개시켜 준 가련 모녀의 집에서 가련이 베틀에 올라 베 짜는 보습을 보며 지은 작품이다.

7. 가련에게 준 시(可憐妓詩)

가련행색가련신	可憐行色可憐身
가련문전방가련.	可憐門前訪可憐.
가련차의전가련	可憐此意傳可憐
가련능지가련심.	可憐能知可憐心.

가련한 행색으로 가련한 이 몸이

가련의 문전으로 가련을 찾아든다.

가련한 내 마음이 가련에게 전해지면

가련은 가련한 내 마음을 알아주겠지.

【주】

기구의 可憐 둘과 전구의 첫 번째 가련과 결구의 두 번째 가련은 가련한의 뜻이고, 승구의 두 가련과 전구의 두 번째 가련 결구의 첫 번째 가련은 처녀(또는 기생) 이름임.

〈감상〉

이 시는 김삿갓이 가련이라는 처녀(또는 기생)에게 자신의 가련한 정을 호소한 작품이다. 처녀의 이름 가련과 자신의 가련한 심정의 가련을 섞어서 썼으나 조금도 어색하지 않다. 천의무봉(天衣無縫), 바로 이런 점이 김삿갓 시인의 뛰어난 재주이다. 사랑하는 사람에게 내 마음이 전달되기를 간절히 바라는 안타까운 심정이다.

조선시대 이옥봉(李玉峯)의 「몽혼(夢魂)」이란 시도 같은 심정으로 써진 것으로 보아 소개한다.

近來安否問如何　요사이 서방님은 기체 안녕하시온지

月到紗窓妾恨多　사창에 달 밝으니 나의 한이 많습니다.

若使夢魂行有跡　만약에 꿈속의 혼이 오간 자취 있게 된다면

門前石路半成沙.　임의 문전 돌길이 반은 모래로 변했으리.

8. 회갑을 맞이한 노인에게(贈還甲宴老人)

가련강포망	可憐江浦望
명사십리련.	明沙十里連.
영인개개습	令人箇箇拾
공수부모년.	共數父母年.

아름답구나, 강의 포구를 바라보니
고운 모래가 십리에 잇대어 깔려 있구나.
그 많은 모래알을 하나하나 줍게 하여
그 수효와 같이 그대의 부모 연세를 세어라.

【주】

가련(可憐): 불쌍하다. 맵시가 아름답다. 사랑스럽다.

〈출처〉 ① 『壯子 · 庚桑楚篇』에 "汝欲返性情 而無由入可憐哉."

② 李白의 「清平調詞」에 "借問漢宮誰得似 可憐飛燕倚新粧."

③ 鮑照의 시에 "三春已暮花徒風 空留可憐與人同."

명사(明沙): 고운 모래.

개개습(箇箇拾): 하나하나 줍다.

〈감상〉

이 시는 김삿갓이 가련이라는 처녀의 모친 회갑 잔치에서 써 준 작품으로 이 시를 가련은 곱게 수를 놓아 간직하였고, 이 시가 인연이 되어 김삿갓과 가련은 뜨거운 사랑을 나누었다.

9. 첫날밤에(初夜)

김삿갓: 모심내활　　毛深內濶
필과타인.　　必過他人.

털이 깊고 구멍이 넓으니
반드시 다른 사람이 지나간 것 아니냐?

가 련: 후원황률불봉탁　　後園黃栗不蜂坼
계변양류불우장.　　溪邊楊柳不雨長.

뒷동산의 누런 밤은 벌이 쏘지 않아도 저절로 벌어지며
시냇가의 수양버들은 비가 오지 않아도 저절로 자라지요.

〈감상〉

가련과의 첫날밤에 운우(雲雨)의 정을 나눌 때 남녀가 지은 시이다. 우문현답이라고나 할까? 의심하는 투의 김삿갓의 질문에 가련이 꼼짝도 못하게 대답을 했다. 두 남녀가 이런 문답을 한 뒤에는 어떤 일이 일어났을까? 불문가지(不問可知)다.

足舞三更月　　다리는 야삼경(夜三更) 달빛 아래 춤추고
衾翻一陣風.　　이불을 들썩이니 한바탕 바람이 일어나네.
此時無限味　　이때의 무한한 맛은
惟在兩人同.　　오직 두 사람만이 함께 알리라.

하였거나, 또는

秋宵易曙莫言長　가을밤이 길다고 불평을 말라
促向灯前解繡裳.　등불 앞에서 치마끈 풀기를 재촉한다.
獨眼未開睛吐氣　외눈은 아직 뜨지 않았으나 눈동자는 기운을 토하고
兩胸自合汗生香.　두 가슴이 합쳐져 흘리는 땀은 향기를 풍기네.
脚如螻蟈波翻急　두 다리는 청머구리 무리 속에 물결이 솟듯 급하고
腰似蜻蜓點水忙.　허리는 잠자리가 물을 차듯이 바쁘게 움직이네.
强健向來心自負　내 강건한 그것이 힘이 센 것을 언제나 자랑할 것이니
愛根深淺問娘娘.　낭자의 그것이 깊고 얕음을 물을 수밖에.

라는 시구를 김삿갓은 다시 읊었으리라.

—『기문(奇聞)』에서—

10. 명기 가련(名妓可憐)

명지가련색가련　　名之可憐色可憐
가련지심역가련.　　可憐之心亦可憐.

이름도 가련이요 얼굴도 가련한데
가련의 마음조차 또한 가련하도다.

〈감상〉

김삿갓이 가련의 모습에서 풍기는 이미지가 가련하게 느껴져서 이름과 연관 지어 지어준 시이다.

김삿갓이 가련의 방에 들어서니, 문갑 위에 이백과 왕유의 시집이 놓여 있고, 바람벽에는 왕유(王維)의 「춘계문답(春桂問答)」이라는 다음과 같은 족자가 걸려 있었다.

問春桂　　　　봄철 계수나무에게 묻노니
桃李正芳菲　　복숭아꽃 오얏꽃이 바야흐로 향기로워
年光隨處滿　　가는 곳마다 봄빛이 가득 찬 경치인데
何事獨無花.　　그대만 홀로 꽃이 없는가?
春桂答　　　　봄철 계수나무가 대답하되
春花詎幾久　　봄철에 핀 그 꽃들이 어찌 오래 가겠는가?
風霜搖落時　　바람 불고 서리 내리는 가을철이 되면
獨秀君不知.　　나 홀로 꽃 피울 줄을 그대는 왜 모르는가?

11. 가인(佳人)

대월사창농미휴　　對月紗窓弄未休
반함교태반함수.　　半含橋態半含羞.
저성암문상사부　　低聲暗問相思否
수정금채소점두.　　手整金釵笑點頭.

사창에 비친 달을 마주 앉아 희롱을 하다 보니
반은 애교이고 반은 부끄러운 기색을 띠었구나.
그토록 사랑하느냐고 낮은 소리로 남몰래 물었더니
손으로 금비녀 매만지며 웃음 띠고 머리만 끄덕이네.

【주】

사창(紗窓): 沙(사) 붙이로 바른 창. 여자가 거처하는 방의 창문을 비유하는 말(window of a woman's room).

농(弄): 희롱할 롱.

교태(嬌態): 예쁘게 아양 부리는 태도.

함수(含羞): 부끄러운 기색을 띰.

저성(低聲): 낮은 소리.

암문(暗門): 몰래 묻다.

상사(相思): 서로 사랑함. 서로 그리워함.

수정(水整): 손으로 가지런히 하다. 손으로 매만지다.

금채(金釵): 금비녀.

점두(點頭): 응낙하거나 옳다는 뜻으로 머리를 끄떡임(首肯).

〈감상〉

가련은 김삿갓이 언제 자기 곁을 떠나갈지 몰라 불안스럽기 짝이 없었다. 그래서 그를 좀 더 붙잡아 두려고 김삿갓을 데리고 有名 사찰과 유명산천을 골고루 구경시켜 주었지만 김삿갓이 곧 떠날 것을 짐작하며 김삿갓의 글을 받아 영원히 간직하고 싶어서 김삿갓에게 써 달라고 간청해서 지어준 시이다.

참고로 정대구의 『김삿갓 연구』와 『奇聞』에는 기(起)구가 "抱向東窓弄未休"로 되어 있다.

한국 여인의 수줍음은 한국의 아름다움이다. 바라지지 않은 여인의 태도, 아무리 세상이 바뀌어도 이런 여인상은 만인의 사랑을 받으리라.

허난설헌(許蘭雪軒)의 「효최국보체(效崔國輔體)」를 소개한다.

妾有黃金釵	제가 지녀 온 황금 비녀는
嫁時爲首飾.	시집올 때 머리에 장식한 것입니다.
今日贈君行	오늘 떠나시는 임께 드리나니
千里長相憶.	천리를 가시더라도 길이 기억해 주십시오.

12. 이별(離別) ①

가련문전별가련	可憐門前別可憐
가련행객우가련.	可憐行客尤可憐.
가련막석가련거	可憐莫惜可憐去
가련불망귀가련.	可憐不忘歸可憐.

가련의 문 앞에서 가련과 이별하려니
가련한 나그네의 행색이 더욱 가련하구나.
가련아, 가련한 이 몸 떠나감을 슬퍼하지 말라.
가련을 잊지 않고 가련에게 다시 오리니.

〈감상〉

첫 사랑을 김삿갓에게 바친 가련과의 헤어짐을 슬퍼하며 가련의 슬픔과 자신의 가련한 신세를 노래한 작품이다.

13. 이별(離別) ②

화발다풍우	花發多風雨
인생족별리.	人生足別離.

꽃이 피면 비바람이 많아지듯
인생에는 이별도 많구나.

〈감상〉

김삿갓이 사랑하는 가련과 헤어지면서 가련에게 준 시이다.

이별시의 백미(白眉)는 아무래도 고려 인종 때의 시인 정지상(鄭知常)의 「大同江」이라고 생각되어 여기에 소개한다.

雨歇長堤草色多　비 개인 긴 둑에는 풀빛 푸른데
送君南浦動悲歌.　남포로 임 보내니 슬픈 노래 나온다.
大同江水何時盡　대동강 물이야 어느 때나 마를까?
別淚年年添綠波.　해마다 이별 눈물 보태주는걸.

14. 김삿갓을 보내고 가련이 지은 시

가련야조읍추회　可憐夜鳥泣秋灰
열류한사전소애.　咽流寒沙轉蕭哀.
면면전별낭시립　綿綿餞別郎詩笠
의시월선지배회.　疑是月仙地徘徊.

가련은 가엾은 새와 함께 회색빛 가을밤에 우노니
목메어 흐르는 강가의 찬 모래밭이 쓸쓸하고 슬프도다.
사랑하는 임의 삿갓을 보내며 끝내 잊지 못해 하노니
달 속의 신선이 지상에 와서 헤매는가 하노라.

【주】

열류(咽流): 열(咽)은 목멜 열(嗚聲塞). 咽流는 목메어 흐르다.

소애(蕭哀): 쓸쓸하고 슬프다. 蕭는 쓸쓸할 소(蕭條寂蓼貌).

면면(綿綿): 끊이지 아니하고 끝없이 이어 있음.

15. 오디(桑實)

심과농정천상주　　椹顆濃情天上酒
맥파숙의시하풍.　　麥波熟意是何風.

오디 열매에 무르녹는 정은 하늘 위의 술일진대
보리 이랑을 익히는 뜨거운 열정은 과연 무슨 바람이런고?

【주】

심과(椹顆): 오디 열매(桑實).
농정(濃情): 무르녹는 정.
맥파(麥波): 보리 이랑에서 일어나는 물결.

〈감상〉

명순이 보리밭 둑에 있는 뽕나무로 뽕 따러 갈 때, 김삿갓이 따라가 오디를 따 먹으며 희희낙락(喜喜樂樂)하면서 지은 시이다.

16. 평양기생(平壤妓生)

삿갓: 평양기생하소능　　平壤妓生何所能
기생: 능가능무우능시.　　能歌能舞又能詩.

삿갓: 능능기중별무능　　能能其中別無能
　　월야삼경호부능.　　月夜三更呼夫能.

삿갓: 평양 기생은 무엇을 잘 해서 능하다고 하는고?

기생: 노래에 능하고 춤에 능하고 또 시에 능하오.

삿갓: 능하다 능하다는 중에 별로 신통한 것은 없고
　　달뜨는 야삼경에 오입쟁이 남자들 부르는 것은 능하더라.

〈감상〉

김삿갓이 평양 연광정에 이르렀을 때 해는 이미 기울어졌고 영롱한 달빛이 강산을 비추기 시작하였다. 연광정에서는 달구경을 겸한 풍류객들의 밤놀이가 벌어져 있었다. 기생과 술이 있는 이곳에서 김삿갓은 융숭한 대접을 받았다.

17. 송편(松餠)

수리회회성조란　　手裡廻廻成鳥卵
지두개개합방순.　　指頭個個合蚌脣.
금반삭립봉천첩　　金盤削立峰千疊
옥저현등월반륜.　　玉箸懸燈月半輪.

손 속에 넣고 뱅뱅 돌리면 새알이 만들어지는
손가락 끝으로 낱낱이 파서 조개 같은 입술을 맞추도다.

금쟁반에 천봉우리를 첩첩이 쌓아 올리고

등불을 매달고 옥젓가락으로 반달 같은 송편을 집어먹도다.

【주】

수리(手裡): 손 속.

회회(廻廻): 뱅뱅 돌리다.

합방순(合蚌脣): 조개 같은 입술이 합해지다.

성조란(成鳥卵): 새알이 만들어지다.

금반(金盤): 금쟁반. 좋은 쟁반.

현등(懸燈): 등불을 달다(매달다).

〈감상〉

명순이 송편 빚는 것을 보면서 김삿갓이 지은 작품이다. '새알이 만들어지다. 조개 같은 입술을 맞춘다. 반달 같은 송편' 등의 묘사는 김삿갓의 치밀한 관찰과 재치로만 가능하다고 생각하면 새삼 이 시인의 詩才에 감탄하지 않을 수 없다.

기구(起句)의 "手裡廻廻成鳥卵"이란, 쌀 반죽한 것을 손바닥으로 달달 굴리니까 새알처럼 동글동글하게 된다는 뜻이고, 승구(承句)의 "指頭個個合蚌脣"은 송편 속에 고물을 집어넣고, 가장자리를 하나하나 조개처럼 오므린다는 뜻이다. 전(轉句)의 "金盤削立峰千疊"은 빚어 놓은 송편을 쟁반 위에 차례대로 세워 놓으니까 마치 수많은 산봉우리들이 첩첩이 겹쳐 있는 것 같다는 소리요, 결구(結句)의 "玉箸懸燈月半輪"은 쪄 온 송편을 젓가락으로 하나씩 집어 드니까 마치 하나하나의 송편이 반달처럼 보인다는 뜻이다.

18. 어두운 밤에 홍련을 찾아(暗夜訪紅蓮)

탐화광접반야행	探花狂蝶半夜行
백화심처총무정.	百花深處摠無情.
욕접홍련남포거	欲接紅蓮南浦去
동정추파경소주.	洞庭秋波驚小舟.
금소광접화리숙	今宵狂蝶花裡宿
명일홀비향수원.	明日忽飛向誰怨.

꽃을 탐내는 미친 나비가 밤중에 헤매다가
온갖 꽃이 깊은 곳에 모두가 무정하도다.
행여나 '홍련'을 캐고자 하여 남쪽 물가로 가니
동정호 가을 물결에 조각배가 놀라도다.
오늘밤에 미친 나비가 꽃 속에서 자고
내일 홀연히 날아가면 뉘게다 원망하리.

【주】

탐화(探花): 꽃을 찾음.
광접(狂蝶): 미친 나비(김삿갓 자신).
총(摠): 다 총. 모두 총.
포(浦): 물가 포(瀕也). 『詩經』에 "率波淮浦."
동정(洞庭): 동정호(洞庭湖). 중국 호남성(湖南省)에 있는 호수. 폭 100리, 길이 200리. 두보의 「등악양루(登岳陽樓)」의 배경이 됨. 육유(陸遊)는 "洞庭四萬八千頃"이라 하였다.
금소(今宵): 금야(今夜). 오늘 밤.

〈감상〉

전 사행(前 四行)은 김삿갓이 읊은 것이고, 후 이행(後 二行)은 홍련이 읊은 것인데 만약 홍련이 자신의 속마음을 터놓고 솔직하게 읊는다면

"紗窓月白百蟲咽, 孤枕衾寒夢不成."(여류시인 金園金의 시 중에서)

(사창에 달빛 희고 벌레들 슬피 울 때, 베갯머리 쓸쓸하여 꿈도 이루지 못할 것)이라고 털어놓았으리라.

홍련은 김삿갓의 부자 친구 이군(李君)이 소개해 준 기생이다. 그러나 그녀는 술과 재주와 애교는 팔아도 정조는 절대로 팔지 않는, 순결만은 더럽히지 않으려는 참 기생이었으나, 김삿갓에게는 시에 반해 무너져 버렸다.

19. 별리(別離)의 정(情) ①

금조일별후	今朝一別後
하처갱상봉.	何處更相逢.

오늘 아침 한번 이별한 뒤에는

어느 곳에서 다시 만날 수 있을까?

〈감상〉

김삿갓이 어느 주막에서 며칠 신세를 지고 헤어질 때 주모와의 이별을 아쉬워한 시이다.

20. 별리(別離)의 정(情) ②

작야광접화리숙　　昨夜狂蝶花裡宿
금조홀비향수원.　　今朝忽飛向誰怨.

어젯밤에 미친 나비 꽃 속에서 잠잤는데
오늘 아침에 홀연 날아가 버리니 누구를 향해 원망하리.

〈감상〉

하룻밤 김삿갓에게 순결을 바친 처녀에게 김삿갓이 미안한 심정을 시로 표현한 것. 18번 시가 필사로 전해지는 과정에서 5, 6행만 따로 떼어서 변형시킨 듯하다.

21. 별리(別離)의 정(情) ③

중조동지숙　　衆鳥同枝宿
천명각자비.　　天明各自飛.
인생역여차　　人生亦如此
하필누첨의.　　何必淚沾衣.

새들은 모여서 같은 나무에서 잠을 자지만
날이 밝으면 각각 뿔뿔이 날아가 버린다.
사람의 헤어짐도 또한 이와 같은데

어찌하여 그대는 눈물로 옷깃을 적시는가.

〈감상〉

평생을 곁에 있어 자신을 사랑해 줄 것으로만 알았던 김삿갓이 떠난다니까, 가련은 통곡을 하며 매달린다. 가련을 달래는 시이다.

22. 가을바람에 미인을 찾아왔다가 만나지 못하고 (秋風訪美人不見)

일종별후기감망	一從別後豈堪忘
여골위분아수상.	汝骨爲粉我秀霜.
난경영한춘적적	鸞鏡影寒春寂寂
풍소음단월망망.	風簫音斷月茫茫.
조금위북귀제곡	早今衛北歸薺曲
허부주남채조장.	虛負周南採藻章.
구로무흔난재방	舊路無痕難再訪
정거좌애야화방.	停車坐愛野花芳.

한번 이별한 뒤 우리의 정분을 어찌 잊을 수가 있으리오

그대도 늙었겠네마는 내 머리도 서리가 무성하이.

그대 향한 정은 변함없건만 봄기운은 외롭고 쓸쓸하기만 하고

임의 소식 끊긴 지가 오래되니 이젠 지쳐 피곤하구나.

지난날은 귀제곡을 즐겨 부르더니

지금은 헛되이 채조곡이 웬 말인가.

옛 길은 흔적이 없어 다시 찾기 어렵더니

타고 가던 수레를 멈추고 앉아서 들꽃 향기를 감상하노라.

【주】

수(秀): 무성할 수(茂盛).

난경(鸞鏡): 등에 난새를 새긴 거울.

정거좌애(停車坐愛): 타고 가던 수레를 멈추고 앉아서 감상하다.
만당(晩唐)의 시인 두목(杜牧)의 「山行」에서 인용하였다.

遠上寒山石徑斜　멀리 한산의 비탈진 돌길을 오르노라니
白雲生處有人家.　흰 구름 이는 곳에 인가 두 세 집.
停車坐愛楓林晩　타고 가던 수레 멈추고 단풍잎 구경하니
霜葉紅於二月花.　서리 맞은 단풍잎이 이월(二月)의 꽃보다도 더 붉네.

〈감상〉

김삿갓이 정분을 나누었던 기생 매화가 그리워 종성 땅을 찾아 갔다. 거문고 소리를 듣고 매화의 집을 찾아간 김삿갓이 매화와의 재회의 기쁨을 읊은 시이다.

23. 회양 사또와의 이별 ①

낙막낙혜신상지　樂莫樂兮新相知
비막비혜신별리.　悲莫悲兮新別離.

즐거움은 새로운 사람을 알게 된 것보다 더 좋은 즐거움이 없고

슬픔은 새로운 친구와 헤어지는 것보다 더 괴로운 슬픔이 없다.

〈감상〉

김삿갓이 강원도 회양 고을 사또에게 신세를 많이 졌다. 오랫동안 머물며 지기지우가 되었는데, 행운유수(行雲流水)와 같이 떠도는 김삿갓의 방랑벽은 막을 길이 없다. 김삿갓이 떠나면서 읊은 시이다.

24. 사또와의 이별 ②

갈불음도천수	渴不飮盜泉水
열불식악목음.	熱不息惡木陰.

목이 말라도 남의 샘물을 훔쳐 마시지 아니하고

몸이 더워도 좋지 않은 나무 그늘에서는 쉬지 않는다.

【주】

악목(惡木): 재목으로 쓰기에 적당하지 않은 나무. 쓸모없는 나무(雜木).

〈감상〉

김삿갓이 오래 묵으며 친해진 사또에게 떠나겠다고 하였으나 사또는 김삿갓에게 자기 자식의 훈장이 되어 줄 것을 간청하였다. 사또에게 술을 많이 권해 대취하게 된 뒤 그는 이 시를 써 놓고 그곳을 떠났다.

25. 사모곡(思母曲)

북망산하신분영	北邙山下新墳塋
천호만환무반향.	千呼萬喚無反響.
서산낙일심적막	西山落日心寂寞
산상유문송백성.	山上唯聞松柏聲.

북망산 기슭에 새로이 생긴 무덤 있어
천만 번을 불러봐도 대답이 전혀 없네.
서산에 해 저물었는데 마음은 외롭고 쓸쓸하며
산에서 들려오는 것은 오직 송백을 스치는 바람소리뿐이네.

【주】

북망산(北邙山): 중국 낙양(洛陽)의 북쪽에 있으며 동한(東漢)의 제릉(諸陵) 및 당송(唐宋) 명신(名臣)의 묘가 많음. 현대엔 사람이 죽어서 가는 곳을 뜻함.

분영(墳塋): 무덤(墳墓, 丘塋).

천호만환(千呼萬喚): 수없이 여러 번 부름.

반향(反響): 메아리. 음파가 무엇에 부딪쳐 반사하여 다시 들리는 현상.

서산낙일(西山落日): 서산에 지는 해(setting sun).

적적(寂寂): 괴괴하고 쓸쓸하다. 외롭고 쓸쓸하다.

〈감상〉

김삿갓의 방랑 생활이 30여 년이 되었을 때 꿈속에서 그리던 어머니를 만나보고 즉시 고향에 돌아왔으나 이미 어머니는 저 세상으로 가 버리셨다. 아직 흙도 다져지지 않은 엉성한 무덤에서 통곡하며 지은 시이

다.『한시외전(韓詩外傳)』에서도,

樹欲靜而風不止　나무는 고요하고자 하나 바람이 그쳐 주지 아니하고
子欲養而親不待.　자식은 봉양하고자 하나 어버이는 기다려 주시지 않는다.

하였고, 송강 정철(松江 鄭澈)도「訓民歌」에서,

어버이 사라신 제 셤길 일란 다 ᄒᆞ여라.
디나간 뒤면 애ᄃᆞᆲ다 엇디 ᄒᆞ리.
평싱애 고텨 못홀 일이 잇뿐인가 ᄒᆞ노라.

—「訓民歌」(4)—

라고 살아 계실 때 효성을 다할 것을 가르치고 있지 않은가!

26. 기생 금화에게 주는 시(贈妓)

각파난동조　却把難同調
환위일석친.　還爲一席親.
주선교시은　酒仙交市隱
여협시문인.　女俠是文人.
태반금기합　太半衿期合
성삼의태신.　成三意態新.
상휴동곽월　相携東郭月
취도낙매춘.　醉倒落梅春.

잡은 손을 뿌리칠 때는 함께 하기 어렵더니
돌아와 한 자리에 친한 사이가 되었구나.
술을 좋아하는 나는 숨은 친구를 찾던 중에
여장부인 그대는 글 잘하는 문장객(文章客)이로다.
거의 서로 옷깃을 스치는 정이 서로 통하였을 때에
그대의 얼굴과 그림자, 술병에 어린 그대 얼굴이 달빛에 새롭네.
서로 소매를 이끌고 달빛 따라 동곽을 산책하다가
이윽고 봄철에 매화꽃이 떨어지듯이 취해서 쓰러졌네.

【주】

각(却): 물리칠 각(斥也).

파(把): 잡을 파(執).

동조(同調): 보조(步調)를 같이함.

환위(還爲): 돌아와 ~게 되다.

주선(酒仙): 주호(酒豪)와 같음. 술을 잘 마시는 사람. 여기선 김삿갓 자신을 가리킴.

시은(市隱): 세상을 피하여 시중(市中)에서 숨어 사는 사람.

여협(女俠): 여장부.

태반(太半): 절반이 지남. 반수 이상.

금기합(衿期合): 옷깃이 서로 스침. 또는 통정상(通情上) 비밀 약속.

성삼(成三): 이백(李白)의 시 「月下獨酌」에 "擧盃邀明月 對影成三人(술잔을 들면서 명월을 맞이하여, 그림자를 마주하니 세 사람이 되었구나)"라고 하여 명월, 자신, 자신의 그림자가 모여 셋이 되었다는 것인데, 여기선 기녀의 얼굴, 달에 비친 기녀의 그림자, 술병에 어린 기녀의 얼굴을 가리킴.

상휴(相携): 서로 이끌다.

의태(意態): 정취(情趣)와 태도.

낙매춘(落梅春): 매화꽃 떨어지는 봄.

〈감상〉

이 시는 김삿갓이 금화라는 기생에게 준 시인데, 봄밤의 흥취를 읊은 작품이다.

이백(李白)의 「월하독작 일(月下獨酌 一)」을 연상시키는 작품이므로 여기에 소개한다.

花間一壺酒	꽃 사이에서 한 병의 술을
獨酌無相親.	나 홀로 술 마시니 친한 사람도 없네.
擧盃邀明月	술잔을 들면서 밝은 달 맞이하여
對影成三人.	그림자를 마주하니 세 사람이 되었구나.
月旣不解飮	달은 이미 마시는 것을 깨우치지 못하고
影從隨我身.	그림자는 내 몸을 따를 뿐이네.
暫伴月將影	잠시 달과 또한 그림자를 벗하리니
行樂須及春.	행락은 모름지기 봄 날 좋은 때를 맞춰야지.
我歌月徘徊	내가 노래하면 달은 머뭇머뭇거리고
我舞影凌亂.	내가 춤을 추면 그림자가 어지럽게 흔들리네.
醒時同交歡	내가 깨어 있을 때는 함께 서로 즐기지만
醉後各分散.	취한 후에는 모두 흩어지네.
永結無情遊	길이 무정한 것들과 정을 맺고
相期邈雲漢.	멀리 은하수에서 만날 날을 기약하네.

27. 여걸 기생 금화(女傑妓生錦花)

삿갓: 백마강두황독명	白馬江頭黃犢鳴
금화: 노인산하소년행.	老人山下少年行.
삿갓: 이가정초금삼월	離家正初今三月
금화: 대객초경부삼경.	對客初更復三更.
삿갓: 택리부용심불견	澤裡芙容深不見
금화: 원중도리소무성.	園中桃李笑無聲.
삿갓: 양소가흥비수어	良宵可興比誰於
금화: 자우산두대월명.	紫牛山頭待月明.

삿갓: 백마강 가에는 송아지가 '움메' 하고 울고

금화: 노인산 아래로는 나뭇짐을 진 소년이 가고 있구나.

삿갓: 집을 떠날 때는 정초였는데 어느새 삼월이요

금화: 손님을 대면할 때는 초경이었는데 다시 삼경이 되었네.

삿갓: 연못 속의 연꽃이 너무 물이 깊어서 볼 수가 없고

금화: 동산의 복숭아꽃 오얏꽃은 웃어도 소리가 나지 않는다.

삿갓: 이 좋은 밤의 높은 흥을 누구에게 비할꼬

금화: 자우산 꼭대기에 달이 뜨기를 기다리시오.

【주】

독(犢): 송아지 독(牛子).

택리(澤裡): 연못의 속.

부용(芙蓉): 연꽃.

양소(良宵): 좋은 밤.

산두(山頭): 山頂. 산꼭대기.

※ 민간에 전해지는 이 시의 미연(尾聯) 첫 구는 "황혼에 가약을 맺고자 하나 물어볼 곳이 없구나(黃昏佳約問無處)"로 되어 있다.

〈감상〉

풍류 시인과 풍류 여걸 기생 금화가 만났다. 김삿갓이 부여 땅을 유람하다가 기생 금화와 지은 시인데, 한 사람이 한 구를 지으면 곧이어 또 한 사람이 대구를 채우는 형식의 시이다. 정감이 있는 많은 사람들이 애송하는 걸작이다. 김삿갓 자신도 읊은 것처럼 "한평생을 꽃 없는 동네엔 들어가지 않았고, 열 번 죽더라도 술 있는 마을 그냥 지나기는 어렵더라."(平生不入無花洞, 十死難過有酒村)라고 읊었듯이 김삿갓을 기다리는 여인들도 많았으리라. 시서가무(詩書歌舞)에 능한 당시의 기생들이 시재(詩才) 김삿갓을 몰라보았겠는가!

28. 죽향(竹香)을 위로함

춘거무지노객하　　春去無知老客何
출문시소폐문다.　　出門時少閉門多.
두견공유번화련　　杜鵑空有繁華戀
제재청산미락화.　　啼在青山未落花.

봄은 가는데 늙으신 몸이 어떠하신지 알 수 없어
문 밖을 나설 때는 적고 문을 닫아 놓는 때가 많도다.
두견새야, 너는 무엇이 그리워 그렇게도 애타게 우느냐

너의 울음소리에 아직도 못 다 핀 꽃 떨어지지 않을까?

【주】

노객(老客): 늙어 보이는 손님. 늙은 사람을 얕잡아 이르는 말.

〈감상〉

불과 여섯 살의 어린 나이로 아버지와 헤어져 양모의 슬하에서 기생 수업을 받아 기생이 되었고, 이제 삼십 고개를 넘어서야 김삿갓의 도움으로 80세가 넘은 부친과 재회하게 된 기생 죽향(竹香)을 위하여 지어준 시이다.

29. 강변 이별(江邊離別)

취금난희대부침	翠禽暖戲對浮沈
청경란산야미수.	晴景蘭珊也未收.
인원만수산북립	人遠謾愁山北立
노장유견수동류.	路長惟見水東流.
수양다재앵제역	垂楊多在鶯啼驛
방초무변객의루.	芳草無邊客倚樓.
초창송군자애반	怊悵送君自崖返
나감낙월하정주.	那堪落月下汀洲.

푸른 새는 강물 속을 드나들며 정답게 노닐고

난간에서 바라본 맑게 갠 경치는 너무도 아름답다.

멀리 임 보내는 시름은 북쪽 산에 어리고
멀리 떠나간 길에 오직 강물은 동쪽으로 흐르네.
꾀꼬리는 수양버들 숲속에서 끊이지 않고 울어대고
나는 누각에 기대어 끝없이 펼쳐 있는 향기로운 풀만 바라보노라.
그대를 보내고 나 혼자 이 언덕 가에 남으면
달이 질 때 정주(汀洲)에서 나 혼자 이 설움을 어찌 견디리오.

【주】

취금(翠禽): 푸른 새. 翠는 비취 취자도 됨.
부침(浮沈): 물 위에 떠오름과 물속에 잠김. 운명이 흥하고 망하는 것(榮枯盛衰).
청경(晴景): 맑게 갠 경치.
산(珊): 산호 산(海中産動物, 珊瑚).
수양(垂陽): 수양버들.
방초(芳草): 향기로운 풀. 『초사(楚辭)』에 "芳草生兮萋萋."
초창(怊悵): 서로 바라는 모양. 실신한 모양. 원망하는 모양.
애반(崖返): 애반(崖畔)의 오기인 듯. 崖畔은 언덕.
정주(汀洲): 편편한 물가에 토사가 쌓여서 이루어진 땅.

〈감상〉

대동강 가에서 죽향이 김삿갓과 이별하고 떠날 때 죽향이 먼저 간장이 녹는 듯한 이별시를 읊자, 김삿갓이 그 화답으로 지은 시이다.

죽향이 지은 시는 다음과 같다.

大洞江上別情人　대동강에서 정든 임과 이별하는데
楊柳千絲未繫人.　천만 가닥 수양버들 잡아매지 못하네.
含淚眼看含淚眼　눈물 어린 눈으로 눈물 머금은 눈을 바라보니
斷腸人對斷腸人.　임도 애가 타는지 나도 애가 타서 견딜 수 없네.

30. 아무개 여자에게 줌(贈某女)

객침소조몽불인	客枕蕭條夢不人
만천상월조오린.	滿天霜月照吾隣.
녹죽청송천고절	綠竹靑松千古節
홍도백리편시춘.	紅桃白李片時春.
소군옥골호지토	昭君玉骨胡地土
귀비화용마외진.	貴妣花容馬嵬塵.
인성본비무정물	人性本非無情物
막석금소해여의.	莫惜今宵解汝衣.

나그네 베갯머리가 쓸쓸해서 꿈자리가 사납고
하늘에 가득한 차가운 달빛이 내 주위를 비추는구나.
푸른 대와 푸른 솔 같은 여자의 절개는 천고에 드문 일이요
붉은 도화 흰 오얏꽃은 한때의 봄빛이로다.
왕소군의 옥 같은 자태도 오랑캐 땅의 흙이 되었고
양귀비 같은 아름다운 얼굴도 마외파의 티끌이 되었도다.
인간의 심성이 본시 무정한 것이 아니어서 정을 맺게 되나니
오늘밤에 네 몸의 옷 풀기를 애석해 여기지 말지어다.

【주】

소조(蕭條): 쓸쓸한 모양.

상월(霜月): 상야(霜夜)의 달. 차가운 달(寒月). 왕발(王勃)의 시에 "北山烟霧始茫茫 南津霜月正蒼蒼."

소군(昭君): 한(漢)나라 원제(元帝) 때의 미녀였던 왕소군(王昭君).
귀비(貴妣): 당나라 현종(玄宗)의 비(妃)였던 양귀비(楊貴妃).
화용(花容): 꽃과 같이 아름다운 여자의 얼굴. 미인의 모습(花顔, 花貌).
마외(馬嵬): 양귀비의 무덤이 있는 곳, 중국 섬서성 흥평현(興平縣) 서쪽 25리에 있음. 안록산(安祿山)의 난리 때 현종이 서행(西幸)하다가 마외파에 이르렀을 때 호위하던 군사들이 양귀비의 처형을 요구하며 자진(自盡)케 했음. 백낙천(白樂天)의 시 「장한가(長恨歌)」에 "馬嵬坡下泥土中 不見玉顔空死處."(마외파 아래, 진흙 속에 옥안은 보이지 않는데, 여기는 귀비가 속절없이 죽은 곳이라 하였음.)
막석(莫惜): 애석하게 여기지 말라.
금소(今宵): 금야(今夜). 오늘밤.

〈감상〉

"오늘밤 네 몸의 옷 풀기를 애석해 하지 마라." 기생의 몸으로서 술과 재주와 애교는 팔았어도 정조는 절대로 팔지 않던 그녀도 이 천재 시인 앞에서는 어쩔 수 없이 무너져 버렸다. 절세의 미인이었던 왕소군이나 양귀비도 결국은 한 줌의 흙이 되었고, 인간은 정을 맺게 되는 것이니 우리 오늘밤에 정을 나누어 보자는 연정의 시이다.

31. 완월정(玩月亭)에서 홍련과 함께 지음

삿갓: 누상상봉시목명　　樓上相逢視目明
　　　유정무어사무정.　　有情無語似無情.
홍련: 화무일어다정밀　　花無一語多情蜜
　　　월하유장문심방.　　月下踰墻問深房.

누각 위에서 서로 만나 보니 눈이 아름답고
정은 있으나 말이 없으니 정이 없는 것만 같구나.
꽃은 말이 없어도 꿀을 많이 간직하고
달은 담장을 넘지 않고도 깊은 방에 찾아들 수 있습니다.

〈감상〉

31, 32, 33, 34번 시는 본래 동일한 하나의 작품이었으나 필사본에 따라 옮겨 쓴 사람들이 고의로 시구나 글자를 바꾸어 썼을 것으로 보며 약간씩의 차이가 있어서 네 편 모두 싣는다.

32. 길에서 처음 만나고(街上初見) <其一>
김삿갓이 명순에게 지어준 시

유풍칠월송분명	**幽風七月誦分明**
객주정참홀유정.	**客駐征驂忽有情.**
허각야심인부식	**虛閣夜深人不識**
반륜잔월이삼경.	**半輪殘月已三更.**

7월달 그윽한 바람 타고 시 읊는 소리 뚜렷이 들려오니
나그네 수레를 멈추고 갑자기 연정(戀情)이 일어나네.
텅 빈 집에 밤은 깊고 아무도 아는 이 없을 것이니
밤도 깊어 삼경인데 내가 찾아가면 어떨까요?

【주】

유풍(幽風): 그윽한 바람.

송분명(誦分明): 시를 읊는 소리 뚜렷하게 들려옴.

객주(客駐): 나그네가 갈 길을 멈춤. 주(駐)는 머무를 주(立止)자로 말이 멈추어 서다.

정참(征驂): 먼 길을 여행하는 사람이 타고 가는 마차.

홀유정(忽有情): 갑자기 연정(戀情)이 일어남.

허각(虛閣): 사람이 살지 않고 텅 비어 있는 집.

반륜(半輪): 반달. 반월(半月). 조각달. 이백(李白)의 「아미산월가(峨眉山月歌)」에 "아미산 조각달이 가을 하늘에 떠 있는데, 그 그림자는 평강강에 비치어 강물과 함께 흐르네(峨眉山月半輪秋 影入平羌江水流)."

잔월(殘月): 날이 샐 무렵까지 남아 있어 빛이 희미해진 달. 새벽달. 고황(顧況)의 시 「청각사귀(聽角思歸)」에 "오늘밤 괴로운 내 심정을 말할 사람 보이지 않고, 새벽달 따라 창밖을 배회하니 그림자도 날 따르네(此夜斷腸人不見, 起行殘月影徘徊)."

이삼경(已三更): 이미 삼경임. 삼경(三更)은 밤 11시~오전 1시. 한밤중.

〈감상〉

동제(同題)의 시가 3편이 있는데 32번 시의 「其一」은 김삿갓이 지은 바로 이 시이며, 33번 시 「其二」와 34번 시 「其三」은 김삿갓의 애인 明順의 答詩이다. 김삿갓이 해주 어느 시골 들을 지나다가 낭랑한 목소리로 시를 읊는 여인의 음성을 듣고 연정이 발동하여 수작을 걸어본 것인데, 그 여인(明順)이 처음엔 남의 이목이 두렵기도 하고, 자신은 이미 한 농부의 아내가 된 몸이기 때문이라며 거절을 하였으나, 나중엔 급기야 김삿갓에게 허물어지고 말았다. "한평생을 두고 꽃 없는 동네에는 들어가지 않았고, 열 번 죽더라도 술 있는 마을 그냥 지나기는 어려운(平生不入無花洞, 十死難過有酒村)" 김삿갓이 아니었던가!

33. 길에서 처음 만나고(街上初見) <其二>
김삿갓의 애인 명순의 답 시

가상상봉시목명	街上相逢視目明
유정무어사무정.	有情無語似無情.
유장착혈비난사	踰墻鑿穴非難事
이허농부경불경.	已許農夫更不更.

길에서 만난 아름다운 그대의 눈이 특히 밝은데
정은 서로 통한 듯하나 서로 말이 없으니 무정한 듯하도다.
담을 뛰어넘고 굴을 파는 것은 어려운 일이 아니지만
나는 이미 농부에게 허했는데 당신의 사랑을 받을 수 있습니까?

【주】

유장착혈(踰墻鑿穴): '남의 집 처녀나 부녀자를 넘보려고 울타리를 넘거나 굴을 파서 어려움을 무릅쓰고 남몰래 들어간다'는 뜻. 『맹자·고자장하(孟子·告子章下)』의 "踰東家牆而樓其處子則得妻하고 不摟則不得妻라도 則摟之乎아?"

비난사(非難事): 어려운 일이 아니다. 어렵지 않다.

이허농부(已許農夫): 이미 농부에게 허락했다.

경불경(更不更): 고칠 수도 아니 고칠 수도 없음. 곧 어찌할 줄을 모르고 안타까워하는 마음.

〈감상〉

김삿갓이 해주에서 남의 젊은 아내(명순)에게 연정을 품고 사랑을 고백하였는데, 명순의 남편은 성적 불구자(性的 不具者) 즉 고자(鼓子)였다. 길에서 만난 김삿갓의 아름다운 용모와 빛나는 눈동자에 반해서 정을 나누고 싶지만, 자신(명순)은 이미 남의 아내가 되어 있음을 안타까워하는 마음을 읊은 시이다.

34. 길에서 처음 만나고(街上初見) <其三>
명순(明順)이 김삿갓에게 지어준 시

화무일어다정밀	花無一語多情蜜
월불유장문심방.	月不踰墻問深房.
수약가부수신독	雖若家夫愁身獨
막여동자학귀랑.	莫如童子學貴郎.

꽃은 한마디 말이 없으나 정다운 꿀이 많고
달은 담장을 넘지 않아도 깊은 방을 찾아오나이다.
비록 남편이 있는 것 같으나 나는 몸이 고독함을 슬퍼하노니
사내아이가 되어 당신께 글을 배움만 같지 못하오이다.

【주】

다정밀(多情蜜): 정다운 꿀이 많다. 蜜은 꿀 밀.

약가부(若家夫): 남편이 있는 것 같다.

막여(莫如): ~만 같지 못하다. ~하는 것이 더 낫다. 不如, 不若, 莫如 등이 같은 비교형(比較型)으로 A는 B만 같지 못하다 → A보다 B가 낫다. 또는 A는 B만 못하다 등으로 쓰인다.

百聞不如一見: 백 번 듣는 것이 한 번 보는 것만 같지 못하다.

不恥不若人: 남보다 못한 것을 부끄러워하지 마라.

知臣莫如君: 신하를 아는 데는 임금만한 사람이 없다.

〈감상〉

남편은 있으나 실제로는 없는 것과 같은 처지에, 비록 산촌에 파 묻혀 살고 있으나 문학(시)을 아는 여장부였다. 그런 그녀가 천재 시인 김삿갓을 만나고부터 그를 연모하게 된다.

"꽃은 아무 말이 없으나 정다운 꿀이 많다" 함은 "자신은 김삿갓을 연모하지만 세상 사람들의 이목이 두려워 만나서 말을 걸기 어렵지만 연정은 품고 있으며, 차라리 사내아이가 돼서 당신께 글을 배운다면 매일같이 그리운 임과 함께 지낼 수 있어서 좋겠다"는 것이다.

35. 만사(輓詞)

동지생전쌍동지　　同知生前雙同知
동지사후독동지.　　同知死後獨同知.
동지착거차동지　　同知捉去此同知
지하원작쌍동지.　　地下願作雙同知.

동지 생전에 우리 둘이 쌍동지이었더니
동지 죽은 뒤론 나 홀로 외동지입니다.
동지여, 이 동지를 잡아가 주시오.
지하에서도 또 우리 둘이 쌍동지 되기를 원합니다.

〈감상〉

글을 모르는 이동지 집에서 묵고 있는데 마침 이동지의 친구인 이웃의 김동지가 죽자 김삿갓이 대신 만장에 써준 글의 내용이다.

무려 일곱 번이나 '동지(同知)'라는 단어가 중복되게 한 것은 이렇게 함으로써 '자기의 벗, 절친한 친구, 죽마고우, 문경지우'의 죽음을 슬퍼하는 우정을 시각적으로 드러나게 하려는 의도로 보인다. 인생이란 살아가기도 어렵지만 죽음 또한 마음대로 되는 것이 아니다.

양덕기생(陽德妓生) 소염(小琰)은 그녀의 작품 「만인(挽人)」에서 이렇게 노래했다.

傷心最是北邙山　그 누가 북망산을 상심(傷心)하지 않으리오.
一去人生不再還.　인생 한 번 가고 나면 두 번 다시 못 오는 걸.
若謂死生論富貴　만약에 죽고 사는 걸 부귀로써 바꾼다면
王候何在夜臺間.　저승에서 눈물짓는 왕후장상 없으리라.

36. 『시경』을 외우는 어느 촌녀(村女)와의 수답(酬答) 四首

「其一」 삿갓

파경일질송분명　葩經一帙誦分明
객주정참홀유정.　客駐程驂忽有情.
허각야심인불식　虛閣夜深人不識
반륜잔월이삼경.　半輪殘月已三更.

『시경(詩經)』 한 질의 책을 틀림없이 외우는데
길 가던 나그네 말을 멈춰서 갑자기 연정을 느끼네.

사람들 몰래 빈집으로 와 주셨으면…

밤길은 夜三更 반달마저 넘어갈 때에.

【주】

수답(酬答): 묻는 말에 말로 응답함

파경(葩經): 『시경(詩經)』의 다른 이름. 한유(韓愈)의 「진학해(進學解)」 “시는 바르고 아름다우며(詩正而葩)”에서 나온 말. 『시경(詩經)』은 주초(周初)로부터 春秋 中期까지의 民歌와 조정에서 쓴 樂章 등 311편을 수록한 책. 제목만 남아 있는 시가 6편이 있어 전체로는 305편임.

일질(一帙): 한 책갑에 들어 있는 책. 여러 권으로 된 한 벌의 책.

송분명(誦分明): 틀림없이 외움

객주정참(客駐程驂): 길 가던 나그네가 말을 멈추어 서게 함. 주(駐)는 머무를 주(立止)자로 멈추어 서다.

홀유정(忽有情): 갑자기 연정(戀情)이 일어남.

허각(虛閣): 빈집

인불식(人不識): 사람들이 알지 못함. 남들이 모르게.

반륜(半輪): 반달. 반월(半月). 이백(李白)의 「아미산월가(峨眉山月歌)」에 “峨眉山月半輪秋.”

잔월(殘月): 날이 갤 무렵까지 남아 있는 빛이 희미해진 달. 새벽달.

이삼경(已三更): 벌써 夜三更이다. 已는 이미, 벌써의 뜻.

「其二」 촌녀

난엄장정십목명　　難掩長程十目明

유정무어사무정.　　有情無語似無情.

유장천벽비난사　　踰墻穿壁非難事

증여농부서불경.　　曾與農夫誓不更.

멀리에서도 많은 눈들이 빤히 쳐다보는 것 가리기 어려워

정은 있으나 말이 없으니 정이 없는 것과 같다오.

담을 뛰어넘고 벽에 구멍을 뚫은들 못 오실 것 없사오니

일찍이 저는 농부와 부부(夫婦)되기를 서약한 몸입니다.

【주】

난엄(難掩): 보이지 않게 가리기 어려움. 숨기기 어려움.

장정(長程): 매우 먼 길. 장로(長路).

십목명(十目明): 많은 사람의 눈이 빤히 쳐다봄.

사무정(似無情): 정이 없는 것과 같다. 似는 같을 사(似乎)자로 ~인 듯이 보임. 『논어 · 향당(論語 · 鄕黨)』에 "마치 말 할 줄 모르는 사람 같았다(似不能言者)."

유장천벽(踰墻穿壁): 담을 뛰어 넘고 벽에 구멍을 뚫음. 『삼국지 54 · 오 여몽전(三國志 54 · 吳 呂蒙傳)』에 "又恐勞動, 常穿壁瞻之."

비난사(非難事): 어려운 일이 아님. 그대(김삿갓)가 반드시 와야겠다면 담을 뛰어 넘고 벽을 뚫어 그 구멍으로라도 오는 것이 어려운 일은 아니라는 뜻.

증여농부(曾與農夫): 일찍이 농부와 함께. 與는 더불어 여(同也)자로 ~와 같이, ~와 함께. 『맹자 · 이루하(孟子 · 離婁下)』에 "여러 군자들은 모두 ~와 함께 이야기함(諸君子與驩言)."

서불경(誓不更): 서약(誓約)을 바꿀 수 없음.

「其三」 삿갓

전청후백해보지	前靑後白蟹步地
좌수춘색우수이.	左手春色右手移.
군동협접수풍무	裙同蛺蝶隨風舞

수여청정점수지.　　手與蜻蜓點水遲.

앞은 푸르고 뒤는 흰데 그대는 옆으로 게걸음 치면서

왼손의 봄빛을 오른손에 옮기기도 하네.

치마는 이 나비 저 나비와 함께 봄바람 따라 춤을 추며

손은 잠자리가 물 위에 알 까듯 느리게 점을 찍으며 옮겨간다.

【주】

해보(蟹步): 게걸음. 蟹는 게 해(螃蟹). 게걸음은 모심기를 할 때 뒷걸음하여 심기도 하고 좌우로 가면서 심기도 하는 것을 말함.

좌수춘색(左手春色): 왼손의 봄빛. 봄빛은 볏모.

우수이(右手移): 오른손에 옮기기도 함.

군동협접(裙同蛺蝶): 치마는 이 나비 저 나비와 함께

수풍무(隨風舞): 봄바람 따라 춤을 춤.

청정점수(蜻蜓點水): 잠자리가 물 위를 날면서 꼬리를 수면에 스치고는 곧 날아오름을 이름. 두보(杜甫)의 「곡강시(曲江詩)」에 "꽃을 찾는 나비는 훨훨 날아갔다 또 나타나고, 물을 차는 잠자리는 아래위로 날고 난다(穿花蛺蝶深深見, 點水蜻蜓款款飛)."

지(遲): 천천히 갈 지(徐行)자로서, 더디게, 느리게, 민첩하지 못하게.

「其四」 촌녀

위여상설신여산　　威如霜雪信如山

거역유난퇴역난.　　去亦有難退亦難.

심견대동강수저　　深見大同江水底

시신투처시신한.　　是身投處是身閑.

위엄은 서릿발처럼 매섭고 신의는 산과 같이 변함 없는데

가기도 어렵고 있기도 또한 어렵네.

깊고 깊은 大同江 물속에 이 몸을 던지고 보면

괴로운 이 내 몸 어복에 장사지내면 이 몸의 괴로움 없어지리.

【주】

위여상설신여산(威如霜雪信如山): 위엄은 서릿발처럼 매섭고 준엄하며, 신의(信義)는 산과 같이 변함이 없음.

강수저(江水底): 강물의 밑바닥. 底는 밑 저(下部)자로 밑바닥.

〈감상〉

「其一」

김삿갓이 평양 부근 어느 농촌을 지나다가 보니 아름답고 젊은 여자가 혼자 논에서 모내기를 하며 『시경(詩經)』 한 질을 막힘이 없이 외우는 것을 보고 여자를 유인해 보려고 읊은 시이다.

「其二」

당신(김삿갓)을 사랑하고 싶은 마음은 있으나 저는 이미 농부와 혼인하여 일생을 함께 하기로 서약한 몸이어서 단념하는 것이 좋겠다는 심정이다.

「其三」

여성이 옆으로 게 걸음을 쳐가며 모를 심는 광경을 재미있게 묘사한 부분이다. 따라서 김삿갓의 연애 감정을 담아서 노래하였으니, 앞이 푸른 곳에서 흰 뒤로 옮겨간다는 말은 남편에게서 情을 다른 남자에게로 옮길 수 있다는 뜻이며, 왼손의 봄빛을 바른 손에 옮긴다는 말로 그대의 청춘을 좌우로 옮길 수 있다는 뜻이다.

「其四」

결국 이 촌녀는 김삿갓을 사랑하게 되었는데, 그 소문을 남편도 듣게 되자 촌녀는 이런 뜻을 김삿갓에게 전하고 대동강에 몸을 던져 죽었다고 한다. 전해오는 말에 의하면 당시 남편이 신병이 있어 일을 할 수 없었기 때문에 여자 혼자 논에서 모를 심었다는 설이 있고, 또 남편은 여자와 성관계를 할 수 없는 고자(鼓子: 생식기가 불완전한 남자)였다는 등의 설이 있으나 확실하지 않다.

양가집 여자로서 한평생을 두고 남편을 섬기겠다고 부부가 된 자신이 불륜을 저지르고 말았으니 죽어 마땅하다고 생각되어 대동강 깊은 물에 몸을 던진 것이다. 김삿갓의 나이 30 이전에 있었던 일로 추정한다.

37. 학성에 미인을 찾아갔으나 만나지 못함 (鶴城訪美人不見)

경우소소입설루　　輕雨蕭蕭入雪樓
귀심구약영무류.　　歸尋舊約影無留.
반룡보경경진식　　盤龍寶鏡輕塵蝕
수학향로서무수.　　睡鶴香爐瑞霧收.
초협행운난작몽　　楚峽行雲難作夢
한궁환선이생추.　　漢宮紈扇易生秋.
요료적적강천모　　寥寥寂寂江天暮
대월중소하소주.　　帶月中宵下小舟.

가볍게 내리는 비 쓸쓸하게 설루(雪樓)에 날려들 제

옛 기약 더듬어 찾아왔으나 사람은 카니와 그림자도 남지 않네.
용 서린 장식을 한 보배로운 거울은 가벼운 먼지 속에 좀 먹었고
졸고 있는 학을 그린 향로에 안개는 걷혔구나.
초협(楚峽)에 구름이 사라졌으니 사랑의 꿈 이루기는 어렵고
한궁의 비단 부채는 가을바람을 일으키기 쉽다네.
쓸쓸하고 적막한 강물 위에 날은 저물어 가는데
달빛 실은 배를 타고 下流로 내려가네.

【주】

학성(鶴城): 안변(安邊). 명승고적으로 석왕사(釋王寺), 삼방약수(三防藥水), 학가루(鶴駕樓), 학성산성(鶴城山城) 등이 유명함.

경우(輕雨): 조금 내리는 비. 가볍게(적게, 조금) 내리는 비. 이때 경(輕)은 적을 경(小也).

소소(蕭蕭): 쓸쓸하고 적막함. 두보(杜甫)의 「등고시(登高詩)」에 "끝없이 늘어선 나무의 지는 잎은 쓸쓸히 떨어지고, 다함이 없는 긴 강물은 이어서 유유히 흘러오는구나(無邊落木蕭蕭下, 不盡長江滾滾來)."

귀심구약(歸尋舊約): 옛 기약대로 찾아옴.

반룡보경(盤龍寶鏡): 용이 서린 장식을 한 보배로운 거울.

경진식(輕塵蝕): 가벼운 먼지 속에 좀먹음. 蝕은 좀먹을 식(蛀食)자로 벌레가 먹다.

수학향로(睡鶴香爐): 졸고 있는 학을 그린 향로.

서무수(瑞霧收): 상서로운 안개가 걷히다.

초협행운(楚峽行雲): 초(楚)나라 회왕(懷王)이 무산(巫山: 四川省 동쪽에 12봉우리로 이루어진 山) 고당(高唐)에서 유람할 때 낮잠을 자다가 꿈에 무산의 선녀들과 사랑을 속삭이다가 "우리들은 무산의 구름과 비라(雲雨), 만약 우리를 보려면 무산의 구름과 비를 보아주시오" 하고 떠났다는 故事를 인용한 것.

난작몽(難作夢): 꿈을 이루기 어려움.

한궁환선이생추(漢宮紈扇易生秋): 한성제(漢成帝) 때의 여관(女官)이었던 반첩여(班婕妤)가 성제의 총애를 받다가 조비연(趙飛燕)에게 사랑을 빼앗기고 동궁으로 물러나와 수심으로 지내면서 자기 신세를 쓸데없는 부채에 비겼다. 이 시에서는 이러한 사실을 들어 덧없는 세월과 허망한 처지를 빗대었다.

요료적적(寥寥寂寂): 외롭고 쓸쓸(적막)함.

강천모(江天暮): 강물 위에 날이 저묾.

〈감상〉

김삿갓이 옛날에 후일 다시 만나자고 했던 기약만 믿고 함경남도 안변으로 옛 애인을 찾아갔으나 만나지 못한 서운한 심정을 읊은 시이다.

38. 마도에서(馬島)

고인음망설련천	故人吟望雪連天
별후매화우일년.	別後梅花又一年.
쾌사잠유잉출새	快士暫遊仍出塞
냉관다광불구전.	冷官多曠不求田.
산천중열용만로	山川重閱龍灣路
화진재귀마도선.	禍盡纔歸馬島船.
성외미장호주전	城外未將壺酒餞
차시난사의망연.	此詩難寫意茫然.

옛 친구 그리면서 시 한 수를 읊는데 하늘 가득히 눈이 내리고
이별하고 일년인데 매화는 다시 피었구나.
잠시 함께 놀던 쾌활한 선비 다시 변방으로 가 버렸고
한관(寒官)자리 많이 비워두니 농사지을 사람이 없네.
친구가 지나간 山川은 선조 임금 몽진했던 바로 그 길이요
난이 끝나고 겨우 돌아온 곳은 마도의 뱃길이었네.
성 밖에서 술잔 나누며 작별 못했으니
생각마저 망연자실하여 시를 쓰기 어렵구나.

【주】

고인음망(故人吟望): 옛 친구를 그리워하면서 시 한 수를 읊음. 고인(故人)은 오랜 친구. 옛 친구(舊友). 望은 바랄 망(希也)자로 그리워하다. 『후한서 80. 조일전(後漢書 80. 趙壹傳)』에 "士大夫想望 其風采."

설연천(雪連天): 하늘 가득히 눈이 내림. 연천(連天)은 하늘에 가득함. 『후한서 · 광무기 상(後漢書 · 光武記 上)』에 "旗幟蔽野, 埃塵蓮天."

쾌사(快士): 쾌활한 선비.

잠유(暫遊): 잠시 함께 놀았음.

잉출새(仍出塞): 변방으로 다시 감. 仍은 거듭 잉(重也).

냉관(冷官): 직책이 중요하지 않고 한가한 관직. 냉환(冷宦). 한관(寒官). 한직(寒職).

다광(多曠): 많이 비워둠. 曠은 비워둘 광(空也)자로 비워놓다.

불구전(不求田): 농사지을 사람이 없음.

중열(重閱): 다시 지나감. 重은 다시 중(再也), 閱은 겪을 열(歷也)자로 다시 지나감. 다시 겪음.

용만로(龍灣路): 의주(義州)로 가는 길. 용만(龍灣)은 고려 때 의주(義州)를 용만현(龍灣縣) 또는 화의현(和義縣)이라 하였음. 임진왜란 때 선조(宣祖)가 이곳 의주로 몽진(蒙塵)하여 임시 행재소(行在所)에서

신하들을 모아 놓고 「용만서사(龍灣書舍)」라는 詩를 지어 "조정의 신하 여러분들 오늘 이후에도, 어찌 또 다시 西人·東人의 다툼을 계속하겠느냐(朝臣今日後, 寧復更西東)"라고 꾸짖었다. 필자의 『韓國歷代漢詩選集 1권』, 510쪽 393번 시 「용만서사(龍灣書舍)」 참조.

화진재귀(禍盡纔歸): 난(亂)이 끝나자 겨우 돌아옴.

마도선(馬島船): 마도의 뱃길.

호주전(壺酒餞): 단지 속(술병)의 술을 마시며 잔치를 베풀어 작별함.

난사(難寫): 쓰기 어려움.

의망연(意茫然): 생각마저 멍하여 정신이 없다. 여기에서 망연(茫然)은 망연자실(茫然自失)의 뜻임.

〈감상〉

마도(馬島)는 충청남도 瑞山市 近興面에 소속된 섬(島) 이름이다. 김삿갓이 이곳의 친구를 만나보기 위하여 찾아갔으나 그 친구는 변방으로 떠나 버려서 만나지 못하여 서운한 마음과 그 친구와의 友情을 생각하고 시 한 수를 읊었다. 계절의 순환은 어김이 없어서 이른 봄에 매화가 피었는데, 변방으로 떠나버렸으니, 詩를 한 수 남기려 해도 생각마저 茫然自失하여 시를 쉽게 쓰기가 어렵구나. 어느 때에나 이 친구를 다시 만날 수 있을지….

39. 이씨 댁의 셋째 딸(李氏之三女吟)

절지이지삼지	折枝李之三枝
지리가지삼녀.	知李家之三女.
개면경면반복	開面鏡面反覆
망회간지래기.	望晦間之來期.

자두나무의 셋째 가지를 꺾었으니
이씨 집의 셋째 딸인 줄을 알겠네.
얼굴을 비추어 보는 작은 거울을 열었다 닫았다 하는 것을 보니
세월이 빨리 가라는 기약인 줄을 알리로다.

【주】

삼녀(三女): 셋째 딸. 女는 딸 녀(女兒).『좌전 · 장 27(左傳 · 莊 27)』에 “凡諸候之女, 歸寧曰來, 出曰來歸.”

절지(折枝): 가지를 꺾음. 折은 꺾을 절(截也)자로 나무를 꺾다.

개면경면반복(開面鏡面反覆): 얼굴을 비추는 거울을 열었다 닫았다 반복함. 면경(面鏡)은 주로 얼굴을 비추어 보는 작은 거울.

망회(望晦): 음력 보름날과 그믐날. 晦는 음력에서, 한 달의 맨 마지막 날. 곧 그믐 날.

〈감상〉

얼굴이 꽃처럼 활짝 피어 장성(長成: 자라서 어른이 된)한 이씨 집의 셋째 딸이, 매일 같이 면경을 열었다 닫았다 하며 거울을 들여다보는 것은, 어서 빨리 세월이 지나가고 혼기가 되어 중매쟁이가 오기만을 학수고대(鶴首苦待)하는 동작을 그려낸 표현이다.

40. 쟁계암(爭鷄巖)

쌍암병기의분쟁　　　雙岩竝起疑紛爭
일수중류해분심.　　　一水中流解忿心.

한 쌍으로 된 두 바위가 다투듯이 나란히 서 있는데
한 줄기의 시냇물이 가운데로 흐르면서 분한 마음 풀어주네.

【주】

쌍암(雙岩): 한 쌍의 두 바위. 마주보며 싸우는 듯한 모양의 두 바위.
병기(竝起): 한꺼번에 일어남. 나란히 일어남. 竝은 나란히 할 병(併排) 자로 나란히 서 있다.
의분쟁(疑紛爭): 말썽을 일으켜 시끄럽게 다투는 것 같음.
일수(一水): 한 줄기의 시냇물.
해분심(解忿心): 분한 마음을 풀어줌.

〈감상〉

全羅南道 康津郡 군동면 보은사 근처에 쟁계암이란 바위가 있는데, 두 개의 바위가 개울가에 닭이 서로 마주 바라보며 싸우는 형상이고 이 두 바위 사이를 깨끗한 청계수(淸溪水)가 흐른다. 김삿갓이 그곳을 찾았더니 그곳 사람들이 "두 바위가 싸우지 못하게 글을 지어 보라"고 청하였다. 한 줄기의 흐르는 물이 바위의 울분을 씻어 주듯이 흘러가니 앞으로는 싸우지 말라는 내용의 시이다.

Tis better to give up hoping,
As this is life.
The naked bough shivering in the wintry breeze
Tells me this is life.

살기에 이러한 세상이라고,
맘을 그렇게나 먹어야지.
살기에 이러한 세상이라고,
꽃 지고 잎 진 가지에 바람이 운다.

이 시는 김소월(金素月)의 「낙천(樂天: Optimism)」을 김동성(金東晟) 씨가 영역(英譯)한 것이다.

Selected Poems of Kim So-wol(Translated by Kim Dong-Sung)에서 옮겨 쓴 것이다.

김삿갓이 그토록 극심한 어려움 속에서도 가가대소(呵呵大笑)하며 세상 사람들과 어울려 지낼 수 있었던 것은 '살기에 이러한 세상이라고, 마음을 그렇게나 먹어야지'라고 너그럽게 여긴 까닭이라고 생각된다. 「진주 원당리」(136번 시)에서 당한 치욕이나 「옥구 김진사」(135번 시)에게서 당한 수모를 '마음을 그렇게 먹어야지'라 하지 않고서는 감내(堪耐)해 내기 어려웠으리라.

여기에 모은 시편들은 김삿갓이 본, 야박한 세속에 물들어 살아가는 사람들의 모습들을 보고 지은 작품들이다.

41. 죽 한 그릇(粥一器)

사각송반죽일기	四脚松盤粥一器
천광운영공배회.	天光雲影共排徊.
주인막도무안색	主人莫道無顔色
오애청산도수래.	吾愛靑山倒水來.

다리가 네 개인 소나무 밥상에 주는 죽 한 그릇이
푸른 하늘과 흰 구름 그림자가 죽 그릇에 어른거리는구나.
그러나 주인이시여, 무안해서 미안하게 여기지 마오
나는 원래 청산이 거꾸로 물에 비치는 자연을 사랑한다오.

【주】

천광운영공배회(天光雲影共徘徊): 가난한 집에서 쑤어 준 죽이기 때문에 건더기(곡식, 고기, 채소 등)가 없고 멀건 물뿐이라는 표현.

막도(莫道): 말하지 마라.

오애청산도수래(吾愛靑山倒水來): 나는 청산이 거꾸로 물에 비치는 자연을 사랑한다. 가난의 슬픔을 웃음으로 웃어넘기는 시인의 재치가 돋보인다.

〈감상〉

하루 종일 굶고 걷다가 석양에 길가 외딴집에 찾아 들었다. 주인집은 너무 가난하여 곡식이 떨어졌는데 손님이 왔으니 어쩔 수 없어 쌀독 바닥에 조금 남은 쌀을 긁어모아 죽을 쑤어 김삿갓에게 대접했다. 들어간 쌀이 하도 적으니까 죽이라고 쑨 것이 푸른 하늘과 하얀 구름 그림자가 어른거릴 정도로 멀건 물뿐이었다. 그러나 김삿갓은 그 주인의 정성이 고마워서 달게 먹었다. 지금 사람들은 죽을 별미로 먹는다. 전복죽, 잣죽, 깨죽 등등, 그러나 김삿갓 당년에는 가난한 사람들이 죽지 못해 목숨을 연명하기 위해서 먹는 식사였다.

다산 정약용(茶山 丁若鏞)의 가난한 농가 형편을 그려 놓은 시 한 편을 소개한다.

室中所有太蕭條　집안에 가진 것이라곤 심히 쓸쓸해
變賣不抵錢七八.　모두 합쳐 팔아도 칠팔 냥이 어려울 듯.
尨尾三條山粟穎　삽살개 꼬리 같은 산조 이삭 석 줄 매달렸고
鷄心一串番椒辣.　빨간 고추 한 꿰미 걸어 놓았네.
破甖布糊杜穿漏　깨어진 독 풀로 헝겊 붙여 깨진 구멍 막았고
庋架索縛防墜脫.　시렁은 새끼로 매달았구요.
銅匙舊遭里正攘　놋수저는 이장이 벌써 예전에 가져갔고
鐵鍋新被隣豪奪.　쇠솥은 지금 또 옆집 양반이 빼어가네.
嗚呼此屋滿天地　오호라, 이런 집이 온 천지에 가득해도
九重如海那盡察.　구중궁궐 아득하여 알고나 있을는지?

—「奉旨廉察 到積城村舍作」中 一節—

42. 역발산(力拔山)

김삿갓이 어느 서당엘 들렀더니 훈장이 아이들에게 역발산 항우를 제목으로 시를 지어 보라고 하는 중이었다.

학생 甲　남산북산신령왈　南山北山神靈曰
항우당년난위산.　項羽當年難爲山.

남산과 북산의 산신령이 말하기를
항우가 살던 시절에는 산 되기도 어렵더라.

【주】
항우(項羽): 232~202. B.C. 중국 진(秦)나라 때 하상(下相) 사람. 역발산기개세(力拔山氣蓋世: 힘은 산을 뽑을 만하고, 기상은 세상을 다 덮을 만하다)의 형세로 일어났으나, 뒤에 유방과 싸워 해하(垓下)에서 패하여 오강(烏江)에서 자살하였음. 우미인(虞美人)은 그의 애첩(愛妾).

학생 乙　우발좌발투공중　右拔左拔投空中
평지왕왕다신산.　平地往往多新山.

바른손으로 뽑고 왼손으로 집어서 공중에 던지니
가끔 평지에는 여기저기 새로운 산이 많아지도다.

김삿갓　항우사후무장사　項羽死後無壯士

수장발산투공중.　　誰將拔山投空中.

항우가 죽은 뒤로 그런 장사가 다시 없으니

어느 누가 산을 뽑아 공중에 던질 건가?

※다음은 주의식(朱義植)의 「항우(項羽)」이다.

英雄運去嘆天亡　영웅이 운수가 가버리니 하늘을 탄식하고

八載干戈夢一場.　팔 년 전쟁 보람 없이 한바탕 헛된 꿈이로다.

不獨江東羞父老　강동의 부형만 홀로 부끄러운 게 아니고

泉臺何面拜懷王.　저승 가면 무슨 낯으로 초회왕을 뵈올 건가?

〈감상〉

이 시는 항우가 한패공과 8년 동안 싸운 끝에 패하자 하늘이 나를 망쳤다고 탄식하고 오강을 건너려다가 강동의 부형을 볼 낯이 없다 하고 자결하였는데, 이 고사를 인용하여 쓴 것이다.

43. 회양 땅을 지나던 때에(淮陽過次)

산중처자대여양　　山中處子大如孃

완착분홍단포상.　　緩着粉紅短布裳.

적각낭창수과객　　赤脚踉蹌羞過客

송리심원농화향.　　松籬深院弄花香.

산중의 처녀가 다 커서 어른 같은데

분홍빛 짧은 치마를 느슨히 입었구나.

붉은 다리가 드러나서 과객을 부끄러워하는 듯

소나무 울타리 뒤에 숨어서 꽃향기를 희롱하도다.

【주】

처자(處子): 처녀(處女).

대여양(大如孃): 여인네 같다.

완착(緩着): 느슨하게 입다. 緩은 느즈러질 완, 느슨할 완.

낭창(踉蹌): 걸음걸이가 비틀비틀함. 과객을 부끄러워했기 때문에 당황해서 비틀거렸을 것임.

수과객(羞過客): 과객을 부끄러워함.

송리(松籬): 소나무 울타리.

심원(深院): 깊은 집안.

〈감상〉

김삿갓이 물 한 그릇을 얻어먹기 위해 어느 집 사립문을 들어가려는 순간, 그 집안 울타리 밑에 핀 국화꽃을 보면서, 혼자 방그레 웃고 서 있는 산골 처녀를 발견했다. 김삿갓은 이 소박한 처녀의 미모에 마음이 끌렸다. 그래서 그는 넋을 잃고 처녀의 거동을 살피는데, 처녀는 자기의 모습을 몰래 보는 젊은 나그네의 존재도 알지 못하고 그저 국화만 감상하고 있었다. 한참 뒤에야 처녀가 울 밖의 인기척을 알아차리고 짧은 분홍치맛자락에 그대로 드러난 통통하고 붉은 다리를 감추려는 듯이 손으로 감싸며 안으로 들어가 버렸다.

임제(林悌)의 「규원(閨怨)」을 연상케 하는 좋은 작품이다. 「규원(閨怨)」도 함께 감상해보자.

十五越溪女　　십오세의 아리따운 아가씨가

羞人無語別.　　부끄러워서 말 못하고 임과 헤어졌네.

歸來掩重門　　돌아와 문빗장을 닫아걸고서
泣向梨花月.　　배나무에 걸린 달을 보며 눈물 흘리네.

김삿갓은 멍하니 섰다가 가까이 다가가 자기도 꽃을 정신없이 바라보다가 문득 '제아무리 꽃을 잘 그리는 화가라도 이 꽃내음만은 그려낼 수 없겠지' 하는 생각이 들면서 옛글 한 구절이 떠올랐다.

繪花者不能繪其香　　꽃을 그린다는 것은 꽃은 그려도 그 꽃의 향기는 그릴 수 없고
繪雪者不能繪其淸　　눈을 그린다는 것은 눈은 그려도 그 눈의 맑음은 그릴 수 없고
繪月者不能繪其明　　달을 그린다는 것은 달은 그려도 그 달의 밝음은 그릴 수 없고
繪泉者不能繪其聲　　샘을 그린다는 것은 샘은 그려도 그 샘의 물소리는 그릴 수 없고
繪人者不能繪其情.　　사람을 그린다는 것은 사람은 그려도 그 사람의 인정은 그릴 수 없다.

44. 거짓말을 읊은 시(虛言詩) 二首 中 其一

청산영리녹포란　　靑山影裡鹿抱卵
백운강변해타미.　　白雲江邊蟹打尾.
석양귀승계삼척　　夕陽歸僧髻三尺
누상직녀낭일두.　　樓上織女閬一斗.

푸른 산 그림자 속에서는 사슴이 알을 품었고

흰 구름 지나가는 강변에선 게가 꼬리를 치는구나.

석양에 돌아가는 중의 상투가 석 자나 되고

베틀 위에서 베를 짜는 계집은 불알이 한 말이다.

【주】

녹포란(鹿抱卵): 사슴이 알을 품다.

해타미(蟹打尾): 게가 꼬리를 치다.

계(髻): 상투 계(紒: 상투 계, 髱: 상투 파, 鬃: 상투 종).

랑(閬): 불알 랑(腎囊).

〈감상〉

이 시는 역설을 통해서 당시 사회상의 모순을 해학적으로 드러내고 있다. 세상을 비웃고, 야박한 인심에서 푸대접받는 자기 자신이 가엾기도 하지만 세상은 모두가 허상이다. "사슴이 알을 품었다, 게가 꼬리를 친다, 중의 상투가 석 자다, 계집의 불알이 한 말이나 된다." 모두가 헛된 말 장난이다. 이 세상 인간들의 살아가는 꼴이 허망되고 거짓으로만 보였다. 어떤 책에는 승구의 '白雲江邊'이 '流水聲中(흐르는 물소리 가운데에서는)'으로, 결구의 '閬一斗'를 '閬三斗'로 기록되어 있기도 하다.

45. 거짓말을 읊은 시(虛言詩) 二首 中 其二

준준무식이태백	蠢蠢無識李太白
섬섬약질초패왕.	纖纖弱質楚霸王.
구월산중춘초록	九月山中春草綠
오경누하석양홍.	五更樓下夕陽紅.

시선(詩仙) 이백(李白)은 지식이 없어 우매하고

초패왕 항우는 여리고 가냘픈 약질이다.

구월달 산중에 봄풀이 푸르고

오경 새벽에 석양이 붉다.

【주】

허언시(虛言詩): 실속이 없는 허무맹랑한 빈말(거짓말)로 된 시

준준(蠢蠢): 어리석을 준(愚昧). 우매하다.

무식(無識): 지식이 없음. 식견이 없음.

이태백(李太白): 성당(盛唐) 때의 詩仙 李白(701~762).

섬섬(纖纖): 여리고 가냘픔. 섬세하고 조심스러운 모양.

약질(弱質): 약한 체질. 약골(弱骨).

오경(五更): 지금의 오전 3~5시까지.

〈감상〉

“이태백이 무식하고 항우의 체질이 약하며, 가을철인 9월에 산속엔 봄풀이 푸르고 새벽녘에 석양이 붉다”는 곧이들을 사람이 없을 터인데, 김삿갓이 이와 같이 허언을 나열한 것은 역설을 통하여 당시 사회상의 모순을 해학적으로 드러내었다. 그의 눈에는 이 세상 인간들의 살아가는 꼴이 허망되고 거짓으로만 보였다.

46. 갓 쓴 어린 신랑을 조롱함(嘲幼冠者)

외연신세은관개	畏鳶身勢隱冠蓋
하인해수토조인.	何人咳嗽吐棗仁.
약사매인개여차	若似每人皆如此
일복가생오륙인.	一腹可生五六人.

솔개를 두려워할 작은 체구가 갓에 덮여 안 보이니
어떤 이가 기침할 때 내뱉은 대추씨인가?
만약 사람들이 모두 이렇게 작다면
한 배에 대여섯쯤은 낳을 수도 있겠다.

【주】

외연(畏鳶): 솔개를 두려워하다.
신세(身勢): 몸통, 체구.
관개(冠蓋): 갓에 덮이다. 갓에 가리다.
해수(咳嗽): 기침.
조인(棗仁): 棗는 대추 조, 仁은 열매씨 인(果核中實也). 그러므로 棗仁은 대추씨.
약사(若似): 만약 ~와 같다면.

〈감상〉

13세의 어린 꼬마 신랑을 조롱한 시이다. 어린 신랑이 갓을 쓰고 다니는 것을 솔개에게 채어갈까 보아 몸을 가렸다고 희롱하고, 새신랑의 몸집을 대추씨만하다고 익살스럽게 표현했다.

47. 서당 훈장을 훈계함(訓戒訓長)

남을 여(餘)	화외완맹괴습여	化外頑氓怪習餘
거짓말 허(噓)	문장대괴불평허.	文章大塊不平噓.
	준배측해난위수	蠢盃測海難爲水
글 서(書)	우이송경기오서.	牛耳頌經豈悟書.
	함서산간간서이	含黍山間奸鼠爾
나 여(余)	능운필하약용여.	凌雲筆下躍龍余.
	죄당태사고사기	罪當笞死姑舍己
말 단정할 거(詎)	감향존전어힐거.	敢向尊前語詰詎.

餘: 두메산골의 완고한 백성(훈장)이 괴이한 버릇이 남아서

噓: 문장대가(金笠)를 함부로 헐뜯으며 트집을 잡는구나.

조그만 잔으로 어찌 바닷물을 측량할 수 있으며

書: 쇠귀에 경 읽는 격이니 어찌 글 뜻을 알겠느냐?

네가 서속이나 훔쳐 먹는 간교한 들쥐라면

余: 나는 용사비등(龍蛇飛騰)하는 대문장가로다.

마땅히 볼기를 쳐서 죽여 마땅하나 잠시 용서하노니

詎: 다시는 감히 어른을 향하여 버릇없는 말대꾸를 하지 마라.

【주】

화외(化外=敎化): 교화의 손이 닿지 않는 곳. 두메산골의 시골.

완맹(頑氓): 완고한 백성.

허(噓): 불다. 뿜다.

준배(蠢盃): 아주 작은 술잔.

우이송경(牛耳頌經): 우이독경(牛耳讀經). 쇠귀에 경읽기.

서(黍): 기장. 서속. 수수의 일종.

고(姑): 아직. 잠깐.

거(詎): 말단정할 거. 말에 법도가 있음.

〈감상〉

김삿갓이 어느 서당에 찾아갔을 때 훈장이 학동들에게 문장 강의를 하고 있었는데, 들어보니까 고금내외(古今內外)의 문장대가들을 함부로 헐뜯고 자기만이 천하의 문장인 양 허풍을 떨었다. 김삿갓이 하룻밤 자고 가기를 청하니 훈장은 내가 부르는 운자로 시를 지으면 재워 주겠다고 했다. 그러자 김삿갓이 통쾌하게 훈장을 훈계한 시이다.

48. 곱사등이(佝僂)

인개평직이하연	人皆平直爾何然
항재흉중슬재견.	項在胸中膝在肩.
회수불능간백일	回首不能看白日
측신근가견청천.	側身僅可見青天.
와여심자무삼점	臥如心字無三點
입사궁형실일현.	立似弓形失一絃.
통곡천추귀거로	慟哭千秋歸去路
야응관곽용단원.	也應棺槨用團圓.

사람들은 모두가 꼿꼿한데 너는 어찌 그 모양인가?

목은 가슴에 있고 무릎은 어깨에 있구나.

머리를 돌려도 한낮의 태양을 볼 수가 없고

몸을 옆으로 비스듬히 기울여야 간신히 푸른 하늘을 보도다.

누우면 석 점이 없는 마음심(心)자 같고

일어서면 줄을 풀어버린 활대구나.

천추에 통곡할 일은 죽어 청산에 갈 때도

관을 둥글게 만들어야 할 것 아닌가?

【주】

이하연(爾何然): 너는 어찌 그런가? 너는 어찌 그 형상(모양)인가?

슬재견(膝在肩): 무릎은 어깨에 (올라가) 붙었구나.

회수(回首): 머리를 돌이키다.

불능(不能): ~할 수 없다.

백일(白日): 한낮(白晝).

〈감상〉

곱사등이의 설움을 잘 표현한 시이다. 心자와 弓자로 곱사등이의 모습을 잘 표현한 관찰력이 뛰어나다. 다른 장애자도 부자연스럽기는 거의 같겠지만 특히 곱사등이는 천형(天刑)인 것처럼 외모부터가 보기 좋지 않은 데에 착안한 것 같다.

49. 한식날 북루에 올라(寒食日登北樓吟)

십리평사안상사	十里平沙岸上莎
소의청녀곡여가.	素衣青女哭如歌.
가련금일분전주	可憐今日墳前酒
양득아랑수종화.	釀得阿郞手種禾.

십리나 되는 넓은 모래벌판 언덕 위에 잔디가 자라고
소복한 청상과부의 곡소리가 노래하듯 흐느끼네.
가련하다! 한식날 무덤 앞에 따르는 술은
죽은 낭군이 손수 가꾼 곡식으로 빚은 술이렷다.

【주】

사(莎): 사초(莎草). 잔디.
소의청녀(素衣青女): 소복한 청상과부(青裳寡婦).
아랑(阿郞): 낭군. 남편.
양(釀): 양조(釀造). 술을 빚음.
종화(種禾): 심어서 가꾼 곡식.

〈감상〉

김삿갓이 원산(元山) 지방에 이르러 바닷가 명사십리(明沙十里)를 지날 때가 한식(寒食)이었다. 바닷가 정자 위에 올라 쉬고 있는데 바로 정자 근처에서 어떤 과부가 남편 무덤 앞에 술잔을 올리고 한식 차례를 지내는 곡소리가 낭자하게 울려 왔다. 만일 이 여인이 시인이었다면 다음과 비슷한 작품을 남기지 않았을까?

別後雲山隔渺茫	이별한 뒤론 산도 물도 아득하게 막혀 있는데
夢中歡笑在君傍.	꿈속에선 임의 곁에서 웃고 기뻐했소.
覺來半枕虛無影	깨어 보니 베갯머리는 텅 비고 임은 그림자도 없어
側向殘燈冷落光.	등잔불만 나를 향해 냉랭하게 가물거리네.
何日能逢千里面	어느 날 임을 만나 서로 즐길까
此時空斷九回腸.	요즘 나는 구곡간장 끊어졌다오.
窓前更有梧桐雨	창 앞엔 다시 오동에 비 내리고
漆得相思淚幾行.	밤새껏 임을 그려 눈물 흘리네.

—진주 기생 계향(桂香)의 「기원(奇遠)」—

50. 노파(老嫗)

연지분등매야부	臙脂粉等買耶否
동백향유역재사.	冬柏香油亦在斯.
노구당창소백발	老嫗當窓梳白髮
갱무일어출문지.	更無一語出門遲.

연지와 분을 사겠는가, 사지 않겠는가?

동백기름도 향유도 여기에 골고루 있습니다.

할머니는 창 앞에서 흰머리를 빗으면서

아무 대답도 안 하고 나오려는 기색도 없네.

【주】

연지분(臙脂粉): 연지와 분. 연지는 여자가 화장할 때 입술과 뺨에 바르는 홍색 안료이며, 분은 얼굴에 바르는 가루로 된 화장품.

매야부(買耶否): 사겠는가, 사지 않겠는가?
동백(東柏): 冬柏의 오기(誤記)인 듯. 동백(冬柏)나무 열매로 짠 머리에 바르는 기름.

〈감상〉

김삿갓이 밥술이나 얻어먹으려고 길가 어느 집에 들어갔더니, 먼저 온 방물장수 할머니가 물건을 사라고 권하는데, 집 안에서는 기척이 없고 적적하다. 집 안에는 창문을 열어놓고 호호백발 흰머리를 빗고 앉아 있는 노파는 귀가 먹었는지 말대꾸가 없다. 이런 화장품들이 노파에게 무슨 소용이 있겠느냐는 자학(自虐)에서가 아니었을까?

51. 수연시(壽宴詩)

인도인가부대인	人到人家不待人
주인인사난위인.	主人人事難爲人.
피좌노인불사인	彼坐老人不似人
의시천상강진선.	疑是天上降眞仙.
슬하칠자개도적	膝下七子皆盜賊
투득벽왕헌수연.	偸得碧王獻壽筵.
하일하시강선신	何日何時降仙神
절취천도선양친.	竊取天桃善養親.

사람이 사람의 집에 왔는데 사람대접을 하지 않으니
이 집 주인의 인사는 사람 되기 어렵구나.

저기 앉은 저 노인은 사람 같지 않게 생겼으니
아마도 천상에서 내려온 신선인가 하노라.
슬하의 칠 형제는 모두 도둑 되어서
복숭아 훔쳐다가 환갑잔치 빛냈도다.
어느 날 어느 시에 신선이 내려왔던고
불로장생의 천도복숭아를 훔쳐다 잘 봉양하였도다.

【주】

난위인(難爲人): 사람이라 하기 어렵다. 사람답지 못하다. 사람 되기 어렵다.

불사인(不似人): 사람 같지 아니하다.

투득(偷得): 훔쳐 얻다. 훔쳐 가지다.

벽왕(碧王): 碧은 푸른, 어린, 풋의 뜻. 王은 王桃를 말함. 왕도는 어린 복숭아나무에 열린 첫 열매. 이것을 먹으면 아이를 못 낳던 여자가 아이를 낳을 수 있고, 노인이 먹으면 장수한다고 함.

〈감상〉

시 한 수로 사람들을 웃기고 울리는 그의 뛰어난 재치를 엿볼 수 있다. 남의 집 환갑잔치에 가서 음식을 얻어먹기 위해 지은 시이다. 주인이 부르는 운자대로 짓는데 수련에서 "사람 같지 않다"고 해서 화를 내다가 함련에서 신선 같다고 추켜세워서 그들을 웃게 만들었고, 다시 경련에서 그 자식들을 도둑이라고 해서 화를 내게 만들었고, 미련에서 다시 신선이라고 읊어 모두들 폭소를 터뜨리게 하였다.

52. 훈장(訓長)

세상수운훈장호　　世上誰云訓長好
무연심화자연생.　　無煙心火自然生.
왈천왈지청춘거　　曰天曰地青春去
운부운시백발성.　　云賦云詩白髮成.
수성난청칭도어　　雖誠難聽稱道語
잠리이득시비성.　　暫離易得是非聲.
장중보옥천금자　　掌中寶玉千金子
청촉달형시진정.　　請囑撻刑是眞情.

세상에 그 어느 누가 훈장 생활이 좋다고 말하더냐
속이 타서 연기 없는 울화병이 저절로 생기더라.
하늘 천 따지 하는 사이에 청춘은 가 버리고
부니 시니 하는 동안에 백발이 이루어졌네.
비록 성심껏 가르쳐도 칭찬하는 말은 듣기 어렵고
잠시만 자리를 비워도 시비하는 말을 듣기 쉽다.
장중보옥 같고 천금 같은 자기 자식을
나더러 종아리 쳐 달라니 진정 딱한 사정이로다.

【주】

수운(誰云): 누가 ~라고 이르더냐?
자연생(自然生): 저절로 생기다.
칭도어(稱道語): 칭찬하는 말. 여기에서의 道는 동사로, 말하다의 뜻.

이득시비성(易得是非聲): 시비하는 소리를 듣기 쉽다.
천금자(千金子): 천금 같이 귀한 자식.
청촉달형(請囑撻刑): 종아리 치는 형벌을 청함. 종아리를 쳐 달라고 함.

〈감상〉

"선생의 X은 개도 안 먹는다"고 했다. 예나 지금이나 학생들을 지도하는 선생의 노고는 달라짐이 없이 똑같다. 필자 역시 짧지 않은 세월에 걸쳐 교사 생활의 경험이 있기 때문에 이 시를 이해하고도 남음이 있다. 김삿갓이 가련과 인연을 맺은 마을에서 최백담의 권유로 글방 훈장 생활을 할 때 지은 작품이다.

53. 꽃을 피하기는 어려움(難避花)

청춘포기천금개	青春抱妓千金芥
금야당준만사운.	今夜當樽萬事雲.
홍비원천이수수	鴻飛遠天易隨水
접과청산난피화.	蝶過青山難避花.

청춘에 기생을 안고 노니 천금이 티끌과 같고
이 밤에 술잔을 드니 만사가 구름 같도다.
기러기가 먼 하늘에 나니 물을 따르기 쉽고
나비가 푸른 산을 지나니 꽃을 피하기 어렵도다.

【주】

천금개(千金芥): 천금이 티끌과 같다. 芥는 티끌 개. 『춘추번로 · 권제4 · 왕도제6(春秋繁露 · 卷第四 · 王道第六)』에 "春秋記纖芥之失."

금야당준(今夜當樽): 오늘밤에 술잔을 들다.

〈감상〉

김삿갓이 서울에 와서 친구 조직산(趙稷山), 정현덕(鄭顯德), 조운식(趙雲植) 등과 청루에 가서 예쁜 기생들과 어울려 멋지게 놀면서 지은 시이다. 술 한 잔에 시 한 수, 이백(李白)과 김삿갓은 술을 좋아했다는 공통점이 있다.

이백의 「월하독작 이(月下獨酌 二)」를 소개한다.

天若不愛酒	하느님이 만약 술을 사랑하지 않았다면
酒星不在天.	하늘에 주성(酒星)이 있었겠는가?
地若不愛酒	땅이 만약 술을 사랑하지 않았다면
地應無酒泉.	땅에는 응당 주천(酒泉)이 없었을 것이다.
天地既愛酒	천지가 이미 술을 사랑하였으니
愛酒不愧天.	술을 사랑함이 하늘에 부끄럽지 아니하다.
已聞清比聖	청주(淸酒)를 성인에 비한다는 말을 이미 들었고
復道濁如賢.	탁주(濁酒)를 현인과 같다고 말하지 않았던가?
聖賢既已飮	성현도 이미 술을 마셨으니
何必求神仙.	하필이면 신선을 구할 필요가 있으랴?
三盃通大道	석잔 술을 마시면 도에 통하고
一斗合自然.	한 말 술을 마시면 자연과 합일(合一) 된다.
俱得醉中趣	이것이 술에 취하여 얻어지는 것이니
勿謂醒者傳.	술 깬 사람은 말하지 마라.

54. 양반론(兩班論)

피양반차양반	彼兩班此兩班
반부지반하반.	班不知班何班.
조선삼성기중반	朝鮮三姓其中班
가락일방재상반.	駕洛一邦在上班.
내천리차월객반	來千里此月客班
호팔자금시부반.	好八字今時富班.
관기양반염진반	觀其兩班厭眞班
객반가지주인반.	客班可知主人班.

저 양반 이 양반하고 양반 타령만 하고
양반이 양반을 몰라보니 양반은 무슨 놈의 양반이냐?
조선에서는 자고로 세 가지 성씨가 그 중에 양반인데
가락 일국에선 김해 김씨가 가장 양반이다.
천리의 먼 길을 찾아왔으니 이 달에는 내가 손님 양반이신데
팔자 좋아 거들먹대니 부자 양반 틀림없으나
그 따위 양반이 참다운 양반을 미워하니
손님 양반인 내가 주인 양반의 지체를 알 수 있겠노라.

【주】

부지(不知): 알지 못하겠다.

가지(可知): 알 수 있다.

〈감상〉

김삿갓이 어느 큼직한 사랑에 들렀다가 까다롭게 보학(譜學: 族譜)을 따지는 자리여서 기분이 상했다. 자기 집의 양반 내력을 펼쳐 놓을 수 없기에…. 그러나 상대방이 상놈 대접을 하려는 거만한 태도에는 구역질이 났다. 그는 자기의 김씨는 신라 시대로부터 박 · 석 · 김(朴 · 昔 · 金)의 삼성 가운데에서도 일국의 왕위에 있었다는 양반론(兩班論)을 농시(弄詩)로 옮겨서 주인에게 무안을 주고 나와 버렸다.

주인 양반이 양반 대접을 받으려 하거든 행실이 양반다워야 할 터인데, 천 리 길을 찾아 온 손님 양반(김삿갓)을 대하는 태도가 틀렸으니 그 따위 양반이 무슨 놈의 양반이냐는 김삿갓의 질타이다.

55. 춘흥(春興)

일보이보삼보립	一步二步三步立
산청석백간간화.	山青石白間間花.
약사화공모차경	若使畵工模此景
기어임하조성하.	其於林下鳥聲何.

한 걸음 두 걸음 세 걸음걸음마다 서노니
산은 푸르고 돌은 희고, 그 사이사이엔 꽃이로구나.
만약 화가로 하여금 이 경치를 그리게 한다면
그 숲속에서 우는 새 소리는 어찌하려는가?

【주】

약사(若使): 만약 ~로 하여금 ~하게 한다면.

하(何): 어찌 그려내려는가? 어떻게 그려낼까?

〈감상〉

전 · 결구(轉 · 結句)의 착상이 뛰어나다. 만약 화가에게 이 아름다운 봄의 경치를 그리게 한다면, 봄의 경치는 그려낼 수 있겠지만, 저 숲속에서 아름다운 계절인 봄을 맞아 새들의 우짖는 소리는 어떻게 그려낼까? 아마도 그리지 못할 것이다.

정극인(丁克仁)은 「상춘곡(賞春曲)」에서 다음과 같이 읊었다.

"엇그제 겨울 지나 새봄이 돌아오니, 도화행화(挑花杏花)는 석양리(夕陽裏)예 퓌여잇고, 녹양방초(綠楊芳草)는 세우중(細雨中)에 푸르도다. 칼로 몰아 낸가, 붓으로 그려낸가, 조화신공(造化神功)이 물물(物物)마다 헌ᄉᆞ롭다. 수풀에 우는 새는 춘기(春氣)를 못내 계워 소릐 마다 교태(嬌態)로다. 물아일체(物我一體)어니, 흥(興)이ᄋᆡ 다를소냐."

56. 지관을 조롱함(嘲地官)

풍수선생본시허	風水先生本是虛
지남지북설번공.	指南指北舌翻空.
청산약유공후지	靑山若有公侯地
하불당년장이옹.	何不當年葬爾翁.

풍수 선생은 본래 허망된 말만 하는 사람

남이다 북이다 가리키며 혓바닥을 함부로 놀려대네.
수많은 청산 속에 만약 명당자리가 있다 하면
어째서 네 아비는 그곳에 곧장 파묻지 않았는가?

【주】

풍수(風水): 음양오행설에 기초하여 민속적으로 지켜 내려오는 지술(地術)로서 집이나 묏자리 같은 것의 위치를 정하는 술법(術法). 우리나라는 신라 말부터 여기에 심취했음.

공후(公侯): 제후(諸侯). 공작과 후작. 여기선 공후가 태어날 만한 명당자리.

이옹(爾翁): 너의 아비. '이(爾)'는 2인칭 대명사로 '너', '옹(翁)'은 아비 옹(父也).

〈감상〉

지관(地官), 풍수(風水)라고 불리는 사람은 남북을 가리키는 패철(佩鐵: 指南鐵)을 가지고 다니며 집터나 묏자리를 보아 주고 대가(代價)를 받는다. 공동묘지 같은 곳에서는 선택의 여지가 없고 배당된 곳에 매장하지만, 지금도 자기 땅에 묘를 쓰려는 곳에선 지관이 이 역할을 한다. 김삿갓은 그 지관더러 허망된 말이나 하는 엉터리라고 욕을 하였다.

57. 풍수를 조롱함(嘲地師)

가소용산임처사	可笑龍山林處士
모년하학이순풍.	暮年何學李淳風.
쌍모능관천봉맥	雙眸能貫千峰脈

양족도행만학공.　　兩足徒行萬壑空.
현현천문유미달　　顯顯天文猶未達
막막지리기능통.　　漠漠地理豈能通.
불여귀음중양주　　不如歸飮重陽酒
취포수처명월중.　　醉抱瘦妻明月中.

가소롭구나, 용산에 산다는 임 처사여!
늙은 나이에 이순풍의 지술을 어찌 배웠느냐?
그대의 두 눈동자는 능히 천 봉우리의 지맥을 꿰뚫고
그대의 두 발은 일만 골짜기를 누볐으나 헛수고로다.
높고 높은 천체의 온갖 형상에도 통달할 수 없는데
막막한 땅의 이치를 어찌 환히 알 수 있으랴?
집으로 돌아가 중양절 술이나 마심만 같지 못하고
밝은 달 아래 늙어서 여위고 수척한 아내나 안고 자거라.

【주】

지사(地師): 地官. 지술(地術)을 연구하여 집터, 묏자리 등을 잘 잡는 사람. 풍수(風水).

처사(處士): 세파의 표면에 나서지 않고 조용히 초야에 묻혀 사는 선비(居士). 여기선 '임씨' 정도의 뜻으로 쓰인 말.

이순풍(李淳風): 지사(地師)의 개조(開祖).

모년(暮年): 늙은 나이. 늘그막.

쌍모(雙眸): 두 눈동자.

현현(顯顯): 높고 높은.

중양주(重陽酒): 중양절에 마시는 술. 중양절은 옛 명절의 하나로 음력

9월 9일.
불여(不如): ~만 같지 못하다. ~하는 것이 더 낫다.

〈감상〉

그대(풍수)는 소위 명당을 찾기 위해서 수많은 산봉우리와 골짜기를 누비고 다녔으나 모두 헛수고이니, 그만두고 어서 집으로 돌아가라고 조롱한 시이다. 천체의 형상도 모르면서 어찌 땅의 이치를 알겠느냐고 꼬집었다.

58. 점쟁이(術客)

천방백기비일신	千方百技備一身
자언아외갱무인.	自言我外更無人.
산형평지개명혈	山形平地皆名穴
일법상시총길신.	日法常時總吉辰.
소위영구점가성	所謂靈龜占假聖
유하편작약신선.	有何扁鵲藥神仙.
상서명록분연출	相書名綠紛然出
배주가가시상빈.	杯酒家家侍上賓.

온갖 기예(技藝) 모두 한 몸에 갖추어

이 세상에서 자신이 첫째라는 점쟁이라네.

산이나 평평한 땅이나 모두가 명당이며

사시장철이 항상 좋은 때라네.

이른바 신령스런 거북이 가짜 성인 노릇을 하니
세상에 편작이 있다 한들 무엇이 신통할 것인가?
관상서(觀相書)가 그의 보자기에서 많이 쏟아져 나오면
집집마다 주식(酒食) 차려 상객(上客)으로 모시는구나.

【주】

술객(術客): 술가(術家). 음양(陰陽), 복서(卜筮), 점술(占術)에 능통한 사람.

천방(千方): 백방(百方). 여러 가지의 方法. 여러 方面.

백기(百技): 온갖 기예(技藝) 기술에 관한 재주와 솜씨. 사마광(司馬光)의 『속수기문(涑水記聞)』에 "凡其才, 力技藝有過人者, 皆收禁軍."

산형(山形): 산의 생김새.

명혈(名穴): 명당. 썩 좋은 묏자리.

상시(常時): 항상. 항시(恒時).

길신(吉辰): 길한 날. 좋은 때.

소위(所謂): 이른바. 말하는 바.

영구(靈龜): 점을 치는 데 사용하는 큰 거북. 또는 영광스런 거북점의 조짐. 거북점이란, 거북의 등 껍데기를 불에 태워서 그 갈라지는 금을 보고 吉凶을 판단하는 점. 귀점(龜占), 또는 골패(骨牌)로 거북패를 지어 길흉을 판단하는 점.

가성(假聖): 가짜 성인(聖人). 성인은 성인이지만 그 형태를 달리 변모한 성인. 영구점통을 말함.

편작(扁鵲): 춘추 때의 명의(名醫). 원명은 진월인(秦越人). 장상군(長桑君)에게서 금방(禁方)의 구전(口傳)과 의서(醫書)를 물려받아 명의가 되었다고 함. 제(齊) · 조(趙)를 거쳐서 진(秦)으로 들어갔는데, 진의 태의(太醫) 이예(李醯)의 시기로 자객(刺客)에게 피살당했다. 『사기 · 권105(史記 · 卷105)』

상서(相書): 관상서(觀相書: 관상하는 법을 쓴 책).

분연출(紛然出): 많이 쏟아져 나옴.

배주(杯酒): 잔에 담긴 술. 술잔에 따른 술. 잔술.
시상빈(侍上賓): 상객(上客: 지위가 높은 손님. 상좌에 모실만한 중요한 손님)으로 모심.

〈감상〉

아무런 과학적 근거도 없이 혹세무민(惑世誣民)하는 관상가(觀相家), 지관(地官), 점쟁이(占術家) 등의 허위성을 폭로한 작품이다.

59. 혼자 읊음(自詠)

한송고점리	寒松孤店裡
고와별구인.	高臥別區人.
근협운동락	近峽雲同樂
임계조여린.	臨溪鳥與憐.
치수영황지	錙銖寧荒志
시주자오신.	詩酒自娛身.
득월즉대억	得月卽帶憶
유유감몽빈.	悠悠甘夢頻.

쓸쓸한 소나무 한 그루 외딴집 주막에서
한가로이 누워 세상을 잊고 숨어 지내는 사람이로다.
산협에 가까이 있으니 구름과 함께 즐겁고
냇가에 임하였으니 새와 함께 즐거운 이웃이 되었도다.

보잘것없는 것에 어찌 내 마음을 거칠게 하랴

나는 시 짓고 술 마시며 스스로 즐기리라.

밝은 달이 떠오르면 곧 생각에 잠기며

취한 눈을 감으면 어느덧 단 꿈이 유유히 왕래하도다.

【주】

한(寒): 쓸쓸하다. 외로운.

구인(區人): 區는 숨길 구. 區人은 세상 사람과 떨어져 숨어 사는 사람.

조여린(鳥與憐): 새와 더불어 이웃이 되었다. 정다운 벗이 되었다.

치수(錙銖): 얼마, 조금, 미소한 것. 보잘것없는. 『禮記』에 "分國如錙銖."

영(寧): 부사로 어찌(何也).

유유(悠悠): 호젓하게, 한가하게.

〈감상〉

추석 명절이 며칠 남지 않은 어느 날 밤, 달빛이 밝게 비출 때, 술에 얼근히 취하여 읊은 시이다.

세상 사람들이 모두 꿈꾸는 부귀영화를 잊고 살아온 지가 오래인 이 시인이 조용한 외딴집 주막에서 술을 마시고 구름과 새들을 벗하여 즐겁게 생활하는 모습을 보여주고 있다.

60. 걸인의 시체를 보고(見乞人屍)

부지여성불식명　　不知汝姓不識名

하처청산자고향.　　何處青山子故鄉.

승침부육훤조일　　蠅侵腐肉喧朝日

오환고혼조석양.　　烏喚孤魂弔夕陽.
일척단공신후물　　一尺短筇身後物
수승잔미걸시량.　　數升殘米乞時糧.
기어전촌제자배　　寄語前村諸子輩
휴래일궤엄풍상.　　携來一簣掩風霜.

너의 성씨가 무엇이며 이름이 무엇인지 나는 모르고
그리고 어느 곳의 청산이 너의 고향이었던가?
아침이면 파리 떼가 썩은 몸에 시끄럽게 덤벼들고
저녁에는 까마귀가 외로운 혼 조상하듯 울고 가네.
한 자(一尺) 남짓 되는 지팡이가 오직 너의 유물이고
몇 되(升) 남은 쌀 네가 구걸한 식량이로구나.
앞마을의 여러 사람들을 데려다가 일을 맡겨
한 삼태기의 흙을 가져다가 모진 풍상을 막아 주도다.

【주】

자(子): 제2인칭 대명사 너. 汝, 若, 君, 爾와 같음.
승침(蠅侵): 파리가 침범하다. 파리 떼가 꾀다.
훤(喧): 시끄러운, 떠들썩한.
기(寄): 부칠 기, 맡길 기, 의뢰할 기.
제자배(諸子輩): 여러 사람.
휴래(携來): 가지고 오다.
일궤(一簣): 한 삼태기.

〈감상〉

썩어 가는 거지의 시체를 보고, 이런 모습은 바로 자신의 운명일지도 모른다는 생각에서 시체를 수습해 주기로 한다. 너무도 비참한 현실을 사실적(寫實的)으로 그려 낸 작품이다.

61. 팔대가의 이름으로 쓴 시(八大家詩)

이적선옹골이상　　李謫仙翁骨已霜
유종원시단류방.　　柳宗元是但流芳.
황산곡리화천편　　黃山谷裡花千片
백낙천변안수행.　　白樂天邊雁數行.
두자미인금적막　　杜子美人今寂寞
도연명월구황량.　　陶淵明月久荒凉.
가련한퇴지하처　　可憐韓退之何處
유유맹동야초생.　　惟有孟東野草生.

이적선, 신선이라고 하나 이미 뼈는 서리가 되었으며
유종원, 원래 꽃다운 이름만 전해오네.
황산곡, 골짜기 속의 꽃은 낙화만 여기 저기 날리고
백낙천, 하늘가에는 두어 줄기 기러기가 날아가네.
두자미, 미인도 지금은 고인이 되어 적막하고,
도연명, 밝은 달도 황량해진 지 오래로다.
한퇴지, 가련하게 어디로 물러가고,

맹동야, 다만 들에는 잡초만 무성하도다.

【주】

이적선(李謫仙): 李白(701~762). 太白은 자. 적선은 귀양 온 신선이란 뜻. 당나라 현종 때의 시인.

유종원(柳宗元): 773~819. 당나라 때의 시인, 문장가. 자는 자후(子厚).

황산곡(黃山谷): 黃庭堅(1045~1105). 자는 魯直. 송나라 때의 시인.

백낙천(白樂天): 772~846. 당나라 시인. 낙천은 자. 원명은 거이(居易).

두자미(杜子美): 杜甫(712~770). 당나라 때의 시인. 杜工部. 호 소릉(少陵). 詩聖.

도연명(陶淵明): 陶潛(365~427). 자는 원량(元亮). 호는 정절(靖節), 오류(五柳). 육조시대의 시인.

한퇴지(韓退之): 韓愈(768~824). 당나라 때의 시인. 退之는 자.

맹동야(孟東野): 孟郊(751~814). 中唐 때의 시인. 東野는 자. 湖州 武康 사람. 『孟東野集 · 十卷』이 있음.

〈감상〉

내용 중 ▬ 표시한 글자는 성명, 호, 자 등의 뜻을 이용한 글자들로 두 번씩 번역해야 한다. 중국의 8대 시인인 이적선(이백), 유자후(유종원), 황산곡(황정경), 백낙천(백거이), 두자미(두보), 도연명(도잠), 한퇴지(한유), 맹동야(맹교)를 나열해 놓았다. 이백은 백골만 남았고, 유종원은 이름만 남겼다. 황정견의 산곡(山谷)은 골짜기로, 백거이의 자 낙천(樂天)은 하늘로, 두보의 자 자미(子美)는 미인으로, 도잠의 자 연명(淵明)은 밝은 달로, 한유의 자 퇴지(退之)는 물러가다로, 맹교의 자 동야(東野)는 들로 표현하였다.

62. 시력이 약해진 눈(眼)

향일관침사변삭	向日貫針糸變索
도등대안노무어.	挑燈對案魯無魚.
춘전백수화무수	春前白樹花無數
제후청천우유여.	霽後青天雨有餘.
읍로소년운수모	揖路少年云誰某
탐의노슬동지거.	探衣老虱動知渠.
가련남포수간처	可憐南浦垂竿處
불견풍파낭비저.	不見風波浪費蛆.

양지쪽에서 바늘을 꿰면 실이 새끼로 변해 보이고
등불 돋우고 마주한 책상에 노(魯)자에 고기 어(魚)가 안 보인다.
봄철 나무에는 셀 수 없이 많은 꽃이 피었고
비 갠 후의 푸른 하늘도 비가 남은 것처럼 뿌옇게 보인다.
길가는 소년들이 인사해도 누구인지를 모르겠고
옷 속의 이를 잡을 때는 크게 움직여야 알겠노라.
가련하다! 남포에서 낚싯대를 드리운 곳에서는
풍파에 물고기는 아니 보이고 미끼만 낭비했도다.

【주】

삭(索): 동아줄 삭, 새끼 삭(繩也). 『서경(書經)』에 "若朽索之御六馬."

도등(挑燈): 등불을 돋우다. 挑는 돋울 도.

사변삭(糸變索): 실이 새끼로 변하다.

제후(霽後): 비가 갠 후.
수모(誰某): 아무개.
수간처(垂竿處): 낚싯대를 드리운 곳.
낭비(浪費): 쓸데없는 일에 시간과 돈을 씀.
저(蛆): 구더기 저(繩乳肉中蟲), 곧 미끼.

〈감상〉

김삿갓의 나이 57세가 되었을 때는 조금씩 어두워지던 눈이 갑자기 심해오는 것만 같았다. 나이로 늙은 눈이 아니고 글에 늙고, 술에 늙고, 강산풍월 유람하기에 늙고, 세상 풍상에 늙은 슬기롭고도 슬픈 그의 눈이었다.

63. 게으른 여자(懶婦) ①

무병무우세욕희 無病無憂洗浴稀
십년유착가시의. 十年猶着嫁時衣.
유련보아모오수 乳連褓兒謨午睡
수습거슬애첨휘. 手拾裾虱愛簷暉.
동신변쇄주중기 動身便碎廚中器
소수수간벽상기. 搔首愁看壁上機.
홀문인가신새위 忽聞隣家神賽慰
시문반엄주여비. 柴門半掩走如飛.

병도 근심도 없는데 세탁과 목욕이 드물어서

십년 동안을 한가지로 시집올 때 해온 진솔옷만 입는구나.

젖을 물리고 갓난아기를 잠재우는 핑계로 낮잠을 꾀하고

손으로 속옷자락 더듬어 이를 잡으려다 처마 밑 햇볕만 즐기네.

몸만 움직였다 하면 곧 부엌에서는 그릇만 깨뜨리고

검불머리를 긁고 근심하면서 벽에 세워 둔 베틀만 바라본다.

문득 이웃집에서 굿한다는 소문만 들으면

사립문은 닫는 둥 마는 둥 하고 나는 듯이 빨리도 달려간다.

【주】

나부(懶婦): 게으른 여자. 懶는 게으를 나.

세욕희(洗浴稀): 洗는 세탁(洗濯), 곧 빨래. 欲은 목욕(沐浴). 稀는 드물다(疏也), 적다(小也). 두시(杜詩) 「곡강(曲江)」에 "人生七十古來稀". 그러므로 세욕희(洗浴稀)는 빨래와 목욕이 드물다(빨래와 목욕에 게을러서)의 뜻.

유(猶): 한가지 유.

모오수(謀午睡): 낮잠을 꾀하다.

수습거슬(手拾裾虱): 拾은 주울 습. 집을 수(掇也). 裾는 옷 뒷자락 거. 손으로 옷 뒷자락을 더듬어 이를 잡다의 뜻.

애첨휘(愛簷暉): 愛는 좋아할 애, 기뻐할 애(喜也). 暉는 햇빛 휘. 처마 밑에서 햇볕 쬐기만 좋아한다.

변(便): 부사로 곧.

신새(神賽): 새신(賽神). 굿, 푸닥거리 등 귀신을 위로하는 일. 육유(陸游)의 시에 "到家更約西隣女 明日河橋看神賽."

〈감상〉

종래 사대부(士大夫)들의 시에서는 볼 수 없는 사실적(寫實的)인 작품이다. 필자가 어렸을 적 고향 마을에서 보았던 광경들이 주마등처럼 스쳐 간다. 집집마다 가을걷이가 끝나면 동일인의 무당이 매일 같은 주문을 외우면서 굿을 했다.

내 집 일이 태산같이 쌓였어도 모두 팽개치고 아기를 안고 업고 굿하는 집으로 모여들었다.

64. 게으른 여자(惰婦) ②

사적여산의자관　　事積如山意自寬
규중일월과무관.　　閨中日月過無關.
효곤상운동야단　　曉困常云冬夜短
의박환도하풍한.　　衣薄還道夏風寒.
직장지모난영척　　織將至暮難盈尺
식매과조시세반.　　食每過朝始洗盤.
시시봉피가군노　　時時逢被家君怒
만타제아어만단.　　謾打啼兒語萬端.

할 일이 많아 산같이 쌓였어도 생각이 스스로 태연해서
규중에서 세월을 무관심으로 보낸다.
새벽잠이 곤하면 항상 겨울밤이 짧다고 투덜대고
옷은 얇게 입고서 여름 바람 차다고 돌려 말한다.
베를 짠다고 해도 저녁때가 되도록 한자도 짜기가 어렵고
아침밥은 늘 아침이 지나서야 비로소 상을 차리도다.
때때로 남편의 노한 꾸중을 들으면

부질없이 우는 아이를 때리면서 갖은 푸념을 다하도다.

【주】

의자관(意自寬): 생각이 스스로 너그럽다(태연하다).

일월(日月): 세월.

과무관(過無關): 괘념하지 아니하고 보낸다.

효곤(曉困): 새벽에(잠이) 곤하다.

운(云): 이를 운(曰也)자이나, 문맥상 원망하다.

환도(還道): 돌려 말한다(핑계 대다).

〈감상〉

김삿갓이 어느 마을을 지날 때 몹시 목이 마른데 마침 부인들이 우물에서 물을 긷고 있었다. 김삿갓이 물 한 모금 얻어 마시기를 청하였으나 부인들은 대답은커녕 쳐다보지도 않고 달아나 버렸다. 물론 물을 청하는 외간 남자의 몰골이 거지와 같고, 또 남녀칠세부동석(男女七歲不同席)인 사회의 여인들이기에 이해도 되지만 너무 심하다고 생각되었다. 결백한 체만 했지 저고리 동정과 소매 끝이 새까맣게 더러운 저 여인들이 살림인들 오죽 시원찮게 할까 하고 한 수 읊었다.

65. 게으른 여자(惰婦) ③

타부야적엽	惰婦夜摘葉
재성죽일기.	纔成粥一器.
주간암식성	廚間暗食聲
산조선형용.	山鳥善形容.

게으른 아낙네가 밤에 일어나 나물을 뜯어다가

겨우 죽 한 그릇을 쑤었다네.

부엌에서 남 몰래 먹는 소리

후루룩, 마치 산새 날아가는 소리와 같네.

【주】

타부(惰婦): 게으른 아낙네.

적(摘): 딸 적(手取).

재(纔): 겨우 재(僅).

주간(廚間): 주방(廚房). 부엌.

암(暗): 몰래할 암(秘也).

선형용(善形容): 시늉을 잘함. 곧 죽을 후루룩 하고 먹어대는 소리가 마치 산새가 날아가는 소리와 같음을 비유함.

〈감상〉

시인은 당시 가난한 실상을 묘사해서 위정자들의 무능을 간접적으로 탓하고 있다.

가난한 집에 양식이 넉넉할 수 없었고 조금 있다한들 시부모, 남편, 자식들을 먹이고 나면 남는 음식이 있었을까? 굶주림을 참다 못 하여 밤에 몰래 일어나 나물을 뜯어다가 죽 한 그릇을 만들어 누가 깰세라 조심스럽게 마신다.

66. 옳은 것은 옳고 그른 것은 그르다(是是非非詩)

연년연거무궁거　　年年年去無窮去
일일일래부진래.　　日日日來不盡來.
연거일래내우거　　年去日來來又去
천시인사차중최.　　天時人事此中催.

해마다 해는 가되 끊임이 없이 가고
날마다 날은 오되 수가 없이 오도다.
혜가 가고 날이 오되 오고 또 가서
하늘과 때와 인생의 일이 그 중간에 생겨나도다.

시시비비비시시　　是是非非非是是
시비비시비비시.　　是非非是非非是.
시비비시시비비　　是非非是是非非
시시비비시시비.　　是是非非是是非.

옳은 걸 옳다 하고 그른 걸 그르다 함이 꼭 옳은 게 아니며
그른 걸 옳다 하고 옳은 걸 그르다 함이 꼭 옳지 않은 게 아니다.
그른 걸 옳다 하고 옳은 걸 그르다 하는 이것이 그른 게 아니고
옳은 걸 옳다 하고 그른 걸 그르다 하는 이것이 시빗거리라네.

〈감상〉

총 56자 중, 서로 다른 글자는 17자에 불과하다. 한 글자가 몇 가지의 문법적인 기능을 할 수 있고 또한 두 가지 뜻을 가질 수 있어서 시로서의 기능을 가능하게 한다. 예컨대, 是는 ~이다, ~이 옳다의 두 가지 뜻이 있으며, 非는 아니다 또는 그르다의 두 가지 뜻이 있다. 이 밖에도 김삿갓 시의 특징은 한시의 형식적인 구속에서 벗어나 중국어 발음 체계에서 평측법(平仄法)이나 압운법(押韻法) 같은 것을 무시해 버리는 경우가 많다. 즉 「중과 선비를 조롱함(嘲僧儒)」(276번 시)같은 작품을 보면 각운(脚韻)이 각각 랑(閬), 신(腎), 정(鼎). 죽(粥)으로 한시의 압운법에 맞지 않는다. 사성(四聲)이나 평측법에 상관없이 우리 발음대로의 독특한 음악성을 실험하기도 하며(聲令銅鈴零銅鼎), 시의 내용 또한 고답적인 것에서 벗어나 인간의 속기(俗氣)를 드러내고 있다. “僧首圓圓汗馬閬, 儒頭尖尖坐狗腎”과 같은 구절에서 보여 주듯이 대담하고 솔직한 속기가 그의 주된 시풍이다.

67. 즉흥시(卽吟)

좌사고선반괴염	坐似枯禪反愧髥
풍류금야부다겸.	風流今夜不多兼.
등혼적막가천리	燈魂寂寞家千里
월사소조객일첨.	月事蕭條客一簷.
지귀청시귀판분	紙貴清詩歸板粉
효빈탁주용반염.	肴貧濁酒用盤鹽.
경거역시황금판	瓊琚亦是黃金販
막작오릉의태렴.	莫作於陵意太廉.

빼빼 마른 중이 좌선하는 것 같은데 수염이 도리어 부끄럽고

마음이 언짢아서 오늘밤엔 풍류도 멋이 많지 않도다.

가물대는 등잔에 혼조차 적막한데 집은 천리나 멀고

달빛 스민 처마 바라보는 나그네의 신세가 홀로 쓸쓸하네.

종이가 귀하여 좋은 시도 분판에 썼다가 흰 가루로 사라지고

안주가 없으니 탁주잔은 소금을 찍어 가며 마신다.

나도 또한 훌륭한 시는 황금을 받고 팔았으니

오릉(於陵)의 진중자(陳仲子) 같은 지나친 청렴은 따르지 않으리.

【주】

반괴염(反愧髥): 수염이 도리어 부끄럽다.

겸(兼): 모으다. 증가하다.

소조(蕭條): 쓸쓸한 모양(蕭索, 蕭寂). 『楚辭』에 "山蕭條而無獸兮."

효빈(肴貧): 안주가 가난하다. 안주가 없다.

경거(瓊琚): 아름다운 옥. 여기선 훌륭한 시.

황금(黃金): 여기선 돈을 가리킴.

〈감상〉

미련의 二句 "莫作於陵意太廉"은 진중자(陳仲子)의 청렴을 읊은 것. 『맹자 · 등문공장구하 · 진중자장(孟子 · 滕文公章句下 · 陳仲子章)』에 "匡章이 曰 陳仲子는 豈不誠廉士哉리오? 居於陵할새 三日不食하야 耳無聞하며 目不見러니 井上에 有李하야 螬食實者過半矣어늘 匍匐往將食之하야 三咽然後에 耳有聞하며 目有見하니라. 孟子曰 於齊國之士에 吾必以仲子로 爲巨擘焉이라." (광장이 "진중자(陳仲子)가 어찌 참다운 청렴한 인물이 아니겠습니까? 오릉(於陵)에 살면서 사흘 동안 먹지 않아서 귀가 들리지 않고 눈이 보이지 않았습니다. 우물 위에 오얏나무가 있었고 (거기서 떨어진 오얏은) 굼벵이가 파먹은 것이 태반이었습니다.

그가 기어가서 그것을 집어먹었는데, 세 번을 삼킨 후에야 귀가 들리고 눈이 보였으니까요"하고 말하자, 맹자는 "제나라의 인물 중에서는 나는 반드시 중자를 거벽으로 꼽소.")

당장 떠오르는 시상을 옮겨 쓸 만한 지필(紙筆)이 없고 탁주를 마실 만한 안주가 없다. 소금 안주로 술을 마시고 분판에 시를 끄적이는 형편에 어찌 옛날 오릉 땅에 살던 고결한 진중자의 염치를 따를 수 있겠는가? 그는 자신의 시마저도 다른 사람에게 이름을 팔아넘기고 그 대가로 받아 쥔 돈으로 술과 안주를 사는 너무도 인간적으로 세속화된 평민 시인이었다.

68. 처와 첩에게 장난으로 쓴 시(戲贈妻妾)

불열불한이월천	不熱不寒二月天
일처일첩최감련.	一妻一妾最堪憐.
원앙침상삼두병	鴛鴦枕上三頭竝
비취금중육견련.	翡翠衾中六肩連.
개구소시혼사품	開口笑時渾似品
번신와처변성천.	翻身臥處變成川.
동변미료서변사	東邊未了西邊事
갱향동변타옥권.	更向東邊打玉拳.

덥지도 않고 춥지도 않은 봄철 하늘 아래

한 방에서 질투하는 아내와 소실이 견디는 품이 가련하도다.

원앙침 위에는 세 개의 머리가 나란히 누워 있고

비취 비단 이불 속에는 여섯 개의 어깨가 이어졌도다.

함께 입을 열고 웃을 때에는 세 개의 입이 품수 품(品)자와 같고

몸을 뒤집어 누운 곳엔 내 천(川)자가 되었구나.

동편의 첩과 일이 미진한 채 서편의 처와 일을 해야 하고

또 다시 동쪽 첩에게로 돌아와 손목을 쓰다듬는구나.

【주】

감(堪): 견디다. 이기다(勝也).

침상(枕上): 베개의 위. 누워 있을 때.

삼두병(三頭竝): 세 개의 머리가 나란히 놓여 있다.

육견련(六肩連): 여섯 개의 팔이 이어져 있다(나란히 놓여 있다).

품(品): 세 사람(남편, 처, 첩)의 입.

번신(翻身): 몸을 엎치락뒤치락 하다.

변성천(變成川): 내천(川)자로 변하다.

〈감상〉

봄철은 여인들의 마음이 들뜨기 쉬운 계절인데, 김삿갓의 친구 한 사람이 한 집에 처와 소실을 데리고 사는 것을 보고 장난삼아 읊은 시이다. 웃으면 품(品)자로 누워있는 모습을 천(川)자로 표현한 재치가 뛰어나다.

※ 正音社 刊 『김립시선』엔 이 시를 김삿갓의 시라고 하였고, 『속어면순(續禦眠楯)』엔 이항복의 시로 되어 있다.

69. 송아지 값 고소장(犢價訴狀)

사냥칠전지독	四兩七錢之犢
방어청산녹수.	放於靑山綠水.
양어청산녹수	養於靑山綠水
인가포태지우.	隣家飽太之牛.
용기각어차독	用其角於此犢
여지하칙가호.	如之何則可乎.
봉법자강즉국강	奉法者强則國强
봉법자약즉국약.	奉法者弱則國弱.
언로통색	言路通塞
계국가지안위.	係國家之安危.

路上過客

넉 냥 일곱 돈 주고 산 송아지를

청산녹수에 놓아서

청산녹수에 길렀는데

이웃집의 콩 먹고 자란 힘센 황소가

그 뿔로 받아 송아지를 죽였으니

이 일을 어쩌면 좋습니까?

법을 준수하는 사람이 강하면 나라가 강해지고

법을 준수하는 사람이 약하면 나라가 약해진다.

언로가 트였는지 막혔는지는

나라의 안위에 관계되는 일이다.

이곳을 지나던 나그네가

〈감상〉

강원도 회양 고을과 통천 고을에 사는 갑과 을은 친형제와 같이 절친한 사이로 살아 왔는데(갑과 을이 사는 회양과 통천의 경계선은 조그만 실개울로 나뉨), 넉 냥 일곱 돈을 주고 사온 갑의 송아지를 통천 고을에 사는 을의 황소가 뿔로 받아 버렸기 때문에 송아지는 신음하다가 곧 죽어버렸다. 그래서 갑은 을더러 "당신네 황소가 우리 송아지를 죽여 버렸으니 송아지 값을 변상하라"는 주장이었고, 을은 "내가 우리 황소더러 송아지를 죽이라고 시킨 일이 없으니 변상할 수 없다"고 서로 다투는 광경을 김삿갓이 목격하였다. 갑과 을이 전과 같이 친형제처럼 사이좋게 지내도록 하자면 갑에게 송아지를 사주는 방법 외에 다른 방법이 없음을 깨닫게 된다. 그때 김삿갓은 회양 군수가 자신과 절친한 사이인 것이 생각나 이 시와 자초지종을 적은 서신을 갑과 을에게 주어 회양 군수에게 보냈다. 서신의 핵심 내용은 "군수께서 구황금(救荒金: 기근 때에 빈민을 구제하기 위해서 모아 둔 돈)을 쪼개어 갑에게 송아지를 사주시기 바랍니다"이었음은 물론이다.

따라서 앞으로도 이와 유사한 사건이 발생하면 국가가 국민을 생각해서 공평무사로 일을 처리하라는 '다짐'의 말도 잊지 않았다.

70. 청상과부의 곡(哭)을 보고(輓歌)

귀하처 귀하처　　歸何處 歸何處

삼생슬 오채의　　三生瑟 五采衣

도엽료 귀하처	都葉了 歸何處
유수지 유수지.	有誰知 有誰知.
흑칠칠 장야중	黑漆漆 長夜中
독추추 유수지.	獨啾啾 有誰知.
하시래 하시래	何時來 何時來
천첩산 만리수	千疊山 萬里水
차일거 하시래.	此一去 何時來.

어디 갔소? 어디 갔소?
삼생에 맺은 연분, 철모르는 어린 것을
이 세상에 버리고 어디 갔소?
누가 알아주리오, 누가 알아주리오.
칠흑같이 어두운 길고 긴 야밤중에
나 홀로 우는 것을 누가 알아주리오.
언제 와요, 언제나 와요?
산길은 첩첩이요 물길은 만 리인데
이번 한번 간다면 어느 때나 오리오.

〈감상〉

저승으로 떠나 버린 남편을 그리워하며, 또 한편으론 원망하고 있다. 남편이 일찍 세상을 떠난 사실이 애석하기도 하고, 나는 이제 어떻게 살아갈까 하는 푸념이 더 짙게 풍긴다. 만가(輓歌)풍의 시는 김삿갓 작품 중에서 이 한 편과 35번 시 두 편이 전한다.

71. 비(雨)

훈장: 금일우래견　　今日雨來見
　　　인가불부유.　　人家不浮有.

오늘 비가 오는 것을 보게 되니
인가가 물에 떠서 없겠도다.

삿갓: 금일우래견　　今日偶來見
　　　인가불부유.　　人家不復有.

오늘 우연히 와서 훈장의 꼴을 보니
사람 집에는 다시 두지 못한 엉터리로다.

〈감상〉

엉터리 훈장의 글을 고쳐 놓고 조롱한 것. 雨자는 偶로, 浮자는 復로 고친 것에 불과하나 글 뜻은 전혀 달라졌다.

72. 추야(秋夜)에

스님: 풍동수지동　　風動樹枝動
　　　월승수파승.　　月昇水波昇.

삿갓: 풍실고행로　　風失古行路
　　월득신조처.　　月得新照處.

바람이 움직이니 나뭇가지도 함께 움직이고
달이 오르니 물결도 따라 오르도다.
바람은 예전에 제가 다니던 길을 잃었고
달은 새로 비출 곳을 얻었구나.

〈감상〉

바람이 부는 날 밤 스님은 찢어진 창구멍을 모조리 정성스럽게 바르고 나서 위의 두 구의 시를 읊었다. 이에 김삿갓은 “스님께서 창구멍을 막아 주셔서 바람이 조금도 들어오지 않게 되었습니다. 그러나 창구멍이 막혀 바람이 들어오지 못하고 달빛이 비치지 못하던 곳에 달빛이 새로 비칠 곳이 생겼으니, 제가 거기에 대한 시를 한 구절 읊어 보겠습니다” 하고서 위의 시 두 구를 지었다. 이에 스님은 김삿갓의 시를 읽어보고 감탄하여 마지않았다.

73. 늙어서 읊음(老吟)

오복수운일왈수　　五福誰云一曰壽
요언다욕지여신.　　堯言多辱知如神.
구교개시귀산객　　舊交皆是歸山客
신소무단격세인.　　新少無端隔世人.

근력쇠모성사통　　筋力衰耗聲似痛
위장허핍미사진.　　胃腸虛乏味思珍.
내정불식간아고　　內情不識看兒苦
위아낭유포송빈.　　謂我浪遊抱送頻.

오복 중에도 오래 사는 복이 제일이라고 누가 말했는가
오래 살면 욕이 많다는 요임금의 말씀이 귀신같이 맞구나
옛 친구들은 모두 불귀(不歸)의 객이 되어 북망산으로 가고
나이 어린 신진(新進)들은 나와는 딴 세상 사람일세.
내 기력도 쇠약해져서 목소리는 앓는 사람과 같고
위장이 허해지니 맛있는 진수성찬(珍羞盛饌)만 생각난다.
고향의 아내는 내가 자식 만나는 괴로움을 알지 못하고
공연히 방랑하지 말고 돌아오라고 자주 찾으러 보내더라.

【주】

오복(五福): 다섯 가지의 복. ①『書經 · 洪範篇』에는 壽 · 富 · 康寧 · 攸好德 · 考終命, ②『新論』에는 長壽 · 富裕 · 無病 · 息災 · 道德, ③ 또『新論』에는 長壽 · 富 · 貴 · 康寧 · 多男을 들었음.
요언다욕(堯言多辱): 요임금이 "장수(長壽)는 다욕(多辱)이다"라고 한 말.
신소(新少): 나이 어린 신진(新進).
무단(無端): 아무 까닭이 없다.
격세인(隔世人): 딴 세상사람.
근력(筋力): 기력.
쇠모(衰耗): 쇠퇴하여 없어짐.
성사통(聲似痛): 목소리는 앓는 사람과 같다.

허핍(虛乏): 굶주려 아주 기운이 없음.

〈감상〉

유수광음이라고 했던가. 세월은 흘러 김삿갓도 늙어 백발이 늘어 가는 오십객이 되었다. 아들로서의 자신이 어머니께 불효를 뉘우치면서 그리워하듯이, 자기를 불행한 남편으로, 아버지로 가진 처자들도, 자기를 간절히 기다렸다. 첫 아들 학균(翯均)이 장성한 뒤로 정처 없이 떠돌아다니는 아버지를 찾아서 타향에서 세 번이나 만난 일이 있었다. 그러나 자기를 데리러 온 아들을 세 번이나 속이고 도중에서 도망한 아버지의 심정은 과연 어떠했을까?

74. 새벽 종소리를 들으며(聽曉鐘)

임우장안시맹추	霖雨長安時孟秋
교남귀객독등루.	嶠南歸客獨登樓.
후래지상뇌정동	吼來地上雷霆動
격송인간세월류.	擊送人間歲月流.
명폐구청천호리	鳴吠俱清千戶裡
건곤홀소구가두.	乾坤忽蕭九街頭.
무궁사십연간사	無窮四十年間事
회수금소우일비.	回首今宵又一悲.

장맛비가 쓸쓸히 내리는 장안에 계절은 초가을인데

영남(嶺南)에서 돌아온 나그네가 누각에 홀로 오르도다.

때마침 들려오는 종소리는 천둥소리와 같이 땅을 흔들고
인간 세상에서 세월의 흐름을 종을 쳐서 보내 버리는 것 같구나.
닭 울고 개 짖는 소리 모든 집에 맑게 들리고
천지는 홀연히 아홉 개 큰 거리의 머리맡에 적막하다.
무궁한 내 사십 평생의 하고많은 일들을
회고하니 오늘밤 다시금 슬퍼지누나.

【주】

임우(霖雨): 장맛비(淫雨). 『서경』에 "若歲大旱作汝霖雨."

맹추(孟秋): 음력 칠월의 이명(異名). 가을 석 달 중의 처음 달. 중추(仲秋)는 가을의 한창 때(음력 팔월), 계추(季秋)는 음력 구월, 늦가을.

교남(嶠南): 영남(嶺南), 곧 경상남북도.

독등루(獨登樓): 혼자 누각에 오르다.

후래(吼來): 吼는 소 우는 소리 후(牛鳴). 사자 우는 소리 후(獅鳴). 높고 긴 소리 후(高長聲). 여기서는 들려오는 종소리의 뜻.

뇌정(雷霆): 천둥.

명폐(鳴吠): 닭 울고 개 짖는 소리.

건곤(乾坤): 천지(天地).

홀소(忽蕭): 홀연히 적막하다.

〈감상〉

김삿갓이 영남 지방에서 올라왔을 때는, 첫가을의 장맛비가 구슬프게 내려서 더 한층 고적한 심정을 가눌 수가 없었다. 그런 쓸쓸한 밤에 홀로 누각에 올라 새벽 종소리를 들으며 지나온 사십 년 간의 세월을 회상하면서 슬픔에 잠기는 모습이다.

75. 하루 종일 머리를 굽실굽실하는 손(盡日垂頭客)

당혜송말수근면	唐鞋宋襪數斤綿
답진청운부모연.	踏盡淸雲赴暮煙.
천록주의장예지	淺綠周衣長曳地
진홍당선반차천.	眞紅唐扇半遮天.
참독일권능언률	纔讀一卷能言律
재진천금상용전.	財盡千金尙用錢.
주문진일수두객	朱門盡日垂頭客
약도향인의기전.	若到鄕人意氣全.

당화(唐靴)에 송나라 버선을 두어 개씩 껴 신고
아침에 출세의 꿈을 안고 집을 나서 저녁연기 날 때 돌아온다.
엷은 초록색 두루마기를 땅에 질질 끌리도록 길게 입고
진 다홍빛 좋은 부채는 반쯤만 펴도 하늘을 가리겠네.
한두 권의 책이나 겨우 읽은 주제에 율(律)이니 시(詩)니 떠들며
재물은 천금을 탕진하고서 오히려 돈을 더 쓰겠다는구나.
권세 있는 집 문전에서는 온종일 머리를 땅에 박고 아첨하면서
시골 사람만 보면 제가 장안의 양반이라고 기세가 등등하다.

【주】

당혜(唐鞋): 앞뒤에 당초문을 새긴 가죽신의 하나.

부(赴): 달릴 부(奔也).

천록(淺綠): 엷은 녹색(綠色). 魏彦深의 시에 "新枝含淺綠."

주의(周衣): 두루마기.

예(曳): 끌 예(牽也).

진홍(眞紅): 짙게 붉은 빛.

당선(唐扇): 중국에서 나는 부채.

차(遮): 가릴 차(蔽也).

참(讒): 참소할 참, 간악할 참, 참람할 참.

주문(朱門): 붉은 칠을 한 문. 지위가 높은 관리의 집. 『진서(晉書)』에 "南開朱門 北望靑樓."

수(垂): 지체가 사람이 귀한 사람에게 간원(懇願) 또는 경의(敬意)를 표할 때 씀.

〈감상〉

청루(靑樓)에서 글자랑, 돈 자랑, 양반자랑 하던 사람들에게 응수한 시이다. 따지고 보면 김삿갓도 누구 못지않은 버젓한 양반이었다. 그는 당대에 되지도 못한 양반들이 방약무인한 태도로, 일반 민중을 천대하는 꼴을 대단히 아니꼽게 생각하였다.

76. 혼자 상심하며(自傷)

곡자청산우장처	哭子靑山又葬妻
풍산일박전처처.	風酸日薄轉凄凄.
홀연귀가여승사	忽然歸家如僧舍
독옹한금좌달계.	獨擁寒衾坐達鷄.

청산에 아들 묻고 또한 아내 죽어 장사 지내니

바람은 스산하고 날이 저무니 더욱 쓸쓸하구나.
홀연히 돌아온 집은 마치 절간같이 고적하여
홀로 찬 이불을 쓰고 앉아 닭이 울도록 앉았어라.

【주】

곡자(哭子): 哭은 울 곡(哀之發聲), 子는 아들. 아들이 죽어 장사 지냄.
장(葬): 장사 지낼 장(藏也, 埋也).
풍산(風酸): 바람이 스산하다.
일박(日薄): 일모(日暮)의 뜻. 곧 날이 저물다.
처처(凄凄): 쓸쓸하고 가련한 모양. 『시경(詩經)』에 "風雨凄凄."
홀연(忽然): 뜻밖에 얼씬 나타나거나 사라지는 모양.
승사(僧舍): 절, 승방(僧坊), 사원(寺院). 『許渾』에 "僧舍覆碁白日消."
독옹(獨擁): 홀로 안다. 옹(擁)은 안을 옹, 품을 옹(抱也). 兄弟相擁而泣.

〈감상〉

아내와 자식을 청산에 묻고 허탈한 심정을 읊은 시이다. 이 시의 묘미는 주변의 분위기 묘사다. 이 때문에 더욱 처량하고 슬프고 애달픈 감정이 드러난다.

인생 백년이 결국은 흔적 없이 무상하다고 느낀 김인후(金麟厚: 1510(중종 5)~1560(명종 15))의 시를 소개한다.

來從何處來	이 몸이 어느 곳에서 왔으며
去向何處去	또한 어느 곳을 향하여 가는가?
去來無定縱	이 세상에 왔다가 가는 것이 정해진 곳이 없으니
悠悠百年許	한평생을 걱정하며 살아갈 필요가 있으리오.

—「제충주망경루운(題忠州望京樓韻)」—

77. 잠꾸러기 여인(多睡婦)

서린우부수방농　　西隣愚婦睡方濃
불식잠공황야농.　　不識蠶工況也農.
기한척포삼조직　　機閑尺布三朝織
저권승량반일용.　　杵倦升粮半日舂.
제의추진유칭도　　弟衣秋盡猶稱擣
고말동과매어봉.　　姑襪冬過每語縫.
봉발구면형여귀　　蓬髮垢面形如鬼
해로가중각한봉.　　偕老家中却恨逢.

이웃집 어리석은 아낙네가 이제 막 낮잠이 곤히 들었는데
누에치기를 모르는데 하물며 농사일을 알겠느냐?
베틀은 한가하여 한 자 베를 짜는데 삼 일은 걸려야 하고
절구질에 게을러서 한 되의 양식을 찧는데 한 나절은 걸린다.
자식들의 옷은 가을이 다 가도록 입으로만 다듬이질이고
시어머니의 버선은 한 겨울이 다 가도록 입으로만 바느질이다.
쑥대머리에 때 묻은 얼굴은 귀신과 같은 형상이고
일생을 함께 늙을 가족들 이런 여인 만난 것을 죽도록 한탄하네.

【주】

수(睡): 졸 수, 잠잘 수. 여기선 오수(午睡), 곧 낮잠의 뜻으로 쓰인 듯.
잠공(蠶工): 잠농(蠶農), 곧 누에치기(누에 농사).
기한(機閑): 베틀이 한가하다.

삼조(三朝): 삼일(三日).

저(杵): 공이 저, 방망이 저.

권(倦): 권태(倦怠), 즉 싫증을 느끼어 게을러짐.

승량(升粮): 한 되(十合)의 양식(식량).

반일(半日): 한나절.

용(舂): 방아 찧을 용.

제의(弟衣): 자제위 옷(子弟衣). 자식의 옷.

도(搗): 찧을 도(舂也), 다듬을 도(手椎), 방망이질할 도(推也).

고말(姑襪): 시어머니의 버선.

동과(冬過): 겨울이 지나다.

봉발(蓬髮): 덥수룩하게 헝클어진 머리털(蓬頭). 『진서(晋書)』에 "院孚蓬髮飮酒."

구면(垢面): 때 묻은 낯(얼굴). 『한서(漢書)』에 "亂首垢面."

형여귀(形如鬼): 귀신과 같은 형상.

해로가중(偕老家中): 부부가 일생을 함께 늙을 가족 가운데.

각(却): 도리어 각(反也).

〈감상〉

이 시와 내용이 비슷한 작품으로 63, 64번 시가 있다. 한 가정의 주부로서 해야 할 일이 막중한데 낮잠이나 일삼고, 누에치기, 농사일을 모르고, 베 짜기와 절구질에 게으르고, 아이들의 옷이나 시어머니의 버선 손질도 미루기만 하니 딱한 노릇이다. 이런 아내를 남편이 일컫는다면 '백년원수'라고 할 것이다.

78. 아내의 죽음을 애도함(喪配自輓)

우하만야별하최	遇何晩也別何催
미복기흔지복애.	未卜其欣只卜哀.
제주유여초일양	祭酒惟餘醮日釀
습의잉용가시재.	襲衣仍用嫁時裁.
창전구종소도발	窓前舊種少桃發
염외신소쌍연래.	簾外新巢雙燕來.
현부즉종처모문	賢否卽從妻母問
기언오녀덕겸재.	其言吾女德兼才.

만나기는 어찌하여 그렇게 늦었고 이별은 어찌 그리도 빠른가
그 기쁨을 맛보기 전에 오직 슬픔만을 맛보았네.
제주로는 초례제 때 빚은 술이 남았고
수의로는 시집올 때 지은 옷을 그대로 사용하도다.
창 앞 옛 적에 심은 몇 그루 나무엔 복사꽃이 피었고
주렴 밖의 새로 지은 둥우리에는 제비 한 쌍이 날아오도다.
착한지 아닌지 그대의 심성조차 알지 못해서 장모에게 물었더니
내 딸은 재주와 덕을 겸비했노라고 말하더라.

【주】

우(遇): 만날 우(相逢).
만(晩): 늦을 만.
복(卜): 줄 복(賜與).

흔(欣): 기쁠 흔(笑喜).
초(醮): 초례제 초(冠娶祭名).
양(釀): 술 빚을 양.
습의(襲衣): 수의(襚衣).
잉용(仍用): 이전 것을 그대로 쓰다.
구종(舊種): 옛적에 심다.
종(從): 진작 종.

〈감상〉

혼례식을 올린 지 며칠도 되지 않았을 때 아내의 상(喪)을 당했단다. 김삿갓이 그 남편의 심정을 짐작해서 지은 작품이라 생각된다. 신혼의 단꿈도 꾸어보지 못했고, 초례 때 남은 술이 제주(祭酒)로 쓰였으며, 시집올 때 지어 온 옷을 수의로 사용하였으며, 아내의 인간성조차 미처 파악하지 못해서 장모에게 물어보았단다. 그러나 계절의 순환은 어김이 없어 창 앞엔 복사꽃이 피었고 제비가 날아들지만 아내와의 사별(死別)의 슬픔은 더해만 간다.

79. 늙은 기생에게 주는 시(贈老妓)

만목춘양독포음	萬木春陽獨抱陰
요장잔수의유심.	聊將殘愁意惟深.
백운고사고선몽	白雲古寺枯禪夢
명월고주병객심.	明月孤舟病客心.
빈역혼쇠다견매	嚬亦魂衰多見罵
창환주찰소지음.	唱還啁哳少知音.

문장도차유여차　　文章到此猶如此
격절청루강개음.　　擊節靑樓慷慨吟.

모든 나무들은 봄볕 받아 명랑한데 그대 홀로 우울해
애오라지 늙음을 수심으로 보내나 생각은 오히려 깊어만 간다.
흰 구름이 깊은 옛 절에 선승(禪僧)의 꿈이요
달 밝은 밤 외로운 배 위 병든 나그네의 마음이로다.
서시(西施)처럼 찡그려 보아도 오히려 꾸지람만 많이 듣고
새가 지저귀듯이 노래를 불러도 알아주는 이가 별로 없구나.
나의 문장도 오히려 이와 같아서
청루(靑樓)에 앉아 무릎을 손으로 치며 강개히 읊도다.

【주】

독포음(獨抱陰): 홀로 우울한 기분을 안다. 陰은 陰氣로서 우울한 기분.
요장(聊將): 애오라지~로 보내다.
잔수(殘愁): 노후의 쇠잔한 수심.
고선(枯禪): 몸이 마를 정도로 참선에 정진함.
빈(嚬): ①찡그릴 빈. 이맛살 찌푸릴 빈(矉)자로 쓰기도 한다. 『통감(通鑑)』에 "韓昭侯曰明主愛一 嚬一笑." 서시빈목(西施矉目)에서 인용함. 서시는 월(越)의 미인인데, 어느 날 서시가 병이 있어 눈을 찌푸리고 있었는데, 이것을 본 어느 못생긴 여자가 눈을 찌푸리면 아름답게 보일 것으로 여기고 자기도 눈을 찌푸렸더니 더욱 못나게 보였다는 고사이다. 즉 아무 비판 없이 함부로 남의 흉내를 낸다는 말이다. 『장자 · 천운편(莊子 · 天運篇)』에 "西施病心而矉其里 其里之醜女見而美之 歸亦捧心而矉其里 其里之富人見之 堅閉門而不出 貧人見之 挈妻子而去之走 彼知美矉之所以美."

다견매(多見罵): 꾸지람을 많이 듣다.

창(唱): 노래할 창(發歌).

주찰(啁哳): 주추(啁啾)와 같음. 새가 지저귐 또는 그 소리. 유종원(柳宗元)의 시에 "啁啾言餘樂."

소지음(少知音): (소리를, 노래를) 알아주는 사람이 적다. 옛날 중국 거문고의 명수(名手) 백아(伯牙)가 거문고를 뜯으면 그 친구 종자기(鍾子期)가 그 소리를 듣고 백아의 마음속까지 다 알았는데, 종자기가 죽자 백아는 거문고의 줄을 끊었다는 이야기가 전함. 양웅(揚雄)의 『해난(解難)』에 "師曠之調鍾 俟知音者在後."

청루(青樓): 화류계(花柳界) 여자들이 있는 집. 유막(劉邈)의 시에 "倡女不勝愁 結束下青樓."

격절(擊節): 무릎을 손으로 치다.

강개(慷慨): 의분이 북받쳐 슬퍼하고 한탄함. 『후한서(後漢書)』에 "定遠慷慨專功西遐."

〈감상〉

인생무상(人生無常)을 읊은 시이다. 삼라만상은 봄볕을 받아 명랑한데, 늙은 기생은 그 옛날을 회상하며 수심만 더해간다. 젊었을 때의 그 아름답던 모습은 어디에서도 찾아볼 수가 없다. 중국의 미녀였던 서시는 눈살을 찡그리는 모습마저도 아름다웠다고 하여 자신도 그렇게 해보았더니 오히려 남성들로부터 핀잔만 듣게 되니 슬픈 일이다. 그리고 젊었을 때의 흉내를 내어 새가 지저귀듯이 노래를 불러보아도 알아주는 이가 없다. "화무십일홍(花無十日紅)이요 달도 차면 기운다"는 말이 이제야 실감이 난다.

80. 노인의 자조(老人自嘲)

팔십년가우사년	八十年加又四年
비인비귀역비선.	非人非鬼亦非仙.
필무근력행상궐	畢無筋力行常蹶
안핍정신좌첩면.	眼乏精神坐輒眠.
사려언어개망녕	思慮言語皆妄佞
유장일루선선기.	猶將一縷線線氣.
비애관악총망연	悲哀觀樂總茫然
시열황정내경편.	時閱黃庭內景篇.

팔십년에 또 네 해를 더하여 여든 네 살이 되니
사람도 아니고 귀신도 아니며 또한 신선도 아니로다.
근력이 다해서 걸음을 걸을 때마다 쓰러지고
눈에 시력이 없으니 앉기만 하면 번번이 졸도다.
생각하는 것이나 말하는 것 모두가 망령되지만
그래도 또 한 가지 실낱같은 일루의 기운은 남았다네.
슬픔과 기쁨에 모두 망연자실(茫然自失)하지만
때로는 『황정경』의 「내경편」을 읽어보기도 하네.

【주】

필무(畢無): 다하고 없다.

근력(筋力): 체력(體力).

궐(蹶): 쓰러지다(僵也). 미끄러질 궐(跌也).

안핍(眼乏): 안혼(眼昏)과 같음. 시력(視力)이 흐림.

첩(輒): 번번이 첩(每事卽然). 『사기 · 문제기(史記 · 文帝紀)』에 "有不便輒弛利民."

사려(思慮): 마음을 써서 생각함(思念, 考慮).

망녕(妄佞): 망령(妄靈)의 뜻으로 쓰인 듯. 늙거나 정신이 흐려서 언행이 보통상태를 벗어남.

유장(猶將): 猶는 한 가지 유(同一), 將은 또 장(且也). 또한 한 가지.

일루(一縷): 한 오리의 실(통상 극히 미약한 연관, 불확실함 등의 비유로 쓰임). '一縷의 희망(希望)'으로 쓰임.

망연(茫然): 망연자실(茫然自失). 멍하니 제 정신을 잃은 모양. 보연자실(呆然自失)

황정경(黃庭經): 책 이름. 도가(道家)의 서적(書籍). 『당서 · 예문지(唐書 · 藝文志)』에 "老字… 一卷"이 보이고, 또 『송사 · 예문지(宋史 · 藝文志)』에 "黃庭外景一卷"이 보인다. 위부인(魏夫人)이 전한 『황제내경경(皇帝內景經)』, 왕희지(王羲之)가 베껴서 거위와 바꾸었다는 『황제외경경(皇帝外景經)』, 『황정둔갑연신경(黃庭遁甲緣身經)』, 『황정옥축경(黃庭玉軸經)』 등 네 종류가 있다. 왕희지가 쓴 『황제외경경』은 법첩(法帖)으로 글자 하나의 크기가 가로세로 약 1cm의 해서(楷書)로 쓰여졌으며, 글씨본으로 중요시됨. 황정(黃庭)은 신선이 사는 곳을 뜻하며, 신선이 이 글을 읽다가 한 글자(字)라도 잘못 읽으면 천상(天上)에서 인간 세계로 귀양 온다는 전설이 있음(『노자 도덕경(老子 道德經)』).

"그ᄃᆡ를 내 모ᄅᆞ랴, 上샹界계예 眞진仙션이라. 黃황庭뎡經경一일字ᄌᆞ를 엇디 그릇 닐거 두고, 人인間간의 내려와셔 우리를 ᄯᆞ로ᄂᆞᆫ다. 져근덧 가디마오. 이 술 ᄒᆞᆫ 잔 머거 보오."

—정철의 『관동별곡』에서—

〈감상〉

이 작품은 어느 노인의 경우를 가상해서 지은 듯하다. 근력이 없어서 잘 넘어지고, 앉기만 하면 졸리고 모두가 망령되지만 그래도 도가의 경전을 다시 한 번 읽을 정도가 된다는 것이다. 이때 김삿갓에게 다시 한 수 더 읊어보라고 권하였다면 다음과 같이 토로하지 않았을까.

光陰忽忽歲將遒 세월은 문득 흘러 어느덧 이 해도 거의 가고
萬里羈愁獨依樓. 만 리 밖 나그네는 누각에 기대어 수심에 잠겼다오.
鏡裏紅顔非昔日 거울 속에 비친 옛날의 홍안 지금은 볼 수 없고
鬢邊華髮又今秋. 살쩍 머리 희게 센 머리 이미 늙었네.
寒蟬浥露求高樹 가을 매미는 높은 나무에서 찬 이슬에 얼어 울고
旅雁隨風落遠洲. 먼 길 가는 뜬 기러기 바람 따라 먼 물가에 앉네.
怊悵幾年歸未得 그리운 고향을 가지 못함이 몇 해나 되었는지
故園松桂夢中幽. 꿈속에 보던 동산 그윽도 하이.

—정회원(鄭恢遠)의 「秋日詠懷」—

81. 산을 구경하며(看山)

권마간산호 倦馬看山好
집편고불가. 執鞭故不加.
암간재일로 岩間纔一路
연처혹삼가. 煙處或三家.
화색춘래의 花色春來矣
계성우과야. 溪聲雨過耶.
혼망오귀거 渾忘吾歸去

노왈석양사.　　　奴曰夕陽斜.

게으른 말을 타야만 산 구경하기가 좋으니
채찍을 잡고 일부러 때리지 않도다.
바위 사이로 겨우 길 하나 보이고
연기 나는 곳에 간혹 인가가 서너 집 있도다.
꽃 색깔이 이렇게 고우니 봄이 왔음을 알겠고
시냇물 소리 크게 들리니 비가 지나갔는가?
정신이 혼탁하여 이 몸은 돌아갈 길을 잊고 있는데
하인이 말하되 "해 다 기울었다"고 하네.

【주】

권마(倦馬): 게으른 말.
집편(執鞭): 채찍을 잡다.
재(纔): 겨우 재(僅也).
의(矣): 평서형 종결사.

〈감상〉

산을 구경하기에는 빨리 달리는 말보다 게으른 말이 좋다. 산 구경을 자세히 하자면 주마간산(走馬看山)의 반대가 좋으니까. 꽃 색깔이 고운 것으로 봄이 왔음을 알게 되고, 시냇물 소리가 크게 들리자 비로소 비가 온 줄을 알았다. 집에 돌아갈 것도 잊고 있는데 하인이 해가 다 기울었다고 알려준다.

82. 가을밤에 우연히 읊음(秋夜偶吟)

백운내숙벽산정	白雲來宿碧山亭
야기추회양묘명.	夜氣秋懷兩杳冥.
야수정신통실백	野水精神通室白
시람소식입렴청.	市嵐消息入簾青.
생래두보시위벽	生來杜甫詩爲癖
사차유령주불성.	死且劉伶酒不醒.
욕식오제교계의	欲識吾儕交契意
물론청탁위문경.	勿論淸濁謂刎頸.

흰 구름이 날아와서 푸른 산속의 정자에 머무니

밤기운과 가을철의 회포 두 가지가 깊고 아득하도다.

들의 물 기운이 방 안을 스치고 지나가니 서늘하게 느껴지고

시정(市井)의 산바람이 발 틈으로 들어오니 서늘하구나.

두보는 태어날 때부터 시 짓기가 벌써 버릇되었고

유령은 또한 죽어서도 술에서 깨어나지 못했다네.

나와 함께 사귄 교분을 알고자 한다면

청탁은 물론 가릴 것 없이 문경지교라 이를 것이다.

【주】

숙(宿): 머물 숙(旅也).

묘명(杳冥): 깊고 아득하여 어두움.

백(白): 깨끗할 백, 결백할 백(潔也). 여기선 백색이 주는 서늘한 이미지

를 나타냄.

람(嵐): 산바람 람(山風). 『일체경음의(一切經音義)』에 "嵐山風也."

청(靑): 청색이 주는 서늘한 기분을 나타냄.

두보(杜甫): 자(字)는 자미(子美), 호는 소릉(少陵), 또는 두릉(杜陵)이라 하였다. 후인들은 그가 습유(拾遺)를 지내서 두습유(杜拾遺), 또한 공부원외랑(工部員外郎)을 지내서 두공부(杜工部)라고도 일컫는다. 또한 성도(成都)에서 초가집을 짓고 살아서 초당(草堂)이라고도 하며, 존칭으로 노두(老杜), 만당(晩唐)의 시인 두목(杜牧, 牧之)과 분별하기 위해 대두(大杜)라고도 한다. 원(元)나라 순제(順帝) 2년(1336)에 문진(文眞)이라는 시호를 추서했다. 그가 과거에 떨어지고 난 뒤 특별 채용을 바라서 임금에게 올린 글에도 "일곱 살부터 지어 온 시가 40이 되는 이 마당에 1천여 편이 넘는다"고 하였다.

벽(癖): 인박일 벽(嗜好), 버릇 벽.

유령(劉伶): 죽림칠현(竹林七賢)의 한 사람. 진(晉)나라 패국인(沛國人). 자는 백륜(伯倫). 술을 좋아하여 「주덕송(酒德頌)」이라는 글을 지었고, 그런 까닭으로 유령호주(劉伶好酒)라는 말도 생겼다.

욕식(欲識): 欲은 하고자 할 욕(祈願). 『논어(論語)』에 "我欲仁." 識은 알 식(見識知也, 認也). ~을 알고자 하다의 뜻.

제(儕): 함께 제(偕也).

교계(交契): 사귄 정분(交誼, 交情). 두보(杜甫)의 시에 "人生交契無老少."

문경(刎頸): 문경지교(刎頸之交)의 줄임말. 죽고 살기를 같이할 만한 친한 사이나 벗을 가리킴. 『사기(史記) · 염파인상여열전(廉頗藺相如列傳)』에 "廉頗聞之 肉袒負荊 因賓客至藺相如門 謝罪曰 鄙賤之人 不知將軍寬之至此也. 卒相與驩 爲刎頸之交." (염파가 이 말을 듣고, 맨 몸으로 가시를 지고, 빈객들로 인하여 인상여의 문에 이르러 죄를 사하여 말했다. "미천한 사람에게 장군의 관대함이 여기에 이를 줄은 몰랐나이다." 드디어 두 사람은 서로 더불어 즐거워하여, 목숨이라도 내줄 사귐을 이루었다.)

〈감상〉

이 시는 스산한 가을밤에 김삿갓이 산 속 정자에 앉아서 읊은 시이다. 시성(詩聖) 두보처럼 늘 시를 짓고 죽림칠현의 한 사람인 유령처럼 술도 좋아함을 읊었다.

83. 배 띄워 놓고 술에 취하여(泛舟醉吟)

강비적벽범주객	江非赤壁泛舟客
지근신풍고주인.	地近新豐沽酒人.
금세영웅전항우	今世英雄錢項羽
당시변사주소진.	當時辯士酒蘇秦.

강은 나그네가 배 띄우던 적벽은 아니지만
땅은 미주(美酒) 빚어 팔던 신풍고을과 닮았네.
지금 세상의 영웅은 돈이 곧 항우요
이때의 변사로는 술이 바로 말 잘하는 소진이로다.

【주】

적벽(赤壁): ① 중국 호북성(湖北省) 강한도(江漢道) 가어현(嘉魚縣)의 서쪽에 있는 땅. 양자강(楊子江)의 좌안(左岸)에 있는 곳으로 삼국시대(三國時代)의 오(吳)나라 주유(周瑜)가 위(魏)나라의 군함을 불살라 버린 곳. ② 호북성 황강현 성 밖에 있으며, 적비기(赤鼻磯)라는 곳. 소동파(蘇東坡)가 여기서 놀며 「적벽부(赤壁賦)」를 지었는데, 여기를 '적벽싸움'의 싸움터로 잘못 안 때문이었음. 그런 연유로 이곳의 강 이름도 적벽강이라 바꾸어 부르게 되었음. 여기선 ②의 뜻.

범주(泛舟): 배를 띄움.

근(近): 닮을 근(似也). 『중용(中庸)』에 "好學近乎知."

신풍(神豐): 중국 섬서성 임동현(臨潼縣) 동북에 있던 한대(漢代)의 현(縣). 옛날 이곳에서 좋은 술이 생산되었는데, 이를 '신풍미주(新豐美酒)'라고 하였음.

고(沽): ① 팔 고(賣也). 『논어 · 자한(論語 · 子罕)』에 "求善賈而沽諸." ② 살 고(買也). 『논어 · 향당(論語 · 鄕黨)』에 "沽酒市脯."

소진(蘇秦): 중국 전국시대(戰國時代)에 말을 잘 하던 모사(謀士).

〈감상〉

지금 김삿갓이 배를 띄우고 놀고 있는 강은 그 옛날 소동파가 배 띄우고 놀면서 「적벽부(赤壁賦)」를 읊었던 그 적벽강이 아니지만, 땅은 '신풍미주(新豐美酒)'로 유명했던 그 신풍 고을과 닮았다. 배를 띄워놓고 술을 마시며 옛일을 생각하니 감회가 새롭다. 오늘날의 세상은 돈이 제일이고 돈만 있으면 누구든지 항우같이 힘을 낼 수도 있고 돈으로 좋은 술도 사 마시고 술에 취하면 말 잘하는 소진도 될 수 있다.

84. 우연히 읊음(偶吟)

포수배산은일향	抱水背山隱逸鄕
시유농포우서당.	時遊農圃又書堂.
경화야설양전색	檠花野雪兩全色
안류강매이독양.	岸柳江梅二獨陽.
일모한취종기우	日謨閑趣從棋友
심각번화원미상.	心却繁華遠媚觴.

인물거개무불용　　　人物擧皆無不用
사기소단취기장.　　捨其所短取其長.

물을 안고 산을 등진 시골에 피해 살며
때로는 논밭 길을 거닐고 또는 서당을 찾기도 하네.
경화와 들에 쌓인 눈은 두 가지 모두 흰 빛을 자랑하고
언덕의 버들과 강가의 매화 이 둘이 따뜻한 햇볕을 독차지하네.
날마다 한가로운 취미를 도모하여 바둑 두는 친구를 따르니
번잡한 생각은 물러가고 술잔의 유혹도 멀어지누나.
사람과 물건은 거의 모두 쓰이지 않는 바가 없으니
그 단점은 버리고 그 장점은 취해야 되리라.

【주】

은일(隱逸): 세상을 피함. 또는 세상을 피한 사람. 『후한서(後漢書)』에 "招聘隱逸 與參政事."

농포(農圃): 논과 밭.

경화(檠花): 활을 바로잡는 기구를 만드는 나무의 꽃.

전(仝): 모두 전.

미(媚): 아첨할 미, 아양 부릴 미. 유혹하다.

상(觴): 술잔 상.

무불용(無不用): 이중 부정. 쓰이지 않는 바가 없다. 저마다 적소에 모두 쓰이다.

거개(擧皆): 거의 전부. 거의 다.

〈감상〉

경치 좋고 한적한 산촌에 묻혀 세속적인 부귀영화를 꿈꾸지 않는 유

유자적(悠悠自適)을 읊었다. 사람이나 물건이나 모두 그 소용되는 바가 따로 있으니 장단점을 알아서 취사선택해야 한다는 것이다. "人物擧皆無不用"은 "天不生無錄之人, 地不生無名之草(하늘은 복 없는 사람을 태어나게 하지 않았고, 땅은 이름 없는 풀을 낳게 하지 않았다)"를 연상케 하는 시구(詩句)이다.

85. 우연히 감회에 젖어(偶感)

검사배회쾌마명	劍思徘徊快馬鳴
문계묵좌수전정.	聞鷄默坐數前程.
난산경력다화사	亂山經歷茶花事
대해관귀소수성.	大海觀歸小水聲.
세월개빈유솔총	歲月皆賓猶率忽
연무시세자승평.	煙霧是世自昇平.
황금만수요요자	黃金滿袖擾擾子
송아노변반시정.	送我爐邊半市情.

칼날과 같은 날카로운 생각 계속 배회하니 쾌마가 울고
닭이 울 때까지 묵묵히 앉아서 나의 앞길을 헤아려 보도다.
많은 산천을 떠돌아다니느라고 여러 번의 봄도 지나갔고
큰 바다 보고 나면 작은 시냇물 소리는 물소리도 아니로다.
세월은 모두 나그네와 같이 빠르고 빠르게 흘러가 버렸고
연기와 안개 같은 이 세상은 스스로 태평을 따르는구나.

황금을 옷소매에 가득 차게 넣는 데에만 길든 사람들이
화롯가에서 내게 하는 말의 절반은 지나가는 소리일세.

【주】

검사(劍思): 칼처럼 날카로운 이상(理想)과 희망에 불타는 생각.

배회(徘徊): 정처 없이 이리저리 떠돌아다님. 마음이 안정되지 않음.

쾌마(快馬): 시원스럽게 빨리 달리는 말. 『남사(南史)』에 "騎快馬如龍."

수전정(數前程): 앞길을 헤아리다.

대해관귀소수성(大海觀歸小水聲): 『맹자 · 진심장구상(孟子 · 盡心章句上)』에 "孔子登東山而小魯ᄒᆞ시고 登太山而小天下ᄒᆞ시니 故로 觀於海者에 難爲水요 遊於聖人之門者에 難爲言이니라(공자께서 동산에 올라가셔서는 노나라가 작다고 하셨고, 태산에 올라가셔서는 천하를 작다고 하셨다. 그러므로 바다를 본 사람에게서 시냇물 소리는 물소리도 아니고, 성인의 문하에서 공부한 사람에게 시원찮은 말은 말 같지도 않은 것이다)"를 인용한 듯하다.

빈(賓): 손 빈, 손님 빈(客也). 여기선 나그네.

유(猶): 같을 유(似也).

승평(昇平): 세상이 고요하고 잘 다스려짐(太平, 升平).

요(擾): 길들일 요(馴也). 『십팔사략 · 하후씨(十八史略 · 夏后氏)』에 "有劉累者 學擾龍."

자(子): 사람 자(人也).

〈감상〉

앞으로 나는 어떤 길을 가야 하나? 새벽닭이 울 때까지 이 궁리 저 궁리로 잠 못 이루다가 읊어 본 작품이다. 과거에 급제하여 사대부가 되는 출세를 꿈꾸며 닭이 우는 새벽까지 앞날을 설계하며 공부를 열심히 했다. 그러나 폐족이 된 현실에서 자신은 이제 어찌하면 좋은가!

86. 물고기의 배에 장사지냄(魚腹葬)

청룡재좌백호우	青龍在左白虎右
천지동남유좌향.	天地東南流坐向.
구두벽파입단갈	龜頭碧波立短碣
안족청천내조상.	雁足青天來弔喪.

청룡이 좌에 있고 백호가 우에 있으니 명당이 분명하고
물은 천지의 동남으로 흐르니 좌향도 좋구나!
거북 머리로 푸른 파도 위에 작은 빗돌을 세웠더니
푸른하늘 날아가던 기러기들 문상(問喪)을 오네.

【주】

어복장(魚腹葬): 물고기의 뱃속에 장사 지냄. 굴원(屈原)의 「어부사(漁父辭)」에 "차라리 상수(湘水)에 몸을 던져 물고기 뱃속에 장사를 지낼망정, 어떻게 희고 흰 깨끗한 몸으로 세속의 티끌과 먼지를 뒤집어쓸 수 있단 말이오(寧赴湘流, 葬於江魚之腹中, 安能以皓皓之白, 而蒙世俗之塵埃乎)."

청룡(青龍): 네 방위의 성수(星宿). 청룡(青龍: 東)·백호(白虎: 西)·주작(朱雀: 南)·현무(玄武: 北) 등 四方의 별자리. 『논형·물세(論衡·物勢)』에 "四獸含五行之氣最較著." 우리나라에서는 新羅 말부터 이 風水地理說에 심취하였는데, 地形이나 方位의 吉凶을 판단하여 집터를 정하거나 죽은 사람을 매장하는 데 적당한 장소를 점쳐서 구하는 이론. 陰陽五行思想에 어버이의 유해(遺骸)를 평안히 모시려는 孝道의 사상이 합쳐서 된 것임.

좌향(坐向): 墓地나 집터 같은 것이 앉은 方向.

구두(龜頭): 빗돌을 받치는 거북의 머리. 또는 음경(陰莖)의 머리. 여기선 거북의 머리임.
단갈(短碣): 무덤 앞에 세우는, 위가 둥그스름한 작은 빗돌.
조상(弔喪): 故人을 애도함. 남의 상사에 대하여 조의를 표함. 問喪.

〈감상〉

김삿갓이 어느 고을을 지나가는데 신원 불명의 물에 빠져 죽은 시신을 발견했다. 인근 마을의 젊은이들과 함께 시신을 수습하여 장사를 지냈는데, 그 매장한 자리를 살펴보니 산세는 좌청룡 우백호가 분명하고, 좌향도 좋아서 명당으로 손색이 없어 김삿갓이 한 수 읊었다.

87. 무덤에 대한 소송(山所告訴狀)

굴거굴거피척지항언	掘去掘去彼隻之恒言
촉래촉래본수지례언.	捉來捉來本守之例言.
금일명일건곤불로월장재	今日明日乾坤不老月長在
차탈피탈적막강산금백년.	此頉彼頉寂寞江山今百年.

파 간다 파 간다 함은 저쪽에서 늘 하는 말이요
잡아오라 잡아오라 함은 이곳 사또(本守)가 늘 하는 말일세.
오늘 내일 하여도 천지는 늙지 않고 세월은 여전히 있으나
이 탈 저 탈 하다 보니 적막강산이 금방 백년이네.

【주】

굴거(掘去): 파다(掘)+가다(去)→파가다.

피척(彼隻): 저 피(彼)+외짝 척(隻)→척을 쪽으로 읽어 저쪽이 됨.

촉래(捉來): 잡다(촉)+오다(來)→잡아오다.

례(例): 늘. 언제나. 여전히.

차탈피탈(此頉彼頉): 이 핑계 저 핑계.

〈감상〉

김삿갓이 어느 산골 마을 앞을 지나다 보니 어떤 중년 여인이 슬피 울고, 자녀들은 우는 모친을 위로하고 있었다. 사연인즉 울고 있는 여인의 남편의 묘 앞에 어떤 사람이 투장(偸葬, 暗葬)을 해서 이것을 당장 파가라고 호통을 쳤으나 그 집에서는 파간다고 대답만 할 뿐 차일피일 미루고 파가지 않았다. 그래서 이번에는 고을 사또에게 탄원을 하였으나 사또 또한 "잡아 오라 잡아 오라" 말만 앞세울 뿐 일을 적극적으로 해결해 주지 않는다는 것이었다.

김삿갓이 이와 같은 딱한 사정을 듣고 탄원서를 다시 작성하여 사또에게 보냈더니 사또가 이 명문(名文)의 탄원서를 보고 감탄하여 그토록 오랫동안 끌어오던 어려운 문제를 즉시 해결해 주었다는데, 이 작품은 탄원서의 일부분일 것으로 추정한다.

88. 대장장이의 소송을 씀(冶匠之訴題)

항우시의제투지강중	項羽弑義帝投之江中
죄재항우죄부재강중.	罪在項羽罪不在江中.
야도살인투지야막	夜盜殺人投之冶幕
죄재야도죄부재야막.	罪在夜盜罪不在冶幕.

황급어야막지주호.　　　況及於冶幕之主乎.

항우가 의제를 시해하여 강물에 던졌으니
죄는 항우에게 있는 것이지 강물에 있는 것이 아니다.
같은 이치로 밤도둑이 사람을 죽여 대장간에 던졌으니
죄는 밤도둑에게 있는 것이며 대장간에 있는 것이 아니다.
하물며 그 죄가 어찌 대장간 주인에게 미치겠는가?

【주】

야장지소제(冶匠之訴題): 야장장이의 소송의 제목. 야장(冶匠)은 야장인(冶匠人)으로 대장장이. 야공(冶工), 야씨(冶氏)도 같은 뜻의 말임. 소제(訴題)는 소송(訴訟)을 씀.

항우(項羽): 항적(項籍, B.C. 232~B.C. 202). 진(秦) 말기(末期) 초(楚)의 장수. 자는 우(羽), 숙부 양(梁)과 함께 기병하여 진의 군사를 쳐서 함양(咸陽)을 불사르고 그 임금 자영(子嬰)을 죽인 뒤 자립하여 서초패왕(西楚霸王)이 됨. 한고조(漢高祖) 유방(劉邦)과 천하 제패를 다투다가 해하(垓下)에서 패하여 오강(烏江)에 투신자살함.

시의제(弑義帝): 항우가 의제(義帝)를 시해(弑害: 죽임)한 고사(故事). 弑는 죽일 시(下弑上)자로 신하가 임금을, 또는 자식이 부모를, 아랫사람이 윗사람을 죽이다. 『역경 · 곤괘 · 문언(易經 · 坤卦 · 文言)』에 "신하가 임금을 죽이고 아들이 아버지를 죽이는 일은 一朝一夕의 변고(變故)가 아니다(臣弑其君 子弑其父 非一朝一夕之故)." 의제(義帝)는 전국(戰國) 때 항우(項羽)가 초회왕(楚懷王)을 높여서 일컬은 말. 가짜 황제라는 뜻이 담겨 있음.

야도(夜盜): 밤도둑.

야막(冶幕): 대장간

〈감상〉

밤도둑이 사람을 죽여 텅 빈 대장간 안에 던져 놓고 도망가 버렸다. 관가에서는 대장간 주인을 살인한 죄인으로 오해하여 체포해갔다. 그 가족들이 억울해하며 슬퍼하는 광경을 목격한 김삿갓이 "만약 대장간 주인이 사람을 죽였다면 하필 대장간에다 버렸겠는가?"라고 위와 같은 글을 지어 관가에 제출했더니 대장간 주인이 무죄로 석방되었다 한다.

89. 무덤에 관한 다툼(墓爭)

이사대부지녀	以士大夫之女
와어조부지간.	臥於祖父之間.
부지어조호	付之於祖乎
부지어부호.	付之於父乎.

사대부의 딸로서

할아버지와 아버지 사이에(시신을) 눕혀 놓았으니

그녀를(시신을) 할아버지에게 붙여야 할까,

아버지에게 붙여야 할까?

【주】

묘쟁(墓爭): 무덤에 관한 다툼. 분묘(墳墓)에 관한 다툼. 墓는 무덤 묘자로 분묘(墳墓)와 같은 말임. 흙을 봉곳하게 쌓은 것을 墳', 평평한 것을 墓라 한다. 『예기 · 단궁상(禮記 · 檀弓上)』에 "古也墓而不墳."

이사대부지녀(以士大夫之女): 사대부의 딸로서. 以는 써 이(使也)자로

이를 가지고. 글의 뜻을 세게 한다. 『논어 · 태백(論語 · 泰伯)』에 "可以託六尺之孤 可以寄百里之命." 사대부(士大夫)는 士와 大夫, 곧 文武 양반의 일반적인 총칭으로, 벼슬이나 문벌(文閥)이 높은 사람. 之는 후치사(後置詞)로, ~의. 女는 딸 녀(女兒). 『좌전 · 장 27(左傳 · 莊 27)』에 "凡諸候之女 歸寧曰來出曰來歸."

와(臥): 누울 와(休也)자로 눕혔다. 곧 묻다.

부지(付之): 그것을(시신을) 붙이다(맡기다).

〈감상〉

지형(地形)이나 방위(方位)의 길흉을 판단하여 죽은 사람을 매장하는데 적당한 장소를 점쳐서 구하는 이론을 풍수지리설(風水地理說)이라 한다. 음양오행사상(陰陽五行思想)에 어버이의 유해(遺骸)를 평안히 모시려는 孝道의 사상이 합쳐서 된 것으로, 그 생각이 지나쳐서 남의 묘 옆이나 위 · 아래에 몰래 유해를 매장하는 것을 암장(暗葬), 투장(偸葬), 밀장(密葬)이라 한다.

어느 양반이 자기 어머니 시신을 남의 할아버지 묘와 아버지 묘의 사이에 암장하였는데, 김삿갓이 묘주(墓主)를 대신하여 암장한 양반에게 이렇게 써 주었더니 묘를 옮겼다고 한다. 이 글에서는 "여자의 시신을 할아버지와 아버지 사이에 눕게 하였으니, 그 어느 쪽에 가져다 붙일 것인가"하고 야유했을 뿐만 아니라 '부지(付之)'라는 말을 두 가지 뜻에 빗대어서 상대방을 모욕하였다.

90. 아내를 빼앗기고 소송을 제기함 (義興人失其妻於本郡冊方爲定訴於本郡)

적불선적불선	積不善積不善
막심어탈인지처자	莫甚於奪人之妻子.
상사고상사고	相思苦相思苦
막절어부부지이별	莫切於夫婦之離別.
연농강제마시기구	煙濃江堤馬嘶其駒
일모초정우명기독	日暮草汀牛鳴其犢.
청천고안실기려이원규	青天孤鴈失其侶而遠叫
녹수고원실기주이애명	綠樹孤猿失其儔而哀鳴.
기어미물역연	其於微物亦然
황인정지부부천륜지모자호	況人情之夫婦天倫之母子乎.
의신본의흥지인	矣身本義興之人
의신일처일자일	矣身一妻一子一
삼구상탁의명이금도의	三口相托依命而今到矣
금실기처이별기자	今失其妻而別其子
의신출이의신일의입이의신일	矣身出而矣身一矣入而矣身一.
의신생이의신일의신사이의신일	矣身生而矣身一矣身死而矣身一.
차이색론지	且以色論之
양가자녀이팔청춘유지	良家子女二八青春有之

주루권렴지간창기소부유지 綢縷捲簾之間娼妓少婦有之
청산백수과부지류유지 青山白水寡婦之類有之
하필탈유부지녀호? 何必奪有夫之女乎?

착한 일을 안 한다 안 한다 하더라도
남의 아내를 빼앗는 것보다 더한 악행이 어디 있으며
남녀가 서로 그리워함이 더 없이 극진하다 하여도
부부가 서로 이별하는 괴로움보다 더한 괴로움이 어디 있으리오?
안개 짙은 강둑에서 말이 그 망아지를 잃고 울고 있으며
해 저문 물가의 풀밭에서 소는 그의 송아지를 잃고 울고 있네.
푸른 하늘의 외로운 기러기는 그 짝을 잃고 멀리 부르짖으면서
푸른 나무 속에서는 원숭이가 그 잃어버린 짝을 불러 울부짖으니
하찮은 미물 또한 그러하거늘
하물며 인정 있는 부부 천륜이 있는 모자 간에 있어서야.
나는 본래 의홍 사람으로
나 한 몸에 아들 하나 딸 하나
이렇게 세 식구가 서로 의지하여 살아오다가
이제 아내를 잃었고 아들마저 잃었으니
이 몸은 밖에 나가도 하나요, 집에 들어와도 하나로다.
이 몸은 살아서도 하나요, 죽을 때에도 혼자 죽을 것이다.
또 색(色)을 가지고 논하더라도
양가 집안의 딸로 이팔청춘이 있을 것이며,
실로 묶은 주렴을 걷어 올린 사이로 젊은 창기들이 있고

청산 백수 사이엔 과부들이 있는데

하필이면 남편 있는 유부녀를 빼앗아 가느냐?

【주】

원제(原題): 의흥에 사는 사람이 본군 책방에게 그 아내를 빼앗기고 본군에 소송을 제기함(義興人失其妻於本郡冊方爲定訴於本郡)

책방(冊方): 책방(冊房)의 오기(誤記)인 듯함. 조선시대 고을의 원에 직속되어 文件이나 사무를 맡아보던 사람. 관제에 있는 것이 아니고 사사로이 임용(任用)했음. 그리고 서점(書店)도 책방(冊房)이라 함.

적불선(積不善): 선행(善行)을 아니함. 착한 일을 아니함.

막심(莫甚): 대단히 심함. 아주 대단함.

탈인지처자(奪人之妻子): 남의 아내를 빼앗음. 妻子는 ① 아내 ② 아내와 자식 등 두 가지 뜻으로 쓰이는데, 여기선 ① 아내를 말한 것임.

상사고(相思苦): 남녀가 서로 그리워함의 괴로움.

연농강제(煙濃江堤): 안개 짙은 강둑.

마시기구(馬嘶其駒): 말이 그 망아지를 잃고 욺. 嘶는 말 울 시(馬鳴)자로, 마소(馬牛)가 울다. 두보의 시 「백사도(白沙渡)」에 "我馬向北嘶." 駒는 말 구(少壯馬)자로 두 살 된 망아지. 뜻이 변하여 어리고 튼튼한 말. 『시경 · 소아각궁(詩經 · 小雅角弓)』에 "늙은 말이 망아지로 생각하고 뒷일은 생각을 아니하네(老馬反爲駒, 不顧其後)."

일모초정(日暮草汀): 해 저문 물가의 풀밭. 汀은 물가 정(水際平地)자로 물가의 평지. 육유(陸游)의 시 「성서만조(城西晩眺)」에 "靜看船歸浦, 遙聞雁落汀."

우명기독(牛鳴其犢): 소가 그의 송아지를 잃고 욺. 牛는 소 우(反芻類家畜). 『시경 · 소아무양(詩經 · 小雅無羊)』에 "누가 그대에게 소가 없다던가(誰謂爾牛)?" 犢은 송아지 독(牛子). 『예기 · 예기(禮記 · 禮器)』에 "天子適諸侯, 諸侯膳以犢."

안(鴈): 기러기 안(雁)자와 동자(同字).

실기려이원규(失其侶而遠叫): 그 짝을 잃고 멀리 부르짖음. 侶는 짝 려(同伴)자로 동료. 반려(伴侶). 왕포(王褒)의 「사자강덕론(四子講德論)」에 "於是相與結侶攜手俱遊." 叫는 부르짖을 규(呼也)자로 크게 외치다. 규(嘄)와 같다.

실기주이애명(失其儔而哀鳴): 그 잃어버린 짝을 불러 울부짖음. 애명(哀鳴)은 슬피 욺. 송옥(宋玉)의 「고당부(高唐賦)」에 "雌雄相失, 哀鳴相號."

미물(微物): 변변치 못한 작은 물건. 썩 자질구레한 벌레나 짐승. 작은 생물.

역연(亦然): 또한 그러함.

삼구(三口): 세 식구.

상탁(相托): 서로 의지함. 의존(依存)함.

색(色): 정욕 색(情欲)자로 성욕(性慾), 女色(여자와의 육체적 관계).

양가(良家): 문벌이 좋은 집안. 世家. 부호의 집.

주루권렴지간(綢縷捲簾之間): 실로 묶은 발을 말아 올린 사이. 綢는 묶을 주(束縛), 縷는 실 루(綫也). 권렴(捲簾)은 발(簾)을 말아 올림. 왕발(王勃)의 시 「등왕각(滕王閣)」에 "붉은 주렴 저녁에 걷어 올리자 서산에 비 내리네(珠簾暮捲西山雨)."

창기(娼妓): 기생. 몸을 파는 여자.

소부유(少婦有): 젊은 여자(부인).

〈감상〉

本郡 冊房에게 아내를 빼앗긴 비통, 분개한 심정을 송아지나 망아지를 잃은 마소의 슬픔, 짝을 잃고 울부짖는 기러기나 원숭이 같은 동물의 처지와 대비하면서, 아내를 빼앗아 간 자의 죄악을 고발, 공격, 비판하였다. 당시 힘없는 민초들의 고심참담(苦心慘憺)한 심정과 부패한 사회의 실상을 보여준다.

91. 변방에 나가(出塞)

독좌계군행부행	獨坐計君行復行
시지천리마제경.	始知千里馬蹄輕.
녹강사일동봉진	綠江斜日東封盡
백탑부운북륙평.	白塔浮雲北陸平.
공자출강잉막부	公子出疆仍幕府
시인도새변장성.	詩人到塞便長城.
권유요락공음설	倦遊遙落空吟雪
세모수련병마경.	歲暮誰憐病馬卿.

그대 홀로 앉아서 가고 또 다시 가는 것을 셈해 보니
천릿길에 말발굽이 가벼움을 비로소 알겠노라.
푸른 강에 해가 저물어 가니 동쪽 경계가 없어지고
흰 탑에 구름이 뜨니 북쪽 땅이 평화롭다.
공자(公子)가 변방에 나서니 군영(軍營)이 거듭하여 있고
시인이 변방에 이르니 곧 힘들여 쌓은 긴 성이 있네.
한가하게 거닐다가 공중에서 날려 떨어지는 눈을 읊나니
세밑에 병든 그대(군사)와 말을 누가 가여워하리!

【주】

군(君): 제이인칭 대명사. 그대, 너, 자네, 당신(汝, 若, 子, 而, 爾, 卿, 乃, 大人, 夫子, 先生).

마제(馬蹄): 말의 발굽. 『장자(莊子)』에 "馬蹄可以踐霜雪."

봉(封): 지경 봉, 경계 봉(封疆).

공자(公子): 귀한 집안의 나이 어린 자제(子弟). 귀공자.

출강(出疆): 국토를 떠나감. 곧 왕명을 받아 외국에 사신으로 감.

잉(仍): 거듭할 잉(重也).

막부(幕府): 대장군(大將軍)의 본영(本營). 장소가 일정하지 않고 필요한 곳에 막(幕)을 치고 군사(軍事)를 지휘한 데서 온 말.

장성(長城): 길게 연달아 있는 성(城).

권유(倦遊): 한가하게 거닐다.

요(遙): 노닐 요(逍遙徜徉).

세모(歲暮): 세밑. 세말(歲末). 백거이(白居易)의 시에 "歲暮天地閉 陰風生破村."

경(卿): 자네 경, 그대 경.

〈감상〉

헐벗고 굶주리며 국경을 지키는 군졸들의 군영(軍營)을 돌아보며 읊은 시인 듯하다. 이처럼 추운 세밑을 맞아 나 아닌 남, 즉 백성들을 걱정하는 내용의 시가 있기에 소개한다.

瑞雪民豊殖	상서로운 함박눈 풍년 조짐 보이는데
民食吾亦食.	백성들 잘 먹여야 내 몸 또한 편한 것을.
又此隆寒時	그러나 이처럼 날씨 추운 때
貧者何以衣.	가난한 백성 옷차림이 어떨지.

—고종 황제의 「서설(瑞雪)」—

92. 파격적으로 쓴 소장(破來訴題)

심추일엽	深秋一葉
병어엄상	病於嚴霜
낙어미풍	落於微風
엄상지고야	嚴霜之故耶
미풍지고야?	微風之故耶?

깊어 가는 가을에 나뭇잎 하나
된서리에 병이 들어서
산들바람에 떨어지니
된서리 때문인가
산들바람 때문인가?

【주】

파래소제(破來訴題): 파격적으로 쓴 소장. 소장(訴狀)은 소송(訴訟)을 제기하는 취지를 쓴 서류. 題는 쓸 제(書寫)자로서 적다의 뜻.

엄상(嚴霜): 된서리. 『초사 · 구변(楚辭 · 九辯)』에 “冬又中之以嚴霜.”

미풍(微風): 산들바람. 솔솔 부는 바람.

엄상(嚴霜): 매서운 서리. 혹독한 바람.

고야(故耶): 때문인가? 故는 연고 고(原因)자로서 까닭, 이유를 뜻함. 耶는 어조사 야(疑問助詞)로, ~냐?, ~느냐?처럼 의문이나 반문의 뜻을 나타낸다.

〈감상〉

정처 없이 떠도는 나그네 김삿갓이 깊어가는 가을에 낙엽이 한 잎 두 잎 떨어지는 것을 보면서 읊은 작품이다. 가을이 지나면 어김없이 月白雪白天地白의 세계가 찾아올 것이며, 그러면 자신의 생활이 어려워지리라. 특히 잠잘 곳과 입을 옷을 마련하기가 어려운 자신을 생각하면, 겨울이 더욱 싫다. 그러한 심정에서 "누가 낙엽을 지게 하는가?"라는 소장(訴狀)을 써 본 것이다.

김삿갓이 살아생전에 다음 시조를 알았다면 다소나마 위안이 되었으리라.

朝鮮 明宗 때의 名筆家로 유명한 한호(韓濩, 호는 石峰: 1543~1605)의 시조 한 수를 감상해보자.

집方席 내지 마라 落葉엔들 못 안즈랴.
솔불 혀지 마라 어제진돌 돋아온다.
아희야 濁酒山菜ㅣㄹ망정 업다말고 내여라.

—『珍本 靑丘永言』

(짚으로 만든 방석을 내어놓지 마라. 떨어져 쌓인 낙엽이 오히려 폭신하구나.

관솔불을 켜지 마라, 어제 진 달이 다시 돋아 환히 비추어 주는구나.

얘야, 이 아름다운 가을 밤 진수성찬이 무슨 필요가 있겠느냐? 막걸리와 산나물이라도 좋으니 푸짐하게 차리려무나).

『海東樂府』에는 다음과 같이 漢譯되어 전한다.

休煩歡待黃茅薦
且坐何妨紅葉堆.
豈必松明煙照室
前宵明月又浮來.

93. 조운경과 함께 누각에 올라(與趙雲卿上樓)

야지궁달불상모	也知窮達不相謀
사락교변기세주.	思樂橋邊幾歲周.
한북문장금태수	漢北文章今太守
호서물망구형주.	湖西物望舊荊州.
주계광약상위병	酒誡狂藥常爲病
시역풍류가여수.	詩亦風流可與酬.
야립태혐등정각	野笠殆嫌登政閣
포금독의해산추.	抱琴獨倚海山秋.

궁핍하고 영달함이 서로 어울릴 수 없음을 잘 알지만
사락교 주변에서 몇 해 동안을 친하게 어울려 놀았던가!
한양 도성의 문장가가 지금은 태수가 되었으니
호서에서의 높이 드러난 이름 그 옛날 형주 목사 같도다.
항상 술은 광약이라고 나에게 경계해 주며 근심하였고
시 짓는 것 또한 풍류라서 가히 더불어 주고받고 하였어라.
삿갓 쓴 야인이라 자못 정각에 오르기가 유쾌하지 않아
다만 거문고 끌어안고 홀로 가을 산과 물을 벗하며 지내노라.

【주】

궁달(窮達): 궁핍함과 영달(榮達)함. 여기선 김삿갓과 조운경의 처지를 가리킴.

사락교(思樂橋): 고유명사. 다리 이름. 위치는 미상(未詳).

주(周): 구할 주(救也). 『논어 · 옹야편(論語 · 雍也篇)』에 "周急不繼富." 여기서는 친교를 맺다의 뜻으로 쓰임.

한북(漢北): 한강(漢江)을 경계로 한 그 이북(以北). 곧 한양 도성(都城)을 가리킴.

호서(湖西): 충청남북도(忠淸南北道).

물망(物望): 사람들이 높이 우러러보아 드러난 이름.

형주(荊州): 중국 화중(華中) 지방의 북부 호북성(湖北省) 남부에 있는 현의 옛 이름.

계(誡): 경계할 계(警勅辭命也). 『역경(易經)』에 "邑人不誡."

광약(狂藥): (사람을) 미치게 하는 약. 술의 별칭.

병(病): 근심할 병(憂也).

수(酬): 수창(酬唱)으로 詩文을 지어 서로 증답함의 뜻.

태(殆): 자못 태(幾也). 『한서 · 이부인전(漢書 · 李夫人傳)』에 "夫人病甚殆將不起."

혐(嫌): 유쾌하지 않을 혐(不愉快).

야(野): 야인(野人)으로 벼슬을 하지 않은 사람. 在野한 사람(民間人).

〈감상〉

이 시는 김삿갓의 절친한 詩友 조운경이 함경도 안변 군수로 임명되어 그 곳으로 부임하려고 떠날 때 지은 이별의 시이다.

아래에 정지상(鄭知常)의 「송인(送人)」을 적어본다. 고려 인종 때의 문사(文士)인 그의 시는 만당체를 터득하여 더욱 유명하다. 벗을 보내는 정경을 묘사하고 뒤의 약속을 저버리지 말라는 간곡한 우정을 읊었다.

庭前一葉落	뜰 앞에 낙엽 한 닢 떨어지니
床下百蟲悲.	침상 아래에선 온갖 벌레 구슬프게 울어대네.
忽忽不可止	바삐 가는 길이라서 막을 순 없으나
悠悠何所之.	어느 곳으로 그렇게 멀리 가는가?
片心山盡處	그대가 떠난 산 너머에 내 마음 달려가다가

孤夢月明時.　　달 밝을 때 외로운 꿈길에서 만나 보리라.
南浦春波綠　　남포에 푸르디푸른 봄이 오면
君休負後期.　　임이여, 우리들의 기약을 지켜주소서.

94. 사향(思鄕) ①

서행이과십삼주　　西行已過十三州
차지유연석거류.　　此地猶然惜去留.
우설가향인오야　　雨雪家鄕人五夜
산하역려세천추.　　山河逆旅世千秋.
막장비개담청사　　莫將悲慨談靑史
수향영호문백두.　　須向英豪問白頭.
옥관고등응송세　　玉館孤燈應送歲
몽중능작고원유.　　夢中能作故園遊.

관서에서 놀아 이미 열세 고을을 지났으나
아직도 이곳에서 떠날까 말까 머뭇거리도다.
눈 비 내리는 한밤중에 나그네는 고향을 그리워하는데
산과 강을 따라서 한평생을 떠돌아다니는구나.
허무한 역사의 흥망을 비분강개하여 말하지 말라
모름지기 영웅호걸을 향하여 백발을 물어야겠네.
여관의 외로운 등잔 아래 세월을 보내나니
꿈속에서나마 그리운 고향을 찾아볼까 하네.

【주】

유(猶): 머뭇거릴 유.

오야(五夜): 하룻밤을 初更(甲夜, 오후 7~9시) · 二更(乙夜, 오후 9~11시) · 三更(丙夜, 오후 11~오전 1시) · 四更(丁夜, 오전 1~3시) · 五更(戊夜, 오전 3~5시)으로 나눈 것. 또는 그 마지막 시간대인 五更(戊夜, 오전 3~5시)을 가리키기도 함.

막장(莫將): 莫은 말 막(勿也). 將은 ~으로서 장(以也). ~으로서 말라.

비개(悲慨): 비분강개(悲憤慷慨). 슬프고 분해 마음이 북받침.

청사(青史): 역사서적(歷史書籍). 옛날 종이가 없었던 시대에 대(竹)의 청피(青皮)에 기록을 하였기 때문에 青史라 함. 范質의 시에 "南朝稱八達 千載穢青史."

영호(英豪): 영웅호걸(英雄豪傑)

옥관(玉館): 여관(旅館). 객사(客舍).

〈감상〉

부평초(浮萍草)처럼 떠도는 나그네에게도 고향은 그리운 것일까? 수구초심(首邱初心)이란 말도 있지 않은가! 나그네 신세를 탄식하고, 무상한 세월의 아쉬움과 고향 생각에 잠 못 이루는 심정을 노래한 시이다.

95. 사향(思鄕) ②

황주고로묘여천	皇州古路杳如天
일하방명동소년.	日下芳名動小年.
희소문장소학사	嬉笑文章蘇學士
풍류사곡유둔전.	風流詞曲柳屯田.
유청계수부연해	遊清薊樹浮煙海

별어만등명옥잔. 別語灣燈明玉盞.
미식금소능억아 未識今宵能憶我
한매노옥좌소연. 寒梅老屋坐蕭然.

황주의 옛길이 하늘같이 아득한데
해와 달이 빛나는 꽃다운 이름은 소년 때에 떨쳤도다.
웃음을 머금게 하는 문장으로는 소동파와 같고
풍류에 어울리는 노랫가락은 유종원과 같도다.
노니는 정은 안개 낀 바다에 계수나무가 떠 있는 듯하고
간곳마다 이별하는 밤에는 옥등잔에 불이 밝았더니라.
알지 못하겠네! 오늘밤도 고향에선 나를 생각하면서
한 그루의 매화가 옛집에 쓸쓸히 피어 있으리.

【주】

황주(皇州): 천자(天子)의 서울(帝都). 여기선 김삿갓의 본고향인 서울을 뜻하는 듯함.
묘여천(杳如天): 아득하여 하늘같다.
소년(小年): 완전히 성숙하지 않은 사내아이. 어린 시절. 杜甫의 시 취가행(醉歌行)에 "汝更小年能綴文."
일하(日下): 지난날(往日).
희소(嬉笑): 실없는 웃음, 장난으로 웃는 웃음.
소학사(蘇學士): 동파 소식(東坡 蘇軾).
사곡(詞曲): 운문(韻文) 형태의 노래.
유둔전(柳屯田): 당송팔대가(唐宋八大家)의 한 사람인 柳宗元(773~819)을 가리킴. 13년간이나 변경에 유배되어 있었기 때문에 둔전(屯田)이라 부른 듯하다.

계수(薊樹): 계수나무(桂樹).
별어(別語): 이별하는 말.
만등(灣燈): 나루터의 등불.
명옥잔(明玉盞): 옥잔을 밝혀 주다.

〈감상〉

집을 나와 떠돈 지 많은 세월이 흐르면서 느끼는 서글픔을 읊었다. 너무 오래 되어서 서울의 옛 길이 희미하게 떠오르고, 문장으론 소동파와 같았고 풍류의 노래로는 유종원과 같이 꽃다운 이름을 떨쳤던 소년 시절이 그립다. 지금도 옛 집엔 매화 한 그루가 쓸쓸히 피어 있으리라.

96. 향수(鄉愁)

일립속중장세계	一粒粟中藏世界
반승당내자건곤.	半升鐺內煮乾坤.
이월강남화만지	二月江南花滿枝
타향한식원감비.	他鄉寒食遠堪悲.
삼오야중신월색	三五夜中新月色
이천리외고인심.	二千里外故人心.
사십여년수몽중	四十餘年睡夢中
이금성안시몽롱.	而今醒眼始朦朧.
부지일사과정오	不知日巳過停午
기향고루당효종.	起向高樓撞曉鐘.

좁쌀 한 알의 속에 전 세계가 숨어 있는데

반 되들이 솥 안에서 천지를 삶는구나.

이월달이면 강남에선 가지마다 꽃이 피리니

타향에서 한식을 맞으니 고향 그리는 슬픔을 견딜 수 없구나.

추석날 보름달이 금방 솟아오르니

이천 리 밖 타향에 있는 벗의 마음은 어떠할지.

사십여 년을 잠자며 꿈만 꾸다가

이제야 겨우 깨어나니 정신이 희미하네.

해는 이미 한낮이 지났는데 늦은 줄도 모르고

높은 누각에 올라 새벽종을 치는구나.

【주】

립(粒): 낟알 립.

당내(鐺內): 솥 안.

자(煮): 삶을 자, 지질 자, 달일 자.

원감비(遠堪悲): 슬픔을 견딜 수 없다.

삼오야(三五夜): 보름날 밤. 특히 팔월 보름날 밤의 뜻으로 많이 쓰임.

신월(新月): 갓 돋은 달. 백거이(白居易)의 시에 "三五夜中新月色."

고인(故人): 벗. 친구. 『후한서(後漢書)』에 "朕故人嚴子陵."

정(停): 늦어질 정(延滯).

당효종(撞曉鐘): 새벽종을 치다.

〈감상〉

주막에서 주모와 술내기로 시 짓기를 하였는데 김삿갓이 주모의 시에 화답으로 지은 시이다.

97. 과음 경계(過飮警戒)

갈시일적여감로	渴時一滴如甘露
취후첨배불여무.	趣後添盃不如無.
주불취인인자취	酒不醉人人自醉
색불미인인자미.	色不迷人人自迷.

목마를 때 한 방울의 술은 단 이슬과 같지만
취한 뒤에 또 한잔 술은 마시지 않음만 같지 못한 것.
술이 사람을 취하게 하는 게 아니라 사람이 스스로 취하고
여자가 남자를 홀리는 것이 아니라 남자가 스스로 홀린다.

【주】

갈시(渴時): 목이 마를 때.
적(滴): 물방울 적(水點).
첨배(添盃): 첨배(添杯)와 같음. 술이 들어 있는 술잔에 술을 더 따름(添盞).
취후(趣後): 취후(醉後)의 오기(誤記)인 듯. 취한 뒤에.

〈감상〉

누구 못지않게 술을 좋아했던 김삿갓, 두주불사(斗酒不辭) 하던 김삿갓이 과음을 경계하는 시를 지었다는 것은 의외다. 그러나 술이란 김삿갓이 이 시에서 읊은 것처럼 '목말랐을 때의 한 방울은 단 이슬과 같이 약이 될 수도 있으나, 취한 뒤에 또 마시는 술은 광약(狂藥)임'에 틀림없다.

시인이자 이화여전, 성균관대 영문학과 교수를 지낸 수주 변영로(樹州 卞榮魯)는 어렸을 적부터 부친 변정상(卞鼎相)의 무릎 위에서 술을 배웠는데 그는 두주불사(斗酒不辭)가 아니라 석주불사(石酒不辭)하는

대주호(大酒豪)였다.

혜화동에 살 때의 일이었다. 주도(酒道)의 명인들인 공초 오상순(空超 吳相淳), 성재 이관구(誠齋 李寬求), 횡보 염상섭(橫步 廉尙燮) 이렇게 삼주선(三酒仙)의 내방(來訪)을 받았다. 술을 마시려고 四人의 주머니를 털어 보니 불과 수삼 원 밖에 안 되었다. 이 액수는 이 대주호들에겐 유불여무(有不如無)였다. 궁리 끝에 동아일보(東亞日報) 편집국장 고하 송진우(古下 宋鎭禹)에게 "좋은 기고를 하여 줄 것이니 50원만 보내달라"고 편지를 써서 심부름꾼을 시켜 보냈다. 얼마 후에 심부름꾼이 받아가자고 온 50원으로 술은 소주에, 안주는 고기(牛肉)로, 장소는 사발정 약수터(성균관 뒤)로 정하였다.

참으로 그날은 쾌음(快飮)·호음(豪飮)하였고, 객담(客談)·고담(古談)·농담(弄談)·치담(痴談)·문학담(文學談)을 순서 없이 지껄이며 권커니 자커니 마셨다. 그러나 호사다마(好事多魔)랄까. 그때까지 맑고 푸르던 하늘이 난데없이 검은 구름으로 덮이더니 삽시간에 비가 쏟아지기 시작했다.

그야말로 유연작운(油然作雲), 패연하우(霈然下雨) 바로 그것이었다. 속수무책으로 살이 불어 터질 지경으로 비를 흠뻑 맞았다. 산중취우(山中驟雨)의 그 장경은 필설난기(筆舌難記)였다.

우리 4인은 불기이동(不期而同)으로 노래를 고창하였다. 그 때에 공초(空超) 선지식(善知識)이 공초식 발언을 하였으니, 그것은 '옷을 찢어버리자'라는 제안이었다. 옷이란 대자연과 인간 사이의 이간지물(離間之物)이니 몸에 걸칠 필요가 없다는 것이었다. 먼저 공초가 찢어버렸고, 남은 사람 셋은 이에 호응하여 모두 옷을 찢어버렸다. 대취한 사나한(四裸漢)들은 광가난무(狂歌亂舞)하였다. 서양에 Bachanalian orgy(바커스식 躁亂)란 말이 있으나 아무리 광조(狂躁)한 주연(酒宴)이라 해도 이에 비하여서는 불급(不及)이 원의(遠矣)일 것이다.

우리는 어느 덧 언덕 아래 소나무 그루에 소 몇 필이 매여 있음을 발견, 소를 잡아타자는 데 일치하였다. …

하여간 우리는 몸에 일사불착(一絲不着)한 상태로 그 소들을 잡아타고 유유히 비탈길을 내려갔고 똘물을 건너고 공자(孔子)님을 모신 성균관을 지나서 큰 거리까지 진출했다가 큰 봉변 끝에 시중(市中)까지 오려던 장도(壯圖)는 수포로 돌아가고 말았다.

卞榮魯 著『酩酊四十年』에서

98. 나무꾼(樵客)

모옥취연헐	茅屋炊煙歇
일모비조환.	日暮飛鳥還.
초객견명월	樵客見明月
장가하청산.	長歌下青山.

산골 띳집에 저녁밥 짓는 연기 흩어지고
해는 저물어 새들은 제 집으로 날아 돌아가네.
나무꾼은 밝은 달을 바라보고
늘어지게 노래 부르며 청산을 내려오네.

【주】

모옥(茅屋): 띠로 지붕을 인 보잘 것 없는 집(茅舍, 茅堂, 茅室). 왕유(王維)의 시에 "終南有茅屋 前對終南山."

취연(炊煙): 밥을 짓는 연기.

헐(歇): 스러질 헐(消散). 흩어질 헐.

초객(樵客): 나무꾼.

99. 이사난(移徙難)

문군당식이거법	問君倘識移去法
비단삼당유오당.	非但三黨有五黨.
일이전재교세교	一以錢財交世交
이장문필득인정.	二將文筆得人情.
불연혹유반근맥	不然或有班根脈
출하능지제약방.	出下能知製藥方.
무사차겸맹지술	無四且兼盲地術
시하감입사부향.	恃何敢入士夫鄕.

그대에게 묻노니 혹시 이사 가는 법을 아는가
세 가지 동네도 아니고 다섯 가지 동네나 된다네.
첫째론 돈으로써 대대로 얼굴 사귀고
둘째론 글 쓰는 기술로 도덕적인 생각을 얻어야 하네.
그렇지 않으면 혹 근본이 양반 줄기이던가
하다못해 약 짓는 처방법이라도 알아야 하네.
네 가지를 모두 가진 바 없고 풍수에도 어둡다면
무엇을 믿고 감히 사대부들의 마을에 들어가리오.

【주】

당(倘): 혹시 당, 아마 당(或然辭).
비단(非但): 다만의 뜻으로 부정(否定)의 경우에 쓰는 말.
당(黨): 곳 당(所也). 동네 당. 고향 당(鄕里).

세교(世交): 대대로 사귀는 교분(交分).
문필(文筆): 시(詩), 가(歌), 문장(文章) 따위를 쓰는 기술
인정(人情): 세상 사람의 따뜻한 마음. 또는 도덕적 의식.
불연(不然): 그렇지 않음.
제약방(製藥方): 약의 처방법.
맹(盲): 어두울 맹.
시하(恃何): 무엇을 믿다.

100. 물속에 비치는 자신을 보고

백발여비김진사　　白髮汝非金進士
아역청춘여옥인.　　我亦青春如玉人.
주량점대황금진　　酒量漸大黃金盡
세사재지백발신.　　世事纔知白髮新.

머리털이 흰 것을 보니 당신은 김 진사가 아닌 것 같소
나 또한 한 때는 꽃다운 청춘 시절이 있었노라.
주량은 점점 늘기만 하고 황금은 모두 탕진하였으니
세상일을 겨우 알만 해지자 새로이 백발을 알게 되네.

【주】

점대(漸大): 점차 커지다. 점점 늘어가다.
재(纔): 겨우 재(僅也).

〈감상〉

김삿갓이 어느 날 산골길을 걷다가 제법 깨끗하고 큰 샘물을 발견했다. 그 물을 떠 마시면서 물속에 비친 자신의 모습을 보았다. 엊그제까지도 청춘이었던 내가 어느새 이렇게 백발이 되었는가? 무정한 세월을 새삼 느끼면서 읊은 시이다.

101. 승속문답(僧俗問答)

스님: 산욕도강강구립　山欲渡江江口立
수장천석석두회.　水將穿石石頭迴.
삿갓: 산불도강강구립　山不渡江江口立
수난천석석두회.　水難穿石石頭迴.

산은 물을 건너고자 강가에 서 있고
물은 돌을 뚫고자 돌머리를 돌아가네.
산은 물을 건너지 못하여 강가에 서 있고
물은 돌을 뚫기 어려워 돌머리를 돌아가네.

〈감상〉

김삿갓이 어느 산사(山寺)의 스님과 주고받은 시이다.

102. 사신(使臣)

사군기사자동래　　似君奇士自東來
화하제인거가경.　　華夏諸人詎可輕.
가송희음공영시　　歌頌希音空郢市
검등쌍보탕연평.　　劍騰雙寶盪延平.
처량학주수선총　　凄凉鶴柱誰仙塚
망양용퇴시제성.　　莽陽龍堆是帝城.
차막상서등북궐　　遮莫上書登北闕
즉금천자불구경.　　卽今天子不求卿.

그대와 같이 재능이 출중한 사람이 동쪽 나라에서 왔으니
중국 본토의 사람들이 그대를 어찌 가벼이 여기리오?
희귀하고 아름다운 노래로 찬양함을 구경하느라 영시가 텅 비고,
보검 두 자루를 치켜드니 연평 나루터가 흔들린다.
외롭고 쓸쓸하고 높은 기둥은 어느 분의 무덤 표지(標識)일까?
광활한 서역의 사막, 이것이 바로 임금의 성이라네.
비록 글은 올릴지라도 대궐에는 오르지 마시오.
지금 천자는 그대를 반기지 않을 것이니까.

【주】

사신(使臣): 임금이나 국가의 명을 받아 외국에 심부름 가는 신하.

사군기사(似君奇士): 그대와 같이 재능이 出衆한 사람. 『사기 · 진승상세가(史記 · 陳丞相世家)』에 "項王不能信人…雖有奇士不能用 平乃至楚."

자동래(自東來): 동방(東邦: 朝鮮)에서 옴. 자(自)는 전치사(前置詞)로서, ~로부터, ~에서. 동(東)은 동방(東邦), 중국을 기준으로 했을 때 동쪽에 있는 나라. 곧 우리나라.

화하제인(華夏諸人): 중국의 모든 사람들(많은 사람들). 화하(華夏)는 中國 本土를 이르는 말. 夏는 大의 뜻. 『서경 · 무성(書經 · 武成)』에 "中華本土의 땅과 남북 오랑캐들이 따르고, 말을 듣지 않는 곳이 없게 되었습니다(華夏蠻貊, 罔不率俾)."

거가경(詎可輕): 어찌 가벼이 여길 수 있으리오? 거(詎)는 어찌 거(豈也).

가송희음(歌頌希音): 희귀하고 아름다운 노래로 찬양함. 가송(歌頌)은 『詩經』의 頌詩를 노래한다는 뜻이었으나, 후에는 노래나 글로 찬양한다는 뜻으로 쓰임.

공영시(空郢市): 영시가 텅 비게 되다. 영시(郢市)는 지금의 湖北省에 있었던 春秋 때 楚의 都邑이며, 공(空)은 비울 공(空也)자로 영시를 텅텅 비우고 사람들이 한 곳으로만 모여들었다는 뜻.

검등쌍보(劍騰雙寶): 보검 두 자루를 치켜 듦. 쌍보(雙寶)는 쌍보검으로, 용천검(龍泉劍)과 태아검(太阿劍). 騰은 올릴 등(擧也)자로 치켜들다(추켜올리다).

탕연평(盪延平): 연평 나루터가 흔들리다. 모인 사람들의 함성으로 나루터가 흔들릴 정도이다.

처량학주(凄涼鶴柱): 외롭고 쓸쓸한 높은 기둥.

수선총(誰仙塚): 어느 분의 무덤인가?

망양(莽陽): 광활(廣闊)한 사막. 陽은 마를 양(旱也)자로 날씨가 가물어 마르다의 뜻인데 여기서는 사막이라 풀이해 보았다.

용퇴(龍堆): 서역(西域)의 사구(砂丘) 이름. 백룡퇴(白龍堆)의 약칭. 천산남로(天山南路: 중국 신강성의 천산 산맥 이남의 지역)의 사막.

차막(遮莫): 비록 ~라 하더라도, 가령 ~라 하더라도, ~에 관계없이.

북궐(北闕): 궁전의 북쪽 문루(門樓). 대신들이 알현, 상소하기 위하여 기다리던 곳인데서, 궁궐이나 朝廷의 딴 이름이 됨. 육유(陸游)의 시 「서교(西郊)」에 "七十辭北闕."

즉금(卽今): 지금. 오늘. 현재.

〈감상〉

그대와 같이 재능이 출중한 사람이 사신으로 가게 되어 그 재주에 탄복해서 그대를 홀대하지는 않겠지만, 임금은 小國에서 온 사신이라고 멸시하면 수치스러울 것이니, 글만 올리고 대궐에는 가지 않는 것이 좋겠다는 내용이다. 곧 굴욕적인 면회는 하지 말라는 당부의 말이다.

103. 숨어사는 선비(隱士)

초연둔세피산파	超然遯世彼山坡
은영모려요벽라.	隱映茅廬繞碧羅.
학무금전한자족	鶴舞琴前閑自足
앵가첨상흥편다.	鶯歌簷上興偏多.
운유암석평시도	雲遊庵釋評詩到
전매인가채약과.	電邁隣家採藥過.
임아언와연영하	任我偃臥聯永夏
임풍요화자지가.	臨風遙和紫芝歌.

세속을 등지고 저 산비탈에 숨어서 한가로이 사니
자그마한 초가집이 푸른 담쟁이덩굴에 은은히 둘러싸여 있네.
거문고 타는 앞에 학이 와서 춤추니 한거(閑居)함에 自足하고
앵무새 처마 위에서 노래 부르니 한편으론 홍이 많이 넘치네.

구름 속을 떠도는 암자의 스님은 시를 평하러 오고

번개처럼 빨리 지나가는 사람은 약 캐러 가는 이웃 사람이네.

되는 대로 나를 맡긴 채 긴 여름을 보내고

바람에 맡겨 멀리 「자지가」에 화답하도다.

【주】

은사(隱士): 벼슬하지 않고 숨어사는 선비. 『장자 · 선성(莊子 · 繕性)』에 "古之所謂隱士者, 非伏身而弗見也."

초연(超然): 세속을 초월한 모양. 남과 관계없는 모양.

둔세(遯世): 세상을 피하여 숨어서 삶. 『중용(中庸)』에 "세상에서 숨어 있어 알아주지 않더라도 후회하지 아니함(遯世不見知而不悔)."

피산파(彼山坡): 저 산비탈. 坡는 언덕 파(坂也)자로 비탈. 완적(阮籍)의 시 「영회(詠懷)」에 "朝登洪坡顚."

은영(隱映): 희미하여 분명하지 않게 隱隱히 비치다.

모려(茅廬): 띠로 지붕을 인 집. 초가집. 모암(茅庵).

요벽라(繞碧羅): 푸른 담쟁이덩굴로 에워 쌈.

학무금전(鶴舞琴前): 거문고 타는 앞에 학이 와서 춤을 춤.

한자족(閑自足): 한거(閑居)함을 자족함.

앵가첨상(鶯歌簷上): 앵무새가 처마 위에서 노래를 함.

흥편다(興偏多): 한편으론 흥이 많이 넘쳐흐름. 偏은 일방 편(一方)자로 한 방면, 한쪽, 한편.

운유(雲遊): 구름 속에서 놂. 구름처럼 정처 없이 떠돌아다님의 비유. 『후한서 83상 · 두독전(後漢書 83上 · 杜篤傳)』에 "遂天旋雲遊, 造舟于渭, 北杭涇流."

암석(庵釋): 암자(庵子)의 스님. 석(釋)은 석가모니(釋迦牟尼: B.C. 563?~B.C. 483?)의 제자. 곧 중.

평시도(評詩到): 시를 평하러 옴. 到는 이를 도(至也)자로서 도달하다, 내도(來到)하다.

전매(電邁): 번개처럼 빨리 감. 『포박자 · 오실(抱朴子 · 吳失)』에 "朽舟託迅波以電邁."

인가(隣家): 이웃집

채약과(採藥過): 약초를 캐러(뜯으러) 감.

임아(任我): 나를 맡김.

연와(偃臥): 드러누움. 엎드려 잠.

자지가(紫芝歌): 옛 악부의 금곡가사(琴曲歌辭)로 「자지곡(紫芝歌)」이라고도 함. 한고조(漢高祖)가 상산사호(商山四皓)인 동원공(東園公) · 기리계(綺里季) · 녹리선생(甪里先生) · 하황공(夏黃公)을 불렀으나, 이들은 세상에 나가지 않고 「자지가」를 지어 불렀다 한다. 자지(紫芝)는 영지(靈芝)로 선약(仙藥)의 하나이다.

「자지가」의 내용은 다음과 같다.

邈邈高山	아득하고도 아득한 높은 산이여
深谷逶迤.	깊은 골짜기가 구불구불하구나!
曄曄紫芝	빛나고 빛나는 붉은 지초여
可以療飢.	그것으로 요기를 할 수 있도다.
唐虞世遠	요임금 순임금의 시절 멀리 지나갔으니
吾將安歸.	우리들은 장차 어디로 돌아갈 것인가?
駟馬高蓋	네 마리가 끄는 높고 큰 수레 탄 사람들이여
其憂甚大.	그 근심이 매우 크도다.
富貴之留人	부귀와 영화 사람을 붙들어 둠이여
不如貧賤之肆志.	가난하고 천할지라도 제 뜻을 펴고 사는 것만 못하리.

104. 괴촌 유선비에게 답함(槐村答柳雅士)

인설시비오엄구	人說是非吾掩口
세쟁명리자요두.	世爭名利子搖頭.
염우덕행고산앙	冉牛德行高山仰
사마문장대해류.	司馬文章大海流.
천불기류추일측	川不其流秋日昃
생애하한촉청유.	生涯何恨觸淸遊.

사람들은 시비곡직(是非曲直)을 즐기지만 나는 입을 다물었고
세인(世人)들은 모두 명리(名利)를 다투지만 그대는 초연하네.
허유(許由)의 범접할 수 없는 덕행은 높은 산도 우러러 보고
사마광의 문장(文章)은 바다처럼 넓게 펼쳐졌어라.
냇물은 계속 흘러 그침이 없고 가을해는 쉽게 기우니
온 생애를 청유(淸遊)에 붙인들 무슨 한이 있으리오.

【주】

괴촌(槐村): 괴촌(塊村)이라고도 하며, 덩이 모양으로 집합하여 있는 촌락(村落). 곧 사람 사는 집들이 듬성듬성 불규칙적으로 모여서 흙덩이(土塊) 모양처럼 생긴 집단 마을.

유아사(柳雅士): 품격(品格)이 고상한 유선비. 『삼국지 13 · 위 · 형옹전(三國志 13 · 魏 · 邢顒傳)』에 "少秉高節, 玄靜澹泊, 言少理多, 眞雅士也."

오엄구(吾掩口): 나는 입을 다문다. 엄(掩)은 가리다, 숨기다, 닫다. 시비(是非)는 시비곡직(是非曲直: 是非善惡. 옳고 그르고 굽고 곧음).

세쟁명리(世爭名利): 세상 사람들은 명리(名利)를 다툼.

자요두(子搖頭): 그대는 고개를 흔듦. 부정함의 형용. 곧 명리에 시비를 걸지 않고 초연(超然)함. 백거이의 시에 "搖頭謝搢紳."

염우덕행(冉牛德行): 聖天子라고 추앙받던 요(堯)임금이 허유(許由)에게 왕위를 물려주려 하였으나 허유는 자기의 귀가 더러워졌다고 하여 영천(潁川)의 물에 귀를 씻고 기산(箕山)에 들어가 숨어 살았다는 고사(故事)이다. 초세속적 사상을 가진 높은 선비로 부귀영화를 기피하였다.

사마(司馬): 사마광(司馬光: 1019~1086). 北宋의 학자. 정치가. 자는 군실(君實). 호는 우부(迂夫) 또는 우수(迂叟), 속수(涑水). 사후에 태사온국공(太師溫國公)으로 추증되어 사마온공(司馬溫公)이라고도 함. 『절운지장도(切韻指掌圖)』, 『잠허(潛虛)』, 『계고록(稽古錄)』, 『속수기문(涑水紀聞)』 등을 지었고, 유서(劉恕), 유반(劉攽), 범조우(范祖禹)와 함께 『자치통감(資治通鑑)』을 편찬하였으며, 文章에 능했음.

대해류(大海流): 바다처럼 넓게 펼쳐짐.

추일측(秋日昃): 가을해가 쉽게 기울다. 昃은 기울 측(側也)자로 해가 서쪽으로 기운다. 『역경 · 이괘(易經 · 離卦)』에 "저녁의 모임이다. 장구도 치지 않고 노래를 부름(日昃之離, 不鼓缶而歌)."

촉청유(觸淸遊): 청아(淸楚하고 고요함. 맑고 우아함)에 붙임. 觸은 부딪힐 촉(撞也).

〈감상〉

이 작품은 두련(頭聯) 2行이 떨어져 나가고 함련(頷聯) · 경련(頸聯) · 미련(尾聯)만 전해진다. 세속에 오염되지 않고 청유(淸遊)하는 유아사(柳雅士)에게 자신의 생각을 더하여 지은 시라고 본다. 허유의 덕행은 산도 우러러 보았으며, 사마광의 천의무봉(天衣無縫)한 文章은 이 세상에 모르는 이가 없다. 나도 허유나 사마광처럼 지조를 지키며 바르게 여생을 보낼 것을 다짐하여 본다.

鄕路千里長 고향 길은 천리 밖 멀고도 먼데
秋夜長於路. 가을밤은 그 길보다 더욱 길구나.
家山十往來 꿈속에선 열 번이나 고향에 갔다 왔건만
簷鷄猶未呼. 깨어 보니 새벽닭이 울기 전이네.

산운(山雲) 이양연(李亮淵)의 시로 김삿갓 당대의 유명한 풍류 시인(風流詩人)이었다. 이 시의 전구(轉句)처럼 김삿갓도 꿈속에선 고향엘 수십 번 아니 수백 번을 다녀왔으리라.

이 해도 저무는 밤 나그네는 잠 못 들고
모친 생각 자식 그리는 심사가 저절로 처량하네.
(歲暮寒窓客不眠 思母憶子意凄然.)

평양 기생의 「제석(除夕)」 중 기 · 승구로, 승구의 '思兄憶弟' 4자를 필자가 '思母憶子'로 고쳐 써 보았다.

고향의 아내가 아들 학균을 시켜 "너의 아버지를 빨리 모셔오라"고 하여 방랑길에서 이 아들과 세 번이나 마주쳤지만 그때마다 아들을 속이고 도망쳤었다. 그의 방랑벽(放浪癖)은 자기 자신도 멈추게 할 수가 없었다. 아마도 역마살(驛馬煞)을 띠고 태어난 것인지? 그렇다고 고향을 아주 잊은 것도 아니었다. 평생을 자식을 키우고 가르치시느라고 고생만 하신 어머님, 사랑하는 아내와 자식들이 보고 싶어 못 견디게 그리울 때도 있었다. 그래서 방랑 생활 중간에 고향에 한 번 들러 둘째 아들을 아내의 뱃속에 담아 놓고 또 집을 나와 버렸다.

105. 삿갓을 읊음(咏笠)

부부아립등허주	浮浮我笠等虛舟
일착평생사십추.	一着平生四十秋.
목견경장수야독	牧堅輕裝隨野犢
어옹본색반백구.	漁翁本色伴白鷗.
취래탈괘간화수	醉來脫掛看花樹
홍도휴등완월루.	興到携登翫月樓.
속자의관개외식	俗子衣冠皆外飾
만천풍우독무수.	滿天風雨獨無愁.

등등 뜬 내 삿갓 빈 배와 같은데
한 번 쓴 채 어느덧 사십년이 되었구려.
소 먹이는 목동들이 들로 갈 때 차림이고

갈매기를 벗 삼는 어옹들도 머리에 쓰네.
술에 취할 땐 벗어서 나무에 걸어놓고 꽃구경하고
흥이 나면 팔에 걸고 누각에 올라 달구경하네.
속인들의 의관이야 형식으로 꾸몄을 뿐
내 삿갓은 하늘 가득히 비바람 몰아쳐도 홀로 아무 걱정 없다네.

【주】

사십추(四十秋): 사십 년. 秋는 세월을 뜻함.
본색(本色): 본디의 형태나 형체. 본상(本像).
휴(携): 들다. 걸다. 가지다.

〈감상〉

조부를 탄핵(彈劾)하는 시를 써 군 단위 백일장에서 장원한 날 밤, 모친으로부터 그 김익순이 바로 자신의 조부라는 사실을 알자 삿갓을 쓰고 방랑생활을 시작했다. 그렇게 쓴 삿갓이 어언 사십 평생이 되었고, 언제나 곁에 있어 벗이 되어줌은 물론 모진 풍우에도 몸을 보호해 주는 고마움을 표현하였다.

106. 인심이 박함(風俗薄)

사양고립양시비	斜陽叩立兩柴扉
삼피주인수각휘.	三被主人手却揮.
두우역지풍속박	杜宇亦知風俗薄
격림제송불여귀.	隔林啼送不如歸.

해질 무렵 두어 집 사립 앞에 서서 문을 두드리니.

주인들은 세 번씩이나 손을 흔들어 나를 물리치는구나.

두견새 또한 이 같은 박정한 풍속을 알고 있는지

저 건너 숲속에서 두견새가 어서 집으로 돌아가라고 슬피 울어 주네.

【주】

고(叩): 두드리다.

두우(杜宇): 두견새의 별칭. 『禽經』에 "江左曰子規 蜀右曰 杜宇."

불여귀(不如歸): 두견새, 소쩍새(杜宇, 杜鵑). 우는 소리가 불여귀거(不如歸去)처럼 들린다고 붙여진 이름(① 『蜀王本記』에 "爲蜀望帝淫其臣 鱉靈妻 乃禪位亡去 時此鳥鳴 故蜀人見杜鵑 鳴而悲望帝 其鳴如曰不如歸去", ② 蘇軾의 詩에 "身慚啼鳥不如歸").

〈감상〉

땟국에 전 누더기 옷, 빨아 입지 않아서 악취가 나고, 누렇게 부황이 든 얼굴, 솔기만 남은 버선, 닳아서 너덜너덜한 신발. 그야말로 거지꼴이다. 누가 반겨서 "어서 오라"고 환영해 맞이하겠는가? 그래서 이 거지 시인도 집 생각이 나는가보다. 수구초심(首邱初心)이라 했던가?

조선시대 한시 사대가(漢詩 四大家)의 한 사람인 택당(澤堂) 이식(李植)은 「야성청심루차운(野城淸心樓次韻)」에서 이렇게 읊었다.

寓世皆爲客　　사람이 산다는 게 우리 모두 나그네니

歸鄕各自情.　　고향에 돌아가고픈 마음은 인지상정인가 하노라.

107. 비를 만나 촌가에서 자며(逢雨宿村家)

곡목위연첨착진	曲木爲椽簷着塵
기간여두근용신.	其間如斗僅容身.
평생불욕장요굴	平生不欲長腰屈
차야난모일각신.	此夜難謀一脚伸.
서혈연통혼사칠	鼠穴煙通渾似漆
봉창모격역무신.	蓬窓茅隔亦無晨.
수연면득의관습	雖然免得衣冠濕
임별은근사주인.	臨別慇懃謝主人.

굽은 나무 서까래에 처마 밑에는 먼지만 쌓였는데
방 안은 모말(斗)같이 좁아서 겨우 몸을 용납할 정도로다.
내 평생에 긴 허리를 굽히려 하지 않았는데
이 밤엔 다리 하나 펴기도 어렵구나.
쥐구멍으로 매운 연기가 끼어서 칠흑같이 어둡고
봉창은 띠로 덮여서 새벽이 된 줄도 모르겠네.
다행히 의관을 적시는 일은 간신히 면했으니
떠날 때는 주인에게 은근히 사례하리라.

【주】

용신(容身): ① 용슬(容膝): 집이나 방이 좁아 겨우 무릎이나 움직일 수 있다. ② 세상에서 겨우 몸을 붙이고 살아감. 여기선 ①의 뜻.

봉창(蓬窓): 원 뜻은 뜸을 걸어 놓은 배의 창문. 뜸은 대, 부들 등의 풀로 거적처럼 엮은 것.
모(茅): 갈대의 일종인 띠.

〈감상〉

가난한 촌가에서 비를 피하며 하룻밤을 지냈다. 보잘것없이 작고 누추한 집이지만 비를 피하도록 허락해 준 주인의 온정에 감사하면서도 웬만한 일에는 허리를 굽히지 않는다는 선비의 고집스러움이 엿보이는 작품이다. 이 집을 떠나면서 김삿갓이 한 수 더 읊었다면 다음과 같은 시를 읊지 않았을까?

연암 박지원(燕岩 朴趾源)의 「전가(田家)」는 농가를 한 폭의 그림처럼 그려냈는데, 유약(柔弱)한 선민(善民)과 포악(暴惡)한 관료의 갈등을 조와 참새, 병아리와 독수리에 은유하였다.

翁老守雀坐南陂 늙은이는 남쪽 밭 언덕에서 새를 쫓느라 앉아 있고
粟拖狗尾黃雀垂. 개꼬리만한 누런 조이삭엔 참새 떼가 주렁주렁 달렸네.
長男中男皆田出 장남과 둘째 아들 모두 밭으로 일 나갔으며
田家盡日晝掩扉. 농가는 해가 질 때까지 사립문이 닫혀 있네.
鳶蹩鷄兒攫不得 솔개란 놈 쉬지 않고 병아리를 채려 하고
群鷄亂啼匏花籬. 닭 떼들은 호박꽃 핀 울타리에서 어지럽게 울고 있네.
小婦戴捲疑渡溪 작은 며느리 소쿠리 이고 조심스럽게 개울을 건너고
赤子黃犬相追隨. 벌거숭이 어린애와 삽살개가 뒤를 따라 가는구나.

108. 괴로운 가난(艱貧) 二首 中 其一

만부인중독처빈 萬富人中獨處貧
간타부세배생빈. 看他富勢倍生貧.

언언미합개종부　　言言未合皆從富
사사정녕불신빈.　　事事丁寧不信貧.

많은 부자들 속에서 홀로 가난하게 살며
그들의 부(富)한 꼴을 보려니 내 가난이 더욱 심해 보이네.
하는 말이 맞지 않아도 부자들의 말은 다 옳다고 따르고
일마다 틀림이 없으나 가난한 사람의 말은 믿지를 않네.

【주】

간빈(艱貧): 괴로운 가난. 艱은 어려울 간(不容易)자로 괴롭다.

만부인중(萬富人中): 많은 부자들의 속. 中은 안 중(裏面)자로서 속, 일정한 사물의 안.

독처빈(獨處貧): 홀로 가난하게 삶. 處는 살 처(居住)자로서 머물러 살다, 거주하다. 『역경 · 계사 · 하(易經 · 繫辭 · 下)』에 "옛날에는 굴에서 살았고, 들에서 살았다(上古穴居而野處)."

간타부세(看他富勢): 그들이 부유하고 권세가 있음. 他는 그 타(代名詞). 富勢는 부유하면서 권세가 있음. 『습유기(拾遺記)』에 "雖居富勢, 閉門優遊."

배생(倍生): 더욱 심함. 倍는 더욱 배(加倍), 生은 매우 생(甚也)'자로 심히.

언언미합(言言未合): 말 한마디(말마다) 맞지 않음. 합당하지 않음.

사사(事事): 일마다. 모든 일. 사사건건(事事件件).

정녕(丁寧): 틀림없음. 꼭.

〈감상〉

유정지(劉廷芝)의 의 시 「대비백발옹(代悲白髮翁)」에 상전변성해(桑田變成海), 줄여서 상전벽해(桑田碧海)라는 말이 보인다. 뽕나무 밭이 바다로 바뀐다는 뜻이니, 세상이 몰라볼 정도로 바뀌는 것을 비유한 말

이다. 쥐구멍에도 볕 들 날이 있듯이 가난한 사람도 부자가 될 수 있고, 부자도 하루아침에 망하여 가난뱅이가 될 수 있다는 말이다.

洛陽城東桃李花　낙양성 동쪽에 복숭아꽃 자두꽃이 활짝 피었는데
飛來飛去落誰家.　바람 부는 대로 날아왔다 날아갔다 뉘 집에 떨어지나?
幽閨兒女惜顔色　그 집 깊숙한 규방의 아름다운 처녀 안색이 안타까워
坐見落花長歎息.　앉아서 떨어지는 꽃을 보며 길게 탄식하네.
今年花落顔色改　금년에 꽃이 지면 얼굴빛도 변할 것이니,
明年花開復誰在.　내년 봄 꽃 필 때에는 누가 전과 같이 건재할 것인가?
已見松栢摧爲薪　이미 소나무와 잣나무 꺾어 땔감용 나무됨을 보았고
更聞桑田變成海.　다시 뽕나무 밭이 변하여 바다가 되었다는 말 들었네.

109. 괴로운 가난(艱貧) 二首 中 其二

지상유선선견부　地上有仙仙見富
인간무죄죄유빈.　人間無罪罪有貧.
막도빈부별유종　莫道貧富別有種
빈자환부부환빈.　貧者還富富還貧.

이 땅 위에 신선이 있으나 신선은 부자만 보이고
인간에는 죄가 없으나 그의 죄는 가난한 탓이로다.
부자와 빈자 사이에 별다른 종자가 있다고 생각지 말라
빈자도 부자가 되고 부자도 빈자가 될 날이 있으리라.

【주】

막도(莫道): 말하지 말라. 莫은 勿, 無, 毋와 함께 금지사(禁止辭)로, ~지 말라의 뜻. 道는 동사로 말하다. 莫道貧富別有種은 "왕후장상이 어찌 씨가 있으리오?(王侯將相 寧有種乎)"와 같은 문형이다.

〈감상〉

결국 이 시는 '黃金 千兩이 未爲貴요, 金物은 一朝塵'이라는 재물에 대한 김삿갓의 철학을 알 수 있다. '인간만사 새옹지마(人間萬事 塞翁之馬)'라던가? 이런 때 김삿갓도 고향이 그리웠으리라. 어느 시대 어느 사회를 막론하고 빈자도 있고 부자도 있다. 그러나 빈자와 부자가 따로따로 있는 게 아니고 빈자가 부자도 될 수 있고 부자도 빈자가 될 수 있다는 것이 인간 평등사상이다. 이 시에서 김삿갓이 추구한 사회는 빈부의 격차가 없는 이상적인 사회였으리라.

110. 가난을 탄식함(貧吟)

세금수부부종빈	世今隨富不從貧
수기산촌냉수인.	誰記山村冷瘦人.
유유건곤무후박	唯有乾坤無厚薄
한문모옥역생춘.	寒門茅屋亦生春.

요즘 세상 사람들이 부자만 따르고 가난한 사람은 따르지 않으니
누가 산촌에서 외롭고 수척하게 살아가는 사람을 기억이나 하리.
그러나 자연의 순리는 빈부의 차별을 하는 법 없어
나의 가난한 오막살이 띳집에도 봄볕을 보내주는구나.

【주】

빈음(貧吟): 가난을 탄식함. 吟은 탄식할 음(歎息)자로 한숨을 쉬며 한탄함.

수부(隨富): 부자(富者)만 따름. 隨는 따를 수(從也).

부종빈(不從貧): 가난한 사람은 따르려 하지 않음. 隨와 從은 따르다라는 같은 뜻을 가진 글자인데, 같은 글자의 중복을 피하기 위하여 同義異形의 글자를 썼음.

수기(誰記): 누가 기억하겠는가?

냉수인(冷瘦人): 외롭고 (차고) 야윈(수척: 瘦瘠) 사람. 冷은 쓸쓸할 랭(寂漠)자로 외롭고 적적하다. 瘦는 야윌 수(瘠也)자로 여위고 약함.

건곤(乾坤): 하늘과 땅의 뜻이지만 여기선 자연의 순리(順理)로 풀이함.

무후박(無厚薄): 후함과 박함이 없음. 곧 차별을 두지 아니함.

한문모옥(寒門茅屋): 가난한 띳집. 한문(寒門)은 가난하고 문벌이 낮은 집안. 모옥(茅屋)은 띳집. 자기 집의 겸칭.

역생춘(亦生春): 또한 봄볕을 일게 함(보내줌).

〈감상〉

몰인정한 인간들은 가난하게 살아가는 사람들에게 냉대함이 극심하지만, 자연은 무사 공평하여 빈부의 차별 없이 보잘 것 없는 나의 집에도 봄볕을 보내 주었네.

111. 멱자시(覓字詩)

허다운자하호멱	許多韻字何呼覓
피멱유난황차멱.	彼覓有難況此覓.
일야숙침현어멱	一夜宿寢懸於覓
산촌훈장단지멱.	山村訓長但知覓.

수두룩한 운자(韻字) 중에 어찌하여 멱(覓)자를 부르는가
저 멱자도 어려운데 하물며 이 멱자를 어찌하랴?
오늘 하룻밤 자고 못 잠은 멱자에 달려 있으니
산골 훈장이 아는 것이라곤 단지 멱자뿐인가보다.

【주】

운자(韻字): 한시(漢詩)를 지을 때 반드시 운(韻)을 결정한 뒤에 짓는다. 절구(絶句)의 운은 3자(첫 구의 끝자, 둘째 구의 끝자, 넷째 구의 끝자)로 하는 것이 통례이나, 2자(둘째와 넷째 구의 끝자)만 붙이기도 한다. 율시(律詩)의 운은 5자(1, 2, 4, 6, 8구 끝자)로 하는 것이 통례이나, 4자(2, 4, 6, 8구의 끝자)만 붙이기도 한다. 운자는 대개 4성으로 하는 것이 통례이나 그 이외의 성(聲)으로 하기도 한다.

멱(覓): 찾을 멱, 구할 멱.

〈감상〉

석양에 김삿갓이 어느 산골 서당을 찾아 훈장더러 하룻밤 재워 달라고 하니, 주인인 훈장은 멱(覓)자를 운자로 하여 시를 지을 수 있다면 재워 주겠다고 했다. 이에 김삿갓은 당황하지 않고 각운(脚韻)을 모두 멱(覓)자로 칠언절구(七言絶句)를 지었다.

112. 세상을 경계함(警世)

부인곤부빈곤빈　　富人困富貧困貧
기포수수곤즉균.　　飢飽雖殊困則均.
빈부구비오소원　　貧富俱非吾所願

원위불부불빈인.　　願爲不富不貧人.

부자는 부유함으로 괴롭고 빈자는 가난함으로 괴로우니
주리고 배부름은 달라도 괴로움은 한가지로다.
가난함과 부유함은 모두 내가 원하는 바가 아니니
원컨대 부유하지도 가난하지도 않은 사람이 되기를 원할 뿐이다.

【주】

곤(困): 괴롭다. 가난하다. 곤란하다.
수(殊): 다르다.
구비(俱非): 함께 아니다. 모두 아니다.

〈감상〉

세상 사람들이 가난함을 싫어하고 부유함만을 좋아하기 때문에 세상이 항상 소란하다. 그런데 반드시 부유함만이 좋고 가난하다고 해서 나쁜 것은 아니다. 잠시 『논어』에서 공자님의 말씀을 들어 보자.

『논어 · 이인편(論語 · 里仁篇)』에 공자께서 말씀하시기를 "부귀는 누구나 탐내는 바지만, 정도(正道)로써 얻은 것이 아니면 누리지 말고, 빈천은 누구나 싫어하는 바지만 세상이 나빠 내가 빈천에 처하게 되었다면 구태여 빈천을 버리지 말고 감수하라(子曰 富與貴 是人之所欲也 不以其道得之 不處也. 貧與賤 是人之所惡也 不以其道得之 不去也)"고 하셨다. 그리고 『논어 · 술이편(論語 · 述而篇)』에는 "거친 밥을 먹고 냉수를 마시고 팔을 베개 삼아 베고 누웠어도 즐거움은 그 가운데에 있다. 의롭지 못하게 부(富)하고 귀(貴)한들 내게는 뜬구름과 같으니라"(飯疏食飮水 曲肱而枕之 樂亦在其中矣. 不義而富且貴 於我如浮雲)고 하였으니 결국 한마디로 말하면 안빈낙도(安貧樂道)하라는 말씀이다. 많은 현대인들은 이러한 빈부관을 시대에 맞지 않는다고 외면할 것이다.

조선 선조 때 현덕승(玄德升)의 「한거(閒居)」와 같은 삶이 이상적(理想的)이지 않을까?

結茅溪水上　　몇 칸짜리 띳집을 시냇가에 지었더니
簷影落潭心.　　아스라진 처마 그늘 연못 속에 떨어졌네.
醉睡風吹醒　　취하여 잠들었다가 바람 소리에 깨어보니
新詩鳥和吟.　　시 읊는 소리 새들 소리 한데 섞여 화창하네.
放牛眠細草　　마음 놓고 놀던 소는 잔풀 위에 잠들었고
驚鹿入長林.　　사슴 녀석 놀라 깨어 숲속으로 뛰어드네.
依杖青松側　　청려장 의지하여 푸른 솔 곁에 서서 보니
千峯紫翠深.　　모든 산봉 안개 끼고 첩첩이 높았더라.

113. 낙엽을 읊음(吟落葉)

소소슬슬우제제　　蕭蕭瑟瑟又齊齊
매산매곡혹몰계.　　埋山埋谷或沒溪.
여조이비환상하　　如鳥以飛還上下
수풍지자각동서.　　隨風之自各東西.
녹기본색황유병　　綠其本色黃猶病
상시구록우갱처.　　霜是仇綠雨更凄.
두우이하정박물　　杜宇爾何情薄物
일생하위낙화제.　　一生何爲落花啼.

낙엽은 쓸쓸하며 적막하고 우수수 휘날리는데

산에 묻히고 골짜기에 묻히고 혹은 시내에도 묻히도다.
마치 새가 날듯이 위아래로 순환하면서
바람 따라 자유로이 동서로 각자 흩어지도다.
푸른 것이 나뭇잎의 본색인데 누른 것은 병이 든 것이며
서리가 원수이며 가을의 찬비에 더욱 심하구나.
두견새야, 너는 어찌 그리 박정도 하여
한평생을 봄 낙화엔 울어주고 가을 낙엽은 모른 척 하느냐?

【주】

소소(蕭蕭): 쓸쓸한 모양. 바람이나 빗소리가 쓸쓸하다. 두보의 시 「등고(登高)」에 "無邊落木蕭蕭下 不盡長江滾滾來."

슬슬(瑟瑟): 매우 쓸쓸함. 적막함. 바람이 솔솔 부는 소리. 백거이(白居易)의 「비파행(琵琶行)」에 "楓葉荻花秋瑟瑟."

제제(齊齊): 공경하고 삼가는 모양. 가지런히 정돈됨. 우수수 휘날리다. 그러므로 이 시에서 첫 행(蕭蕭瑟瑟又齊齊)은 직역(直譯)하면, "낙엽은 쓸쓸하며 적막하고 우수수 휘날리는데"로 풀이되며, 낙엽이 떨어지는 모습을 노래한 것임.

환상하(還上下): 위아래로 돌다. 위아래로 순환하다.

〈감상〉

가을을 맞아 소슬한 바람에 사방으로 흩어져 날려가는 낙엽을 읊은 시이다. 거기에 두견새는 봄철에 지는 꽃만 서럽게 여겨 울어주고, 가을의 낙엽은 왜 조상하지 않느냐고 원망한다.

114. 스무나무 아래에서(二十樹下)

이십수하삼십객	二十樹下三十客
사십가중오십식.	四十家中五十食.
인간기유칠십사	人間豈有七十事
불여귀가삼십식.	不如歸家三十食.

시무나무 아래 낯선 과객에게
이 망할 놈의 집에선 쉰밥을 주는구나.
사람으로서 어찌 이런 일이 있으리오
고향 집에 돌아가 선밥을 먹음만 같지 못하다.

【주】

이십수(二十樹): 시무나무. 스물→시무. 시무나무는 느티나무과의 낙엽 활엽교목, 5월에 황색 꽃이 피고 과실은 6월에 익음(紫楡).

삼십객(三十客): 낯선 나그네. 서른→설은→선.

사십가(四十家): 망할 놈의 집. 마흔→망할.

오십식(五十食): 쉰밥(상한 밥). 쉰.

칠십사(七十事): 이런 일. 일흔→이런.

삼십식(三十食): 선밥. 서른→설은→선.

〈감상〉

김삿갓이 함경도 어느 집에 들어가 요기를 시켜 달라고 했더니, 그 집에서 밥상을 차려서 나그네를 대접하는 것이 아니고, 호박잎에 보리밥 한 덩어리와 날된장 한 숟가락을 싸주어 내보냈다. 몹시 시장한 김삿갓이 그 집 앞 시무나무가 서 있는 개울가로 가서 손을 씻고 호박잎에

싼 밥을 먹으려고 입에 넣어보니 쉰밥(상한 밥)이었다. 쉰밥을 얻어먹으며 남들로부터 냉대를 받느니보다는 차라리 고향집에 돌아가 설은 밥(선밥, 덜 익은 밥)을 먹는 것이 낫겠다는 자조적 풍자시이다.

115. 강좌수 축객시(姜座首逐客詩)

사당동리문사당	祠堂洞里問祠堂
보국대광성씨강.	輔國大匡姓氏姜.
선조유풍의북불	先祖遺風依北佛
자손우류학서강.	子孫愚流學西羌.
주규첨하저관각	主窺簷下低冠角
객립문전탄석양.	客立門前嘆夕陽.
좌수별감분외사	座首別監分外事
기병보졸가당당.	騎兵步卒可當當.

사당동에 가서 사당집을 물었더니
주인은 보국대광을 지낸 강씨 성이라고 뽐내네.
선조의 유풍은 불교가 분명한데
어리석은 자손들은 못된 오랑캐 교육을 받았구나.
주인은 관을 쓰고 처마 밑에서 기웃거리며 엿보는데
나그네는 문 앞에 서서 석양에 갈 곳이 없어 탄식하도다.
좌수 별감은 너의 분수에 넘치는 벼슬이고
기병이나 보졸 따위가 네게는 딱 맞겠다.

【주】

보국대광(補國大匡): 대광보국숭록대부(大匡輔國崇祿大夫). 정일품(正一品)의 종친(宗親), 의빈(儀賓), 문무관(文武官)의 품계. 『대전회통(大典會通)』에 "東班官階正一品 大匡輔國崇祿大夫 議政府 領議政 左右議政 各一人."

의북불(依北佛): 불교에 귀의하다. 불교를 믿다.

서강(西羌): 서양의 오랑캐.

주규(主窺): 주인이 엿보다.

저(低): 머뭇거리다(留連也).

좌수별감(座首別監): 좌수와 별감. 좌수는 향소(鄕所)의 어른, 별감은 향청(鄕廳)의 좌수 버금자리.

가당당(可當當): 마땅하다. 딱 맞는다.

〈감상〉

사당이 있는 동네에 가서 하룻밤을 재워 달라고 사당집을 찾아갔더니, 행세깨나 한다는 강좌수는 김삿갓을 내쫓았다. 강좌수는 김삿갓을 내쫓은 뒤에도 확인하느라고 왔다 갔다 하며 이리저리 기웃거린다. 화가 난 김삿갓이 이 시 한 수로 앙갚음했다.

116. 장단을 지나며(過長湍)

대주욕가무고인	對酒欲歌無故人
일성황조독상신.	一聲黃鳥獨傷神.
과강유서청독전	過江柳絮晴獨電
입협매화향여춘.	入峽梅花香如春.
지접관하내왕로	地接關河來往路

일첨거마영송진. 日添車馬迎送塵.
임진관외처처초 臨津關外萋萋草
관득패수백종신. 管得霸愁百種新.

술과 마주하여 노래를 하고자 하나 들어줄 사람이 없는데
홀로 우는 꾀꼬리 소리에 외로운 내 마음이 더 구슬퍼지도다.
지나는 강가의 버들은 솜꽃을 날리며 갠 하늘에 번쩍이는데
상류의 산협에서는 아직도 매화꽃이 봄날처럼 향기롭도다.
이곳은 관문의 나루를 오고가는 길목인데
날마다 손님이 탄 거마가 먼지를 일으키며 오고가도다.
아, 임진강 건너 들판에 무성한 풀밭이여
가뜩이나 많은 나그네의 수심을 더욱 어지럽게 하는구나.

【주】

무고인(無故人): 친한 친구가 없음. 당나라 왕유(王維)의 시 「送元二使安西」에 "渭城朝雨浥輕塵 客舍靑靑柳色新 勸君更進一盃酒 西出陽關無故人(위성 땅에 내리는 비로 먼지 젖어 깨끗하니, 여관집 버들잎이 더더욱 푸르구나. 그대에게 권하노니 이 술 한 잔 더 드시게. 양관 땅에 가고 나면 권할 친구 없잖은가)". 여기선 황진이를 가리킴.

황조(黃鳥): 꾀꼬리. 고구려 제2대 유리왕의 「黃鳥歌」에 "翩翩黃鳥."

신(神): 정신 신(神經). 마음. 정신.

유서(柳絮): 버들꽃이 날리는 솜털. 버들개지.

관(關): 관문 관(界上門).

처처(萋萋): 초목(草木)이 무성한 모양. 萋萋草는 무성한 풀밭, 우거진 풀밭을 가리킴.

〈감상〉

임진강의 나루인 장단(長瑞), 여기서부터는 관외(關外)의 서쪽 변방이라는 느낌이 들어서, 나그네의 회포가 쓸쓸하였다. 적벽(赤壁) 있는 산협에는 매화가 이제야 피어서 봄과 같지만, 하류의 강변에는 여름풀이 푸르게 우거져 나그네의 수심을 더 한층 어수선하게 하였다. 황진이의 무덤을 찾았으나 아는 사람은 아무도 없었다. 그도 그럴 것이 김삿갓 시대로부터 3백여 년 전인 중종(中宗) 때에 죽은 기생이 아닌가? 아무리 노래를 잘 부르고 시를 잘 지었기로 일반 백성에게는 거리가 먼 인물이었기 때문이다. 술을 많이 마셔 저 멀리 산골짜기에 매화꽃이 곱게 피어 있는 광경이나, 개울가와 버드나무 숲속에서 꾀꼬리가 아양을 떨며 울고 있는 것들이 김삿갓의 눈에는 그 모든 풍경들이 마치 황진이의 환상처럼 보여서 자신도 모르는 사이에 위와 같은 시를 읊었다. 황진이는 생전에 많은 남성들을 희롱해 온 일이 무척 뉘우쳤던지 임종 시에 "내가 죽거든 많은 사람이 나의 백골을 맘대로 밟고 지나갈 수 있도록 꼭 길가에 묻어 달라"는 유언을 남겼다고 하기에, 김삿갓은 그 일을 생각하며 위와 같은 시를 읊어 본 것이었다.

117. 체념(諦念)의 시(詩)

만사개유정　　萬事皆有定
부생공자망.　　浮生空自忙.

세상만사는 모두가 운명이 정해져 있는데
허공에 뜬 인생은 헛되이 속아서 헤매도다.

【주】

부생(浮生): 덧없는 인생. 두보의 시 「희작배해체견민戱作俳諧體遣悶」에 "是非何處定 高枕笑浮生."

〈감상〉

인간의 운명은 미리 정해져 있으며, 이 운명을 벗어나기 어려운데 인간은 헛되이 속아서 방황한다는 시이다. 이 시의 경지는 절망 끝에 눈을 감고 하소연하는 체념의 철학이며 일종의 운명론이며, 염세주의로 자포하는 슬픈 노래이다. 염세주의(厭世主義, pessimism)란 세계나 인생을 불행하고 비참한 것으로 보며, 개혁이나 진보는 불가능하다고 보는 경향이나 태도이다. 염세주의를 주창한 학자로는 독일의 쇼펜하우어, 슈티르너르 등이 있다.

신라 십현(新羅 十賢)의 한 사람인 거유(巨儒) 설총(薛聰)의 아버지인 원효대사(元曉大師)도 같은 생각을 읊조렸다.

莫生兮其死也苦　세상에 태어나지 말아라, 죽기가 괴롭도다
莫死兮其生也苦.　죽지도 말아라, 사는 것도 괴롭도다.

118. 해 저물어가는 강가 서재에 묵으면서(暮投江齋吟)

강산유조시연작　　江山有助詩然作
세월무심주이과.　　歲月無心酒以過.
독의건곤지기소　　獨倚乾坤知己少
강장섬률화고가.　　强將纖律和高歌.

강산이 도와주어 시를 그렇게 지어내며
무심히 흐르는 세월을 술로써 보냈노라.
하늘과 땅 사이에 나 혼자이니 나를 알아주는 사람 적어
섬세한 시율(詩律)이나 지어 자연에 화답하리.

【주】

건곤(乾坤): 천지(天地).

지기(知己): 지기지우(知己之友, 자기의 진심과 진가를 잘 알아주는 사람. 서로 마음이 통하는 친한 벗).

〈감상〉

기구(起句)에서는 현실에서 외로운 김삿갓이 강산(자연)이 있었기 때문에 그 자연을 소재로 시를 지으며 살아갈 수 있었다는 내용이고, 승구(承句)에서는 그렇게 외로웠던 세월을 술이 있었기에 외로움을 달래며 세월을 보낼 수 있었다.

전구(轉句)의 知己少는 최치원의 「추야우중(秋夜雨中)」 승구(承句)의 소지음(少知音)을 연상하게 한다. 최치원(崔致遠)은 진성여왕 때의 학자로 경주 최씨의 시조이며, 우리나라 한문학(漢文學)의 비조(鼻祖)로 자는 고운(孤雲)이다. 당나라에 유학하여 급제하고 「토황소격문(討黃巢檄文)」으로 유명하다.

秋風惟苦吟	가을바람에 오직 괴롭게 읊나니
世路少知音.	세상엔 내 마음을 알아줄 이 별로 없구나.
窓外三更雨	창밖엔 밤이 깊도록 비가 내리고
燈前萬里心.	등불 앞에서 내 마음은 만 리 고국으로 달리네.

—최치원의 「추야우중(秋夜雨中)」—

119. 산중 노인을 조롱함(嘲山老)

—백거이(白居易)의 「상산로유감(商山路有感)」—

만리노장재	萬里路長在
육년금시귀.	六年今始歸.
소경다구관	所經多舊館
태반주인비.	太半主人非.

만리나 되는 이 길은 끝이 없는데
육 년 만에 이제 돌아와 보네.
지나는 길엔 옛집도 많은데
태반이 옛 주인은 아니로군.

—김삿갓의 「조산로(嘲山老)」—

만리노장재	巒裡老長在
육년금시귀.	鬻年今始貴.
소경다구관	所經多舊冠
태반주인비.	太飯主人非.

산속의 늙은이 너무도 오래 살아
나이가 들어가니 조금은 귀해졌네.
이곳을 지나가는 사람들 모두가 구면객일 텐데
콩밥 주는 주인이 인사가 아닐세.

〈감상〉

김삿갓의 시 가운데는 이와 같이 음은 같고 뜻이 다른 글자로 바꿔 놓은 시가 있다. 즉 타인의 시를 음만 빌려 오고 글자는 바꿔 써서 다른 뜻의 시로 변하게 하였다.

금일우래견　　今日雨來見 → 今日偶來見
인가불부유.　　人家不浮有. → 人家不復有.(71번 시에 있음)

함경도 북청에 사는 정(鄭)씨 성을 가진 사람에게 지어 준 당호(堂號)로 '귀락당(貴樂堂)'이라고 써 주었는데, 같은 현판도 바로 읽으면 그 뜻이 '귀하고 즐거운 집'이라는 뜻이 되지만, 정(鄭)자의 모양이 당나귀와 비슷해서)씨 성을 가진 사람을 희롱한 것이니, 거꾸로 읽으면 '당락귀→당나귀'가 되기 때문이다. 또 부고장에 "유류화화(柳柳花花)"라고 써 주었다는 이야기도 있는데, 이 뜻은 '버들(柳)'이나 '꽃(花)'과는 아무런 관계가 없다. 사람이 죽을 때의 모습을 표현한 의태어로 "버들버들 떨다가 꼿꼿해졌다(죽었다)"는 표현이 된다. 김삿갓이 실제로 이런 글을 지어 주었는지 혹은 호사가(好事家)들이 지어낸 말인지는 자세히 알 길이 없으나 실지로 그랬다면 좀 지나쳤다고 생각된다.

120. 광탄을 지나며(過廣灘)

기년단장만배회　　幾年短杖謾徘徊
수외향산몽리회.　　愁外鄕山夢裏回.
우국공제왕찬부　　憂國空題王粲賦
봉시허로가의재.　　逢時虛老賈誼才.
악착생애하족탄　　齷齪生涯河足歎

휴배갱상봉황대. 携盃更上鳳凰臺.

몇 해 동안을 단장 짚고 부질없이 헤매었나

수심 밖의 고향산은 꿈속에 돌아오는구나.

나라 걱정은 쓸데없는 짓이라며 왕찬은 부(賦)나 짓고

때를 못 만난 가의의 재주는 헛되이 늙어만 가네.

악착같은 나의 생애 한탄하면 무엇 하리

다시 한 번 술병 갖고 봉황대에 오르려오.

【주】

왕찬(王粲): 후한(後漢) 말기~삼국 시대에 걸쳐서 활동한 위(魏)나라의 시인. 건안칠자(建安七子, 劉下의 七子. 후한 말의 7명의 文章家로서 공융, 진림, 왕찬, 서간, 완우, 응창, 유정)의 한 사람. 조조(曹操)를 섬겨 시중(侍中)이 됨. 애수(哀愁)를 띤 시로 유명함. 대표작에 칠애시(七哀詩), 종군시(從軍詩), 등루부(登樓賦), 초정부(初征賦) 등이 있다.

가의(賈誼): 200~268 B.C. 중국 한(漢)나라 무제 때 사람으로 20여 세에 박사가 되고, 대부가 될 만큼 박학다식하였다.

악착(齷齪): 끈기가 있고 모질다. 도량이 좁다.

휴배(携盃): 盃는 杯의 속자. 술잔. 여기선 술병을 뜻함. 술병을 가지다.

봉황대(鳳凰臺): 이백(李白)의 시 「등금릉봉황대(登金陵鳳凰臺)」로 유명해짐. 금릉은 동진(東晋) 이후 남조(南朝)의 제왕조(諸王朝)가 도읍한 곳으로 지금의 남경(南京)이다. 유송(劉宋)시대에 한 사람이 금릉 서남쪽 산 위에 이상한 새가 모여드는 것을 보고 봉황(鳳凰)이라 부르며, 그 상서로움을 닮도록 산 위에 대(臺)를 마련하여 봉황대(鳳凰臺)라 하였다. 이백은 금릉을 두 번 찾은 일이 있다고 한다.

〈감상〉

과체시의 실력을 연마해서 출세의 가도를 달려 보려 하였으나 조부 때문에 청운의 꿈은 사라지고 절망으로 끝냈다. 이 시는 작시(作詩) 연마의 목적이 우국충정에 있음을 암시하면서 뜻을 펴지 못하는 자신을 왕찬(王粲)이나 가의(賈誼)에 비유했다. 이 시를 통해서도 일찍부터 과체시를 열심히 공부했을 것이라는 추측을 할 수 있다. 꿈도 깨어지고 가정도 버린 그가 가야 했던 곳은 어디였을까? 자연이었을 것이다. 그래서 그는 삼천리강산 방방곡곡을 방랑하면서 많은 자연시를 쓰면서 자연과 친화하려 했다.

참고로 이백(李白)의 「등금릉봉황대(登金陵鳳凰臺)」 전문(全文)을 소개한다.

鳳凰臺上鳳凰遊　봉황대 위에서 봉황이 놀았다는데
鳳去臺空江自流　봉황이 날아간 빈집 아래론 강물만 흐르네.
吳宮花草埋幽徑　오나라 궁터엔 화초가 길을 덮었고
晋代衣冠成古邱　진나라 때 의관은 옛적 무덤만 남았네.
三山半落青天外　삼산은 청산 밖에 반쯤 떨어졌고
二水中分白鷺洲　이수는 백로주에서 두 갈래로 나뉘어 흐른다.
總爲浮雲能蔽日　뜬구름에 해가 가려져
長安不見使人愁　장안은 보이지 않고 사람들에게 시름만 나게 하네.

※ 미연(尾聯) 2구는 간신들이 임금의 총명을 흐리게 한 안타까움을 읊었다.

121. 옥지(屋之)

옥지상지등지　　屋之上之登之
조지추지집지.　　鳥之雛之執之.
와지낙지파지　　瓦之落之破之
사지노지달지.　　師之怒之撻之.

지붕 위로 올라가서
새새끼 잡으러 가다가
기왓장 떨어져 깨어지니
선생님 노하시어 종아리 치시네.

〈감상〉

김삿갓이 유년 시절에 기와집 지붕에 있는 새 새끼를 잡으려고 올라갔다가 기왓장을 깨뜨렸는데, 종아리를 맞는 대신 벌로 지은 시라고 전해온다.

122. 어려울 난자 시(難字詩)

난지난지촉도난　　難之難之蜀道難
세상난지대동난.　　世上難之大同難.
아년칠세실부난　　我年七歲失父難
오모청춘과부난.　　吾母青春寡婦難.

어렵더라 어렵더라 촉나라 가는 길이 어렵다고들 하나
세상의 어려움 가운데 대동단결은 더 어렵더라.
내 나이 일곱 살에 선친 별세하신 어려움 당하였고
내 어머니 청춘에 과부되시는 어려움 당하셨네.

【주】

촉도난(蜀道難): 이백(李白)이 지은 악부(樂府)의 이름. 그는 촉나라 사람으로서 촉도(蜀道)의 험함을 알고 이를 상세히 진술하여 현종황제(玄宗皇帝)의 서행(西幸)이 불리함을 풍자하였음.

〈감상〉

운(韻)을 불러주는 사람이 무려 네 번씩이나 '難'운을 불러주었으니 넷은 피할 수 없는 운이다. 그런데 세 개의 難자를 거듭한 것은 좋지 않다. 시에서는 본래 동자(同字)의 중복을 피해야 하기 때문이다.

한시(漢詩)에 대해서 '어렵다'는 선입관념 때문에 가까이 하지 않으려는 사람들이 있는데, 이 시는 아주 쉽게 써진 것이 장점이다. 김삿갓의 시가 독자를 많이 확보하게 된 것은 바로 이런 점이 있었기 때문이라고 생각한다.

123. 석백(石白)

석백송청산로소　　石白松青山老少
풍단태벽항춘추.　　楓丹笞碧巷春秋.

돌은 희고 솔은 푸르며 산은 늙었다 젊었다 하고
단풍은 붉고 이끼는 푸르니 이 세상 봄가을이 섞여 있네.

124. 그대의 말(爾言)

이언백지유중출　　爾言白地由中出
아사청천재상지.　　我事青天在上知.

너의 말은 백지(공연히)에서 나온 말이나
나의 일은 푸른 하늘 위에서 알고 있노라.

125. 개성 남산에 올라가서(登開城南山)

방분남산제일성　　放糞南山第一聲
향진장안억만가.　　香震長安億萬家.

남산에서 뒤를 보는 첫 방귀 소리에
이 좋은 향기가 개성 읍내 모든 집에 고루고루 퍼져라.

〈감상〉

인심 사납기로 유명한 개성에서 잠자리를 빌리지 못해 한데서 하룻밤을 새운 뒤, 남산 위에서 제일 높은 바위에 올라가서 궁둥이를 개성

읍으로 향하여 옷을 벗어 내리고 앉았다. '내 똥이나 먹고 방귀 냄새나 맡아라'라는 심술궂은 장난으로 뱃속이 후련하도록 뒤를 보았다. 과연 뒤보기로는 이런 명당도 달리 없으리라는 생각이었다. 그는 가슴까지 시원하게 똥을 털어 버렸으리라.

126. 공씨 집을 욕하다(辱孔氏家)

임문노방폐공공	臨門老尨吠孔孔
지시주인성왈공.	知是主人姓曰孔.
황혼축객연하사	黃昏逐客緣何事
공실부인각하공.	恐失夫人脚下孔.

문 앞에 오니까 늙은 삽살개가 공공 짖는 것을 보노라니
이집 주인의 성씨가 공가인 줄을 알겠노라.
황혼에 나그네를 내쫓는 것은 무슨 연고인가
아마도 제 아내의 다리 밑의 구멍을 잃을까 겁이 나나 보다.

【주】

노방(老尨): 늙은 삽살개(犬多毛).

폐(吠): 짖을 폐(犬聲). 堂狗三年吠風月(서당개 삼년이면 풍월을 읊는다).

연(緣): 여기선 연고(緣故: 까닭, 이유)의 뜻으로 쓰인 듯함.

공실(恐失): 잃을까 두려워하다.

각하공(脚下孔): 다리 밑의 구멍.

〈감상〉

황혼에 공씨 문전(孔氏 門前)에서 하룻밤 신세지기를 청하였으나 삽살개만 짖어댈 뿐 문 안으론 얼씬도 못하게 한다. 그집 성씨가 공씨(孔氏)인 것을 삽살개 짖는 소리와 그집 주인의 부인 음부를 모두 공(孔)으로 욕하였다.

127. 키 작은 사냥꾼에게

착립선수족	着笠先垂足
천화이몰두.	穿靴已沒頭.
노봉우적수	路逢牛跡水
욕도개위주.	欲渡芥爲舟.

키가 작아서 삿갓을 쓰면 삿갓이 발뒷굽에까지 먼저 내려와 덮이고
신을 신으면 신보다 키가 작아서 곧 머리까지 묻혀버리겠네.
길을 가다가 소 발자국에 고여 있는 물을 만난다면
가볍고 작은 풀로 배를 만들어 타고 건너야겠구나.

【주】

착립(着笠): 삿갓을 씀. 립(笠)은 '삿갓 립(笠帽)'자로서, 삿갓이란 얇게 쪼갠 대오리로 결어 만든 쓰개. 예전에 농부들의 우장(雨裝)은 삿갓과 도롱이밖에 없었다.

선수족(先垂足): 발뒷굽까지 먼저 내려가 덮임.

천화(穿靴): 신을 신음. 천(穿)은 '입을 천(着衣物)'자이나, 신이므로 '신다'로 번역함. 화(靴)는 '신화(履也)'자로서 가죽신.

이몰두(已沒頭): 이제 곧 머리까지 묻힘. 이 경우의 已는 '이미 이(過去)' 자로서, 벌써, 이제 곧을 뜻함.
우적수(牛跡水): 소발자국에 고인 물. 소가 땅을 밟아 움푹 들어간 곳에 고여 있는 물.
욕도(欲渡): 건너가고자(건너려고) 함.
개위주(芥爲舟): 작은 풀로 배를 만듦. 개(芥)는 '작은풀 개(小草).'

〈감상〉

김삿갓이 산속에서 길을 가는데 배가 많이 고팠다. 고기 굽는 냄새가 풍겨 근처를 두리번거리는데, 불과 다섯 자나 될까말까한 키 작은 사냥꾼이 토끼고기를 굽고 있었다. 사냥꾼이 김삿갓더러 소금을 갖고 있느냐고 물어서 없다고 했더니, 김삿갓을 향해 험담을 퍼붓기를, "오뉴월 모기새끼처럼 입만 갖고 다니느냐?"고 하였다. 그리고 또 구운 고기를 좀 얻어먹자는 말도 꺼내지 않았는데, "좋도 못 거느린 양반 주제에 공짜를 바라는 꼴이라니! 키만 수숫대처럼 커가지고는 …" 하면서 쏘아붙였다. 김삿갓은 이 자리에 더 앉아 있어 보았자 토끼고기를 얻어먹기는 커녕 무슨 봉면을 또 당할지 몰라 이 시 한 수를 써 던지고는 그곳을 벗어나고 말았다. 남의 신체의 약점을 가지고 사람을 희롱하지는 말아야 하지만, 오늘은 참으로 참기 어려운 모욕감을 느꼈으며, 그가 먼저 키를 가지고 시비를 걸었기 때문이리라.

128. 스스로 탄식함(自嘆)

차호천지간남아	嗟乎天地間男兒
지아평생자유수.	知我平生者有誰.
평수삼천리낭적	萍水三千里浪跡
금서사십년허사.	琴書四十年虛詞.
청운난력치비원	青雲難力致非願
백발유공도불비.	白髮惟公道不悲.
경파환향몽기좌	驚罷還鄕夢起坐
삼경월조성남지.	三更越鳥聲南枝.

아, 넓고 넓은 이 세상 남아들이여
내 평생 지난 일을 뉘라서 알 것이냐?
삼천리 방방곡곡 부평초같이 떠돌았고
거문고 타고 글 읽은 사십년 세월 헛것이오.
청운의 꿈은 힘으로 이뤄지기 어려우니 내가 원하는 바 아니고
공도(公道)로 오는 백발 슬퍼할 것 아니로세.
고향 그린 꿈을 꾸다 놀라 문득 꿈을 깨고 일어나 보니
깊은 밤 월조 울음만 남쪽 가지에서 들려오도다.

【주】

차호(嗟乎): 감탄사로서, 아! 오! 이밖에도 감탄사엔 哉, 噫, 嗚呼, 惡, 於戲, 于嗟 등이 있다.

평(萍): 부평초.

금서(琴書): 거문고 타고 글을 읽다.
허사(虛詞): 허사(虛事)의 오기(誤記)인 듯함. 헛된 일. 헛일.
공도(公道): 여러 사람이 다니는 길. 곧 바른 도리. 『한서(漢書)』에 “公道立姦邪塞.”
월조(越鳥): 중국 남방에 있는 월(越)나라의 새. 공작(孔雀)의 별명.

〈감상〉

7언시는 4(2 · 2) · 3조가 원칙이나, 이 시는 1행~7행은 5(2 · 3) · 2조로, 끝구만 4 · 3조로 구성되어 있다.

혈혈단신(孑孑單身)으로 부평초처럼 떠도는 이 시인에게도 고향은 항상 그리움의 대상이었다. 부귀공명은 마음먹은 대로 이루어지는 것이 아님을 일찍부터 깨달았기에 체념할 수 있었으나, 사랑하는 어머님과 처자가 있는 영월 고향 땅은 나이가 들수록 그리워진다.

이 작품은 김삿갓의 말기(末期)의 작품으로 보이는데 자아와 현실의 대립에서 방황하는 모습이 함축되어 있다. 나이 탓인 듯 요즘은 밤마다 고향으로 돌아가는 꿈을 꾸고 놀라 일어나 보면 월조도 고향이 그리워 고향이 있는 방향인 남쪽 가지에 앉아서 운다고 했다. 고향이 그립고, 부모 형제가 보고 싶은 망향의 시 한 수를 소개한다.

戍鼓斷人行　　방수(防戍)ᄒᆞᄂᆞᆫ ᄃᆡ 부페 사ᄅᆞᆷ ᄃᆞ니리 그ᄎᆞ니,
邊秋一雁聲.　　변방(邊方)ㅅ ᄀᆞᅀᆞᆯᄒᆡ ᄒᆞᆫ 그려긔 소리로다.
露從今夜白　　이스른 오ᄂᆞᆳ 바ᄆᆞᆯ 조차 ᄒᆡ니
月是故鄕明.　　ᄃᆞ른 이 녯 ᄀᆞ올ᄒᆡ ᄇᆞᆯ갯ᄂᆞ니라.
有弟皆分散　　잇ᄂᆞᆫ 아ᅀᆞ이 다 흐러가니
無家問死生.　　지비 주그며 사ᄅᆞᆷ 무ᄅᆞᆯᄃᆡ 업도다.
寄書長不達　　브텨 보내ᄂᆞᆫ 서신(書信)이 댱샹 ᄉᆞᄆᆞᆺ디 몯거ᄂᆞᆯ
況乃未休兵.　　ᄒᆞᄆᆞᆯ며 병과(兵戈)ㅣ 마디 아니ᄒᆞᄂᆞᆺ다.

—『두시언해(杜詩諺解) 초간본 권 8 · 36』의 「月夜憶舍弟」—

129. 가을을 읊음(秋吟)

촌리중양불기명	邨裡重陽不記名
고인서도희평생.	故人書到喜平生.
등루편유등산의	登樓便有登山意
송마환승송주정.	送馬還勝送酒情.
병기황화금세색	病起黃花今歲色
추심낙목이향성.	秋深落木異鄉聲.
쾌상전소독월명	快賞前宵獨月明
차래상견위가절.	此來相見爲佳節.

시골구석이라 '중양'이라는 이름조차도 잊고 지내다가
옛 사람의 글을 대하고 보니 평생의 기쁨이로다.
누각에 오르니 문득 산에 오르고 싶은 생각이 났는데
말을 보내 준 그 마음이 오히려 술을 보내 주는 정보다 낫구나.
병들어 앓다가 일어나 보니 이제 국화가 제철을 만났고
가을은 깊어 낯선 타향으로 떠나는 낙엽 소리 들리도다.
전날 밤에 홀로 밝은 달을 기분 좋게 구경하고
지금은 명절에 아름다운 경치 보러 산에 올랐네.

【주】

촌(邨): 촌(村)과 같음. 촌리(邨裡)는 시골 속. 시골 구석.

중양(重陽): 九月 九日의 명절날. 九는 양(陽)의 극수(極數)이니, 九가 합쳤다고 해서 중양이라 함. 이날 시문(詩文)을 짓고 국화떡을 먹음.

중광(重光), 또는 중구(重九)라고도 하고, 구일(九日)이라고도 함. 위문제서(魏文帝書)에 "九月九日 九爲陽數 而日月竝應 故曰重陽."

고인서도희평생(故人書到喜平生): 왕유(王維)의 시(詩)「九月九日憶山東兄弟」를 지칭한 듯하다. 중국에서는 9월 9일 중양절엔 높은 산에 모두 올라가서 머리에 수유(茱萸)를 꽂고 악귀(惡鬼)를 쫓는 행사를 하는데 그 자리에 나 한 사람만 빠지게 된 것을 알고 부모님과 형제들이 얼마나 나를 그리워 할 것인가? 고향에 돌아가고 싶은 마음이 간절하다는 내용의 시이다.

獨在異鄕爲異客　홀로 타향에서 떠도는 나그네 되어
每逢佳節倍思親.　명절을 만날 때마다 어버이 생각 배로 난다.
遙知兄弟登高處　오늘 고향에선 형제들이 높은 곳에 올라
遍揷茱萸少一人.　수유를 꽂고 노는 자리에 나 한 사람만 빠졌네.

변(便): 문득 변.

승(勝): 나을 승(優也).『지봉유설(芝峯類說)』에 "二牛何者爲勝."

황화(黃花): 국화의 별명(別名).『예기(禮記)』에 "季秋之月鞠有黃華." 또 고려가요「동동(動動)」에 "九月 九日에 아으 藥이라 먹논 黃花 고지 안해 드니, 새셔 가만ᄒᆞ얘라."

쾌상(快賞): 기분 좋게 구경하다.

가절(佳節): 경사스런 날. 명절. 왕유의 시에 "每逢佳節倍思親."

〈감상〉

시골구석에서 지내다 보니 중양절에 높은 곳에 올라(登高하여) 단풍구경과 시를 지으며 중양절을 멋지게 보내는 것을 잊고 있다가, 문득 왕유의 시를 읽고 이것을 깨달아 산에 올랐다. 어쩌면 타향을 떠돈다는 측면에서 생각할 때 왕유와 김삿갓은 동병상련(同病相憐)의 관계이지 않을까?

130. 자신을 되돌아보며 우연히 읊음(自顧偶吟)

소앙창궁좌가초	笑仰蒼穹坐可迢
회사세로갱초초.	回思世路更迢迢.
거빈매수가인적	居貧每受家人謫
난음다봉시녀조.	亂飮多逢市女嘲.
만사부간화산일	萬事付看花散日
일생점득명월소.	一生占得明月宵.
야응신업사이이	也應身業斯而已
점각청운분외요.	漸覺靑雲分外遙.

웃으며 푸른 하늘을 쳐다보다 앉으니 마음은 더욱 아득하고
세상에서 살아온 길을 회상하니 그 더욱 아득해지도다.
가난하게 살다보니 매양 집안사람들로부터 핀잔만 받았고
어지러이 술을 마셔 저잣거리 여인들의 조롱도 많이 받았다네.
만사는 꽃을 보며 한가하게 날을 보내는 것에 의지하고
일생을 달 밝은 밤을 바라보듯 욕심 없이 지내왔네.
내가 타고난 운명이란 겨우 이정도 뿐일러니
점점 청운의 꿈이 나에게서 멀어져 감을 깨달았노라.

【주】

앙(仰): 우러러볼 앙, 쳐다볼 앙(擧手望). 소앙(笑仰)은 웃으며 쳐다보다.

창궁(蒼穹): 푸른 하늘(蒼空). 잠삼(岑參)의 시「여고적설거등자은사부도(與高適薛據登慈恩寺浮圖)」에 "七層摩蒼穹."

초(迢): 멀 초(遠也).

세로(世路): 세상에서 살아가는 길. 최치원의 「추야우중(秋夜雨中)」에 “秋風惟苦吟 世路少知音.”

초초(迢迢): 높은 모양. 까마득한 모양.

적(讁): 꾸짖을 적(責也, 咎也). 『시경(詩經)』에 “室人交徧讁我.”

시녀조(市女嘲): 저잣거리에서 술을 파는 여자로부터 조롱받다.

점득(占得): 점거하여(占據-일정한 곳을 차지하여 자리 잡음) 얻음.

신업(身業): 몸으로 지은 죄업(罪業).

사(斯): 천할 사(賤也).

이이(而已): 한정종결사로, ~ㄹ 뿐이다, ~ㄹ 따름이다. 이 한정종결사는 이밖에도 而已矣, 耳, 爾 등이 있다.

청운(青雲): 청운지망(青雲之望)으로 높은 이상이나 벼슬(입신출세).

분외(分外): 자기 영역에서 벗어남. 분에 벗어남(過分, 非分).

요(遙): 멀 요(遠也).

〈감상〉

자신이 거쳐 온 험난했던 지난 세월을 회상해 보니 처량하기 그지없다. 이 시인은 만사를 흩어지는 꽃잎처럼 여기고 이상이니 희망이니 하는 청운의 꿈은 분수 밖의 일로 생각하였다. 가난이 죄인지 집안사람들로부터는 꾸지람만 들었고, 지나치게 술을 마시다 보니 저잣거리의 여인들까지도 자기를 조롱했다. 그러나 세속적인 영리에서 벗어난 자유로운 몸으로 대자연 속에서 유유자적하며 근심 없이 살아가는 시인의 모습을 후반부에서 볼 수 있다.

이 시와 같이 가벼운 마음으로 여장을 차리고 명산(名山)을 돌아다니면서 유유자적하던 김시습(金時習)의 시 「무제(無題)」를 적어 본다.

終日芒鞋信脚行　온 종일 미투리 신고 걷는 나그네 길이
一山行盡一山青.　산 하나를 넘어가면 푸른 산이 또 서 있네
心非有想奚形役　마음이 있는 것이 아니거늘 어찌 육신에 매어 있는고

道本無名豈假成. 진리란 이름이 없거늘 어찌 가식으로 이루어지리.
宿露未晞山鳥語 많은 이슬 내리기도 전에 산새들은 지저귀고
春風不盡野花明. 봄바람이 다하지 않은 들길엔 꽃이 피어 있네.
短笻歸去千峰靜 단장을 짚고 산속으로 돌아가니
翠壁亂烟生晩晴. 아지랑이가 밀려가네, 날씨도 맑아지네.

131. 저물어 강가 서재에서 읊음(暮投江齋吟)

만성춘방독서가 滿城春訪讀書家
잡목소황영묵화. 雜木疏篁映墨花.
학여청풍횡유포 鶴與淸風橫遊浦
홍인낙일반평사. 鴻因落日伴平沙.

성에 가득한 봄기운이 글 읽는 집을 찾으니
잡목과 대숲이 우거진 묵화에 어리도다.
학은 맑은 바람과 더불어 물가를 가로질러 놀고
해가 저물어 감에 따라 외기러기는 넓은 모래밭을 벗 삼는구나.

【주】

소황(疏篁): 대수풀이 우거지다.

묵화(墨花): 벼루에 스며든 먹의 색. 이하(李賀)의 시에 "紗帷晝暖墨花春."

인(因): 따를 인(隨). 『중용(中庸)』에 "天之生物 必因其材而篤"

낙일(落日): 저무는 해. 두보(杜甫)의 시에 "落日照大旗 馬鳴風蕭蕭."

〈감상〉

성 안에 가득 찬 봄기운이 서재에 찾아오고 학은 물가에서, 외기러기는 모래밭을 벗 삼아 놀고 있네.

132. 산골 훈장을 비웃음(嘲山村學長)

산촌학장태다위	山村學長太多威
고착진관삽타배.	高着塵冠插唾排.
대독천황고제자	大讀天皇高弟子
존칭풍헌호명주.	尊稱風憲好明儔.
매봉올자빙쇠안	每逢兀字憑衰眼
첩도순배적백수.	輒到巡杯籍白鬚.
일반횡당생색어	一飯黌堂生色語
금년과객진양주.	今年過客盡楊州.

산골 훈장이 위엄을 지나치게 부리어
먼지가 부옇게 낀 갓을 높게 쓰고 가래침을 뱉는구나.
큰소리로 천황(天皇)을 읽는 사람이 수제자라 생각하고
자신을 풍헌이라고 높여 불러주면 이 사람이 곧 좋은 벗이라네.
어려운 글자를 만날 때마다 눈이 어둡다 핑계대고
술잔이 돌 적이면 번번이 흰 수염을 빙자해서 먼저 받으려 하네.
밥 한 그릇을 글방에 내어주며 생색을 내어 하는 말이
금년 과객은 모두 양주(서울) 양반이었다고 뽐내네.

【주】

태다(太多): 몹시 많음.

고착(高着): 높게 쓰다.

진관(塵冠): 먼지가 부옇게 낀 갓.

삽(插): 가래라는 농기구인데, 아래의 타(唾: 침, 口液)와 합쳐져 가래침으로 쓰임. 이것은 한자의 훈(訓)을 새겨서 쓴 것이다.

배(排): 밖으로 밀어냄(排出). 여기선 (침을) 뱉다의 뜻.

대독(大讀): 큰소리로 읽다.

고제자(高弟子): 제자 가운데서 가장 뛰어난 사람(首弟子). 『사기(史記)』에 “子夏 聖門之高弟也.”

존칭(尊稱): 공경하여 높이 부르는 칭호. 『좌전 주(左傳 註)』에 “不言公子 替其尊稱.”

풍헌(風憲): 조선 왕조 시대 향소직(鄕所職)의 하나(面, 里의 일을 맡음).

주(儔): 주필(儔匹)의 뜻으로 쓰인 듯. 벗, 짝패, 동료, 반려(伴侶). 『한서(漢書)』에 “求之遠近 少有儔匹.”

올자(兀字): 우뚝한 글자. 곧 어려운 글자.

빙쇠안(憑衰眼): 눈이 쇠잔하였다(잘 안 보인다) 핑계 대다.

첩(輒): 번번이 첩(每事卽然). 매번.

순배(巡杯): 술잔이 (차례대로) 돌아가다.

횡당(黌堂): 공부하는 집. 글방. 학교.

〈감상〉

산골 훈장의 꼴불견을 꼬집은 시로 허세와 위엄을 부리는 못된 버릇을 조롱하였다. 켜켜이 먼지 낀 관을 쓰고 가래침을 소리 내어 내뱉으며, 점잔을 빼는 모습과 모르는 글자를 만나면 눈이 어두워 안 보인다는 핑계를 대고, 술잔의 순서를 따질 때면 흰 수염을 핑계로 먼저 마시려고 대들면서, 겨우 밥 한 그릇으로 생색을 낸다는 내용이다.

133. 절에서 푸대접을 받고

탑상피금불	榻上彼金佛
하사감중련.	何事坎重連.
차사승풍악	此寺僧風惡
택일욕서귀.	擇日欲西歸.

단 위에 앉은 저 금부처는
무슨 일로 무덤 속의 얼굴처럼 우울한가?
이 절 중의 행악(行惡)이 나빠서
아마도 좋은 날 잡아서 서쪽으로 돌아가려는 모양이다.

【주】

탑(榻): 평상 탑(牀也), 긴 걸상 탑.
감(坎): 구덩이 감(穴也). 무덤.
풍(風): 풍속 풍(風俗), 버릇 풍.
택일(擇日): 좋은 날짜를 고름(擇吉).

〈감상〉

중생(衆生)을 제도(濟度)하고 극락왕생(極樂往生)을 바라는 중들이라고 해서 모두 고승대덕(高僧大德)의 자비심을 가진 것이 아니어서, 그들 가운데에도 또한 슬픈 인간의 번뇌에서 벗어나지 못하는 속물이 있었나 보다. 김삿갓이 어느 암자를 찾아갔을 때, 그 암자 주지에게서 절밥 한 그릇도 얻어먹지 못하였다. "허허. 거지도 망령이지, 절로 빌어먹으러 다니는 법이 있나!" 하는 인색한 중의 냉대를 받고, 김삿갓은 이런 중의 경 읽는 소리를 듣는 부처님의 신세가 딱하다고 생각되었다.

'부처님도 장님이 아니라면 이런 중이 보기 싫어서, 불원간 그의 원고향인 서역으로 돌아갈 것이 아닌가?' 라는 생각을 시로 읊었다.

134. 농가에서 묵으며(宿農家)

종일녹계불견인	終日綠溪不見人
행심두옥반강빈.	幸尋斗屋半江濱.
문도여와원년지	門塗女媧元年紙
방소천황갑자진.	房掃天皇甲子塵.
광묵기명우도출	光墨器皿虞陶出
색홍맥반한창진.	色紅麥飯漢倉陳.
평명사주등전도	平明謝主登前途
약사경소구미신.	若思經宵口味辛.

종일토록 푸른빛의 계곡 길을 갔으나 사람 하나 못 보겠더니
다행히 강가에 있는 작은 집을 찾아 들어갔도다.
문에는 아득한 옛날 여와씨 원년의 종이를 발랐고
비로 방을 쓸자니 천황씨 갑자년에 낀 먼지가 쌓였도다.
검은빛나는 상 위의 그릇은 순임금 때의 질그릇 같고
붉은빛의 보리밥은 한(漢)나라 때 창고에서 묵은 곡식 같도다.
날이 밝자 주인에게 사례하고 갈 길을 떠나니
지난밤에 당신네 집에 신세진 것이 미안해서 입맛이 쓰도다.

【주】

녹계(綠溪): 푸른빛의 골짜기. 잠삼(岑參)의 시에 "瓜田傍綠溪."

행심(幸尋): 다행히 ~을 찾다.

두옥(斗屋): 아주 작은 집.

여와(女媧): 중국 고대의 전설상의 인물. 복희. 신농씨와 함께 삼황이라 고도 하고, 또는 복희씨(복희씨)의 누이라는 등 여러 설이 있음.

원년(元年): 임금이 즉위한 해. 연호가 바뀐 최초의 해. 나라를 세운 해.

기명(器皿): 그릇.

우(虞): 나라 이름 우(帝舜國號).

약(若): 너 약(汝也).

〈감상〉

김삿갓이 지리산에서 광한루로 가려고 길을 떠나는데 계절은 보릿고개(麥嶺)여서 가난한 사람들은 어려운 때였다. 그 날은 온종일 걸었으나 인가가 없더니, 겨우 발견한 외딴 집에서 꽁보리밥을 얻어먹었는데, 문은 몇 해 전에 발랐는지 누렇게 색이 변했고, 방에는 케케묵은 먼지가 수북하였다. 그러나 김삿갓으로서는 양반집 큰 사랑에서 축객을 당하는 것보다는 훨씬 고마웠다. 이튿날 김삿갓은 이 가난한 집에 보리밥 한 그릇을 부조하는 심정으로 첫 새벽에 그 집을 나왔다.

135. 옥구 김진사(沃溝金進士)

옥구김진사	沃溝金進士
여아이분전.	與我二分錢.
일사도무사	一死都無事
평생한유신.	平生恨有身.

옥구에 사는 김진사가

나를 거지 대접하여 두 푼 돈을 던져 주더라.

인생이 한 번 죽으면 이런 꼴도 안 볼 걸

아! 평생에 이 딱한 몸이 살아서 한이로다.

〈감상〉

김삿갓이 오죽 분개했으면 이런 신세타령을 했을까? 옥구 땅에서 김진사 댁이라는 큼직한 집을 찾아갔으나 "재울 수는 없으니 이거나 가지고 가소" 하면서 주인은 엽전 두 푼을 거지에게 주는 버릇으로 던져 주었다. 김삿갓은 물론 그 엽전을 줍지 않았다. 김진사의 두 눈깔을 뽑아내고 그 엽전 두 개를 박아 주고 싶었다. '이 세상에 돈만 알고 돈으로만 사람을 다루는 그에게는, 네모진 엽전 구멍으로 세상을 내다보는 것이 좋지 않을까?'라고 생각되었다. 인간 대접을 받지 못하고 상대를 풍자하기 전에 '차라리 죽어 없어지면 이런 꼴도 안 당할 텐데'라고 스스로 한탄하는 시이다.

136. 진주 원당리(晋州元堂里)

진주원당리	晋州元堂里
과객석반걸.	過客夕飯乞.
노출무인운	奴出無人云
아래유고왈.	兒來有故曰.
조선국중초	朝鮮國中初
경상도내일.	慶尚道內一.

예의아동방	禮義我東方
세상인심불.	世上人心不.

진주 원당리에 와서
과객이 저녁밥을 빌었도다.
종놈이 나와서 사람이 없다고 말하더니
아이놈이 와서는 집안에 변고가 있다고 말한다.
이런 인심은 우리 조선 땅에서는 처음 보는 일이요
이 경상도 안에서도 이런 집은 하나뿐일 것이다.
예의로 이름 높은 우리나라에서
참으로 세상인심은 아니로다.

【주】
석반걸(夕飯乞): 저녁밥을 빌다.
노(奴): 종 노(僕也).
유고(有故): 변고(사고)가 있음.
동방(東方): 동방(東邦)의 오기(誤記)인 듯. 우리나라.

〈감상〉

우리나라는 예로부터 '동방예의지국(東方禮儀之國)'이라고 해서 예절 바른 나라인데 이런 푸대접이 웬 말인가? 경상도 내에서도 이 집 하나뿐일 것이고, 우리 조선 땅 전체에서도 이런 집은 이 집 하나뿐일 것이다. 그의 자존심이 여지없이 무너져 버리는 순간이다.

이 작품에서는 야박한 인심이 "종놈이 나와선 사람이 없다"고 말하더니 "아이놈이 와선 집안에 변고가 있다"에서 한 폭의 움직이는 풍속화처럼 드러나 보이는 가운데 예리한 해학을 볼 수 있다. 종놈과 아이놈의 대답이 서로 다르다. 가장 순진해야 할 어린아이들까지 비정하게 물들어 가는 세태를 해학으로 그려내었다.

137. 윤가 마을을 욕함(辱尹哥村)

동림산하춘초록	東林山下春草綠
대축소축휘장미.	大丑小丑揮長尾.
오월단양수리과	五月端陽愁裡過
팔월추석역가외.	八月秋夕亦可畏.

동림산 아래에 봄풀이 푸르러서 먹음직하면
황소와 송아지가 긴 꼬리를 휘두르는구나.
오월 단옷날에도 잡혀 먹힐까 근심 속에 지냈는데
돌아오는 팔월 추석에도 또한 잡혀 먹힐까 두려워하네.

【주】

대축소축(大丑小丑): 윤씨 댁의 어른과 아이들(큰 소와 송아지).
휘장미(揮長尾): 긴 꼬리를 휘두르다(振也).
단양(端陽): 단오(端午).

〈감상〉

경상도 대구읍에서 조금 떨어진 곳에 윤씨(尹氏)가 많이 사는 마을이 있었다. 이 동네에서 집집마다 하룻밤 신세지자는 김삿갓을 문전 축객하였다. 윤씨의 尹자는 소 축(丑)자에 꼬리가 달린 것으로 생각하여 비꼬아 한 수 읊었다.

단옷날은 다행히 잡혀 먹히지 않고 무사히 넘겼지만 돌아오는 추석 명절 때 잡혀 먹히지 않을까 걱정된다는 내용의 시이다.

138. 관 쓴 연장자를 조롱함(嘲年長冠者) 二首 中 其一

방관장죽양반아	方冠長竹兩班兒
신매추서대독지.	新買鄒書大讀之.
백주후손초출태	白晝猴孫初出胎
황혼와자난명지.	黃昏蛙子亂鳴池.

뿔난 관을 쓰고 긴 담뱃대를 입에 문 양반아
새로 『맹자』를 사서 큰소리로 뽐내어 읽는 꼴이라니.
한낮에 원숭이 새끼가 태에서 떨어지며 소리를 치듯
황혼에 개구리 떼가 연못에서 울어대는 듯.

【주】

장죽(長竹): 기다란 담뱃대.
추서(鄒書): 맹자(孟子: 책 이름).
후손(猴孫): 원숭이 새끼.

〈감상〉

충주 땅 초입에서 허기진 배를 채워 보려고 주위를 두리번거리는데 사랑에서 글 읽는 소리가 나서 가까이 가보니 중늙은이가 새로 사온 『맹자』를 읽고 있었다. 인기척을 낼수록 글 읽는 소리는 커진다. 일부러 과객을 멀리하려는 속셈이 분명했다. 글 읽는 소리가 마치 원숭이 새끼가 우는 듯하고, 저녁에 우는 개구리 소리와 같았다.

139. 관 쓴 연장자를 조롱함(嘲年長冠者) 二首 中 其二

위인노석능성갈	威因老釋能成喝
학우초동강작사.	學優樵童强作師.
약사홍패부수거	若使紅牌浮水去
금년급제사거수.	今年及第捨渠誰.

늙은 중에게서 큰 소리로 꾸짖는 법을 배워 때때로 호령하나
학문이라야 겨우 나무꾼들 앞에서나 선생인 체 뽐낼 정도랄까?
그러니 만약 금년에 과거 시험이 있다면
저 자를 제외하고 누가 급제를 할까?

【주】

노석(老釋): 늙은 중. 釋은 석가모니 석(釋迦牟尼). 뜻이 변하여 불교(佛教) · 불승(佛僧).

갈(喝): 큰 소리로 꾸짖음(갈매: 喝罵).

초동(樵童): 땔나무를 하는 아이. 나무꾼 아이.

강작사(强作師): 억지 선생이라고 뽐냄.

약사(若使): 만일. 만약. 가령.

홍패(紅牌): 文科 會試에 급제한 사람에게 주던 합격증서. 붉은 종이에 성적의 등급 및 성명을 기록함. 홍당지(紅唐紙).

〈감상〉

훈장이 가진 지식이라고 해야 겨우 산촌의 아이들에게 『천자문(千字文)』이나 가르칠 수준밖에 되지 않는데, 갖출 것은 갖추었다. 머리에 쓴 큰 관과 담뱃대, 아이들 종아리 때리는 회초리를 놓고 고래고래 소리 지르며 나무라기만 한다. 더구나 가난한 사람이나 나그네에게는 야박하다 못해 사정도 들어보지 않고 축객을 서슴지 않는 고약한 훈장에게 김삿갓이 조롱하는 시를 써놓고 그 서당을 나와 버렸다.

140. 계룡산에서 내려오는 중에게

승호여재하산사	僧乎汝在何山寺
사재계룡상상아.	寺在鷄龍上上阿.
석문계룡금견여	昔聞鷄龍今見汝
경물풍광근여하.	景物風光近如何.

중에게 어느 산의 절에 있느냐고 물었더니
절은 계룡산 상상봉에 있다고 하는구나.
예전에 말로만 듣던 계룡산을 지금 찾아와 보노니
경개와 풍광이 근래는 어떠한고?

141. 안락성을 지나면서 보다(過安樂見)

안락성중욕모천	安樂城中欲暮天
관서유자용시견.	關西孺子聳詩肩.
촌풍염객지취반	村風厭客遲炊飯
점속관인단색전.	店俗慣人但索錢.
허장뇌성빈유향	虛腸雷聲頻有響
파창투랭갱무천.	破窓透冷更無穿.
조래일흡강산기	朝來一吸江山氣
시문인간벽곡선.	試問人間辟穀仙.

안락성 안에 짧은 해가 지려고 하는 무렵
관서의 시골 유생(儒生)이 시 자랑으로 어깨를 으쓱대는구나.
시골의 풍속은 나그네를 꺼려서 일부러 밥을 늦게 짓고
주막집 습속도 고약해서 단지 돈만 알도다.
허기진 배에서는 우렛소리가 진동하고
깨어진 창문에서는 찬바람이 불어와서 더 뚫을 여지도 없도다.
내일 아침에는 강산의 기운을 공짜로 한번 들이마시고
시험 삼아 인간으로서 벽곡하는 신선이 누구냐고 물어보리라.

【주】

욕모천(欲暮天): 하늘이 저물고자 한다. 해가 저물려 한다.

관서(關西): 마천령 서쪽 지방. 곧 평안도(平安道).

유자(孺子): 유생(儒生).

용시견(聳詩肩): 시 자랑으로 어깨를 으쓱대다.
촌풍(村風): 시골의 풍속.
염객(厭客): 나그네를 싫어함(꺼려함).
지취반(遲炊飯): 밥을 늦게 짓다.
점(店): 주점(酒店)을 뜻하는 듯.
점속(店俗): 주막집 습속.
단색전(但索錢): 단지 돈만 찾는다(알다).
허장(虛腸): 허기진 창자.
벽곡(辟穀): 곡식은 안 먹고 솔잎, 대추, 밤 등을 조금씩 먹고 사는 일.

〈감상〉

김삿갓이 안락의 어느 선비 집에 가서 하룻밤 자고 가기를 간청하였으나 거절당하고, 겨우 허락받은 방이 폐방한 헛간이었다. 닭똥이 덕지덕지 묻은 헌자리, 종이 하나 남지 않은 문틈으로는 한데처럼 찬바람이 왕래하였다. 그는 서리만을 피할 이 무정한 집의 황량한 지붕 밑에서 새우잠을 자보려고 누웠다. 시장한 뱃속에서는 밥을 달라고 쪼르륵쪼르륵하는 철없는 소리가 야속하였다. 김삿갓은 아랫방의 주인이 듣도록 큰소리로 한 수 읊었다.

142. 주막에서 술 마실 것을 생각하며(艱飮野店)

천리행장부일가　　千里行裝付一柯
여전칠엽상운다.　　餘錢七葉尙云多.
낭중계이심심재　　囊中戒爾深深在
야점사양견주하.　　野店斜陽見酒何.

천리를 가는 나의 행장은 다만 하나의 지팡이에 맡기고
남은 돈 일곱 닢이 오히려 많은 나그네의 신세로다.
네 신세도 가엾어 주머니 속에 깊이깊이 있으라 타이르건만
석양이 비낀 들에서 주막을 보고 어찌 그냥 지나가리오?

【주】
행장(行裝): 여행할 때 쓰는 제구. 행구(行具), 행리(行李).
낭중(囊中): 주머니 속.
이(爾): 제 이인칭 대명사 '너'(엽전을 의인화한 것).
사양(斜陽): 석양.

〈감상〉
부운(浮雲)처럼 떠도는 나그네의 모습을 여실히 그려 놓았다. 행장을 지팡이에 달아매어 어깨에 메고, 가진 것이라곤 달랑 엽전 일 곱 닢 밖에 없어서 이 돈은 비상금으로 간직하자고 다짐을 한다. 그러나 저녁놀 붉게 물든 길에 주막이 보이니 어찌 그냥 지나칠 수 있겠는가?

143. 개성축객시(開城逐客詩)

읍호개성하폐문	邑號開城何閉門
산명송악기무신.	山名松嶽豈無薪.
황혼축객비인사	黃昏逐客非人事
예의동방자독진.	禮義東方子獨秦.

고을 이름은 '성을 연다'는 '개성'인데 어찌 문을 닫으며
산 이름은 '소나무'가 든 '송악산'인데 어찌 땔나무조차 없는가?
황혼에 찾아온 손을 쫓는 것이 사람의 도리가 못 되나니
예의 동방의 나라에서 너 혼자만이 진시황처럼 흉악하도다.

〈감상〉

해는 지고 황혼이 지나서 어느덧 밤이 되었는데 김삿갓이 찾아가는 모든 집에서 방에 불을 땔 나무가 없다는 핑계로 축객을 당하였다. 할 수 없이 남대문 누문(樓門) 위에서 서늘한 가을밤을 지냈다. 그래서 김삿갓의 생각에는 개성 사람들은 인간이 아니고, 인심은 진시황같이 흉악하다고 생각했다.

144. 참외(甘瓜)를 얻어먹고

외모장군위	外貌將軍衛
중심태자연.	中心太子燕.
여본지기물	汝本地氣物
하사체천원.	何事體天圓.

외모는 위청(衛青)장군의 이름과 같이 푸르고
속 빛깔은 연태자(燕太子)의 이름처럼 붉도다.
너는 본래 땅의 기운을 타고 자란 몸인데
무슨 까닭으로 천체와 같이 몸이 둥글더냐?

【주】

장군위(將軍衛): 위청장군(衛青將軍: BC ?~BC 106). 한(漢)나라 때의 무장(武將)으로 본 성은 정(鄭), 자는 중경(仲卿), 시호는 열(烈), 무제(武帝) 때 흉노(匈奴)를 쳐서 공을 세워 장평후(長平候)에 봉해짐.

태자연(太子燕): 연단(燕丹: BC ?~BC 226). 전국시대(戰國時代)의 연왕(燕王) 희(喜)의 태자. 형가(荊軻)를 시켜 진왕(秦王)을 죽이려다 실패하였음.

〈감상〉

참외의 모양이 겉은 푸르고 속은 붉다고 하였으니 독자들이 생각하기에 혹 수박이나 다른 과일이 아니냐는 의문이 생기기도 할 것이다. 그러나 우리나라에서는 예전에 겉이 푸르고 속이 붉은 토종 참외를 재배하였으며, 실제로 충남 성환에서는 지금도 이 참외를 재배하고 있다.

임진강 가에서 원두막을 지키는 영감으로부터 참외를 대접받고, 속이 빨갛고 겉은 푸르며 입에서 설설 녹는 참외를 먹으면서 한 수 읊었다.

- 기구(起句): 한(漢)나라 때 성(姓)은 위(衛), 이름은 푸를 청(青)자를 쓰는 위청장군이라는 유명한 장군이 있었다. 참외의 빛깔이 푸른 것을 푸르다고 직설적으로 말하지 않고 위장군과 같다고 푸른 빛깔을 간접적으로 표현하였다.
- 승구(承句): 참외 속의 새빨간 것을 연나라의 태자와 같다고 한 것은 중국 춘추 시대에 연나라의 태자 이름이 붉을 단(丹)자였다. 참외 속이 빨간 것을 빨갛다고 직접 말하지 않고, 연나라의 태자와 같다고 간접적으로 표현하였다.
- 전 · 결(轉 · 結): 참외는 땅의 기운을 받아 자랐으니 모양새가 땅처럼 평평하게 생겼어야 옳을 것인데, 어째서 하늘처럼 둥글둥글하게 생겼느냐고 물었다.

145. 산에서 놀며 읊음(遊山吟)

일립모정방소송　　一笠茅亭傍小松
의관상대완전객.　　衣冠相對完前客.
횡리선세양풍동　　横籬禪蛻凉風動
약포충성석로농.　　藥圃蟲聲夕露濃.
추우재청첨탈서　　秋雨纔晴添脫暑
모운쟁출환기봉.　　暮雲爭出幻奇峰.
유유만사휴제설　　悠悠萬事休提說
미로수모선일봉.　　未老須謀選日逢.

외로운 삿갓이 띳집 정자 있는 작은 소나무 밑에서 쉬니
의관을 상대하니 앞에 있는 나그네와 똑같이 생겼구나.
난간 울타리에는 허물 벗은 매미 소리에 시원한 바람이 일고
약초밭엔 벌레 소리가 잦아지고 저녁 이슬 짙어 오도다.
가을비가 겨우 개니 늦더위는 씻은 듯이 사라지고
저문 구름이 다투어 일어나니 기이한 산봉우리 달라지는구나.
세상만사를 걱정스럽게 끌어다가 말하지 말게.
아직 서로 젊으니 날을 가려 만날 일을 꾀해보세.

【주】

횡(横): 난간목 횡(闌木).

선세(禪蛻): 허물 벗은 매미.

약포(藥圃): 약초를 재배하는 밭.

재청(纔晴): 겨우 개다.

쟁출(爭出): 다투어 일어나다.

유유(悠悠): 걱정하는 모양. 『詩經』에 "悠悠我思."

휴제설(休提說): 말을 한동안 멈춤. 여태까지의 화제를 중지함.

〈감상〉

비오는 날 정자에서 비를 피하며 띠(茅)로 지붕을 인 정자가 자신이 삿갓 쓴 모습과 똑같음을 읊은 시이다. 때는 한여름이 지난 처서 무렵인데 날씨가 시원해지지 않고 늦더위가 남아 있으니, 이슬이 짙어(많아짐) 온다는 말은 백로(白露) 때가 다가옴을 뜻한다.

146. 찾아온 나그네와 함께 힐난하며(與訪客詰拒)

선비:	석상난생초	石上難生草
	방중불기운.	房中不起雲.
	산간시하조	山間是何鳥
	비입봉황군.	飛入鳳凰群.

돌 위에는 풀이 나기 어렵고

방 안에는 구름이 일지 못한다.

산간에서 이 무슨 잡스러운 새가

봉황들이 노는 자리에 날아드느냐?

김삿갓: 아본천상조　　我本天上鳥

상류오채운.　常留五綵雲.

금소풍우악　　今宵風雨惡

오락야조군.　誤落野鳥群.

나는 본래 하늘 위의 새로서

항상 오색구름 속에서 노니는 몸이었다.

오늘 밤 풍우가 심한 탓에

잘못해서 들새 떼 가운데 떨어졌노라.

【주】

산간시하조(山間是何鳥)의 鳥는 김삿갓(잡스러운 새).

봉황(鳳凰): 봉황새. 선비들 자신.

아본천상조(我本天上鳥)의 鳥는 김삿갓.

야조군(野鳥群): 들새 때. 선비들을 가리킴.

〈감상〉

김삿갓이 김화 땅 어느 곳을 지날 때 비를 만났는데 비를 피하고자 근처에 보이는 정자에 뛰어들었더니, 마침 시객(詩客)들이 모여서 글을 짓고 있었다. 김삿갓은 비도 피할 겸 술도 얻어먹을 겸 해서 자기도 한 수 짓자고 청하였다. 그 시객들 가운데 한 사람이 짓고 김삿갓이 답례로 지었다. 결국은 시객들이 김삿갓임을 알고 후한 술대접을 했다.

147. 스스로 탄식함(自嘆)

구만장천거두난	九萬長天擧頭難
삼천지활미족서.	三千地濶未足敍.
오경등루비완월	五更登樓非翫月
삼조벽곡불구선.	三朝辟穀不求仙.

구만리장천 높은 하늘에 머리 하나 들기 어렵고

삼천리강산 넓은 땅에 다리 하나 뻗을 곳이 없구나.

한밤중에 누각에 오른 것은 달구경하려는 멋이 아니며

사흘 동안이나 굶은 것은 신선이 되려는 풍류가 아니로다.

【주】

거두난(擧頭難): 머리를 들기 어렵다. 죄인처럼 삿갓을 쓰고 하늘을 보지 않고 살아가는 인생이니까. 또는 아궁이 속에서 자려니까 부자유스러워 머리를 들 수 없으므로.

벽곡(辟穀): 곡식을 버려 없앰. 곡식을 피하고 솔잎에 대추, 밤 같은 것을 조금씩 먹고 사는 일(Living on grasses or fruits).

〈감상〉

가족과의 인연을 끊으려고 집을 뛰쳐나와 방랑생활을 시작한 지 수삼 년, 시인이라고는 하나, 겉치레만 보면 거지와 다를 바 없는 사람을 누가 쉽게 재워 주겠는가? 오죽하면 쇠죽을 끓이고 불을 긁어 낸 온기 남은 아궁이를 찾아 그 속에 들어가 잠을 청하였겠는가? 이런 때는 그도 고향 생각이 간절했으리라.

최립(崔岦)의 시 한 편을 적어 둔다(「徐方伯江上別」).

西遊故國卽天涯　서로 가면 고향 땅 하늘가인데
復向江頭管別離.　강머리에 다다라서 또 다시 이별.
無限落來紅葉濕　지고 지는 단풍잎 함초롬히 젖어
不堪題句寄相如.　속마음 적자해도 쓸 나위 없네.

148. 길주 명천(吉州明川)

길주길주불길주　吉州吉州不吉州
허가허가불허가.　許可許可不許可.
명천명천인불명　明川明川人不明
어전어전식무어.　魚佃魚佃食無魚.

이름만 길주길주라고 했지 길한 고을은 못 되고
성씨는 허가가 많이 살지만 과객을 허락해 주는 곳은 없다.
명천명천 부르지만 사람들은 현명하지 않고
어물전어물전 자랑하지만 밥상에는 고기 한 마리 없구나.

【주】

허가허가(許可許可): 허씨 성(姓)을 뜻하므로 제2구의 4자 "許可許可"는 許哥許哥로 써야 옳고, "不許可"의 許는 허락하다, 들어주다의 뜻이므로 맞다.

어전어전(魚佃魚佃): 고기 파는 가게가 많다는 뜻으로 쓰였기 때문에 魚廛魚廛으로 바꾸어야 옳다.

〈감상〉

어느 곳인들 거지꼴인 이 시인을 반겨 줄 곳이 있었겠는가마는 예로부터 과객을 절대로 재워 주지 않는 아름답지 못한 풍속이 있는 길주 땅을 선불리 찾아온 것이 잘못이었다. 마침 김삿갓이 찾아 든 마을은 허씨들의 집성촌이었다. 아무리 과객을 꺼리는 인심일지라도 열 집에서 한 집쯤은, 마지못해 재워 줄 법도 한데, 이렇게 철저한 동네는 처음이었다. 이 명천 지방은 우리가 북어(北魚)라고 하는 명태(明太)가 지천으로 많이 잡히는 곳이었다. 그러나 여기 명천에서도 북어 꽁지 하나 얻어먹지 못했다. 역시 인심이 길주와 조금도 다름이 없이 야박한 곳이었다.

149. 사자운(四字韻)

두자운중본무춘	頭字韻中本無春
호운선생사신두.	呼韻先生似腎頭.
기일상다포일혹	飢日常多飽日或
객도문전입공태.	客到門前立笻太.

머리 두(頭)자(字) 운에는 본래 봄 춘(春)자가 없는데
운을 부르는 선생이 마치 좆대가리 같도다.
굶는 날이 항상 많으며 먹는 날이 혹 있는데
오늘도 이 집 문전에 '콩' 하고 지팡이를 세웠소.

【주】

운(韻): 한시(漢詩)의 각운(脚韻)에 쓰이는 글자. 운자(韻字).

포일혹(飽日或): 배부른 날이 간혹 있다.
입공(立笻): 지팡이를 세우다.
태(太): 클 태, 콩 태(大豆). 여기선 훈(訓)으로 새겨 콩으로 읽음.

〈감상〉

김삿갓이 어느 사랑방에서 하룻밤 신세를 지자고 청하였더니 장난 좋아하는 주인이 사자운(四字韻)을 내고 글을 지어보라고 했다(봄 춘: 春, 머리 두: 頭, 혹 혹: 或, 콩 태: 太).

150. 가난을 읊음(貧吟)

반중무육권귀채	盤中無肉權歸菜
주중핍신화급리.	廚中乏薪禍及籬.
부고식시동기식	婦姑食時同器食
출문부자역의행.	出門父子易衣行.

밥상에 고기가 없으니 채소 반찬이 권세를 부리고
부엌에는 땔나무가 떨어져 재앙이 울타리에 미치도다.
시어머니와 며느리가 밥을 먹을 때는 한 그릇에서 함께 먹고
부자(父子)간에 나들이 할 때면 옷을 바꾸어 입도다.

【주】

반중무육(盤中無肉): 밥상에 고기가 없다.
권귀채(權歸菜): 채소에게 권세가 돌아가다. 곧 밥상 위엔 채소만 있다.

핍신(乏薪): 乏은 다하다, 薪은 땔나무 신. 그러므로 핍신(乏薪)은 땔나무가 다하다. 곧 땔나무가 떨어지다.

화급리(禍及籬): 울타리에 화가 미치다. 즉 "부엌에 땔나무가 떨어지자 울타리를 뜯어 땐다"는 말이다.

부고식시동기식(婦姑食時同器食): 집이 가난하여 밥그릇이 개인별로는 모자라니까 시어머니와 며느리가 한 그릇에 밥을 퍼서 먹는다.

역의행(易衣行): 옷을 바꾸어 입고 나간다.

〈감상〉

손님(김삿갓) 밥상에 올려놓은 반찬이 온통 채소뿐이고, 밥그릇이 모자라니까 시어머니와 며느리가 한 그릇에서 같이 먹으며, 외출복이 별도로 없으니까 옷 한 벌을 가지고 부자가 번갈아 갈아입는 가난한 생활이다. 그러나 손님을 접대하는 데는 지극 정성이다. 역시 인정이란 가난한 사람에게서 찾아볼 수 있음을 김삿갓은 새삼 느꼈다. 적선지가 필유여경(積善之家 必有餘慶)이라던가. 김삿갓은 이 집안이 앞으로 복을 받으리라 믿었다.

여기에 다산 정약용(茶山 丁若鏞)의 「장기농가(長鬐農歌)」를 소개한다. 온 가족이 죽도록 일만 했지 가자미 한 마리도 먹어보지 못하고 관문(官門)에 바쳐야 하는 농어민의 딱한 사정을 귀양살이 하는 곳에서 직접 목격하고 지은 시이다. 발로 박차 영감을 깨워 일으켜 풍로 불도 피우고 물레도 고치라면서 늙은 할멈은 밤이 되어서야 부산히 머리를 빗는 등의 생활상을 풍속화처럼 그려냈다. 여기서는 전 40행 중 12개 행만 소개한다.

鷄子新生小似拳　새로 태어난 병아리 주먹만큼 작고
嫩黃毛色絶堪憐.　연노란 빛 터럭이 애련(哀憐)도 하이.
誰言弱女麋虛祿　어린이도 공밥은 아니 먹나니
堅坐中庭看嚇鳶.　뜰 가운데 앉아서 솔개를 쫓네.
䋽麻初剪牡麻鋤　백마(白麻)는 베어내고 삼밭 김매고

公姥蓬頭夜始梳. 할미의 쑥대머리 밤이 되어서야 빗네.
蹴起僉知休早臥 발로 차서 첨지 영감 일으켜 세워
風爐吹火改繅車. 풍로 불도 피우고 물레(繅車: 실 뽑는 기구) 고쳐요.
萵葉團包麥飯呑 상추 잎에 보리밥 듬뿍듬뿍 싸가지고
合同椒醬與葱根. 고추장에 파뿌리 섞어서 먹네.
今年比目猶難得 금년에는 가재미도 얻기 어려워
盡作乾鱐入縣門. 잡는 대로 건조시켜 현문(縣門)에 바치네.

151. 탁주내기(濁酒來期)

주인호운태환동	主人呼韻太環銅
아불이음이조웅.	我不以音以鳥熊.
탁주일분속속래	濁酒一盆速速來
금번내기척사공.	今番來期尺四蚣.

주인이 운을 부르는 것이 너무 '고리'고 '구리'니
나는 음으로써 하지 않고 '새김'으로 해야겠네.
탁주 한 동이를 어서 빨리 가져오게.
이번 '내기'에서는 '자네'가 '지네'.

【주】

환동(環銅): 環은 고리 환(圓成), 銅은 구리 동(赤金). 한자의 훈(訓)을 빌려서 고리고 구리다(고린내 구린내).

아불이음(我不以音): 나는 음(音)으로써 하지 아니하다.

조웅(鳥能): 鳥는 새 조, 熊은 곰 웅. 합하여 새곰→새김(訓으로 풀이함).

분(盆): 동이 분(盎也).
내기(來期): 來는 올 래, 期는 때 기. 독음이 래기→내기.
척사(尺四): 尺은 자 척, 四는 넉 사. 한자의 훈으로 읽어 자넷→자네(그대).
공(蚣): 지네 공→지네(敗).

〈감상〉

잘난 체하는 최문장(崔文章)과의 탁주 내기 시를 짓기로 했는데, 최문장이 銅, 熊, 蚣의 운자를 부르자 김삿갓이 운자대로 지은 시이다. 이 시는 독음이나 훈(訓)으로 풀이해야 한다.

152. 은다리를 건넘(渡銀橋)

진말선아석리승	塵襪仙娥石履僧
능파활보체여응.	凌波滑步遞如鷹.
층심이열혐동마	層心易裂嫌銅馬
결체무하소옥승.	潔體無瑕笑玉蠅.
설기응중횡소경	雪氣凝中橫素鏡
월광천저견홍등.	月光穿底見紅燈.
야지조물다신술	也知造物多神術
선작은교제중공.	亘作銀橋濟衆筇.

선녀는 버선을 적시지 않고 중은 돌신을 빠뜨리지 않고
이 강 위를 미끄러지듯이 매처럼 먼 곳을 빠르게 건너가도다.
고운 얼음의 마음씨 깨어지기 쉬우니 구리말의 말굽을 의심하고 청결한 얼음에 흠이 없으니 청파리를 꺼리는 백옥에 비할소냐.

눈의 정기가 엉긴 그 속에 흰 거울이 맑게 놓였고

달빛이 강 속까지 뚫으니 용궁의 붉은 등불 같도다.

알지어다, 조물주의 신묘한 재주가 무궁무진해서

은다리를 걸어 놓고 모든 나그네의 지팡이가 되어 건네주도다.

【주】

진말(塵襪): 버선을 적시지(더럽히지) 않는다.

선아(仙娥): 선녀(仙女).

석리승(石履僧): 중의 돌신.

능파(凌波): 미인의 걸음걸이가 가볍고 아름다움을 형용. 조식(曹植)의 시에 "凌波微步 羅襪生塵."

활보(滑步): 미끄러지듯이 걷다.

체여응(遞如鷹): 매처럼 빠르다.

이열(易裂): 깨어지기 쉽다.

혐동마(嫌銅馬): 구리말의 말굽을 의심하다.

결체(潔體): 깨끗한 몸체.

무하(無瑕): 흠이 없다. 허물이 없다.

설기응중(雪氣凝中): 눈의 정기가 엉긴 가운데.

횡소경(橫素鏡): 흰 거울이 놓이다.

야지(也知): 알겠노라.

조물(造物): 조물주(造物主: 하늘과 땅의 모든 자연을 만들고 주관하는 신) 조화신(造化神). 조화옹(造化翁)이라고도 함.

월광천저(月光穿底): 달빛이 강바닥까지 꿰뚫다.

다신술(多神術): 신묘한 재주가 많다.

선작(亘作): 펼쳐 만들어 놓다. 亘은 펴다(布也).

은교(銀橋): 은다리. 곧 얼음 빙판.

제중공(濟衆笻): 나그네들의 지팡이가 되어 건너주다.

〈감상〉

밤길을 걷다가 강가에 이르렀다. 거울같이 얼음이 깔린 강 위에는 찬 달빛이 용궁에서 비쳐 오르는 등불 같아 보였다. 그는 발을 멈추고 이 경개에 마음이 끌렸다. 조물주가 신술(神術)로 만들어 놓은 이 은다리를 건너가기 전에, 우선 한 수를 읊었다. 강을 건널 때 물 위를 걸어가는 선녀가 버선에 물을 적시지 않는다는 전설과 도술 높은 중이 물 위를 걸어갈 때 발에 신은 돌신을 빠뜨리지 않는다는 전설의 주인공처럼, 김삿갓은 이 달 밝은 강의 은다리를 건너갔다. 난해한 시에 속한다.

153. 장주로 가면서(長州行)

영웅과거풍운진	英雄過去風雲盡
객자등림세월유.	客子登臨歲月悠.
숙채관동유미료	宿債關東猶未了
욕수정안하장주.	欲隨征雁下長洲.

영웅들이 모두 떠나가고 어지러운 세상도 끝났는데
떠도는 나그네 높은 곳에 올라 흐르는 세월을 한가롭게 보내네.
아직 관동지방 구경을 다 끝내지 못한 채로
기러기 날아가는 곳을 따라서 장주로 가려 하네.

【주】

장주(長州): 오늘날의 함경남도 정평군(定平郡). 정평은 함경선의 요역으로, 잡곡의 산지이며 콩, 조, 보리의 산출이 많음. 언어학상 함경도

方言區임.

영웅(英雄): 식견, 재능, 행위 등이 비범한 사람. 반표(班彪)의 『왕명론(王命論)』에 "英雄陳力, 群策畢擧."

풍운진(風雲盡): 어지러운 세상이 끝남.

객자(客子): 집을 떠나 外地에 있는 사람. 유세객(遊說客).

등림(登臨): 높은 곳에 올라 아래를 내려다 봄. 맹호연(孟浩然)의 시 「여제자등현산(與諸子登峴山)」에 "강산에 명승고적 남아 있어서, 우리들은 다시 현산에 올라 경개 좋은 곳을 내려다보게 되었네(江山留勝迹, 我輩復登臨)."

세월유(歲月悠): 흐르는 세월을 한가롭게 보냄.

숙채(宿債): 오래 묵은 빚. 오래된 빚. <佛> 前世에 진 빚.

관동(關東): 대관령(大關嶺) 동쪽의 땅. 곧 강원도 嶺東 지역. 關東八景은 강원도 東海岸에 있는 여덟 군데의 名勝地. 곧 高城의 三日浦, 三陟의 竹西樓, 襄陽의 洛山寺, 蔚珍의 望洋亭, 通川의 叢石亭, 平海의 越松亭, 杆城의 清澗亭, 江陵의 鏡浦臺, 월송정 대신에 흡곡(歙谷)의 시중대(侍中臺)를 치기도 함. 蔚珍(平海 포함)은 1963年 이전까지 강원도에 속하였음.

유미료(猶未了): 아직 끝나지 않은 그대로.

욕수(欲隨): 따르고자 함. 따라가고자 함.

정안(征雁): 먼 곳으로 날아가는 기러기. 유잠(劉潛)의 「종군행從軍行)」에 "氣秋征雁肥."

하장주(下長洲): 長洲(定平)로 감. 下는 갈 하(去也)자로 다다르다. 두보의 시에 "輕舟下吳會."

〈감상〉

부평초(浮萍草)처럼 떠도는 나그네에게 언제, 어디까지 꼭 가야만 하는 곳이 따로 정해져 있을 리가 없다. 이 시 전구(轉句)의 표현을 보면 관동지방을 유람 중인데, 이 곳 구경을 멈추고 기러기가 가는 곳(북쪽 함경도 지방)을 따라 자신도 북쪽으로 간다. 꾀죄죄한(입은 옷이 맵시가 없고, 풀이 죽고 때가 묻어 더럽다) 차림에 달랑 봇짐 한 개를 등에 걸치고, 오랫동안 씻지 않아 악취 나는 거지같은 방랑객을 그 누가 쉽게 재워주고 먹여줄 것인가!

V. 영물시편(詠物詩篇)

회화(繪畫)에서 겸재(謙齋) 정선(鄭歚), 단원(檀園) 김홍도(金弘道), 혜원(惠園) 신윤복(申潤福) 같은 이들이 당시의 유행인 화보 모방주의(畵譜 模倣主義)의 인습(因襲)에 반기(叛旗)를 들고 우리나라 고유의 정취(情趣)가 넘치는 자연(自然)을 그려냈다.

더욱이 이들은 산수화(山水書)나 인물화(人物書)에 제재가 한정된 조선시대의 화풍(書風)에 항거(抗拒)하여 밭 가는 농부(김홍도의「秋耕圖」), 대장간 풍경(김홍도의「冶工圖」), 서당의 모습(김홍도의「書堂圖」), 씨름하는 광경(김홍도의「相撲圖」), 그네 뛰는 아낙네(신윤복의「端午水邊 嬉戲圖」) 등 현실 생활에서 제재를 채취한 풍속화를 대담하게 그려냈다. 이와 마찬가지로 종래 시인들은 음풍농월(吟風弄月)이니 화조월석(花朝月夕)이니 하여 한국 한시가 실제 생활과는 거리가 멀었다. 종래 한시의 제재는 매(梅)·난(蘭)·국(菊)·죽(竹) 등 도덕군자다운 추상적인 것들이었다. 그러나 김삿갓의 영물시는 위 화가들의 그림들과 마찬가지로 우리의 일상생활과 밀접한 관련이 있는 것들, 다시 말하면 우리 생활 주변의 것들인 요강(溺鋼), 화로(火爐), 담뱃대(煙竹), 송편(松餠), 참외(甘瓜), 콩(太) 같은 극히 서민적인 대상들을 시로

써 형상화하여 양반의 전유물이었던 한시를 민중의 것으로 만들어 내는 데에 공헌했다. 이것은 소재 확대라는 내면의 변혁을 가져온 크나큰 업적이며, 경색되고 도식화된 한시 세계에 생동감을 주었고, 김삿갓과 서민 독자들을 밀착시키는 계기가 되었다.

154. 붓(筆)

사우상수독호군	四友相須獨號君
중서총기고금서.	中書總記古今書.
예정수세승침별	銳精隨世昇沈別
첨설유인교졸분.	尖舌由人巧拙分.
화출섬오조일월	畵出蟾烏照日月
모성용호동풍운.	模成龍虎動風雲.
관성귀와수쇠독	管城歸臥雖衰秃
총탁당시최유동.	寵擢當時最有動.

사우(四友)는 서로 어울리는데 홀로 군(君)이라 불리니
특히 붓은 중서군이라 하여 고금의 글을 모두 이 붓으로 적는다.
예리한 붓의 정기로 말미암아 성공과 실패가 구분되고
뾰족한 붓의 혀끝으로 인품의 교묘함과 졸렬함이 구분된다.
두꺼비와 까마귀를 그려내면 해와 달이 밝게 빛나고,
용과 범을 그려내면 살아서 풍운을 일으킬 듯하다.

그대가 비록 닳고 닳아 뭉툭해져서 돌아와 누워 있지만

뛰어난 이름을 휘날리던 당시에는 공이 가장 높았도다.

【주】

사우(四友): 문방사우(文房四友), 또는 문방사후(文房四侯)라고도 한다. 종이(紙) · 붓(筆) · 먹(墨) · 벼루(硯)를 가리키는 말. 문방사우 중에서도 붓은 군왕(君王)의 직위를 차지해서 중서군(中書君) 또는 관성자(管城子)라는 존경을 받고 있다.

중서(中書): 중서군(中書君)으로 붓의 별칭.

승침(昇沈): 성공과 실패.

교졸(巧拙): 교묘함과 졸렬함.

독(禿): 모지라지다. 닳아서 뭉툭해지다.

〈감상〉

'붓'의 이명(異名)으로 '관성자(管城子)'라는 말이 있는데, 출처는 한유(韓愈)의 「모영전(毛穎傳)」에 "毛穎者, 中山人也. 其先明眎, 佐禹治東方士, 養萬物有功, 因封於卯地, 死爲十二神. … 秦皇帝使恬 賜之湯沐而封諸管城 號曰管城子 日見親寵任事. …" 이 작품은 붓의 성정(性情)에 대하여 노래한 것으로 고금(古今)의 좋은 글들이 붓에 의하여 옮겨졌고 붓의 필치에 따라 사람의 성공과 실패가 좌우된다는 생각이다.

155. 그림자를 읊음(吟影) 二首 中 其一

진퇴수농막여공	進退隨儂莫如恭
여농혹사실비농.	汝儂酷似實非儂.

월사안면경괴상　　月斜岸面驚魁狀
일오정중소왜용.　　日午庭中笑矮容.
침상약심무멱득　　枕上若尋無覓得
등전회고홀상봉.　　燈前回顧忽相逢.
심수가애종무신　　心雖可愛終無信
불영광명거절종.　　不映光明去絶縱.

나아가고 물러서는 대로 나를 따르는 너는 참 충성스러우나
네가 나와 비슷하지만 실상은 나 자체가 아니로다.
달빛 때문에 언덕에 어른거리면 놀라운 도깨비 형상이고
해가 대낮이 되면 뜰 위에는 난쟁이 모습으로 우습게 보이도다.
베개 위에서 누운 채 찾아보면 간곳이 없다가
등잔 앞에 앉아 돌아다보면 홀연히 만나게 되는구나.
내 마음이 너를 사랑하지만 끝내 너는 믿기지 않는 벙어리요.
밝은 빛을 비추어 주지 않으면 종적을 감추어 버리도다.

【주】

수농(隨儂): 나를 따르다. '儂'은 나 농(我也).
혹사(酷似): 몹시 닮음. 많이 닮음.
실비농(實非儂): 실지는 (실상은) 내가 아니다.
경괴상(驚魁狀): 놀랍게 생긴 도깨비 형상.
소왜용(笑矮容): 난쟁이 모양으로 우습게 보인다.
약심(若尋): 만약 ~을 찾는다면.
무멱득(無覓得): 찾을 수 없다.
거절종(去絶縱): 종적을 끊고 가버리다. 종적을 감추다.

〈감상〉

그림자는 그 본성이 충성스러워서 내가 하는 동작 그대로 따라서 하지만 실상은 내가 아니다. 비추어 주는 대상에 따라서 여러 가지 형상으로 나타나지만 빛을 비추어 주지 않을 때는 그 종적을 찾아 볼 수 없는 허상이다. 시인의 세심한 관찰력과 은유적인 표현이 뛰어나다.

156. 그림자를 읊음(吟影) 二首 中 其二

일인행작양인행	一人行作兩人行
의희모형진가경.	依稀貌形眞可驚.
방운출몰의선귀	傍雲出沒疑仙鬼
보월상수약제형.	步月相隨若弟兄.
해일해시동차세	該日該時同此世
무성무취공평생.	無聲無臭共平生.
이여관오오역여	以汝觀吾吾亦汝
입신천지대청명.	立身天地待淸明.

한 사람이 걸어가는데 두 사람이 생겨나 가는 듯하고
따라다니는 형상이 참으로 놀랄만하네.
곁의 구름 따라 나타났다가 숨기도 하니 귀신인가 의심되고
달빛 아래 산책가면 친형제 같이 서로 따라 다닌다.
같은 날 같은 시각에 태어나 이 세상을 함께 하니
소리도 없고 냄새도 없이 평생을 함께 살아가네.

내 너와 함께 너와 마주 대해 서 보려고

천지에 몸을 세운 뒤에 맑고 밝은 날을 기다릴 밖에.

【주】

음영(吟影): 그림자를 읊음. 吟은 읊을 음(詠也)자로 노래하거나 읊조리다. 『장자 · 덕충부(莊子 · 德充符)』에 "倚樹而吟."

작(作): 일어날 작(起也)자로서 생겨나다, 발생하다.

의희(依稀): 비슷함. 흡사함. 약간. 조금.

모형(貌形): 형상(形狀)

진가경(眞可驚): 참으로 놀랄 만함.

방운(傍雲): 곁에 있는 구름.

출몰(出沒): 나타났다 숨었다 함. 은현(隱現)

보월(步月): 달빛 아래에서 산보함. 『남사 23 · 왕조전(南史 23 · 王藻傳)』에 "至於夜步月而弄琴."

상수약제형(相隨若弟兄): 친형제 같이 서로 따라다님.

해일해시(該日該時): 같은 날 같은 시각. 한날한시. 해(該)는 해당하다의 뜻. 한자말 위에 쓰임. 該地域.

동차세(同此世): 이 세상을 함께 함. 곧 한평생을 함께 지냄.

무성무취(無聲無臭): 소리도 없고 냄새도 없음.

공평생(共平生): 평생을 함께 살아감.

대청명(待淸明): 맑고 밝은 낮을 기다림.

〈감상〉

한날한시에 함께 태어나서 한평생을 두고 함께한 그림자를 읊으면서 자신의 맑고 밝은 삶을 펼쳐갈 날을 기다리겠다는 작품이다.

157. 눈(雪) ①

천황붕호인황붕	天皇崩乎人皇崩
만수청산개피복.	萬樹青山皆被服.
명일약사양래조	明日若使陽來弔
가가첨전누적적.	家家簷前淚滴滴.

천황씨가 돌아가셨나, 인황씨가 돌아가셨나
모든 나무 푸른 산이 모두 하얀 복 입었네.
내일 아침 해님 와서 따뜻하게 조상하면
이집 저집 처마 끝에선 눈물 뚝뚝 흘리리라.

【주】

천황씨(天皇氏): 중국 태고 시대의 전설적인 임금. (삼황의 으뜸) 삼황은 천황씨(天皇氏) · 지황씨(地皇氏) · 인황씨(人皇氏).

붕(崩): 황제가 죽을 붕(殂落). 崩御. 『穀梁傳』에 "高曰崩 厚曰崩 尊曰崩."

〈감상〉

눈(雪) 또는 설경(雪景)에 관한 시는 수없이 많다. 비(雨)나 눈이 결국은 같은 액체이지만은 비는 슬프고, 질척거리고, 수심에 차고, 애수(哀愁)에 젖는 등 기쁨이나 즐거움과는 거리가 멀다. 그러나 눈(雪)은 어른 아이 할 것 없이 모두 좋아한다. 김소월(金素月)의 「오시는 눈(Snow falls)」을 소개한다.

땅 위에는 새하얗게 오시는 눈
기다리는 날에는 오시는 눈

오늘은 저 안 온 날 오시는 눈
저녁불 켤 때마다 오시는 눈
Snow falls covering the earth with white blanket.
Snow falls whenever I wait for him.
Snow falls when he is not coming.
Snow falls when I light the lamp.

Translated by Kim, Dong Sung

158. 눈(雪) ②

백설수식난쇄천	白屑誰飾亂洒天
쌍모홀상제루전.	雙眸忽爽霽樓前.
연포만학광사월	練舖萬壑光斜月
옥삭천봉영투연.	玉削千峯影透烟.
방은인응수섬도	訪隱人應隨剡掉
회황오역좌강연.	懷兄吾亦坐講筵.
문장대수여봉차	文章大手如逢此
흥경고음도백편.	興景高吟到百篇.

그 누가 흰 가루를 어지럽게 하늘에 뿌렸는가
누각 앞에 눈 그치니 홀연히 두 눈동자가 상쾌해지는구나.
흰 비단을 온 골짜기에 마전하려 펼친 듯 기울어진 달빛이 선연하고
백옥을 깎아 세운 듯 모든 산봉우리 안개에 어른거리네.

숨은 선비를 찾으려면 응당 섬도로 가 보아야 하고

나 또한 근심 풀고 대자리에 앉아 강론이나 해야겠네.

만약에 문장의 대가가 이 설경(雪景)을 만난다면

흥겨워서 높이 읊는 시가 백 편에 이르리라.

【주】

백설(白屑): 흰 가루.

제(霽): (눈, 비가) 개다. 그치다.

식란쇄천(飾亂洒天): 분 바르듯이 하늘에 어지럽게 뿌리다.

쌍모(雙眸): 두 눈동자.

연포(練鋪): 마전하기 위해서 펴다.

만학(萬壑): 온 골짜기.

섬도(剡掉): 지명(會稽縣名).

회황(懷兄): 근심을 품다. 兄을 황으로 읽을 때는 민망하다, 근심하다, 슬퍼하다의 뜻.

대수(大手): 대가(大家).

〈감상〉

이 시는 김삿갓의 조부에게 충성을 다 하였고 김삿갓 형제를 한 동안 숨겨 길러 주었으며, 서당에 보내어 글까지 가르쳐 준 은인인 조부 김익순의 종복 김성수 노인 집을 김삿갓이 방랑 중에 찾아갔으나 김성수 노인은 세상을 떠난 뒤였다. 그의 두 아들 중 둘째 아들이 짧은 학문으로 서당 훈장을 하고 있었다. 형제간이나 만난 듯이 반갑게 맞아주었으며, "이 추운 엄동설한에 어디를 가시느냐"고 만류하면서 "기어코 떠나시려면 이곳에서 저에게 사서삼경(四書三經) 좀 지도해주시고 봄이 되거든 떠나시라"고 하였다. 그래서 이 집에 머물면서 심신이 안정된 생활 속에서 지은 작품이다. 눈이 온 날의 설경(雪景)을 한 폭의 동양화처럼 아름답게 그려냈다.

159. 눈(雪) ③

소소밀밀우비비	蕭蕭密密又霏霏
고향사풍만습의.	故向斜風滿襲衣.
간변독학무수어	澗邊獨鶴無愁語
목말한아동불비.	木末寒鴉凍不飛.
종견강산양백영	從見江山颺白影
수지천지농현기.	誰知天地弄玄機.
강근점파인문주	强近店婆因問酒
면연취와각망귀.	緬然醉臥却忘歸.

쓸쓸히 흩날리는 함박눈은
바람에 흩날려 옷을 함부로 적시는구나.
물가의 한 마리 학은 수심에 겨워 울지도 않고
나무 끝에 웅크린 까마귀도 꽁꽁 얼어 날지를 못하네.
누구나 이 강산에 자욱이 흩날리는 백설을 보련마는
어느 누가 천지의 현묘한 조화를 알 수 있으리오.
내 굳이 가까운 주막 노파에게 한 잔 술을 청해서
생각에 잠겨 취해 누우니 돌아갈 생각조차 잊었노라.

【주】

소소(蕭蕭): 바람이나 빗소리가 쓸쓸하다.

슬슬(瑟瑟): 바람소리.

비비(霏霏): 비나 눈이 몹시 내리는 모양. 여기서 "蕭蕭密密又霏霏"는 눈이 몹시 흩날리는 모양.

간변(澗邊): 물가.

양백영(颺白影): 눈이 날림.

아(鴉): 까마귀.

현기(玄機): 현묘한 이치.

강근(强近): 아주 가까운.

인문(因問): 청하다. 부탁하다.

면연(緬然): 깊이 생각하는 모양.

〈감상〉

쓸쓸히 바람결에 세차게 흩내리는 눈은 옷 속에 스며들어 적시고, 물가의 학은 수심에 겨워 울지를 않고, 까마귀조차 꽁꽁 얼어 날지를 못한다. 누구나 이 백설을 보겠지만 천지의 현묘한 조화를 알아낼 수 있을까? 주막 노파에게 술 한 잔을 청해서 마시고 사색에 잠겨 돌아갈 생각조차 잊었다. 우주의 신비에 대하여 깊이 사색하게 하는 시이다.

160. 은덕을 입음(蒙恩)

원객유유임병신　　遠客悠悠任病身

군가몽은차봉춘.　　君家蒙恩且逢春.

춘래각자동서거　　春來各自東西去

차지간화시별인.　　此地看花是別人.

먼 곳을 떠도는 나그네 신병(身病)을 핑계 삼아

그대의 집 은덕을 입어 또 다시 봄을 맞았구려.

봄이 돌아와 우리 둘이 동서로 각각 헤어지게 되면
이곳의 꽃구경은 나 아닌 다른 사람과 하겠지?

【주】

원객(遠客): 먼 곳에서 온(먼 나라에서 온) 나그네.

유유(悠悠): 긴 모양. 오랫동안.

임병신(任病身): 신병(身病)을 핑계 삼음. 몸이 아프다는 핑계로.

군가몽은(君家蒙恩): 그대의 집 은덕을 입음.

차봉춘(且逢春): 또 다시 봄을 만남.

간화(看花): 꽃을 봄. 당나라 때 進士試에 급제한 사람이 장안에서 꽃구경을 하던 풍속. 『김련기 · 교우(金蓮記 · 郊遇)』에 "願借酒杯, 預夏看花之喜."

〈감상〉

158번 시의 감상과 같음.

161. 설경(雪景) ①

송월개렴소벽봉	送月開簾小碧峯
만정의시옥인봉.	滿庭疑是玉人逢.
명혼쇄입고강조	冥魂灑入孤江釣
냉의첨견모사종.	冷意添牽暮寺鐘.
각방매화청아흥	却訪梅花清我興
능령부옥소기봉.	能令蔀屋素其封.

개변파유정신죽　　個邊頗有精神竹
조합시장동활룡.　　助合詩腸動活龍.

달 보내고 발(簾)을 여니 옥을 깎아 세운 듯한 산봉우리 자그맣고
뜰에 흰 눈이 가득하니 고운 이를 만난 듯하여라.
어두운 생각을 깨끗이 씻어내고 외로운 강에 낚시 드리우니
맑은 생각에 절에선 저녁 종소리가 빠르게 들리는구나.
매화를 찾아 바라보니 나의 흥취(興趣) 맑아지고
가난한 오막살이집들도 능히 부유해지는 심정일러라.
한쪽엔 자못 기개 높은 대나무 솟아 있어
나의 시상(詩想)을 도와주어 활발하게 하도다.

【주】

벽봉(碧峯): 옥(玉)을 깎아 세운 듯한 산봉우리.
옥인(玉人): 모양과 마음이 아름다운 사람.
입고강조(入孤江釣): 외로운 강에 낚시를 드리움. 유종원(柳宗元)의 시 「강설(江雪)」의 "千山鳥飛絶 萬徑人蹤滅 孤舟蓑笠翁 獨釣寒江雪" 중 전·결구와 같은 정경이다.
냉(冷): 맑은. 차가운.
각(却): 쳐다볼 각(仰). 바라보다.
청아흥(淸我興): 나의 흥취(興趣)가 맑아지다.
부옥(蔀屋): 풀로 지붕을 이은 오막살이 집, 곧 가난한 집.
소봉(素封): 관록(官祿)이나 봉토(封土)는 없으나 생활 정도가 풍족한 부잣집.
파(頗): 자못 파.

〈감상〉

윤선도의 「어부사시사(漁父四時詞)」를 연상케 하는 작품으로 눈이 내린 후의 아름다운 설경을 읊고 있다.

간밤의 눈 갠 後에 景物이 달랃고야.
이어라 이어라
압희는 萬頃琉璃 뒤희는 千疊玉山
至匊忩 至匊忩 於思臥
仙界ㄴ가 佛界ㄴ가 人間이 아니로다.

—『孤山遺稿』에서—

162. 설경(雪景) ②

비래편편삼월접	飛來片片三月蝶
답거성성유월와.	踏去聲聲六月蛙.
한장불거다언설	寒將不去多言雪
취혹이류갱진배.	醉或以留更進盃.

하늘에서 훨훨 나는 눈송이는 춘삼월 호시절의 나비와 같고
눈을 밟는 소리는 오뉴월 논두렁의 맹꽁이 소리와 같도다.
눈이 많이 내려 추워서 못 가겠다고 핑계를 대며
취하여 혹 더 머물게 될까 하며 다시 잔을 드누나.

【주】

접(蝶): 나비 접.

와(蛙): 개구리 와.

다언설(多言雪): 눈을 많이 말하다. 눈이 옴을 자꾸 말하며 핑계를 대다.

〈감상〉

눈송이가 원무(圓舞)를 그리고 고공무용(高空舞踊)을 하며 지상으로 내려온다. 배는 고프다 못해 쪼르륵 소리가 난다. 그런데 함박눈을 맞으며 북방의 들판을 걷고 있는 시인의 입에서는 시구가 흘러나온다. 이때 문득 고향이 그립다. 고향의 어머님이 보고 싶다.

昏定晨省今安否
鶴髮明朝又一年.
어머님은 오늘날 안녕하신지
늙으신 백발이 내일 아침이면 한 살을 더 드시겠네.

※ 혼정신성(昏定晨省): 저녁에는 부모의 잠자리를 돌보고 새벽에는 문안을 드린다는 뜻이니, 조석으로 부모의 안부를 물어 살핌. 『예기(禮記)』에 "冬溫而夏靖 昏定而晨省."

—인조 때 삼학사(三學士)의 한 사람인 윤집(尹集)의
「제야(除夜)」에서—

163. 설경(雪景) ③

족하삼동설	足下三冬雪
신변유월마.	身邊六月麻.

발밑에는 삼동의 눈이 깔렸는데
내 몸에는 여름철에 입는 베옷을 걸쳤구나.

164. 요강(溺鋼)

뇌거심야불번비	賴渠深夜不煩扉
영작단린와처위.	令作團隣臥處圍.
취객지래단슬궤	醉客持來端膝跪
태아협좌석의수.	態娥挾坐惜衣收.
견강주체동산국	堅剛做體銅山局
쇄락전성연폭비.	灑落傳聲練瀑飛.
최시공다풍우효	最是功多風雨曉
투한양성사인비.	偷閑養性使人肥.

네(요강)게 힘입어 깊은 밤에 번거롭게 사립문을 여닫지 않으며
사람과 이웃이 되어 침실을 지키게 하였도다.
술주정꾼도 네 앞에서는 단정하게 무릎을 꿇고
아리따운 부녀자는 너를 깔고 앉으며 조심조심 속옷을 걷도다.
단단한 몸체는 유명한 안성맞춤 같은데
'쇄' 하고 오줌 누는 소리는 흰 폭포가 날아오르는 듯하여라.
가장 공이 많을 때는 비바람 치는 새벽이고
남모르게 성정(性情)을 기르고 사람들을 살찌게 하는구나.

* 현재 도시에 사는 젊은이들은 이 끝 구인 "…사람들로 하여금 살찌게 한다"는 뜻을 잘 이해하기 어려울 것이다. 옛날 비료가 귀하던 시대에는 분뇨(糞尿: 똥과 오줌)를 농작물의 거름으로 사용하여 농작물을 길렀기 때문에 이렇게 읊었다.

【주】

뇌거(賴渠): 賴는 힘입을 뢰, 渠는 클 거. 힘입은 바 크다, 곧 큰 덕으로.
불번비(不煩扉): 번거롭게 사립문을 여닫지 않음.
영작(令作): ~로 하여금 일하게 하다.
단슬궤(端膝跪): 단정하게 무릎을 꿇다.
태아(態娥): 교태롭고 예쁜 여자.
쇄(灑): 뿌리다. 여기선 소변을 볼 때 들리는 소리의 의성어로 쇄.

〈감상〉

김삿갓의 시제는 제한이 없었다. 자신의 신세를 자탄하는 인생살이를 비롯해서 아름다운 산천, 누각, 동물, 곤충, 영물(詠物), 사람, 걸식의 서러움, 과시(科詩) 등 과거 다른 사람들이 시도하지 않았던 여러 가지를 시로 읊어 내었다. 이런 바탕에는 그의 치밀한 관찰력과 뛰어난 시재(詩才)가 뒷받침이 되었다.

요강과 관련 있는 옛날이야기 하나를 적어본다.

옛날 어떤 사람이 몸(체구)이 어찌나 작은지 겨우 사람의 형상을 갖추었을 뿐이었다. 장가간 첫날밤에 신부가 남편을 보고 실망함을 금치 못하였다. 마음속으로 비웃고 있는데 그 지아비가 가까이 오면서 동침코자 하거늘 신부가 냉소하면서 "요게 무슨 물건이 이 모양이야" 하고 이어 그 소매를 잡아 번쩍 들어 요강 속에 던져 버렸더니, 신랑은 요강 속에 두어 조각 좁쌀(粟) 껍질이 떠 있는 것을 보고, 이에 그 껍질 위에 타고 앉아

春水船如天上坐: 봄날 물 위에 배를 띄우니 마치 하늘 위에 앉은 듯하네.

하는 시구를 읊었는데 얼마 후에 신부가 오줌을 누는지라, 신랑이 쏟아지는 오줌을 쳐다보면서 다시 읊어 가로되,

飛流直下三千尺: 물줄기가 곧바로 떨어지길 삼천척(三千尺)이나 되니
疑是銀河落九天: 은하수가 하늘에서 떨어진 게 아닌가 의심이 난다.

—李白의 「망여산폭포(望廬山瀑布)」—

한즉 신부가 오줌을 누고 다시 요강 뚜껑을 덮으니 '쨍그랑'하고 소리가 나는지라, 신랑이 그 소리를 듣고 또 다시 읊어 가로되,

姑蘇城外寒山寺: 고소성밖 저 멀리 한산사에
夜半鐘聲到客船: 한밤중에 종소리가 나그네의 배 위까지 들려오도다.

—中唐 때 시인 張繼의 「楓橋夜泊」에서—

하였더라. 이야기가 좀 지나친 듯하나, 그러나 신랑의 왜소(矮小)함을 가히 알 수 있겠다.

—「교수잡사(攪睡襍史)」에서—

165. 씨아(攪車)

휘수일인력	揮手一人力
생화이목덕.	生花二木德.
이출창와성	耳出蒼蛙聲
구출백운색.	口出白雲色.

손을 대고 돌려대니 한 사람의 힘이 들고

목화만을 골라냄은 두 개 나무의 공덕일세.

귀에서는 청개구리 소리가 나오고

입에서는 흰 구름이 계속 나오네.

【주】

씨아(교거: 攪車, 연거: 碾車): 목화의 씨를 빼는 도구(기구).

이목덕(二木德): 두 개 나무의 공덕. ① 나무로 만든 씨아의 몸체와 씨아를 돌리는 나무로 된 손잡이. ② 나무 두 개에 홈을 파서 가로로 대어 요철(凹凸)이 맞물려 돌아가게 하는 부품(部品).

귀(耳): 위 씨아 설명 중 ②의 나무 두 개

입(口): 씨가 제거된 목화가 나오는 곳(部分)

〈감상〉

자기에게 호의를 베풀어 준 노파가 씨아에서 목화씨 빼내는 작업 하는 광경을 보면서 동요 형식의 노래를 한시 형식으로 고쳐 지었다.

166. 돈(錢) 二首 中 其一

주유천하개환영	周遊天下皆歡迎
흥국흥가세불경.	興國興家勢不輕.
거부환래내부거	去復還來來復去
생능사사사능생.	生能捨死死能生.

천하를 두루 돌아다녀도 누구나 너를 환영하고
나라도 가문도 흥하게 하니 너의 힘이 가볍지 않도다.
갔다가도 되돌아오고 왔다가도 다시 나가며
살아서는 죽을 줄을 모르고 죽었다가도 다시 사는구나.

【주】
주유(周遊): 사방으로 두루 돌아다님.
세불경(勢不輕): 세력이 가볍지 않다. 힘이 세다.
사사(捨死): 죽음을 버리다. 곧 죽을 줄을 모르다.

〈감상〉
『대학(大學)』에 "부(富)는 집을 윤택하게 하고 덕(德)은 몸을 윤택하게 하는 것이니 마음이 넓고 몸이 편안한 것이다(富潤屋 德潤身 心廣體胖)"라고 말한 것처럼 이 세상을 살아가자면 모든 사람들은 돈이 있어야 한다. 돈은 이 사람 저 사람의 손으로 옮겨 다니면서 위력을 발휘한다. 기생 매화가 돈에 팔려갔다는 말을 전해 듣고 돈의 위력에 새삼 놀라며 지은 시이다.

167. 돈(錢) 二首 中 其二

구구장사종무력	苟求壯士終無力
선용우부필유명.	善用愚夫必有名.
부공실지빈원득	富恐失之貧願得
기인백발차중성.	幾人白髮此中成.

진실로 이것(돈) 없으면 始終如一 힘을 못 쓰고

어리석은 이라도 이것을 잘 쓰면 반드시 이름을 떨친다.

부자는 이것을 잃을까 두렵고 가난한 사람은 얻기를 원하니

얼마나 많은 사람이 이것 속에서 늙어 가는가?

【주】

구구(苟求): 참으로 ~힘쓰지 못함. 苟는 참으로 구(誠也). 『대학 · 명덕(大學 · 明德)』에 "진실로 날로 새로워지면 나날이 새로워지고 또 날로 새로워진다(苟日新, 日日新, 又日新)". 求는 힘쓸 구(務也).

장사(壯士): 장정(壯丁). 씩씩하고 용감한 사람.

종무력(終無力): 처음부터 끝까지. 시종여일(始終如一).

선용(善用): 적절하게 잘 씀. 적절하게 잘 이용하여 씀.

우부(愚夫): 어리석은 남자.

필요명(必有名): 반드시 이름을 떨친다.

부공실지(富恐失之): 부자는 이것을 잃을까 두려워 함. 『후한서 72 · 동탁전(後漢書 72 · 董卓傳)』에 "恐怖涕泣."

빈원득(貧願得): 가난한 사람은 얻기를 원함.

기인(幾人): 얼마나 많은 사람들.

백발차중성(白髮此中成): 이것 속에서 늙어 가는가?

〈감상〉

돈의 효용(效用)과 돈을 가진 사람들의 걱정과 가난한 사람들의 돈을 가지고 싶어 하는 욕망에서 번민하는 사이에 사람들은 늙어간다. 부자와 빈자가 다 같이 피할 수 없는 한 가지는 누구나 늙어간다는 것이다.

168. 담뱃대(煙竹) ①

원두곡항우장신　　圓頭曲項又長身
은식동장가불빈.　　銀飾銅裝價不貧.
시흡청연능작무　　時吸青煙能作霧
매분향초암소춘.　　每焚香草暗消春.
한등여관천수반　　寒燈旅館千愁伴
세우강정일미신.　　細雨江亭一味新.
반죽연년위이절　　斑竹年年爲爾折
야응요녀읍상빈.　　也應堯女泣湘濱.

둥근 머리와 꼬부랑 목과 긴 몸매를
은으로 꾸미고 구리로 장식했으니 값이 헐하지 않구나.
때때로 푸른 연기를 빨면 안개가 일어나고
매양 향초를 태워 몰래 봄을 사라지게 하는구나.
차가운 여관의 등잔불 아래서는 천 가지 수심의 벗이 되고
가랑비 내리는 강가 정자에서 피우면 그 맛이 더욱 새롭도다.
얼룩무늬 대나무가 해마다 너를 만들기 위해 꺾어지니
요임금의 딸 아황과 여영이 상강(湘江)가에서 눈물 흘리리.

【주】

가불빈(價不貧): 값이 싸지 않다.
흡(吸): 마실 흡, 빨아들일 흡.
작(作): 일어날 작(興也).

암(暗): 몰래할 암(秘也).
세우(細雨): 가랑비.
일미(一味): 첫째가는 좋은 맛.
반죽(斑竹): 얼룩무늬가 있는 관상용(觀賞用)의 대나무. 『당서(唐書)』에 "嶺南雷州 上貢斑竹."
위이절(爲爾折): 너를 위해 꺾이다.

〈감상〉

아황(娥皇)과 여영(女英)은 요(堯) 임금의 두 딸인데 뒤에 순(舜) 임금의 황후 왕비가 되었음. 순임금이 창오(蒼悟) 땅에서 죽으매, 두 여자가 그를 따라 남쪽에 왔다가 상수에 빠져 죽으니 상수신(湘水神)이 되었다 함. 이때 두 여자가 물에 빠져 죽을 때 흘린 눈물이 대나무에 뿌려져서 얼룩무늬 대나무가 되었다 함. 이렇게 얼룩무늬 대나무로 담뱃대를 만들기 위해서 꺾어내니 아황과 여영의 혼이 눈물을 흘릴 것이라고 읊은 작품이다.

―『열녀전』에서―

169. 담뱃대(煙竹) ②

신체장사항사연	身體長蛇項似鳶
행지수수종수연.	行之隨手從隨筵.
전주내거천여리	全州來去千餘里
기도창산기도선.	幾度蒼山幾渡船.

기다란 몸은 뱀 형상이요, 꼬부라진 목은 솔개와 같은데

길을 갈 때도 손을 떠나지 않고, 앉은 자리에도 늘 곁에 따르도다.

내가 전주를 다녀가는 천여 리 먼 길에서

너는 나와 함께 몇 번이나 푸른 산을 넘고 배로 물을 건넜더냐?

【주】

사(蛇): 뱀 사(毒蟲).

항사연(項似鳶): 꼬부라진 목이 솔개와 흡사하다.

종수연(從隨筵): 앉은 자리에 따르다.

기도(幾度): 몇 번. 幾는 몇, 얼마, 거의, 가까움, 위태하다 등으로 쓰임. 따라서 幾度는 '몇 번의 뜻이고, 幾度船은 몇 번을 배로 건너다의 뜻임.

창산(蒼山): 푸른 산. 蒼은 푸를 창(深青色). 『시경(詩經)』에 "悠悠蒼天."

〈감상〉

통영에서 기생과 함께 하룻밤을 잘 자고 「죽시(竹詩)」(182번 시) "此竹彼竹化去竹"을 읊고 담뱃대 하나만을 얻어 들고 그 '대'로 떠나왔다. 그는 자기 손에서 떠나지 않는 이 한 개의 담뱃대를 들고 통영을 떠나면서 담뱃대의 신세타령으로 한 수 읊었다.

170. 갓(冠)

수관단의승삽화	首冠端儀勝揷花
섬섬밀공근용사.	纖纖密孔僅容沙.
저황합체균원만	紵篁合體均圓滿
칠흑성장극윤화.	漆黑成章極潤華.
문물유동기자국	文物攸同箕自國

규모월자대명가. 規模粵自大明家.
일곡창랑영가탁 一曲滄浪纓可濯
지금전창초강가. 至今傳唱楚江歌.

머리에 관을 단정히 쓰는 예의는 꽃을 꽂는 습관보다 좋으니
가늘고 가는 빽빽한 구멍은 모래알이 겨우 용납하리로다.
모시와 대나무로 합쳐진 몸이 고루고루 원만하고
옻칠과 당먹 빛이 어른대는 무늬는 극히 화려하도다.
이 관의 문물은 아득한 옛날 기자 시대의 국풍과 같고
그 규모는 저 찬란하던 명나라의 그것에 못지않도다.
그래서 창랑의 물이 맑으면 선비의 갓끈을 씻을 만하다던
저 유명한 초강의 노래 한 곡조가 지금까지 애창되도다.

【주】
승삽화(勝插花): 꽃을 꽂는 것보다 낫다(좋다). 勝은 낫다의 뜻.
섬섬(纖纖): 세미(細微)한 모양. 끝이 뾰족하고 날카로운 모양. 연약하고 가냘픈 모양.
근용사(僅容沙): 모래알이 겨우 용납하다(구멍이 작다는 뜻).
저황(紵篁): 紵는 모시 저(絺紵緜屬), 篁은 대숲 황(竹叢). 그러므로 紵篁은 모시와 대나무.
장(章): 문채(文彩) 장. 문장의 광채. 무늬.
윤화(潤華): 윤택하고 화려하다.
유(攸): 아득할 유(遠貌).
국(國): 국풍(國風), 곧 나라의 풍속.
월(粵): 어조사로 쓰인 듯하다.

〈감상〉

경남 통영(統營)은 갓을 만드는 고장이다. 이 통영갓을 예찬하고 굴원의 시를 인용하였다. 초(楚)나라가 망하자 멱라수(汨羅水)에 몸을 던져 어복(魚腹)에 장사지낸 초나라의 시인 굴원(屈原, 277~343)은 「어부사(漁父辭)」에,

"滄浪之水 淸兮어든 可以濯吾纓이요
滄浪之水 濁兮어든 可以濯吾足이라."
창랑의 물이 맑거든 내 갓끈을 씻을 것이요
창랑의 물이 흐리거든 내 발을 씻으리로다.

라고 하였는데, 이를 인용하여 미련(尾聯) 이구(二句)를 지었다.

※ 탁오영(濯吾纓): 세상이 안정되었을 때는 의관(衣冠)을 바르게 차려입고 세상에 나아감.

탁오족(濯吾足): 세상이 어려울 때는 발을 씻고 세상을 피하여 숨어 삶의 비유임.

171. 바둑(棋, 碁)

종횡흑백진여위	縱橫黑白陣如圍
승패전유취사기.	勝敗專由取舍機.
사호한칭망세좌	四皓閑秤忘世坐
삼청선국난가귀.	三淸仙局爛柯歸.
궤모우획대두점	詭謀偶獲擡頭點
오착환수거수휘.	誤着還收擧手揮.

반일윤영갱도전　　半日輪赢更桃戰
정정연향도사휘.　　丁丁然響到斜暉.

흑백이 가로 세로로 에워 싼 것같이 진을 치면
승패는 오로지 기회를 잡고 못 잡음에 달렸다.
사호가 은거하여 이 바둑으로 앉아서 세상을 잊었고
삼청 선계에서 나무꾼이 바둑 구경하다 도낏자루 썩는 줄도 몰랐네.
속임수와 꾀로 세력을 뻗을 점을 얻기도 하고
잘못 두고는 물러 달라 손을 들어 흔들며 떼를 쓰네.
한나절이나 승부를 다투고 나서 또 다시 도전하니
바둑알 쨍쨍 소리에 해질녘에 이르렀네.

【주】

종횡(縱橫): 세로와 가로.

진여위(陣如圍): 에워싼 것 같은 진을 치다.

전(專): 오로지 전(獨也). 『論語 · 子路』에 "不能專對."

사(舍): 놓을 사(釋也).

취사기(取舍機): 기회를 잡지 못함.

사호(四皓): 한(漢)나라 고조(高祖) 때 상산(商山)에 은거하고 있던 네 사람의 노인. 수염과 눈썹까지 희므로 사호(四皓)라 부름. 동원공(東園公), 기리계(綺里季), 하황공(夏黃公), 녹리선생(甪里先生) 등 네 노인.

칭(秤): 저울 칭(衡也). 여기선 바둑으로 한판 승부를 가리는 것.

삼청(三淸): 도교(道敎)에서 옥청(玉淸) · 상청(上淸) · 태청(太淸)을 일컬음(신선이 산다는 궁의 이름).

선국(仙局): 신선들의 대국(對局: 마주 앉아 장기나 바둑을 둠).

난가(爛柯): 바둑 두는 재미를 나타내는 말. 나무꾼이 바둑 구경을 하다

도낏자루 썩는 줄도 몰랐다는 이야기에서 온 말. (『술이기(述異記)』)
궤모(詭謀): 속임수와 꾀.
우획(偶獲): 뜻밖에 얻다.
대두(擡頭): 남보다 앞서 세력을 뻗기 시작함.
거수휘(擧手揮): 손을 들어 흔들다.
반일(半日): 한 나절(하루의 절반).
윤영(輸贏): 승부(勝負).
정정(丁丁): 바둑 두는 소리(쨍쨍, 쩡쩡).
향(響): 소리 울릴 향, 소리 마주칠 향.
도사휘(到斜暉): 해 질 녘에 이르다.

〈감상〉

위 **【주】**의 '난가(爛柯)'란 바둑에 정신이 팔려 세상이 바뀌는 줄도 모른다는 뜻이다. "신선 노름에 도낏자루 썩는 줄 모른다"는 말과 같다. 『述異記』에 "信安郡石室中 晉時樵者王質 逢二童子棋 與質一物如棗核 食之不飢 置斧于坐而觀 童子日汝斧柯爛矣 質歸鄕閭 無復時人." 또 육유(陸游)의 시에 "棊坪勝負能多少 堪笑傍人說爛柯."

172. 종이(紙)

활면등전목질정	闊面藤牋木質情
포래당연점호경.	舖來當硯點毫輕.
탐간창록천편적	耽看蒼籙千編積
탄차청천만리횡.	誕此青天萬里橫.
화축첨명개후진	華軸僉名皆後進

문방열좌독선생.　　文房列座獨先生.
가가자이호창백　　家家資爾糊窓白
영사도서조안명.　　永使圖書照眼明.

등나무로 만든 넓은 종이는 실상은 나무와 같이 단단한 성질이나
벼루 옆에 펼쳐 놓고 가볍게 점을 찍도다.
고서(古書)를 즐겨 보아 천 편이나 쌓였으니
이것을 가로로 펼쳐 놓으면 푸른 하늘처럼 만 리가 될 것이로다.
화축(華軸)의 여러 이름 모두 후진(後進)들의 것이니
문방의 여럿 중에 종이 홀로 선생이로다.
집집마다 너 종이를 취해 창을 발라 환하게 하고
길이 책이 되어 모든 이의 눈을 밝게 하리라.

【주】

활면(闊面): 면적이 넓다.
등전(藤牋): 등나무로 만든 종이. 牋을 종이로 보는 근거로 종이와 붓이라는 단어에 전한(牋翰)이 있다.
목질(木質): 나무의 성질. 또는 나무와 같이 단단한 성질.
정(情): 실상 정(實也).
포래(鋪來): 펼쳐 놓다(陳也).
호(毫): 붓 호(筆也). 육기(陸機)의 『문부(文賦)』에 "或含毫而渺然."
탐간(耽看): 耽은 즐길 탐(過樂). 『서경(書經)』에 "惟耽樂之從." 耽看은 즐겨 보다의 뜻.
창록(蒼籙): 蒼은 푸를 창, 사물이 오래된 모양을 뜻하고, 籙은 서적(書籍)의 뜻. 蒼籙은 오래된 책(古書)의 뜻.
화축(華軸): 여러 권으로 한 벌이 되는 책.

첨(僉): 다 첨. 여럿 첨, 모두 첨.
선생(先生): 종이. 한유(韓愈)가 그의 「모영전(毛穎傳)」에서 종이를 저선생(楮先生)이라고 한 데서 유래.
자(資): 취할 자(取也). 『역경(易經)』에 "萬物資始."
호(糊): 풀 호, 풀칠할 호(黏也). 「정명(鼎銘)」에 "饘于是粥于是以糊余口."
사(使): 사역보조사. ~로 하여금. ~하게 하다.
조안명(照眼明): 눈을 밝게 비추어 주다. 즉 문맹자들이 책으로서 눈을 뜨게 된다는 종이의 공로를 말한 것이다.

〈감상〉

종이는 식물 섬유를 물에 풀어서 처리하여 만듦. 105년 중국 후한(後漢) 화제(和帝) 때 채륜(蔡倫)이 발명했다고 함. 6세기 말 한국에 전래되고, 12세기경 유럽에 전파되었으리라 추측함. 이 시에서 말하는 '종이'란 소위 '조선종이' 곧 '한지(韓紙)'를 말하는 것으로 닥나무(楮) 껍질을 원료로 만든 종이이다. 본질은 나무이지만 보드랍고 매끈하게 생긴 종이는 붓에게 넓은 지면을 제공하여 책의 생성에 큰 역할을 담당했다. 그러므로 종이의 공로는 대단히 크다.

173. 벼루(硯滴)

복매수마액요지	腹埋受磨額凹池
발호범품불린기.	拔乎凡品不磷奇.
농연매치공정일	濃硏每値工精日
총임상종흥일재.	寵任常從興逸材.
저로부용지점변	楮老敷容知漸變

모공염설견빈자.　　毛公炎舌見頻滋.
원래사우상수력　　元來四友相須力
원회문방사영수.　　圓會文房似影隨.

배는 갈리어서 깊게 파이고 이마는 오목해 연못이 되었으니
빼어나지도 않고 평범한 돌일 뿐 진기한 옥돌(玉石)이 아니라네.
짙은 색깔로 갈리는 동안 필력(筆力)이 날로 정교(精巧)해지니
은혜로운 그 책임은 언제나 뛰어난 인재를 만들어 왔네.
넓은 지면이 점점 변하는 것을 알겠고
붓끝이 자주 벼루의 먹물에 적셔짐을 보겠노라.
본래 종이·붓·먹·벼루의 네 벗이 모름지기 서로 돕는 것이
문방의 둘레에 온전히 모여 마치 그림자를 따르듯 하는구나.

【주】

복매수마(腹埋受磨): 배는 갈리어서 깊게 파이다.

액요지(額凹池): 이마는 오목해 연못이 되다.

발호범품(拔乎凡品): 빼어나지 않고 평범한 돌이다.

린(磷): 돌문채 린(玉石符采). 옥석(玉石)의 광택(光澤)이 번쩍번쩍 비치는 모양.

농연(濃硏): 짙은 색깔로 갈리다.

총임(寵任): 寵은 은혜 총(恩也), 任은 맡아서 책임질 임이다. 그러므로 寵任은 은혜로운 책임이다.

상종(常從): 언제나 따르다.

흥(興): 지을 흥(作也).

일재(逸材): 뛰어난 재주, 또는 그 사람.

저로(楮老): 닥나무 저(皮可爲紙). 楮老는 닥나무 껍질로 만든 한지(韓

紙). 老는 경칭으로 쓴 듯. 先生을 중국에선 老師라 한다.

부용(敷容): 넓은 얼굴. 곧 이 시에서는 넓은 지면(紙面)을 뜻함.

지점변(知漸變): 점점 변하는 것을 알다.

모공(毛公): 毛는 모필(毛筆)의 준말로서 붓이고, 公은 붓을 의인화한 것. 公은 현대어에서도 존칭 접미사로 쓰임. (예) 李公, 朴公.

염설(炎舌): 붓 끝.

견빈자(見頻滋): 자주 잠김(浸也: 적셔짐)을 보다.

사우(四友): 문방사우(文房四友). 종이 · 붓 · 먹 · 벼루의 네 문방구(文房具).

상수력(相須力): 모름지기 서로 협력하다.

원회(圓會): 온전히 모이다.

사영수(似影隨): 마치 그림자를 따르듯하다.

〈감상〉

진기한 옥돌(玉石)로 만든 것이 아니라 평범한 돌로 만든 벼루이다. 배는 갈리어서 갈수록 오목하게 파였고, 벼루가 파이면 파일수록 글 쓰는 사람의 필력(筆力)은 일진월보(日進月步)하여 뛰어난 인재를 만들어 간다. 문방사우(文房四友)가 서로 협력하는 모습이 의인화되어 있다.

174. 콩(太)

자재천황제일장	**<삿갓> 字在天皇第一章**
곡중차물대여왕.	**<명순> 穀中此物大如王.**
개개전황봉전밀	**<삿갓> 介介全黃蜂轉蜜**
단단혹흑서진광.	**<명순> 團團或黑鼠瞋眶.**
신추납증반증채	**<삿갓> 新抽臘甑盤增菜**

윤입신주정감량. <명순> 潤入晨廚鼎減糧.

당시약탈주가속 <삿갓> 當時若奪周家粟

불사이제아수양. <명순> 不使夷齊餓首陽.

글자는 고사손이 지은 천황장 제일장에 있고
곡식 중에 이 물건이 가장 커서 왕과 같구나.
하나하나 모두가 누런 것은 벌들이 꿀에 굴린 것 같고
둥글둥글한 데 간혹 검은 것은 쥐가 두 눈을 부릅뜬 모양일세.
음력 선달 시루에 길러 새로운 나물을 뽑으면 반찬이 늘고
물에 불려서 밥솥에 밥밑으로 놓으면 양식을 줄일 수 있도다.
주나라의 곡식을 더럽다 할 때에 만약 콩이 있었더라면
백이와 숙제가 수양산에서 굶어 죽지는 않았을 것을.

【주】

자재(字在): 글자가 ~에 있다.

천황제일장(天皇第一章): 『사략(史略) · 초권(初卷)』의 제일장 천황장(天皇章). 『사략』은 중국 남송(남송) 때 고사손(高似孫)이 지은 책. 모든 사적(史籍)을 참고삼아 이를 평론하고 설명했다.

개개(介介): 하나하나. 介는 홀로 개(孤立也)임.

봉전밀(蜂轉蜜): 꿀에 굴리다. 꿀을 묻히다.

단단(團團): 동글동글한 모양. 團은 둥글 단(圓也).

진광(瞋眶): 눈을 부릅뜨다.

신추(新抽): 새로 ~을 뽑다.

신추납증반증채(新抽臘甑盤增菜): 음력 선달 시루에 길러 새로운 나물을 뽑으면 반찬이 늘다.

윤입(潤入): 물에 불려서 넣다. 潤은 불을 윤(滋也).

감량(減糧): 양식을 덜다. 곧 양식을 줄일 수 있다. 솥바닥을 콩이 채워 주니까 양식이 덜 소비된다.
아수양(餓首陽): 수양산에서 굶주려 죽다.

〈감상〉

이 시 첫 구에 보이는 "천황제일장(天皇第一章)"은 앞의 【주】에서도 밝힌 바와 같이 『사략』 초권의 제일장을 말한 것으로 본래 중국 남송(南宋) 때 고사손(高似孫)이 지은 책이나, 여기선 『십팔사략(十八史略)』을 가리킨 것 같아, 이 책의 내용을 간략히 소개한다.

『십팔사략(十八史略)』은 원(元)나라 증선지(曾先之)가 『사기(史記)』, 『전한서(前漢書)』, 『후한서(後漢書)』, 『삼국지(三國志)』, 『진서(晋書)』, 『송서(宋書)』, 『남제서(南齊書)』, 『양서(梁書)』, 『진서(陳書)』, 『후위서(後魏書)』, 『북제서(北齊書)』, 『후주서(後周書)』, 『수서(隋書)』, 『남사(南史)』, 『북사(北史)』, 『당서(唐書)』, 『오대사(五代史)』, 『송감(宋鑑)』 등 18부(部)의 정사(正史)를 취사선택하여 태고(太古)로부터 송(宋)나라에 이르기까지의 사적(事跡)을 간략하게 기술하여 초학자(初學者)들의 과정(課程)에 필요한 책으로 꾸몄다. 후에 명(明)나라 진은(陳殷)이 이에 음석(音釋)을 붙여 7권으로 하였다.

우리나라에서는 조선 영조(英祖) 때 명(明) 나라 여진(餘進)의 『십구사략(十九史略)』 첫째 권을 한글로 번역하여 두 권으로 간행한 일이 있음.

이 시 수련(首聯)에서 말하려는 의도는 『사략(史略)』 제1권 제1장에 "태고 복희 신농(太古伏羲神農…)"이라는 구절이 있는 바, 이 책의 첫 글자가 태(太: 콩)로 되어 있으니 '콩(太)'은 결코 평범한 곡식이 아니라는 것이다. 그리고 이 시 미련(尾聯)에서는 주(周)의 무왕(武王)이 은(殷)의 주왕(紂王)을 공격하려고 할 때에 백이와 숙제가 무왕을 말렸으나 듣지 않자 "당신과 같은 침략자와는 함께 살기 싫고 주나라 곡식도 먹지 않겠다"하고 수양산에 들어가 고사리를 캐 먹고 살다가 굶어 죽었는데, 만일 이 콩이 주나라 곡식이 아니었다면 백이와 숙제는 굶어 죽지 않았을 것이라는 뜻이다.

175. 발(簾)

최의성시십가루	最宜城市十街樓
차각번화취격유.	遮却繁華取闃幽.
삼경호월영롱조	三更皓月玲瓏照
일진홍애은영부.	一陣紅埃隱映浮.
누출금성풍사동	漏出琴聲風乍動
첨간산영무초수.	覘看山影霧初收.
임총만류진안색	林葱萬類眞顔色
진입창롱반괘조.	盡入窓櫳半掛釣.

발(簾)은 번화한 시가지 누각에 있어야 가장 좋으니
번화함을 막아서 물리치고 고요하고 그윽하게 하기 때문일세.
한밤중 맑고 밝은 달이 영롱히 비추니
한 무리의 붉은 티끌이 은은히 떠도는구나.
새어 나오는 거문고 소리 바람에 잠깐 흔들리고
엿보았더니 산에 끼었던 안개도 처음대로 걷히었다.
수풀이 우거져서 무성한 만 가지 모습과 색채가
모두 창으로 들어와 난간에 반쯤 낚시처럼 걸려 있구나.

【주】

최의(最宜): 가장 옳다. 가장 마땅하다.

성시(城市): 성이 있는 도시(市街). 『전국책(戰國策)』에 "今有城市 之邑 七十."

차각(遮却): 막아서 물리치다.

격유(闃幽): 고요하고 그윽하다.

호월(皓月): 썩 맑고 밝은 달(皎月, 明月). 양원제(梁元帝)의 시에 "澄江涵皓月 水影若浮天."

영롱(玲瓏): 구슬이 울리는 소리. 광채가 찬란함.

일진(一陣): 한 떼의 군사의 진, 바람 따위가 한바탕 불다. 한악(韓偓)의 시에 "昨夜三更雨 今朝一陣寒."

홍애(紅埃): 붉은 티끌.

누출(漏出): 새어 나옴.

풍사동(風乍動): 바람에 잠깐 흔들리다.

첨간(覘看): 엿보다.

임총(林葱): 무성한 수풀.

만류(萬類): 만 가지 모습.

안색(顔色): 색채.

진(盡): 모두 다(皆).

롱(櫳): 난간 롱.

괘(掛): 걸 괘, 걸릴 괘, 달 괘(懸也).

조(釣): 낚시 조(釣魚).

〈감상〉

발은 번화함을 막아주고 한가하고 그윽하게 해 주기 때문에 번화한 시가지 누각에 걸려 있어야 한다. 발 안으로는 한밤중에 영롱히 비추는 밝은 달빛이 새어 들어오고 거문고 소리 바람에 흔들려 들려오며, 발 밖에선 안개도 걷히어 수풀의 갖가지 모습과 색채가 발을 통해 보인다.

176. 맷돌(磨石)

수능산골작원원　　誰能山骨作圓圓
천이순환지자안.　　天以順還地自安.
은은뇌성수수거　　隱隱雷聲隨手去
사방비설낙잔잔.　　四方飛雪落殘殘.

둥글둥글하게 생긴 그 돌은 누가 능히 만들어 내었을까
하늘은 쉬지 않고 돌아도 땅은 돌지 않는다.
은은한 천둥소리 손을 따라 일어나더니
흰 눈 날려 사방을 가만히 덮네.

【주】

산골(山骨): 산의 암석(巖石). 소식(蘇軾)의 「서현삼협교시(栖賢三峽橋詩)」에 "淸寒入山骨".
순환(順還): 순환(循還: 쉬지 않고 잇달아 돎)의 오기(誤記)인 듯함.
은은(隱隱): 희미하여 분명하지 않은 모양.
뇌성(雷聲): 큰 소리. 우레같이 울리는 소리.

〈감상〉

'하늘'은 맷돌 두 짝 가운데 위의 것, '땅'은 아래 것을 가리킨다. 곧 위쪽 것은 쉬지 않고 계속 회전하지만 아래 것은 꼼짝 않고 제 자리에 있다는 설명이다. '흰 눈'은 맷돌에 갈려진 곡식의 가루(粉)이다.

177. 목침(木枕)

탱래편거반등사	撑來偏去伴燈斜
주득황량향속과.	做得黃粱向粟誇.
위체방원경장교	爲體方圓經匠巧
수심전측작붕가.	隨心轉側作朋嘉.
오경냉몽동류수	五更冷夢同流水
일겁전생사락화.	一劫前生謝落花.
양량원앙쌍화득	兩兩鴛鴦雙畫得
평생합아일환가.	平生合我一鰥家.

한 구석으로 잡아당겨 등잔불을 벗 삼아 베고 누웠으니
기장(黃粱)이 조(粟)를 향해 과시(誇示)하듯 하는구나.
몸체가 네모나고 둥글어 장인(匠人)의 기교보다도 뛰어나고
마음대로 방향을 바꿀 수 있으니 나와는 좋은 친구 사이로다.
오경(五更)의 쓸쓸한 꿈은 물처럼 흐르는데
머나먼 그 옛날 전생의 낙화에 깊이 사례하네.
양쪽에 쌍쌍의 원앙을 각각 그려 넣는다면
한평생 홀아비로 사는 내 집엔 딱 들어맞겠네.

【주】

탱(撑): 撐의 속자로 버틸 탱, 취할 탱, 헤칠 탱. 撑來는 끌어당기다의 뜻.
편(偏): 치우칠 편. 『중용(中庸)』에 "中不偏之謂中."
반(伴): 짝 반, 벗 반, 동무 반(友也).

주(做): 作의 속자로 지을 주(作).

황량(黃粱): 기장, 메조(稻穀名). 『운회(韻會)』에 "粱粟類五穀之長."

속(粟): 조 속, 좁쌀 속(黍屬米有穀稱). 『서경(書經)』에 "四百十粟."

과(誇): 과시(誇示)의 뜻. 뽐내어 보임. 자만하여 실제보다 크게 나타내어 보임. 떠벌리는 것.

붕가(朋嘉): 좋은 친구. 착한 친구.

랭(冷): 쓸쓸할 랭(寂夜). 서언백(徐彦伯)의 「고촉탄(孤燭歎)」에 "切切夜閨冷微微孤燭然."

겁(劫): 겁 겁(佛一世之稱). 「능엄경(愣嚴經)」에 "儒爲世 釋爲劫 道爲塵."

환(鰥): 홀아비 환(老無妻者). 『서경(書經)』에 "有鰥在下."

〈감상〉

옛날 노생(盧生)이란 소년이 한단(邯鄲)이라는 저자에서 도사(道士) 여옹(呂翁)을 만나 빈곤함을 탄식하니, 여옹이 주머니에서 베개를 내어주며 "이것을 베면 영달(榮達)을 마음대로 하리라" 하여, 베고 잤는데, 꿈에 연국공(燕國公)이 되어 30여 년 동안 부귀를 누리다가 깨어났는데, 아직도 처음에 찌기 시작하던 황량(黃粱)이 익지 않았더라는 고사가 있다. 이것을 생각하고, 한갓 목침에 불과하지만 원앙침(鴛鴦枕)에게 자랑할 만하다고 읊은 시이다(南柯一夢, 邯鄲之夢, 一炊之夢, 春夢 등은 같은 뜻의 고사성어임).

이필(李泌)의 「침중기(枕中記)」에,

"開元十九年 道者呂翁于邯鄲舍中値少年盧生 自歎其閑 翁操囊中枕授之曰 枕此當令子 榮適如意 生于寐中 娶清河崔氏女 擧進士 登國公 三十餘年出入中外 崇盛無比 老乞骸骨不許 卒于官 欠伸而寐 初主人蒸黃粱爲撰 時未熟也 呂翁笑謂曰 人世之事 亦猶是矣 生曰此先生所以 窒吾欲也 敢不受敎 再拜從而去."

이것을 「황량몽(黃粱夢)」, 또는 「노생몽(盧生夢)」이라고도 한다.

178. 낙엽(落葉)

진일성건탁탁아　　盡日聲乾琢琢鴉
허정자둔감공화.　　虛庭自屯減空華.
여련고사배회하　　如戀故査徘徊下
가한여지적력사.　　可恨餘枝的歷斜.
야구감청등외우　　夜久堪聽燈外雨
조래홀견수서가.　　朝來忽見水西家.
지군거후유풍설　　知君去後惟風雪
초창이정배락화.　　招悵離情倍落花.

하루 종일 목쉰 갈까마귀 소리처럼 뚝뚝 떨어지는 낙엽이
빈 뜰에 저절로 모이니 화려했던 하늘은 볼품없이 되었네.
고향을 그리워하듯 아래로 내려와서 배회하다가
가지에 남아 있을 때를 한탄하며 분명하게 흩어지누나.
야심하여 등 저편에서 비 오는 소리 들리더니
아침이 되자 홀연히 강 건너 서편 집이 보이도다.
그대는 아는가, 낙엽이 진 뒤엔 오직 바람과 눈뿐이니
이별하는 정의 서글픔이 낙화보다 갑절이나 더함을.

【주】

진일(盡日): 온종일. 하루 종일, 『한서(漢書)』에 "今足下盡日攻 士卒傷者必多."

성건(聲乾): 乾은 마를 건(燥也). 마른 소리. 곧 목쉰 소리의 뜻.

탁탁(琢琢): 새가 나무 따위를 쪼는 소리. 여기선 까마귀의 울음소리임.
아(鴉): 갈까마귀 아(烏別名). 『광아(廣雅)』에 "純黑反哺者謂之烏 小而腹下白不反哺者謂之鴉."
자둔(自屯): 저절로 모이다.
감공화(減空華): 화려했던 하늘이 볼품없이 되다.
력(歷): 다할 력.
사(斜): 흩어질 사(散也).
야구(夜久): 밤이 오래되어. 밤이 깊어(夜深)
조래(朝來): 아침부터. 아침 일찍부터. 『진서(晉書)』에 "西山朝來致有爽氣."
지군(知君): '군(君)'은 제2인칭 대명사로서 그대, 당신의 뜻. 그대는 아는가?
거후(去後): 낙엽거후(落葉去後). 낙엽이 가버린 뒤. 낙엽이 진 뒤.
초창(招悵): 원망하는 모양. 서로 바라는 모양. 실심한 모양. 서글프다.
배(倍): 배가(倍加)의 뜻으로, 갑절을 더함. 점점 더함.

〈감상〉

가을 또는 낙엽의 정한을 읊은 작품은 많이 있는데 허난설헌(許蘭雪軒)의 詩 한 편을 소개한다.

紗幬寒逼殘宵永　비단 장막에 찬 기운 스며들어 긴 밤은 아직 새지 않고
露夏虛庭玉屏冷.　공허한 뜰에 이슬 내리니 병풍이 차갑구나.
池荷粉褪夜有香　연꽃은 퇴색했어도 밤에는 향기 여전히 좋고
井梧葉下秋無影.　우물 가 오동잎 지는데 그림자 없는 가을이로다.
丁東玉漏響西風　똑똑 떨어지는 물시계 소리는 서풍에 들려오고
簾外霜多啼夕蟲.　발 밖에는 서리 내리고 밤벌레 우는 소리로다.
金刀剪下機中素　베틀에 걸린 무명필을 가위로 끊어내어
玉關夢斷羅帷空.　옥문관에 계신 임의 꿈을 깨니 비단 장막이 허전하네.
裁作衣裳寄遠客　무명 잘라 옷을 지어 멀리 계시는 임에게 부치자니

悄悄蘭燈明暗壁. 외로운 등불이 어두운 벽을 밝혀줄 뿐이네.
含啼寫得一封書 억지로 울음을 삼키며 임에게 편지를 한 장 써서
驛使明朝發南陌. 내일 아침 전선(戰線)으로 가는 역참에 보내련다.
裁封已就步中庭 옷과 편지를 싸가지고 뜰에 나가보니
耿耿銀河明曉星. 반짝이는 은하수와 새벽별만 밝구나.
寒衾轉輾不成寐 차가운 금침에서 잠 못 이뤄 뒤척이니
落月多情窺畫屛. 지는 달 다정도 하여 병풍 속을 엿보네.

—「四時詞 · 秋」—

179. 안경(眼鏡)

강호백수노여구 江湖白首老如鷗
학슬오정가역우. 鶴膝烏精價易牛.
환약장비준촉호 環若張飛蹲蜀虎
동성항우목형후. 瞳成項羽沐荊猴.
삽의탁탁천리록 霎疑濯濯穿離鹿
쾌독관관재저구. 快讀關關在渚鳩.
소년다사현풍안 少年多事懸風眼
춘맥당당도자류. 春陌堂堂倒紫騮.

강호에 사람이 늙어 흰 머리가 갈매기 같고
검은 알의 안경이 소 한 마리와 바꿀 비싼 값이라네.
고리 눈은 장비와 같아 촉나라 범이 앉은 듯하고
눈동자는 항우와 같으니 원숭이가 목욕하는 것 같도다.

빨리 보면 밝게 빛나는 모양이 구멍 뚫린 울타리 너머 사슴 같은

안경 쓴 노인이 시원히 『시경 · 관저편(試經 · 關雎篇)』을 줄줄 읽네.

일이 바쁜 소년은 이 안경을 바람막이 멋으로 걸치고

봄철의 밭두둑 길을 당나귀 거꾸로 타고 의젓하게 다니네.

【주】

백수(白首): 센 머리. 노인의 머리(白頭). 『사기(史記)』에 "白首無所遇者."

학슬(鶴膝): 둘로 접었다 폈다 할 수 있는 안경다리.

오정(烏精): 검은 안경 알.

약(若): ~와 같다.

장비(張飛): 166~221. 중국 삼국시대 촉한(蜀漢)의 무장(武將). 관우와 함께 유비를 도와 車騎將軍이 되었으며 서향후(西鄕侯)에 봉해졌으나 오(吳)를 칠 때 부하에게 살해되었음.

준(蹲): 걸터앉을 준(踞也).

동(瞳): 눈동자 동.

삽(霎): 가랑비(霎雨). 이슬비 삽. 여기선 삽시간(霎時間: 아주 짧은 시간)의 뜻으로 쓰임.

탁탁(濯濯): 빛이 밝게 비치는 모양.

천리(穿離): 천리(穿籬: 구멍 뚫린 울타리).

쾌독(快讀): 기분 좋게 읽음.

관관(關關): 새가 화창하게 우는 소리의 형용. 『시경(詩經)』에 "關關雎鳩." 여기선 『시경(詩經)』을 가리킴.

저구(渚鳩): 물가의 비둘기.

다사(多事): 일이 바쁨.

풍안(風眼): 바람과 티끌을 막기 위하여 쓰는 안경.

맥(陌): 길 맥, 저잣거리 맥, 밭두둑길 맥.

당당(堂堂): 위의(威儀)가 어연번듯한 모양. 의젓하다.

류(騮): 류(騮)와 같음. 월따말 류. 당나귀.

〈감상〉

칠언율시(七言律詩) 각 행 끝음절 모두가 동물 이름으로 되어 있다. 제1구부터 제8구까지 끝 글자를 차례대로 적어 보면, 갈매기 구(鷗), 소 우(牛), 범 호(虎), 원숭이 후(猴), 사슴 록(鹿), 비둘기 구(鳩), 눈 안(眼), 당나귀 류(騮)이다.

180. 화로(火爐)

우도수석시공박　　虞陶燧石施功博
산입천가세종횡.　　散入千家勢縱橫.

순임금의 질그릇과 수인씨의 부싯돌이 그 공적을 많이 베풀어
그 불씨가 온 세상에 널리 퍼져 나갔네.

【주】

우도(虞陶): 순임금의 질 그릇. 虞는 나라 이름(帝舜國號).

수(燧): 수인씨(燧人氏)로 중국 고대 삼황제의 한 사람. 불의 기술 및 음식 조리법을 전하였다고 함. 여기선 수석(燧石), 곧 부싯돌(쇳조각에 부딪쳐 불을 냄).

종횡(縱橫): 가로 세로. ※ 七言律詩 중에서 尾聯.

〈감상〉

화로는 연료(燃料: 가열용의 장작, 석탄, 코크스, 가스, 油類 등)가 귀하던 시대에 방안의 온기를 유지하기 위해서 애용하던 기구였다. 화로는 방안 크기의 大小에 따라 크고 작은 것이 있고, 화로를 만든 재료에

따라 놋쇠화로, 무쇠화로, 질그릇 화로 등 여러 가지가 있다. 효용은 주로 방 안의 공기가 따뜻하지를 않으니까 밥을 짓느라고 불을 땐 불이나, 쇠죽을 끓이고 난 뒤의 불을 화로에 담고 불돌로 꼭꼭 눌러 두어 방 안의 공기 온도를 높이고 시린 손을 쪼이기도 하고, 저녁에 늦게 귀가하는 가족의 국그릇이나 찌개 그릇을 불돌 위에 얹어 놓아 식지 않게 하였다.

181. 등불(燈火)

용이분향욕반혼	用以焚香欲返魂
방생방사격신혼.	方生方死隔晨昏.
우도성덕종금각	虞陶聖德從今覺
수찬신공자고존.	燧鑽神功自古存.
만복산회유객한	滿腹山灰留客恨
종신탄탄보수원.	終身呑炭報誰寃.
청루자주회하일	青樓煮酒會何日
천하영웅와가언.	天下英雄哇可言.

향을 피워 사용하는 것은 죽은 이의 혼을 부르려는 의도이며
등잔불의 혼도 새벽과 밤을 걸러 살아났다 죽었다 하도다.
요순시대의 성덕을 지금도 밝히는 도구이며
불을 발견한 수인씨의 연찬이 옛날부터 전해 온 보람이도다.
뱃속에 가득 찬 그을음을 토해서 나그네의 한을 서리게 하며
평생토록 검은 숯을 삼킨다고 누구에게 원통함을 풀리오.

청루의 홍등 밑에서 술을 데워 마시며 모였던 날이 언제였던가.

허황된 천하의 영웅을 웃어주며 외로운 등불과 벗하노라.

【주】

욕반혼(欲返魂): 혼을 부르고자 하다.

방생방사(方生方死): 살아났다가 또한 죽는다. 바로 살아났다가 바로 죽는다.

격신혼(隔晨昏): 새벽과 밤을 사이하여.

우(虞): 나라이름 우. 당우(唐虞)를 가리킴. 중국고대(中國古代) 나라가 잘 다스려져서 태평하였던 당(唐)과 우(虞)의 이대(二代). 당의 임금은 요(堯), 우의 임금은 순(舜)이었다.

수(燧): 수인씨(燧人氏). 삼황(三皇)의 한 사람. 중국 고대 전설상의 제왕(帝王) 이름. 복희씨 이전의 사람으로 불의 기술을 가르쳤고 식물의 조리법을 전했다고 함. 徐軒의 「中論」에 "太昊觀天地而畫卦 燧人察時令而觀火 帝軒聞鳳鳴而調律 倉頡觀鳥跡而作書 斯大聖之學乎."

찬(鑽): 깊이 연구할 찬(硏鑽).

만복(滿腹): 뱃속에 가득 차다.

탄(呑): 삼킬 탄(咽也).

청루(青樓): 창기의 집. 기루(妓樓)와 같음.

자주(煮酒): 술을 데우다(따뜻하게 하다). 煮는 삶다, 지지다, 달이다, 삶아 먹다, 익다(熟) 등의 뜻.

조식(曹植)의 「칠보시(七步詩)」 중 "자두연두기(煮豆燃豆萁)"는 "콩을 볶는데 콩깍지를 때서(태워서) 볶는다" 즉 골육(骨肉)인 형제가 서로 다투어 괴롭히고 죽이려 한다는 뜻이다. 원문은 다음과 같다.

煮豆燃豆萁	콩을 삶는데 콩깍지로 불을 때니
豆在釜中泣.	솥 안의 콩이 눈물 흘리네.
本是同根生	본래 같은 뿌리에서 나왔는데
相煎何太急.	서로 졸이기가 어찌 그리 급한가.

〈감상〉

지리산을 찾아가는 길인데 다리와 허리가 아프고 배가 고파서 잠이 오지 않았다. 이런 고생을 하며 지리산을 찾아간들 별안간 신선이 될 리도 없고, 반가워할 절간이 있을 리도 없다. 다만 김삿갓은 침묵 속에 우뚝 서 있는 영산(靈山)의 정기가 그리워서 찾아왔는데, 대자연에 홀린 심정을 까물대는 등잔의 혼만이 위로해 주는 듯 느꼈다. 그러나 등잔에서는 그을음이 한없이 나와서 코가 막히고 나그네의 회포를 흐리게 하였다. 그 옛날 조예양(趙豫讓)은 숯(炭)을 먹고 거짓 미쳐서 억울한 무실(無實)의 죄를 모면하지 않았던가? 그러나 평생을 이런 나그네 신세로 살아야 할 자신은 타향의 외로운 등잔 그을음만 먹을 운명이니, 이렇게 거짓 미친 심정을 누구에게 하소연할까 하는 생각에서 한 수 읊었다.

182. 죽시(竹詩)

차죽피죽화거죽	此竹彼竹化去竹
풍타지죽낭타죽.	風打之竹浪打竹.
반반죽죽생차죽	飯飯粥粥生此竹
시시비비부피죽.	是是非非付彼竹.
빈객접대가세죽	賓客接待家勢竹
시정매매세월죽.	市井賣買歲月竹.
만사불여오심죽	萬事不如吾心竹
연연연세과연죽.	然然然世過然竹.

이대로 저대로 형편 되어가는 대로

바람 쳐 가는 대로 물결치는 대로 하세.

밥이면 밥 죽이면 죽 이대로 살아가고

옳은 것은 옳고 그른 것은 그르다고 저대로 부쳐두세.

손님 접대는 제 집안 형세대로 하고

장거리 홍정은 시세대로 하세.

모든 일은 내 마음대로 하느니만 같지 못하니

그렇고 그런 세상 그런대로 그냥 지나가세.

【주】

지(之): 동사로 가다의 뜻.

차죽피죽(此竹彼竹): 이 차(此)+대나무 죽(竹) → 이대로, 저 피(彼)+대나무 죽(竹) → 저대로. 한자의 훈(訓)을 빌려서 표현했다.

〈감상〉

이 시는 한자의 훈(訓)을 빌려서 사람이 살아갈 방향을 제시하였는데, 시인의 뛰어난 재치를 엿볼 수 있는 작품이다. 행운유수(行雲流水)와 같은 김삿갓의 인생관이 스며든 시이다. 비록 문전걸식을 할 망정 인생의 시비곡절을 초탈한 선인(仙人) 같은 풍모가 풍겨나는 시이다.

183. 장기 훈수(將棋訓手)

시우주우의기동	詩友酒友意氣同
전장방설일당중.	戰場方設一堂中.
비포월처군위장	飛包越處軍威壯

맹상준전진세웅. 猛象蹲前陣勢雄.
직주경차선범졸 直走輕車先犯卒
횡행준마매규궁. 橫行駿馬每窺宮.
잔병산진연호장 殘兵散盡連呼將
이사난존일국공. 二士難存一局空.

시 잘 짓고 술 잘하는 사람들이 의기가 서로 같아서
대청 위에 장기판을 벌여놓고 싸움판을 벌였구나.
포(包)가 날아 뛰어넘는 곳에 위풍이 장(壯)하고
맹렬한 상(象)이 웅크린 앞에는 진세(陣勢)가 웅장하도다.
곧장 달리는 경쾌한 차(車)는 먼저 졸(卒)을 무찌르고
날 일자로 횡행하는 마(馬)는 매양 궁(宮)을 엿본다.
패군의 잔병을 다 쓸어버리고 연거푸 장을 부르니
겨우 둘 남은 사(士)는 감당치 못하고 한 판은 참패했네.

【주】

방(方): 이제 막. 드디어. 마침내. 부사로 쓰임.
맹상준전(猛象蹲前): 사나운 상(象)이 도사리고 있는 앞.
진세(陣勢): 군진(軍陳)의 세력. 진영(陣營)의 형세.
직주(直走): 곧장 달려감.
횡행(橫行): 제멋대로 행동함. 모로 감.
준마(駿馬): 잘 달리는 우량한 말.
연호장(連呼將): 연거푸 장을 부르다.
일국공(一局空): 한 판은 지다.

〈감상〉

이 시는 김삿갓이 평안도 어느 마을 앞을 지나다가 모정(茅亭)에서 떠들썩하는 소리가 들려 다가가보니 주객(酒客)과 시우(詩友)들이 모여 장기판을 벌여놓고 편을 갈라 술내기 장기를 두고 있는 중이었다. 포(包) · 상(象) · 차(車) · 졸(卒) · 마(馬) · 사(士) 등의 활약상이 실감 있게 그려져 있다.

184. 설중한매(雪中寒梅)

설중한매주상기	雪中寒梅酒傷妓
풍전교류송경승.	風前橋柳誦經僧.
율화이락방미단	栗花已落狵尾短
유화초생서이철.	榴花初生鼠耳凸.

눈 속에 핀 매화는 술에 취해 맥을 잃은 기녀 같고
바람에 흔들리는 다리 옆 수양버들은 경 읽는 중의 몸짓 같네.
이미 다 진 밤꽃은 삽살개의 짧은 꼬리 같고
석류꽃이 처음 피는 모양은 뾰족한 쥐의 귀 형상이로다.

【주】

주상기(酒傷妓): 술에 취한 기생.
교류(橋柳): 다리 옆의 버들.
송경승(誦經僧): 경 읽는 중.
방미단(狵尾短): 삽살개 꼬리처럼 짧다.
유화(榴花): 석류꽃.

초생(初生): 처음 피다.
서이철(鼠耳凸): 쥐의 귀가 뾰족하다.

〈감상〉

대인군자(大人君子)의 표상인 매화(梅花)를, 그것도 모든 꽃에 앞서 홀로 눈 속에 꽃을 피운 설중한매(雪中寒梅)를 술에 취한 기생에, 바람에 흔들리는 수양버들을 끄덕끄덕 경을 외는 실없는 중에, 밤꽃을 삽살개 꼬리에, 처음 피어나는 석류꽃을 뾰족한 쥐의 귀에 비유했다. 이전의 소위 점잔만을 빼던 도학군자들의 시와는 사뭇 다르다. 이와 같은 점이 바로 김삿갓이 가진 특유의 시상이다. 자연을 인간의 심성을 맑게 하는 대상으로서가 아닌 해학의 대상으로 희작화시키는 것은, 당시 굶기를 밥 먹듯 하던 일반 백성들이 자연을 경건하게 바라볼 여유가 없고 풍자와 해학의 대상으로 볼 수밖에 없었을 것이다.

어리고 셩근 梅花 너를 밋지 안얏더니,
눈期約 能히 직켜 두세 송이 푸엿구나.
燭 잡고 갓가이 사랑할 제 暗香浮動하더라.

- 안민영(安玟英)의 『금옥총서(金玉叢書)』에서 -

185. 화롯불을 쬐며

두사호표구사경	頭似虎豹口似鯨
상간비호역비경.	詳看非虎亦非鯨.
약사고인능성화	若使雇人能盛火
가자호두가자경.	可煮虎頭可煮鯨.

머리는 표범과 같고 입은 고래와 흡사하게 생겼는데

자세히 보니 표범도 아니고 또한 고래도 아니로다.

만약 머슴에게 화로에 불만 잘 담게 한다면

범의 머리도 굽겠고 고래도 구울 수 있겠다.

【주】

두사호표(頭似虎豹): 머리는 표범과 같다. 豹는 표범.

구사경(口似鯨): 입은 고래 같다.

상간(詳看): 자세히 보다.

약사(若使): 만약 ~로 하여금 ~하게 하다.

고인(雇人): 고용인. 머슴.

가자호두(可煮虎頭): 범의 머리를 굽다. 煮는 굽다, 삶다, 지지다, 달이다의 뜻.

〈감상〉

연료(땔나무)가 귀해서 난방이 잘 안 되던 옛날에 밥을 지어 먹은 다음, 그 아궁이에 있는 불을 화로에 담아 방에 놓고 손을 쬐기도 하고, 밤, 고구마, 떡 등을 구워먹기도 하고, 늦게 귀가할 사람들의 식사(밥, 국)를 데우기도 하였다. 그리고 다음 끼니때가 되면 이 화로의 불덩어리를 입으로 불어서 불을 일으켜 아궁이에 불을 때며 밥을 지었는데, 이 화로의 불을 '불씨'라고 하였다.

불씨에 관한 이야기로 김소운(金素雲)의 『목근통신(木槿通信)』이라는 수필집에 「불씨」에 관한 이야기가 실려 있다.

필순이가 시집오던 날 폐백을 받는 자리에서 시아버지의 간곡한 부탁 말씀이 있었다. 부탁이라기보다 경고에 가까운 말씀이었다.

"앞으로 네가 이 집에서 살아가는데 다른 일도 잘 해야 되겠지만 특히 '불씨'를 꺼지게 했을 때는 용서할 수 없으며 즉시 친정으로 쫓겨 가는 줄 알아라"라고 엄명을 내렸고, 며느리도 또한 '불씨'를 꺼뜨리지 않기로 언약하였음은 물론이다. 그런데 어느 여름날 새벽에 시아버지가 보니까, 며느리가 이웃집과 통하는 울타리 개구멍으로 불씨를 얻어 오는 것이 아닌가!

'괘씸한 것, 어디 보자' 하고 앉았는데 얼마의 시간이 흐른 뒤 며느리가 아침밥을 지어 밥상을 들고 와서 시아버지 앞에 놓으면서

"아버님, 진지 잡수십시오" 하였겠다. 그런데 시아버지는 밥은 먹을 생각도 않고 며느리를 쏘아보며,

"너, 지금 당장 보따리를 싸서 너의 친정으로 가거라" 하고 불호령을 내렸다.

며느리는 '불씨' 때문이라고 당장 알아차렸으나 시치미를 뚝 떼고,

"아버님, 무슨 말씀이십니까? 제가 아버님께 무엇을 잘못했습니까?" 하니, 시아버지가 더욱 성이 난 목소리로 크게 꾸짖었다.

"불씨, 불씨…."

며느리 대답하되,

"아, 그 일 때문이시군요. 제가 오늘 아침에 이웃집에서 불씨를 받아 온 것은 사실입니다. 그러나 제가 우리 집 불씨를 꺼뜨려서 불씨가 없기 때문에 이웃집에서 빌려 온 것이 아니고, 며칠 전에 빌려 주었던 불씨를 이자를 쳐서 받아온 것입니다. 그리 말씀하심은 억울합니다" 하는 것이 아닌가. 시아버지도 물론 며느리가 거짓말을 하고 있는 줄은 알고 있지만 속으로는 무릎을 탁 쳤다.

'이만한 지혜, 이만한 국량(局量)을 가진 며느리라면 우리 종갓집 며느리로 손색이 없는 똑똑한 며느리다'라고.

그래서 필순이는 친정으로 쫓겨 갈 뻔한 소박데기를 면했단다.

186. 낙화를 읊음(吟落花)

효기번경만산홍　　曉起翻驚滿山紅
개락도귀세우중.　　開落都歸細雨中.
무단작의이점석　　無端作意移黏石
불인사지도상풍.　　不忍辭枝到上風.
견월청산제홀파　　鵑月靑山啼忽罷
연니향경축금공.　　鷰泥香逕蹴金空.
번화일도춘여몽　　繁華一度春如夢
좌탄성남두백옹.　　坐嘆城南頭白翁.

새벽에 일어나니 깜짝 놀랄 만큼 온 산이 붉게 물들었으니
꽃이 피고 지는 것 모두가 가랑비 속에 달려 있도다.
단서를 찾아볼 수 없을 창조의 뜻을 바위에 옮겨 붙이고
차마 가지에서 떠나지 못하는 아쉬움을 안고 바람에 흩날리네.
두견새는 청산 달빛 아래에서 홀연(忽然)히 울음을 그치고
제비는 향기에 취해 온 하늘을 발로 차며 누비도다.
번성하고 화려한 봄 한 번 지남이 꿈만 같아서
성남의 머리 흰 노인이 남쪽을 향해 앉아서 탄식하도다.

【주】

효기(曉起): 새벽에 일어나다.
번경(翻驚): 엎치락뒤치락 할 만큼 놀라다.
개락(開落): 花開花落. 꽃이 피고 꽃이 지다.

도귀(都歸): 모두 ~에 돌아가다. 모두 ~에 달려 있다.

무단(無端): ① 단서(端緖)를 찾아볼 수 없음, ② 뜻밖에. 『사기 · 전단전(史記 · 田單傳)』에 "太史公曰 兵以正合 以奇勝 奇正相生 如環之無端.

작의(作意): 작자가 예술 작품 따위를 창작할 의도나 뜻. 문서를 만든 사유(事由). 『한서(漢書)』에 "爲之序 言其作意." 또 고의(故意)라는 뜻도 있다.

이점석(移黏石): 돌에 옮겨 붙이다. 黏은 붙일 점(相著).

불인(不忍): 차마 ~하지 못함.

견(鵑): 접동새 견, 두견새 견, 뻐꾹새 견(杜鵑蜀魄一名杜宇一名子規). 『환자기(寰字記)』에 "蜀王杜宇號 爲望帝立鼈靈爲相後禪位亡去化爲子規."

제홀파(啼忽罷): 홀연(忽然)히 울음을 그치다.

연(鷰): 제비 연(玄鳥). 『시경(詩經)』에 "天命玄鳥".

니향(泥香): 향기에 취하다. 泥는 취할 니(醉也).

번화(繁華): 번성하고 화려함.

일도(一度): 한 번.

좌탄(坐嘆): 앉아서 탄식하다.

〈감상〉

꽃이 온 산을 곱게 물들였는데, 꽃이 피고 지는 것은 모두 가랑비의 장난이다. 만물을 소생시키는 봄의 정취가 사라짐이 아쉬워 그 뜻을 바위 위에 붙여 놓는다.

두견새도 가는 봄이 한껏 아쉬운 듯 울음을 그쳤고 제비는 꽃향기에 취해 고공무용(高空舞踊)을 쉬지 않는다. 봄이 감을 아쉬워하는 머리 흰 노인은 남쪽을 향하여 탄식한다.

황현(黃玹 1855~1910)의 「촌거모춘(村居暮春)」을 생각나게 하는 작품이다.

桃紅李白已辭條　붉은 도화 흰 오얏꽃 이미 졌는데
轉眼春光次第凋.　잠깐 사이에 봄빛은 차례대로 시들어 가도다.

好是西簷連夜雨　좋을시고! 서쪽 처마에 밤새껏 내린 비에
青青一本出芭蕉.　푸르디푸른 한 줄기 파초가 솟아났구나.

187. 벌목(伐木)

호거천년수	虎距千年樹
용전일석공.	龍顚一夕空.
두남전후무	杜楠前後無
환부고금동.	桓斧古今同.
영단삼경월	影斷三更月
성허십리풍.	聲虛十里風.
출문무소견	出門無所見
소수망창궁.	慅首望蒼穹.

범이 도사리고 앉은 듯한 천년된 나무가
용이 엎어져서 넘어지듯 하룻밤 사이에 없어졌구나.
두남(杜楠)은 전무후무한 고사(故事)이나
환퇴(桓魋)의 무지막지한 도끼(斧)는 옛날과 한가지로다.
삼경(三更) 달그림자마저 없어지고
불어온 십 리 바람에 나무 스치는 소리가 없어지니 쓸쓸하구나.
문을 나서 보아도 매화나무를 베어버려서 보이는 것이 없으니
머리 긁적이며 망연자실(茫然自失)하여 푸른 하늘만 바라보네.

【주】

호거(虎距): 범처럼 도사리고 앉음. 『속박물지(續博物志)』에 "其人虎距而鷹趾."

전(顚): 엎드러질 전(仆倒). 엎어져서 넘어짐. 자빠짐(顚仆).

공(空): 없을 공(空乏). 『논어(論語)』에 "回也其庶乎屢空."

두남(杜楠): 두남(杜枏)의 오기(誤記)로, 두보(杜甫)는 정원의 남목(柟木)을 사랑하였는데 두보가 외출하고 없는 사이에 그만 태풍에 뿌리째 뽑히고 말아, 두보가 탄식하며 「남목위풍우소발탄(柟木爲風雨所拔歎)」이라는 시를 지었다.

두보(杜甫)의 「남목위풍우소발탄(柟木爲風雨所拔歎)」을 소개한다.

ᄀᆞᄅᆞᆯ 비겻ᄂᆞᆫ 枏樹ㅣ 草堂ㅅ 알ᄑᆡ 잇ᄂᆞ니
녯 늘그니 서르 傳호ᄃᆡ 二百ᄒᆡ라 ᄒᆞᄂᆞ다
ᄢᅵ 뷔오 사롤 ᄃᆡ 占卜호ᄆᆞᆫ 다 이 남ᄀᆞᆯ 爲ᄒᆞ얘니
五月에 엇브시 ᄎᆞᆫ ᄆᆡ야ᄆᆡ 소릴 듣ᄂᆞᆫ ᄃᆞᆺ ᄒᆞᄃᆞ라.
東南 녃 飄風이 싸히 뮈여 니르니
ᄀᆞᄅᆞ미 두위이즈며 돌히 ᄃᆞᄅᆞ며 구룺氣運이 흐르놋다.
웃드미 雲雨를 버으리와다 오히려 힘 ᄡᅧ ᄃᆞ토더니
불휘 믌 미틔 싯기여 그처 디니 엇뎨 하ᄂᆞᆯ ᄠᅳ디시리오.
滄波와 늘근 나모ᄂᆞᆫ 내 本性에 ᄉᆞ랑 ᄒᆞ논 배니
개 우희 도렷ᄒᆞᆫ ᄒᆞᆫ 프른 蓋 ᄀᆞᆮ더니라
ᄆᆡ해 소니 ᄌᆞ조 머므러셔 눈과 서린가 저코
길 열 사ᄅᆞ미 디나 가지 아니ᄒᆞ야셔 피릿 소릴 듣ᄂᆞᆫ ᄃᆞᆺ ᄒᆞ더니라.
버미 갓고로 딘 ᄃᆞᆺ ᄒᆞ며 龍이 업더딘 ᄃᆞᆺ ᄒᆞ야 가ᄉᆡ 나모 서리예 ᄇᆞ렷ᄂᆞ니
눉 믌 그제와 핏 點을 가ᄉᆞ매 드리우노라.
내 뒷ᄂᆞᆫ 새 詩를 어듸가 이프려뇨
草堂이 일로 브터 ᄂᆞᆺ 비치 업스리로다.

倚江枏樹草堂前　故老相傳二百年.

誅茅卜居總爲此　五月髣髴聞寒蟬.
東南飄風動地至　江飜石走流雲氣.
幹排雷雨猶力爭　根斷泉源豈天意.
滄波老樹性所愛　浦上童童一靑蓋.
野客頻留懼雪霜　行人不過聽竽籟.
虎倒龍顚委榛棘　淚痕血點垂胸臆.
我有新詩何處吟　草堂自此無顔色.

—『杜詩諺解 卷六 40』—

환퇴(桓魋): 송(宋)의 중신(重臣)으로 사마(司馬)의 벼슬을 한 향퇴(向魋) 환공(桓公)의 후손이라 하여 '환퇴'라 했다. 이 사람이 공자가 커다란 나무 그늘에서 제자들에게 예(禮)를 가르치는 것을 보자, 공자를 죽이려고 우선 나무부터 도끼로 잘라 버렸다는 고사가 있다. "子曰 天生德於予 桓魋其如予何."(『論語 · 述而篇』).

영단(影斷): 그림자가 없어지다.

소수(搔首): 머리를 긁음.

창궁(蒼穹): 푸른 하늘(蒼空).

〈감상〉

자고로 우리 조상들은 늙은 나무를 신주처럼 소중히 모셔 왔었다. 그래서 당제(堂祭)를 지낼 때에도 늙은 나무에게 제사를 지내왔다. 이 시는 사람들이 크고 멋있게 자란 오래된 나무들을 함부로 베는 것을 안타깝게 여겨 지은 작품이다.

188. 눈 오는 날(雪日)

혹: 설일상다청일혹	或: 雪日常多晴日或
역. 전산기백후산역.	亦: 前山旣白後山亦.
벽: 추창사면유리벽	壁: 推窓四面琉璃壁
막: 분부사동고소막.	莫: 分咐寺童故掃莫.

눈 오는 날이 항상 많고 개는 날이 간혹 있는데
앞산이 이미 하얗게 되었는데 뒷산 또한 하얗구나.
창을 열고 보니 사방이 은세계의 유리벽이라서
절간 아이를 불러서 쓸지 말라고 신신 당부하네.

〈감상〉

상대방이 강운(짓기 어려운 운)을 불렀으나 김삿갓은 운을 부르기가 바쁘게 지어 나갔다. 아름다운 설경을 쓸지 말고 그대로 두고 싶음을 읊었다. 금강산의 어느 절에서 지었다는데 주지가 어려운 운자를 제시했으므로 응구첩대로 불러 제낀 시라고 하는데, 설경과 어울린 서정성이 잘 다듬어진 시라고 본다.

조선 선조 때 급제하여 인조 때엔 영의정까지 오른 상촌(象村) 신흠(申欽)의 시조 한 수를 소개 한다. 춘천에 유배되어 있을 때의 유유자적하는 생활을 노래한 시조다.

山村에 눈이 오니 돌길이 무쳐셰라.
柴扉를 여지 마라 날 ᄎᆞ즈리 뉘 이시리.
밤즁만 一片明月이 긔 벗인가 ᄒᆞ노라.

—『珍本 靑丘永言』—

조선 시대 신의화(申儀華)의 「설후(雪後)도 적어 본다.

屋後林鴉凍不飛　집 뒤 숲 속에 언(凍) 까마귀 날지 못하고
晩來瓊屑壓松扉.　소나무 사립문에 찬 눈 쌓여 살을 에네.
應知昨夜山靈死　알겠노라, 지난밤에 산신령 죽어
多少靑峰盡白衣.　모든 산 푸른 봉이 흰 상복을 입었구나.

189. 장승(長丞)

장승문이유하연　長丞問爾有何緣
낙일평원입창연.　落日平原立悵然.
우세풍마홍면구　雨洗風磨紅面垢
오소조탁흑두주.　烏搔鳥啄黑頭蛀.
첨망유수탄형외　瞻望流水歎形外
생장고산노도변.　生長高山老道邊.
공지행인정원근　空指行人程遠近
서한불피최애련.　暑寒不避最哀憐.

장승이여, 너에게 묻노니 무슨 이유가 있어서
해 지는 들판에 홀로 슬프게 서 있느냐?
비에 닦이고 바람에 갈려 붉은 얼굴엔 때가 끼었고
까마귀가 긁고 새가 쪼은 검은 머리는 좀이 먹였다.
흐르는 물을 멀리 바라보지만 사람이 아님을 탄식하며

높은 산에서 나서 자라 길가에서 늙어감을 서러워한다.

길 가는 이에게 원근(遠近)의 노정(路程)을 일러줌이 내 일인데

일년 중 가장 가련할 때는 추운 겨울과 더운 여름이라네.

【주】

장승(長丞): 장승(長承), 장생(長栍)으로 쓰기도 한다.

문이(問爾): 너에게 묻다. 爾는 2인칭 대명사(代名詞)로 너 이(汝也).

하연(何緣): 무슨 연유로(까닭으로). 緣은 인할 연(因也)자로 연유하다, ~ 때문에, 까닭, 이유.

낙일(落日): 지는 해. 저무는 해. 서쪽으로 지는 해.

평원(平原): 평탄한 들판. 평야(平野).

창연(悵然): 失意에 빠진 모양. 뜻을 잃은 모양. 슬퍼하는 모양. 한탄하는 모양.

우세풍마(雨洗風磨): 비에 닦이고 바람에 갈리다. 洗는 빨 세(洗滌), 磨는 갈 마(礪也)자로 칼 따위를 갈다.

홍면구(紅面垢): 붉은 칠한 얼굴에 때가 끼다. 垢는 때 구(汚穢).

오소조탁(烏搔鳥啄): 까마귀가 긁고 새가 쪼다. 搔는 긁을 소(手爬)자로 손톱이나 발톱으로 긁다. 『시경 · 패풍 정녀(詩經 · 邶風 靜女)』에 "사랑하면서도 만나지 못하니 머리 긁적이며 서성거리네(愛而不見, 搔首踟躕)." 啄은 쫄 탁(鳥食)자로 새가 먹이를 쪼다. 『시경 · 소아황조(詩經 · 小雅黃鳥)』에 "우리 수수 쪼지 마라(無啄我粱)."

흑두주(黑頭蛀): 검은 머리는 좀 먹었음. 蛀는 좀먹을 주(蠹也).

첨망(瞻望): 멀리 바라봄. 瞻은 볼 첨(視也)자로서 바라보다, 앞을 보다.

탄형외(歎形外): 사람이 아님을 탄식함.

생장(生長): 나서 자람. 생부(生阜). 생양(生養).

노도변(老道邊): 길가에서 늙어감(을 서러워함).

정(程): 노정(路程).

서한(暑寒): 한서(寒暑: 추위와 더위).

애련(哀憐): 불쌍히 여김. 애긍(哀矜: 가엾게 여김).

〈감상〉

장승은 이수(里數)를 표시하기 위해 나무 기둥의 위쪽에 사람의 얼굴을 새겨 십리나 오리마다 세운 푯말이다. 그 모양은 남녀의 형상을 기이하게 새겨 붉게 칠한 것으로, 길과 성 안을 수호하는 신(神)이라 하여 한 주(柱)에는 천하대장군(天下大將軍), 또 한 주에는 지하여장군(地下女將軍)이라고 새겨 두 주를 한 쌍으로 동리 입구(入口)에 세웠다.

장승을 의인화하여(후반부) 장승이 간난신고(艱難辛苦)를 토로(吐露)하는 형식(形式)으로 쓴 수작(秀作)이다.

190. 연적(硯滴)

하천선녀실일유	何天仙女失一乳
오락인간문필방.	誤落人間文筆房.
다소제자쌍수무	多少弟子雙手撫
불승차괴누방방.	不勝差愧淚滂滂.

어느 하늘의 선녀가 젖퉁이 하나를 잃어버리고

잘못하여 속세의 글방(書堂)에 떨어졌느냐?

많은 제자들이 모여들어 두 손으로 어루만지니

자신의 잘못을 감당치 못해 눈물만 줄줄 흘리네.

【주】

연적(硯滴): 벼룻물을 담는 그릇. 연수(硯水). 수주(水注). 서적(書滴). 교연(皎然)의 시에 "硯滴穿池小 書衣種楮多."

실일유(失一乳): 젖퉁이 하나를 잃어버림. 유(乳)는 유방 유(乳房)자로, 젖퉁이. 『사기 105 · 창공전(史記 105 · 倉公傳)』에 "果爲疽發乳上."

오락(誤落): 잘못하여 ~에 떨어짐. 誤는 잘못 오(過誤)자로 실수(失手).

인간(人間): 인간이 사는 속세(俗世).

문필방(文筆房): 글방(書堂).

다소(多少): 매우 많음. 허다(許多). 두목의 시 「강남춘(江南春)」에 "南朝四百八十寺, 多少樓臺烟雨中."

쌍수무(雙手撫): 두 손으로 어루만짐. 쌍수(雙手)는 두 손, 양수(兩手). 무(撫)는 어루만질 무(摩挲)자로서 잡다, 쓰다듬다.

불승(不勝): 이기지 못함. 감당하지 못함.

차괴(差愧): (자신의) 잘못이 부끄러움. 차(差)는 그르칠 차(失誤)자로 잘못하다. 실수하다.

누방방(淚滂滂): 눈물을 줄줄 흘리다. 滂은 눈물을 줄줄 흘리는 모양 방(淚多貌). 『시경 · 진풍택파(詩經 · 陳風 澤陂)』에 "자나 깨나 아무 일 못하고 눈물만 줄줄 흘린다(寤寐無爲 涕泗滂沱)."

〈감상〉

天上의 仙女가 자신의 실수로 젖퉁이 하나를 地上에 떨어뜨렸는데, 지상에서도 學童들이 많이 모여 글을 배우는 글방에 떨어뜨렸다. 벼루에 물을 부어 먹을 가는 연적을 선녀의 유방(乳房)에 비유하여 읊은 시이다. 많은 학동들이 시시때때로 어루만지니 수치심에 눈물만 흘린다는 착상이 참 재미있다.

191. 오래 묵은 나무(古木)

고목천년지이삼　　古木千年枝二三
천연처창향동남.　　天然悽愴向東南.
노거중심통사죽　　老去中心通似竹
춘래일면벽여람.　　春來一面碧如藍.
혼의오작장류학　　魂依烏鵲長留壑
영작교룡반재담.　　影作蛟龍半在潭.
평생풍우다경과　　平生風雨多經過
일불회수설고감.　　一不回首說苦甘.

천 년이나 오래 묵은 나무의 가지는 기껏해야 두세 가지
타고난 그 성품대로 애달프게 동남쪽을 향해 서있네.
점점 늙어가는 고목의 속은 대나무처럼 속이 텅 비어
봄이 와도 한 쪽만 쪽빛처럼 푸를 뿐이네.
혼은 까막까치에 의지하여 오랫동안 골짜기에 머물고
용처럼 서린 그림자는 못 속 가운데에 누워있네.
평생 동안 비바람을 많이도 겪었으나
굳이 지난날의 괴로움이나 즐거움을 말하지 않네.

【주】

고목(古木): 오래 묵은 나무. 고목(枯木)은 말라 죽은 나무.
천연(天然): 타고 남. 천성(天性: 타고난 성품). 천품(天稟).
처창(悽愴): 몹시 구슬프고 애달픔. 매우 추움.

람(藍): 쪽 람(蓼藍)자로 마디풀과의 일년생인데, 잎은 남빛의 물감으로 씀. 『순자 · 권학(荀子 · 勸學)』에 "푸른색은 쪽에서 채취했으나 쪽빛보다 더 푸르다(靑出於藍而靑於藍)."

오작(烏鵲): 까마귀와 까치. 까막까치.

장류학(長留壑): 오랫동안 골짜기에 머묾.

교룡(蛟龍): 교룡과 용. 교룡은 홍수, 용은 구름과 비를 일으킨다 함. 여기서는 용.

반재담(半在潭): 절반은 못 가운데에 있음.

다경과(多經過): 많이 겪음. 경과(經過)는 일을 겪음. 또는 겪어 온 과정. 사물이 변천하는 경로.

설고감(說苦甘): 즐거움과 괴로움을 말함.

〈감상〉

반생(半生)이 넘는 긴 세월을 정처 없이 떠돈 세월. 지금도 피골(皮骨)이 상접(相接)하여 한 걸음 두 걸음 옮겨 디디는 발걸음도 무겁기만 하다. 가족들(처와 두 아들)이 바라는 대로 '방랑 생활을 멈추고 이제는 고향으로 돌아갈까?' 하는 마음을 수백 번 아니 수천 번도 더 되뇌어 보았으나 역마살(驛馬煞)을 타고난 김삿갓은 아직도 고향으로 돌아갈 생각이 없다. 이 시에서 읊은 古木의 넋두리처럼 한평생을 후대와 천대를 많이 겼었으나, 굳이 지난날의 괴로움이나 즐거움을 말하여 무엇하리.

192. 등불(燈火)

경장팔척괘층헌	檠長八尺掛層軒
기상옥배마출곤.	其上玉盃磨出崑.
미망월하원야야	未望月何圓夜夜

비춘화역토촌촌. 非春花亦吐村村.
대연환승간백일 對筵還勝看白日
도처능위축황혼. 挑處能爲逐黃昏.
수위홍등광약시 雖謂紅燈光若是
시시영조복경분. 時時寧照覆傾盆.

여덟 자나 되는 높은 처마에 걸려 있는 등의
그 위에 옥술잔은 곤륜산의 옥을 다듬어 만든 것이라네.
보름달도 아닌데 어찌하여 밤마다 둥글둥글 하며
봄철도 아닌데 마을마다 웬 꽃을 피웠는가?
자리를 펴고 앉아 바라보면 태양을 보는 것보다 더 낫고
심지를 돋우어 더욱 등불을 밝히면 황혼도 쫓을 수 있네.
비록 주사청루의 빛이 이와 같이 밝다고 말하지만
차라리 때때로 그런 등잔 비치지 못하게 꺼 버릴 것을.

【주】

경(檠): 등잔받침 경(燈架)자로 등잔받침대.

층헌(層軒): 높은 처마. 처마가 높은 집. 헌(軒)은 처마 헌(屋檐).

옥배(玉盃): 옥으로 만든 술잔. 술잔의 미칭.

마출곤(磨出崑): 곤륜산에서 난 옥을 다듬어 만듦.

미망월하원야야(未望月何圓夜夜): 보름달도 아닌데 어찌하여 밤마다 둥근가? 망월(望月)은 보름달. 하원(何圓)은 왜(어찌하여) 모양이 둥근가? 야야(夜夜)는 밤마다, 매야(每夜).

화역토(花亦吐): 꽃을 피웠는가? 吐는 드러날 토(出現)자로 꽃이 피거나 이삭이 나오다.

대연(對筵): 자리를 펴고 앉아 바라봄. 對는 마주할 대(相對)자로 즉 마주하다, 향하다.

환승간백일(還勝看白日): 태양을 보는 것보다 도리어 낫다. 勝은 뛰어날 승(優也)자로 ~보다 낫다. 白日은 대낮, 태양.

도(挑): 돋울 도(挑發)자로 심지를 돋우다. 백거이(白居易)의 「장한가(長恨歌)」에 "저녁 중천에 반딧불 날면 그리움 더욱 천연해져서, 외로운 등불 심지 다 타도록 돋우며 잠 못 이루네(夕殿螢飛思悄然 孤燈挑盡未成眠)."

축황혼(逐黃昏): 황혼을 쫓음.

수위(雖謂): 비록 ~하다고 말하지만.

홍등(紅燈): 붉은 등이 켜져 있는 거리라는 뜻으로, 유곽(遊廓)이나 화류계(花柳界: 노는계집들의 사회)를 이르는 말. 주사청루(酒肆青樓: 술집, 기생집 등의 통칭).

약시(若是): 여차(如此: 이러함. 이와 같음).

녕(寧): 차라리 녕(願詞)자로서 오히려, 더 나은 사실을 이끌어 내는 말.

〈감상〉

등불 앞에 홀로 앉아 술 한 잔을 마시면서 가는 세월을 멈추게 하고 싶은 작자의 상념이 나타난 작품이다. 달은 보름달이어야 밝을 것인데, 등은 어찌하여 매일 밤을 밝혀주고, 꽃도 또한 봄철이 되어야 곱게 피는 것이거늘, 등불은 어찌하여 사시사철을 두고 밤에도 아름답게 피는가? 심지를 돋우어 밝게 하면 황혼마저도 쫓겨 가니, 앞으로 다가올 백발도 저 등불이 쫓아 버릴 수 있지 않을까? 그렇게만 된다면 얼마나 좋을까?

193. 망건(網巾)

망학지주직학공　　網學蜘蛛織學蛩
소여침공대여공.　　小如針孔大如銎.
수유권진천경발　　須臾捲盡千莖髮
조모접리총부용.　　鳥帽接罹摠附庸.

그물을 얽어 짜는 공부는 거미와 여치에게서 배워
작은 것은 바늘구멍 같고 큰 것은 창끝 구멍처럼 촘촘하구나.
잠시 동안에 천 줄기의 터럭을 다 짜 놓고는
새의 머리 깃털과 아교를 모두 부속품으로 쓰는구나.

【주】

망건(網巾): 상투 있는 사람이 머리카락이 흩어지지 않도록 말총 등으로 그물처럼 만들어 머리에 두르는 물건.

망학(網學): 그물을 뜨는 공부.

지주직학공(蜘蛛織學蛩): 거미와 여치에게 얽어 짜는 것을 배움.

소여침공(小如針孔): 작은 것은 바늘구멍과 같음.

대여공(大如銎): 銎은 도끼구멍 공(斧受柄處), 창날 하부의 구멍 공(矛刃下口)자. 예리한 창 끝.

수유(須臾): 잠시 동안.

천경발(千莖髮): 천 줄기의 터럭.

조모(鳥帽): 새의 머리 깃털.

접리(接罹): 아교풀. 갖풀.

총부용(摠附庸): 모두 부속품.

〈감상〉

황해도 어느 부잣집 사랑에서 김삿갓의 재주를 시험해 보기 위하여 시(詩)에 흔히 쓰지 않는 공(蛩), 공(鞏), 용(庸)자를 운자로 하여 망건(網巾)을 詩로 써보라는 요청을 받고, 즉석에서 지어낸 詩라 한다.

194. 원추리(萱草)

관훤점력시당우	觀萱占曆是唐虞
창시헌황화정호.	創始軒皇化鼎湖.
춘하추동상체영	春夏秋冬相遞永
현망회삭각분호.	弦望晦朔各分弧.
도포고비현황리	都包高庳玄黃理
비재감리자백도.	備載坎離紫白圖.
삼십육순성십이	三十六旬成十二
균기대소윤기여.	均其大小閏奇餘.

원추리를 보고 역서(曆書)를 삼은 것은 요순 때부터이며

황제 헌원씨가 정호에서 돌아가신 때부터 시작되었다네.

춘하추동 변화가 영원히 번갈아 일어나고

반달과 보름달, 그믐과 초하루는 달의 굽은 선으로 나누어지네.

높고 낮은 우주의 묘한 이치를 모두 포함하고

감괘와 이괘의 오묘한 이치도 모두 지녔네.

1년 360일이 열두 달을 이루니

큰 달 작은 달을 고르게 하고 남은 것은 윤달로 했네.

【주】

관훤점력(觀萱占曆): 원추리의 변화를 보고 달력을 삼음. 달력(月曆)이란 1년 중의 시령(時令), 곧 月, 日, 24절후(節候), 요일(曜日), 행사일 등의 사항을 날짜를 따라 기재하여 놓은 것. 캘린더. 책력(冊曆)은 천체를 측정하여 해와 달의 돌아다님과 절기를 적은 책(曆書).

당우(唐虞): 도당씨(陶唐氏)와 유우씨(有虞氏). 唐은 요(堯)임금, 우(虞)는 순(舜)임금. 『논어 · 태백(論語 · 泰伯)』에 "당우 이후로는 주(周)에 인재들이 가장 많았다(唐虞之際, 於斯爲盛)."

창시(創始): 처음으로 시작됨. 창개(創開: 처음 시작함).

헌황(軒皇): 황제(黃帝) 헌원씨(軒轅氏). 중국 전설상의 帝王임. 복희씨(伏羲氏), 신농씨(神農氏)와 더불어 三皇이라 일컬어짐. B.C. 2700년경 天下를 統一하여 文字, 수레, 배(舟) 등을 만들고, 도량형(度量衡), 역법(曆法), 음악, 잠업(蠶業) 등 많은 文物과 제도를 확립하여, 인류에게 文化生活을 가져다 준 최초의 제왕으로 숭앙되었음.

정호(鼎湖): 황제(黃帝)가 큰 솥을 완성하고 용을 타고 하늘로 올라갔다는 곳. 정호(鼎湖) 앞의 化자는 죽을 화(死也)자로 황제가 죽다의 뜻. 『맹자 · 공손축하(孟子 · 公孫丑下)』에 "또 죽은 시체가 변화해 버릴 때까지는 흙이 살에 닿지 않게 하는 것(且比化者, 無使土親膚)."

상체(相遞): 서로 번갈아 일어남. 遞는 갈아들 체(迭也)자로 교체하다.

현망(弦望): 반달과 보름달. 이릉(李陵)의 시 「여소무(與蘇武)」에 "安知非日月, 弦望自有時)."

회삭(晦朔): 그믐과 초하루.

분호(分弧): 굽은 선으로 나눔.

도포(都包): 모두 포함함. 都는 모두 도(全也)자로 전부, 아주. 두보(杜甫)의 시 「희우(喜雨)」에 "農事都已休."

고비(高庳): 높음과 낮음. 귀함과 천함. 비(庳)는 낮을 비(下也)자로 비(卑)와 통용됨.

현황리(玄黃理): 하늘과 땅의 이치.

비재(備載): 모두 다 지니고 있음. 備는 다 비(盡也)자로서 모조리, 모두. 『예기 · 월령(禮記 · 月令)』에 "農事備收." 載는 지닐 재(携也)자로 휴대하다, 가지고 있다.

감리(坎離): 『역경(易經)』에서 말하는 감괘(坎卦)와 이괘(離卦). 우주 만물이 운행하는 모든 이치를 상징한다. 감괘는 물, 달, 악인, 북방, 굳은 마음 등을 상징하고, 이괘(離卦)는 팔괘의 하나로 볼 때는 불을 상징하고, 불 또는 해이므로 중첩된 광명이라 한다.

〈감상〉

中國 古代 三皇五帝 때에는 오늘날과 같이 편리하게 사용하는 달력이 없어서 식물(植物)의 잎과 꽃이 피고 지며 열매가 열고 익고 떨어지는 것을 달력으로 삼았는데 여기선 원추리의 변화를 보고 달력을 대신했다고 하였다.

우리의 古時調에도 이와 비슷한 시조가 전한다(作者 未詳).

山中에 冊曆 업서 節 가는 줄 모ᄅᆞ노라.
곳 피면 봄이요 닙 지면 가을이라.
ᄋᆞ희들 헌 옷 ᄎᆞᄌᆞ면 겨울인가 ᄒᆞ노라.

—『古今歌曲』—

산중에 책력이 없어서 계절이 바뀌는 것을 모르겠다.
꽃이 만발하면 봄이고, 잎이 떨어지면 가을이다.
아이들이 춥다고 헌 옷을 찾으면 겨울이구나.

원추리(Hemerccallis aurantiaca)는 무릇난과에 속하는 다년초로 잎은 근생하여 총생(叢生)하며 길고, 상부에서 아래로 꺾이기도 하며, 끝이 뾰족함. 여름에 꽃줄기가 5~6cm로 우뚝 나와 백합과 비슷한 황적색에 자혹점이 있는 꽃이 핌. 산지에 나는데 개량종이 많고, 한국 · 일본 · 대만 · 중국에 분포함. 어린 잎과 꽃은 식용으로 함. 忘憂草. 훤채(萱菜).

위의 시는 이 원추리의 생장 변화를 보고 시절을 알게 되어 곧 달력으로 삼았다는 내용이다.

195. 정월 대보름날 밤의 달(上元月)

간월하사의소루	看月何事依小樓
심신비월광한두.	心身飛越廣寒頭.
광수팔역인개앙	光垂八域人皆仰
영입천강수공류.	影入千江水共流.
광고시선증기문	曠古詩仙曾幾問
장생약토미응수.	長生藥兎未應愁.
원륜자중금소출	圓輪自重今宵出
벽락운제확이수.	碧落雲霽廓已收.

달구경을 무엇 때문에 작은 누각에서 해야만 하는가?
몸과 마음을 광한궁 위쪽으로 날려 보내세.
달빛이 온 나라에 비쳐들면 사람들이 바라볼 것이니
달그림자 모든 강물 속에 들어가 물과 함께 흐르리.
먼 옛날 이태백은 이전에 몇 번이나 말했던가?
달 속에서 약방아 찧는 옥토끼와 시름 함께 나누자고.
둥근 달이 오늘밤에 높이 떠오르니
검은 구름 모두 깨끗이 걷혀 푸르기만 하여라.

【주】

상원(上元): 음력 正月 보름. 대보름날. 조당(曹唐)의 시 「소유선(小遊仙詩)」에 "上元元日, 豁明堂五帝."

간월(看月): 달을 구경(鑑賞)함.

하사(何事): 무슨 일. 어떠한 일. 무엇 때문에.

비월(飛越): 날려 보냄.

광한두(廣寒頭): 광한전 위쪽. 廣寒은 광한전(廣寒殿: 廣寒宮. 달 속에 있다는 궁전). 頭는 머리 두(首也)자로서 윗부분, 위쪽, 꼭대기.

광수팔역(光垂八域): 달빛이 우리나라에 비쳐 듦. 域은 나라 역(邦國). 팔역(八域)은 여덟 개의 지역. 곧 팔도강산.

인개앙(人皆仰): 사람들이 모두 바라봄(우러러 봄).

영입천강(影入千江): 달그림자가 모든 강물 속에 들어감.

광고(曠古): 먼 옛날. 『양서 31 · 원앙전(梁書 31 · 袁昂傳)』에 "臣之所荷, 曠古不書".

시선(詩仙): 詩才가 뛰어나 신선과 비슷한 품격이 있는 사람. 여기선 盛唐 때의 시인 이백(李白: 701~762)을 가리킴. 杜甫(712~770)는 詩聖이라 함. 백거이(白居易)의 시에 "詩仙歸洞裏, 酒病滯人間".

증기문(曾幾問): 이전에 몇 번이나 말했나? 問은 알릴 문(告也)자로 말하다. 『전국책 · 제 3(全國策 · 齊 3)』에 "或以問孟嘗君." 曾은 일찍이 증(嘗經)자로 이전에.

장생약토(長生藥兎): 달 속에서 長生不死의 약을 찧는 옥토끼.

원륜(圓輪): 둥근 달. 보름달.

금소출(今宵出): 오늘 밤에 높이 뜸.

벽락(碧落): 하늘. 푸른 하늘. 허혼(許渾)의 시에 "青山有雪松當澗 碧落無雲鶴生籠".

운제(雲霽): 구름이 걷힘.

확이수(廓已收): 이미 깨끗이 걷힘.

〈감상〉

이왕 달구경을 하려거든 야트막한 누각에서 하지 말고 몸과 마음을 하늘나라 광한궁 위쪽으로 날려 보냄이 어떠한가? 달빛이 온 세상에 비치면 세상 모든 사람들이 바라볼 것이며, 달그림자도 강물 속으로 따라 들어가 물과 함께 흐를 것이 아닌가?

강이 천 개가 있다면 그 강에 비친 달그림자도 천 개일 것이며, 하늘이 만 리 밖에까지 뻗어 있다면 만 리 밖 하늘에도 달은 다 있을 것이다. 그 옛날 이태백은 달 속의 옥토끼와 시름을 함께 나누자고 그 몇 번을 다짐했던가! 마침 둥근 달이 두둥실 높이 떠오르니 검은 구름 모두 걷혀 푸른 하늘 보여주니 얼마나 아름다운가!

196. 문(門)

십자상련구자횡	十字相連口字橫
간간잔도협여파.	間間棧道峽如巴.
인옹순숙저수인	隣翁順熟低首人
치자난개거수파.	稚子難開擧手爬.

열십자가 가로 질러서 입 구자가 나란한데

그 사이사이에 좁은 길이 험한 파촉(巴蜀) 같구나.

이웃 노인은 문틀에 익숙해서 머리를 숙여 들어오고

어린 아이는 열지 못해서 두 손으로 긁어대도다.

【주】

잔도(棧道): 험한 산의 낭떠러지 사이에 사다리처럼 건너지른 다리. 『전국책(戰國策)』에 "棧道千里通於蜀漢." 『사기(史記) · 유후야가(留侯也家)』에 "說漢王號絶棧道."

치자(稚子): 어린아이. 두보(杜甫)의 시 「강촌(江村)」에 "稚子敲針作釣鉤."

〈감상〉

전구(轉句)의 "머리를 숙여 들어온다"고 함은 가난한 사람들이 짓고 사는 집이 겨우 비바람이나 피하는 아주 하찮은 작은 초막(草幕)이어서 방에 드나드는 문도 낮고 작게 만들었다. 그래서 방에 들어가고 나올 때는 머리를 숙일 수밖에 없음을 이해해야 한다.

士有親在堂　선비로서 어버이께서 집에 계시지만
甘旨貧不具.　맛있는 음식을 못해 드리니 가난이 원수로다.
微禽亦感人　미물인 날짐승도 어미를 먹여 살리는데
淚落林烏哺.　숲속의 까마귀를 보면 눈물이 난다.

이 시는 조선 광해군~현종 代의 문신(文臣) 박장원(朴長遠)의 작품으로 그의 「반포오(反哺烏)」(어미의 은혜를 갚는 까마귀)라는 시이다. 명색이 선비가 되어 양친이 생존해 계시는데도 맛있는 고기반찬을 못해 드리는 형편이니 가난이 한이다. 미물인 까마귀도 어미의 은혜를 잊지 않고 커서 어미에게 먹을 것을 물어다가 제 어미를 먹여 살리지 않는가? 저 숲속의 까마귀를 바라보노라면 눈물이 나서 견딜 수 없다.

사람들은 흔히 어떤 사람이 사람답지 못한 행동을 했을 때 "개 같은 놈", 혹은 "개만도 못한 년"이라고 욕을 하면서 공연히 죄 없는 개에게 비유한다. 이 책 199번 시에서 '오수(獒樹)'에 관한 기록을 읽어보자. 과연 개를 그렇게 나쁜 쪽으로만 보아도 되겠는지.

김삿갓은 종래의 시인들과는 달리 우리 생활의 모든 것들을 시의 소재로 삼았다. 곧, 김삿갓은 일상적인 소재를 개발하고 확대하여 서민들의 호응을 받았다. 종래 사대부 시인들의 소재였던 용(龍)·호(虎)·봉황(鳳凰) 등이 아닌 닭(鷄)·개(犬)·고양이(猫)·개구리(蛙)·이(虱)·벼룩(蚤) 등 우리 신변의 모든 동물이나 곤충이 시의 소재가 되었다.

197. 새(鳥)

문이창전조	問爾窓前鳥
하산숙조래.	何山宿早來.
응식산중사	應識山中事
두견화발야.	杜鵑花發耶.

창 앞에 와서 우는 새야
어느 산에서 자고 일찍 왔느냐?
응당 산 소식을 네가 알 테니
진달래꽃이 피었더냐?

〈감상〉

시의 내용과 모티브가 이 시와 아주 흡사한 작품이 있어 소개한다. 작가는 조선시대 박종언(朴宗彦)의 딸 죽서박씨(竹西朴氏)로서 10세 때의 작품이라고 한다.

牕外彼啼鳥	창 밖에서 우는 저 새야
何山宿便來.	간밤엔 어느 산에서 자고 왔느냐?
應識山中事	산중 일을 네가 응당 잘 알 터이니
杜鵑開未開.	진달래꽃이 하마 피었더냐? 아직 아니 피었더냐?

198. 제비(燕子)

일임동풍연자사	一任東風燕子斜
당리수하방군가.	棠梨樹下訪君家.
군가춘진비장거	君家春盡飛將去
유대당수후세화.	留待棠樹後歲花.

불어오는 동풍에 제 몸을 맡겨 제비가 날아들어
팔배나무 아래로 그대 집을 찾아왔구나.
이 봄 가면 그대 또한 멀리멀리 날아갔다가
팔배나무 꽃이 피는 내년 봄을 기다리겠지.

【주】

일임(一任): 전적으로 맡김. 절대로 내버려 둠. 유종원(柳宗元)의 시에 "一任凌空錫杖飛."『당시(唐詩)』에 "一任曲貼貨賣."

연자(燕子): 제비(玄鳥, 燕兒).

당리수하(棠梨樹下): 팔배나무 아래.

〈감상〉

빨랫줄에 앉아 "지지배배, 봄이 되어 내가 왔다"는 제비의 지저귐을 듣고 지은 시이다. 제비는 3월 삼짇날 이 땅에 왔다가 9월 9일 따뜻한 강남지방으로 가 겨울을 보낸다.

봄에 날아온 제비가 사람을 향하여 어떤 시비를 말하는 것같이 느껴져 미워한다는 내용의 시가 있다. 이식(李植)의 「새로 돌아온 제비(新燕)」가 그러하다.

萬事悠悠一笑揮　만사는 유유히 한 바탕 웃음으로 헤쳐 버리고
草堂春雨掩松扉.　초당에 비 내리니 솔가지 사립을 닫았네.
生憎簾外新歸燕　내가 발 밖의 새로 온 제비를 미워하는 것은
似向閑人說是非.　나를 향하여 시비 걸어 말하기 때문일세.

199. 개(犬)

품성충어주궤인　稟性忠於主饋人
호래척거임기신.　呼來斥去任其身.
도전요미편몽애　跳前搖尾偏蒙愛
퇴후중두각피진.　退後重頭却被嗔.
직찰간투사수고　職察奸偸司守固
명전의총송성빈.　名傳義塚頌聲頻.
포훈자고시유개　褒勳自古施惟蓋
반괴무력시위신.　反愧無力尸位臣.

품성이 충직하여 주인에게 궤인까지 하며 섬기고

부르면 오고 물리치면 가며 제 몸을 그 주인에게 맡기도다.

앞에 서서 뛰고 꼬리를 흔들며 주인의 사랑을 독차지하다가도

꾸지람을 들을 때면 물러나서 다소곳이 머리를 숙이는구나.

너의 직책은 간사한 도둑을 살피어 집을 굳게 지키다가

때로는 주인 없는 무덤을 알려 칭찬도 많이 받도다.

자고로 공훈을 표창할 때는 영혼을 받들어서 사당에 모시는데

일은 않고 자리만 지키는 신하들 개에게 얼마나 부끄러울까?

【주】

궤(饋): 진지올릴 궤(進食於尊). 『周禮』에 "膳大掌王之饋." 궤인(饋人)은 군왕의 식선(食膳)을 다스리는 사람. 독(毒)의 유무를 먼저 맛 본 후에 군왕에게 드리는데, 궤인은 그것을 개에게 먹여 시험해 본다.

호래척거(呼來斥去): 부르면 오고 물리치면 가다.

도전요미(挑前搖尾): 앞에 서서 뛰고 꼬리를 흔들다.

중(重): 거듭하다.

피진(被嗔): 꾸지람을 입다(당하다). 꾸지람을 듣다.

의총(義塚): 주인 없는 무덤. 흔히 개가 죽은 사람의 머리나 발을 물고 오는 일이 있는데, 이것을 묻은 것을 의총이라고 함.

시위(尸位): 시위소찬(尸位素餐)의 준말. 직책을 다하지 못하면서 한갓 자리만 차지하고 녹(祿)만 받는 일.

〈감상〉

이 시와는 관계가 없으나 충견(忠犬)에 관한 이야기에 오수가 있다.

※ 오수(獒樹): 전라선(全羅線) 열차를 타고 가다 보면 임실(任實)과 남원(南原) 사이에 오수역(獒樹驛)이 있고(全羅北道 任實郡 獒樹面 獒樹里) 오수원(獒樹園) 동산이 있는데 여기에 세워진(1955. 4. 8) 「오수고

적기실비(獒樹古蹟紀實碑)」의 비문은 다음과 같다(필자가 2000년 4月 9日 직접 답사함).

거금(距今) 약 천여 년 전에 거령현(巨寧縣) 오늘의 지사면 영천리에 김개인(金蓋仁)이라는 분이 살고 있었는데, 한 마리의 개를 기르고 있었다. 개인(蓋仁)은 개를 지극히 사랑하였으며 개도 또한 무한히 주인을 따르고 언제나 그림자처럼 신변(身邊)을 떠나지 않았다.

어느 해 이른 봄에 오수(獒樹)에서 대취(大醉)한 개인은 귀로도중(歸路途中) 잔디밭에 쓰러져 그만 깊이 잠이 들었다. 때마침 부근에서 일어난 야화(野火)는 맹렬(猛烈)한 힘으로 전후불각(前後不覺)의 개인 신변(蓋仁身邊) 가까이 타오르고 있었다. 그 날도 주인의 옆을 떠나지 않고 따르던 개는 주인의 생명이 위태(危殆)로움을 깨닫자 근처에 흐르는 개울에 뛰어들어 물에 몸을 적시어 주인이 누워 있는 주변의 연소처(燃燒處)에 구르기 시작하였다. 맹화(猛火)의 불길에도 불굴(不屈)하고 이렇게 하길 수십 번 겨우 주인의 생명을 구출한 개는 기진맥진(氣盡脈盡)하여 그 자리에 쓰러져 버리고 말았다. 얼마 후 잠이 깨인 개인은 몸을 바쳐 자기를 구해준 애견(愛犬)의 사체(死體)를 후(厚)히 묻은 후 가졌던 지팡이를 무덤 위에 꽂아 주었다. 얼마 후 지팡이에서 싹이 트기 시작하더니 점점(漸漸) 자라서 하늘을 찌를 듯한 거목(巨木)이 되니, 그때부터 이 거목을 이름 지어 '오수(獒樹)'라 칭하고 이 고장의 이름까지 '오수(獒樹)'라 부르게 되었다 한다. 날이 가고 달이 가고 기백년(幾百年)의 세월이 흐르고 흘렀다. 무성(茂盛)했던 나무도 유한(有限)한 생명의 천칙(天則)을 어길 수 없어 고사(枯死)하고 고인(古人)이 의견(義犬)의 충성(忠誠)을 길이 기념키 위하여 건립(建立)한 비(碑)의 문자(文字)마저 헤아리기 곤란(困難)케 되었다. 그러나 거룩한 의견(義犬)의 충혼(忠魂)은 이곳 향토인(鄕土人)의 대(代)를 이어 가슴 깊이 살아 있으며 바로 그것이 이 비(碑)를 개각(改刻)하는 원동력이 된 것이다. 그리고 앞으로도 오수(獒樹)의 지명과 더불어 영구(永久)히 사라지지 않고 사회가 정화(淨化)될수록 더욱 높이 만인(萬人)의 찬양(讚揚)을 받게 될 것이다.

단기 4288년 4월 4일 건립

해주후인(海州后人) 최동춘(崔東春) 근서(謹書)

한국 의구설화(義狗說話)의 효시(嚆矢)는 최자(崔滋: 1188~1260)의 『보한집(補閑集)』에 실려 있는 「오수의구설화」이다. 이후 의구설화는 문헌에 많이 전해온다. 즉 『신증동국여지승람(新增東國輿地勝覽)』(1530)을 비롯하여 이수광(李睟光 1563~1628)의 『지봉유설(芝峯類說)(1614)』, 이유홍(李惟弘 1567~1619)의 『간정집(艮庭集)』, 유몽인(柳夢寅 1559~1623)의 『어우야담(於于野談)』(1621), 선산부사(善山府使) 안흥창(安興昌)이 1665년에 찬(撰)한 『의구전(義狗傳)』, 김약련(金若鍊 1730~1802)의 『두엄선생문집(斗奄先生文集)』, 『조선읍지(朝鮮邑誌)』, 『청구야담(靑丘野談)』, 이원명(李源命 1807~?)의 『동야휘집(東野彙集)』(1869), 『증보문헌비고(增補文獻備考)』(1908) 등에서 의구설화를 찾을 수 있고, 또한 『한국구비문학대계(韓國口碑文學大系)』에는 수십 편의 의구설화를 채집 수록하고 있다.

『보한집』(補閑集) 소재(所載) 「오수의 개」에 관한 설화는 지명유래담(地名由來談)이며, 살신구주(殺身救主)한 충견(忠犬)의 정리(情理)를 담고 있다. 여기에 원문을 소개한다.

"金蓋仁居寧縣人也 畜一狗甚怜 嘗一日出行 狗亦隨之 蓋仁醉臥道周而睡 野燒將及 狗乃濡身于傍川 來往環繞以潤著草茅 令絶火道 氣盡乃斃 盖仁旣醒 見狗迹悲惑 作歌寫哀 起墳以葬 植杖以誌之 杖成樹 因名其地爲獒樹 樂譜中有犬墳曲是也 後有人作詩云

人恥呼爲畜	사람은 짐승이라 불리는 것을 부끄러워하지만
公然負大恩.	공연히 큰 은혜 저버린다네.
主厄身不死	사람으로서 주인 위해 죽지 않으면
安足犬同論.	어찌 개와 같이 논할 수 있겠는가?

晋陽公命門客作傳記行於世 意慾使世之受恩者 知有以報也"

—이신성의 『우리 古典文學敎材의 理解』에서 인용—

한국정신문화원에서 간행한 『한국구비문학대계(韓國口碑文學大系)』에 실려 있는 의구담(義狗談)을 표로 살펴보면 다음과 같다.

의로운 개 이야기 일람표

유형	제목	채록지		채록일지	구술자	채록자
주인을 불에서 구하고 죽은 개 (滅火殺信救主型)	주인을 불에서 살리고 죽은 개	전북	부안읍	81. 7. 28	이상희	최래옥 외
	오수의 개		부안군 보안면	81. 7. 28	채규택	〃
	경주 최부자네 개 무덤		남원시 대강면	79. 7. 31.	임상모	〃
	오수의 개 무덤		전주시 동완산동	80. 1. 31.	홍귀순	〃
	개 무덤과 최부자		완주군 운주면	80. 1. 31.	이순근	〃
	익산의 개 무덤		〃	80. 2. 1.	옥련화	〃
	개 무덤	경북	경주시 현곡면	79. 2. 24.	김원락	조동일 외
	〃		경주시 외동면	79. 4. 6.	김수봉	임재해 외
	마흘리 개고개의 유래	경남	밀양시	81. 7. 30.	김동선	류종목
	주인을 위해 죽은 개	충남	당진시 당진읍	79. 8. 25.	유진선	인권환 외
첩실이 내버린 아기를 구한 개 (妾室棄兒救濟型)	사람을 살린 개	강원	양양군 양양읍	81. 9. 21.	정연옥	김선풍 외
	개무덤 다른 이야기	경북	경주시 현곡면	79. 2. 24.	임대순	조동일 외
	최부자네 개 무덤	경기	남양주시 별내면	80. 9. 21.	조의형	조희웅 외
	주인의 아들을 구한 개	경남	거제시 장목면	79. 7. 30.	양또순	류종목 외
묘막살이 한 개 (侍墓型)	묘막살이 한 忠犬	강원	강릉시	79. 10. 22.	함종태	김선풍
옛 주인 집에 와서 죽은 개 (歸巢型)	의로운 개	제주	제주시 오라동	80. 11. 19.	양구협	김영돈
주인 묏자리 점지한 개 (地官型)	名狗 무덤		〃	80. 11. 19.	〃	〃

※ 전 전북 임실읍장 박준남 제공.

200. 갈매기 시(白鷗詩)

사백구백양백백	沙白鷗白兩白白
불변백사여백구.	不辨白沙與白鷗.
어가일성홀비거	漁歌一聲忽飛去
연후사사부구구.	然後沙沙復鷗鷗.

모래도 희고 갈매기도 희고 모두 희고 또 희니
흰 모래밭에서 흰 갈매기 분별할 수 없구나.
고기잡이 노랫소리에 홀연히 날개치고 날아오르니
그제야 겨우, 모래는 모래로 갈매기는 갈매기로 구별되누나.

【주】

불변(不辨): 분별할 수 없다.
여(與): ~와(과). 접속사.
연후(然後): 그러한 뒤(에).

〈감상〉

김삿갓이 임진강에 당도하여 강변에서 쉬고 있는데, 흰 모래펄이 넓게 펼쳐져 있고, 흰 갈매기들이 앉아 놀고 있었다. 이 시는 흰 갈매기와 흰 모래를 구별할 수 없음을 읊었다.

조선 중종 때의 시인 임억령(林億齡)이 읊은 「해오라기(鷺)」라는 시를 소개한다.

人方憑水檻	사람은 누각 난간에 기대어 섰고
鷺亦入沙灘.	해오라기는 또한 모래 위로 날아드누나.

白髮雖相似	머리가 하얀 것은 비록 서로 비슷하지만
吾閒鷺未閒.	나는 한가한데 너는 한가하질 못하구나.

201. 닭(鷄) ①

천주사신독천웅	擅主司晨獨擅雄
강관창거발어최.	絳冠蒼距拔於蕞.
빈경옥토선장백	頻驚玉兎旋藏白
매욱금오즉방홍.	每噢金烏卽防紅.
욕투노진동섬화	欲鬪怒嗔瞳閃火
장명분고시생풍.	將鳴奮鼓翅生風.
명고오덕표어세	名高五德標於世
형대도도향철공.	逈代桃都響徹空.

새벽을 독차지하여 주관함은 오로지 수탉에게 달렸으니
짙붉은 벼슬과 푸른 발톱이 이목구비보다 유달리 빼어나도다.
달이 기울어 흰 달빛이 스러지면 자주 놀라고
태양이 붉은 햇살을 비추려 하면 매양 슬퍼하도다.
싸우고자 눈을 부릅뜨고 성내면 두 눈동자에 불빛이 번쩍이고
목청을 빼어 울려고 홰를 치면 날개에서 바람이 일어난다.
너는 오덕으로 이름을 떨치니 세상에 지표(指標)가 되고
먼 옛날 무릉도원에서 너의 울음소리 하늘을 울렸으리.

【주】

천(擅): 오로지 하다. 독차지하다. 마음대로 하다.

주사(主司): 주관하다. 맡아보다.

강관(絳冠): 絳은 짙은 적색, 冠은 닭의 볏. 絳冠은 닭의 짙붉은 볏.

창거(蒼距): 푸른 발톱(鷄距).

최(蕞): 작다.

빈경(頻驚): 자주 놀라다.

옥토(玉兎): 月의 별칭. 달 속에 토끼가 있다고 하는 전설에서 온 말. 「傅咸擬天問」에 "月中何有玉兎搗藥."

매욱(每噢): 매양 슬퍼하다.

금오(金烏): 태양(太陽)의 딴 이름. 태양 속에 발 세 개가 있는 까마귀가 있다는 전설에 의함. 韓琮의 시에 "金烏張飛玉兎走."

욕투노진(欲鬪怒瞋): 싸우고자 눈을 부릅뜨고 성내다.

동(瞳): 눈동자.

섬화(閃火): 번쩍이는 불빛.

장(將): 또 장(且也). 『詩經』에 "將安以成名乎."

시생풍(翅生風): 날개에서 바람이 일다.

오덕(五德): ① 붉은 벼슬은 문관의 기상이 있다. ② 날카로운 발톱은 무관(武官)의 위엄이 있다. ③ 싸움에 용감하다. ④ 모이를 보면 서로 불러서 함께 먹으니 인자하다. ⑤ 밤중에 시각을 잊지 않으니 신의(信義)가 있다. (전한(前漢) 때 연인(燕人) 한영(韓嬰)이 찬(撰)한 『한시외전(韓詩外傳)』에서)

형대(逈代): 먼 옛날.

도도(桃都): 무릉도원(武陵桃源).

202. 닭(鷄) ②

박익천시회두우　　搏翼天時回斗牛
양시물성이사구.　　養塒物性異沙鷗.
이명추야하산월　　爾鳴秋夜何山月
옥장한루영초후.　　玉帳寒淚營楚猴.

두 날개를 치니 천시(天時)는 두우성(斗牛星)을 돌이키고
홰에서 자란 너는 물성(物性)이 갈매기완 다르구나.
너는 가을밤 어느 산 달 아래에서 울어
아름다운 휘장 속의 항우로 하여금 눈물 흘리게 했는가?

【주】

박익(搏翼): 날개를 치다. 날개를 두드리다.

천시(天時): 주야, 계절, 한서(寒暑) 등과 같이 때를 따라서 돌아가는 자연의 현상.

두우(斗牛): 북두성과 견무성.

양시(養塒): 홰에서 자라다.

옥장(玉帳): 옥을 새긴 휘장. 아름다운 커튼. 진(秦)나라 왕가(王嘉)가 찬(撰)한 『拾遺記』에 "西王母見天子玉帳高會."

초후(楚猴): 초패왕 항우를 가리킴.

〈감상〉

새벽에 닭이 우는 모습을 사면초가(四面楚歌)와 연관 지어 읊은 시이다. 초패왕(楚霸王) 항우(項羽)가 해하(垓下)에서 한(漢)나라 군사에게 포위되었을 때 사방에서 초(楚)나라의 노래가 들렸다. 『사기(史記)』에

한(漢)나라 고조(高祖)의 군사가 항우가 있는 해하(垓下)를 포위할새, 밤중에 한군(漢軍)의 진지에서 모두 초나라 노래가 들려오는지라, 항우가 놀래어 한 나라가 벌써 초나라를 다 점령한 것이 아닌가 하고, 일어나 술을 마시며, "力拔山兮氣蓋世 時不利兮騅不逝 騅不逝兮奈何 虞兮虞兮奈若何"라는 비분강개한 노래를 부르니('騅'는 항우의 말 이름), 그의 애첩인 우미인이 "漢兵已略地 四面楚歌聲 大王意氣盡 賤妾何聊生"이라는 노래로 답했다. 이리하여 항우가 멸하니, 우미인 또한 스스로 목을 찔러 죽었는데, 그 무덤 위에 난 풀을 '우미인초(虞美人草)'라 하였다.

증자고(曾子固)의 시에 "鴻門玉斗紛如雪 十萬降兵夜血流. 咸陽宮殿三月紅 霸業已隨煙燼滅. … 中略 … 玉帳佳人坐中老 香魂夜逐劍光飛."

203. 매(鷹)

만리천여지척간	萬里天如咫尺間
아종모암우자산.	俄從某巖又玆山.
평림박토하웅장	平林博兎何雄壯
야사관공출오관.	也似關公出五關.

만 리의 멀고 먼 하늘을 지척 사이와 같이 날아와
잠깐 사이에 저 바위 구멍에서 또 이 산으로 날아드네.
평평한 숲속에서 토끼를 잡았으니 그 얼마나 대견하냐
마치 관우가 오관을 나서는 기세 같도다.

【주】

지척(咫尺): 매우 가까운 거리. 주제(周制)에서 지(咫)는 八寸, 尺은 10寸을 일컬음. 『좌전(左傳)』에 "天威不遠顔咫尺."

아(俄): 잠깐 아(須臾).

자(玆): 이 자(此).

관공(關公): 중국 삼국 시대 촉한(蜀漢)의 무장(武將) 관우(關羽)를 가리킴.

〈감상〉

사냥꾼으로부터 꿩 두 마리를 얻고 매를 찬양한 시이다. 빠르고 날쌘 매를 중국 삼국시대 촉한의 명장이었던 관우에 비유하여 읊은 시이다. 관우의 자(字)는 운장(雲長), 장비(張飛)와 함께 유비(劉備)를 도와 그 용맹이 위(魏)와 오(吳)를 떨게 하였으나, 뒤에 오나라 손권(孫權)이 그의 신하 여몽(呂蒙)을 시켜 형주(荊州)를 치게 하였을 때, 그 아들 평(平)과 함께 죽었다.

204. 늙은 소(老牛)

수골능릉만독모	瘦骨棱棱滿禿毛
방수노마양분조.	傍隨老馬兩分槽.
역거황야전공원	役車荒野前功遠
목견청산구몽고.	牧堅青山舊夢高.
건우상소한와포	健耦常疏閑臥圃
고편장열권등고.	苦鞭長閱倦登皐.
가련명월심심야	可憐明月深深夜
회억평생만적로.	回憶平生謾積勞.

여윈 골격은 엉성하고 모지라진 솜털이 초라한데
곁에 있는 늙은 말과 한 구유의 죽을 먹어 왔도다.
짐 실은 수레를 황야에서 끌던 지난날의 공이 아득하고
청산에서 목동 따라 풀 뜯어 먹던 옛날의 꿈은 아직도 새롭도다.
힘든 쟁기질도 늘 하기가 어려워 채소밭에 한가히 누워 지내고
괴로운 채찍에 오래 시달리나 언덕길엔 쉬 피로하다.
아 가엾도다! 달은 밝고 깊고 깊은 밤중에
긴 세월 쌓은 헛된 공로 쓸쓸히 돌이켜 옛날을 생각한다.

【주】

수골(瘦骨): 여윈 골격.
능릉(棱棱): 모질고 모질다.
독(禿): 모지라질 독(無髮).
방(傍): 곁방(竝通側也).
조(槽): 말구유통 조(馬槽溜器)
역거(役車): 수레를 끌다.
전공원(前功遠): 전일(前日)의 공로 멀다(아득하다, 희미하다).
상(常): 오랠 상(久也).
건우(健耦): 힘 드는 쟁기질.
와포(臥圃): 채소밭에 눕다.
고편(苦鞭): 괴로운 채찍.
장열(長閱): 오래 겪다. 閱은 겪을 열(歷),
회억(回憶): 옛일을 돌이켜 생각한다(회상).

〈감상〉

한평생 죽을힘을 다해서 주인에게 봉사한 늙은 소가 말을 할 수 있다면 어떤 말을 할까? 혈기왕성했던 젊은 시절엔 무거운 수레도 끌었고,

힘든 쟁기질도 겁내지 않았으나 소도 이젠 늙은 몸 그 옛날을 회상하면서 편안히 쉬고 싶으리라.

205. 고양이(猫) ①

삼백군중수이재	三百群中秀爾才
사래사거불비애.	乍來乍去不飛埃.
행시견호잠장적	行時見虎暫藏跡
주처봉방매타시.	走處逢狵每打顋.
엽서주가수득예	獵鼠主家雖得譽
착계인리기무시.	捉鷄隣里豈無猜.
남가북항제귀로	南街北巷啼歸路
능겁천촌야곡해.	能怯千村夜哭孩.

삼백 가지 동물 가운데 네 재주가 빼어나서
얼핏 왔다가 얼핏 가도 티끌도 일어나지 않는다.
가다가 범을 보면 눈 깜짝할 새 제 몸을 감추고
달려가다가 삽살개를 만나면 매양 볼때기를 치는구나.
쥐를 잡으면 주인집에서 비록 잘 했노라고 칭찬을 받다가도
닭을 잡으니 이웃 동네 사람들이 어찌 미워하지 않겠는가?
남쪽 거리, 북쪽 마을로 울고 돌아다녀서
밤에 우는 모든 마을의 아이들 놀라게 하는구나.

【주】

사래사거(乍來乍去): 얼핏 왔다가 얼핏 가다. 乍는 얼핏 사(猝也), 잠깐 사.
애(埃): 티끌 애(塵也).
잠장적(暫藏跡): 갑자기 자취를 감추다.
방(狵): 삽살개 방(犬多毛).
시(䁤): 빰 시, 볼 시(頰也).
엽서(獵鼠): 쥐를 사냥하다, 쥐를 잡다.
착계(捉鷄): 닭을 잡다.

〈감상〉

전반부에서는 고양이의 날렵하고 귀여운 행동을 칭찬하다가, 후반부에서는 주인이 아끼는 닭을 잡고 밤중에는 남북 마을을 울며 다녀서 아이들을 놀라게 하는 고양이를 행태를 나무라는 내용의 시이다. 현대 문학에서 고양이를 소재로 한 작품은 미국의 소설가 포우(Poe)가 지은 『검은 고양이(Black Cat)』(1834)라는 단편소설이 있는데, 인간의 병적 심리를 상징화한 괴기 소설(怪奇小說)이다. 그의 작품 『황금충(黃金蟲)』과 함께 세기말(世紀末) 문단에 많은 영향을 끼쳤다.

206. 고양이(猫) ②

세칭호희색하현	世稱虎犧色何玄
사채금정시필원.	射彩金精視必圓.
형찰양단추축지	逈察兩端趨縮地
고청난설세등천.	高聽亂齧勢騰天.
흘위능사안번내	吃威能使安藩內

부괵감관농곤전.　　俘馘堪觀弄困前.
전사추등응무해　　田舍秋登應無害
증몽예전세삼천.　　曾蒙禮典歲三千.

세상에서 고양이는 범에게 희생된다는데 색깔은 왜 검을까?
밝은 달빛처럼 쏘아보는 그 눈빛은 반드시 정원을 살핀다.
멀리 두루 살피다가 쥐를 보면 축지법을 쓰듯 달려가고
무엇을 깨무는 쥐 소리만 멀리 들려도 날쌔게 밟고 달려가네.
'아옹' 하고 위엄을 부리면 쥐 없어져서 울타리 안이 편안하고
사로잡은 쥐를 어지럽게 앞에서 놀릴 땐 매우 볼 만하다.
농가에선 추수할 때에도 쥐로 인한 피해 전혀 없으니
일찍이 고양이에 관한 칭송은 책에 전한 지도 오래로구나.

【주】

희(犧): 희생 희.
채(彩): 빛날 채(光也).
형(逈): 형(迥)과 같음. 멀 형(遠也).
양단(兩端): 두 끝.
추축지(趨縮地): 축지법을 쓰듯이 달려가다.
고(高): 멀 고(遠也).
등천(騰天): 등천(騰踐: 밟고 넘어가다)의 오기.
설(齧): 깨물 설, 씹을 설(噬也).
부(俘): 사로잡을 부.
괵(馘): 목벨 괵.

〈감상〉

날렵한 고양이의 모습을 사실적으로 그려냈다. 쏘아보는 눈빛은 정원을 살피고, 쥐를 발견하면 축지법을 쓰듯이 달려가고, 사로잡은 쥐는 그냥 먹지 않고 놀려대기까지 한다. 농가의 추수 때엔 쥐로 인한 피해가 없어 고양이는 사람들의 칭송이 자자하다.

207. 고양이(猫) ③

승야횡행노북남	乘夜橫行路北南
중어호리걸위삼.	中於狐狸傑爲三.
모분흑백혼성수	毛分黑白渾成繡
목협청황반염람.	目挾青黃半染藍.
귀객상전투미찬	貴客床前偷美饌
노인회리방온삼.	老人懷裡傍溫衫.
나변작서능교만	那邊雀鼠能驕慢
출렵웅성약대담.	出獵雄聲若大談.

밤을 이용하여 남북의 길을 제멋대로 횡행하니

너는 여우와 살쾡이와 더불어 삼걸(三傑)이 되었구나.

검정 털 흰 털로 고운 무늬를 섞어 수를 놓고

눈은 누런 자위에 푸른 동자가 끼었으니 반은 남색일세.

귀한 손님 밥상에서 맛있는 반찬을 날름 훔쳐 먹고

노인의 품속에 안겨서 따뜻한 옷에 의지하여 꿈을 꾸도다.

어디에서 새새끼 쥐새끼가 감히 교만을 떠느냐?
사냥 나가는 우렁찬 큰 소리가 호령과 같도다.

【주】
승야(乘夜): 밤을 타다. 밤을 이용하다.
횡행(橫行): 제멋대로 행동함.
호리(狐狸): 여우와 삵.
걸위삼(傑爲三): 삼걸이 되었다.
투미찬(偸美饌): 맛있는 반찬을 훔치다.
방(傍): 의지할 방(倚也).
나변(那邊): 어느 곳. 어디(何處).
출렵(出獵): 사냥을 나가다.
웅성(雄聲): 웅장한 소리. 우렁찬 소리.
약(若): 같을 약.

〈감상〉
김삿갓 시의 특징은 예민한 관찰과 기발한 착상을 통하여 표현해 내는 필치의 미묘함에 있다. 이 시 역시 고양이를 잘 관찰한 후 그 생김새와 습성을 여실히 표현했다. "맛있는 반찬을 날름 훔쳐 먹는다", "노인의 품속에서 따뜻하게 잔다" 등 고양이의 행동거지를 사실적으로 그려냈다.

208. 벼룩(蚤)

모사조인용절륜　　貌似棗仁勇絶倫
반풍위우갈위린.　　半風爲友蝎爲隣.

조종석극장신밀　　朝從席隙藏身密
모향금중범각친.　　暮向衾中犯脚親.
첨취작시심동색　　尖嘴嚼時心動索
적신약처몽경빈.　　赤身躍處夢驚頻.
평명점검기부상　　平明點檢肌膚上
잉득도화만편춘.　　剩得桃花萬片春.

모양은 대추씨와 같은 놈이 용맹은 투철하게 뛰어나고
바람 풍자의 절반인 이와는 벗이 되며 빈대와는 이웃 간이 된다.
아침엔 자리 틈에 들어가서 몸을 숨겼다가
저녁에는 이불 속으로 침범하여 다리를 물어뜯는구나.
뾰족한 주둥이로 따끔따끔 물어 깜짝 놀라 참지 못해 찾게 하고
붉은 몸뚱이 두루 다니니 꿈속에서도 자주 놀라더라.
날이 훤하게 밝을 녘에 가려운 피부 위를 살펴보니
복숭아꽃 만발한 봄 경치처럼 울긋불긋 점이 생겼네.

【주】

모사(貌似): 모양은 ~와 같다(흡사하다).

조인(棗仁): 棗는 대추 조, 仁은 열매씨 인(果核中實也). 棗仁은 대추씨.

절륜(絶倫): 투철하게 뛰어남(絶等).

반풍(半風): 이(虱).

갈(蝎): 빈대 갈(螯蟲).

친(親): 가까이 하다. 여기선 벼룩이 붙는다는 의미임.

첨취(尖嘴): 뾰족한 부리. 尖은 뾰족할 첨, 날카로울 첨. 杜詩에 "萬點蜀山尖."

작(嚼): 씹을 작.
색(索): 찾을 색.

〈감상〉

모양은 대추씨 같으며 바람 풍(風)자의 반(虱)을 이루었다는 벼룩의 모양을 묘사하고, 아침엔 자리 틈에 몸을 숨겼다가 저녁엔 침범하여 물어뜯는다고 벼룩의 습성을 말하고, 날이 밝아 물렸던 피부를 살펴보니 복숭아꽃이 만발한 것처럼 보인다고 벼룩에게 물린 모습을 익살스럽게 표현했다.

209. 이(虱)

기이전혈포이제	飢而吮血飽而擠
삼백곤충최하재.	三百昆蟲最下才.
원객회중수오일	遠客懷中愁午日
궁인복상청신뢰.	窮人腹上聽晨雷.
형수사맥난위국	形雖似麥難爲麯
자불성풍미락매.	字不成風未落梅.
문이능침선골부	問爾能侵仙骨否
마고소수좌천태.	麻姑搔首坐天台.

굶주리면 피를 빨고 배부르면 물러나니

삼백 가지 곤충 가운데에서도 가장 하등의 벌레로다.

먼 길 가는 나그네 품속에서 낮이면 잡힐까 근심하고

가난한 사람 배 위에서 새벽에 우렛소리를 듣는구나.

그 모습은 비록 보리같이 생겼으나 누룩 되기는 어렵고

글자는 바람 풍(風)자를 못 이루어 매화꽃을 떨어뜨리지 못 하겠네.

네게 묻노니 능히 신선의 뺏속에 숨어 천태산까지 갈 수 있느냐?

마고 할머니가 가려운 머리를 득득 긁으며 천태산에 앉았구나.

【주】

기이전혈(飢而吮血): 굶주리면 피를 빨다.

제(擠): 물리치다(排), 밀치다(推).

하재(下才): 가장 낮은 바탕. 가장 최하의.

궁인(窮人): 궁한 사람. 가난한 사람.

난위국(難爲麯): 누룩 되기가 어렵다.

소수(搔首): 머리를 긁다.

마고(麻姑): 선녀 이름. 손톱이 길어 새의 발톱과 비슷하며 이것으로 가려운 곳을 긁으면 잘 낫는다 하여, 뜻대로 되는 것을 가리키기도 함(갈홍(葛洪)의 『신선전(神仙傳)』).

〈감상〉

새벽이면 가난뱅이 배 위에서 우렛소리를 듣고, 생김새는 보리같이 생겼으나 누룩(술 만드는 재료) 되기는 어렵고, 글자는 바람 풍(風)자를 못 이루었다(虱)고 재미있게 비유했다.

210. 개구리(蛙)

초리봉사한불비	草裡逢蛇恨不飛
택중모우원무사.	澤中冒雨怨無簑.
약사세인교겸구	若使世人敎拑口
이제불식수양미.	夷齊不食首陽薇.

풀 속에서 뱀을 만나면 날아갈 수 없음을 한탄하고
연못 가운데서 비를 맞으면 도롱이 없다고 원망한다.
만약 개구리같이 불평만 하는 세상 사람들의 입을 다물게 했다면
청렴한 백이와 숙제도 수양산의 고사리는 먹지 않았으리라.

【주】

한불비(恨不飛): 날지 못함을 한탄하다.
모우(冒雨): 비를 무릅쓰고 맞음.
원무사(怨無簑): 도롱이 없음을 원망한다.
겸구(拑口): 입을 다물다. 말하지 않다.
이제(夷齊): 백이(伯夷) 숙제(叔齊)를 일컬음. 2번 시 상세 설명 참고.
내용이 대조되는 시조 두 수를 소개한다.

首陽山 ᄇᆞ라보며 夷齊를 恨ᄒᆞ노라
주려 주글진들 採薇도 ᄒᆞᄂᆞᆫ것가
비록애 푸새엣 거신들 긔 뉘 싸해 낫ᄃᆞ니.

—成三問의 시조, 『珍本 靑丘永言』에서—

주려 주그려 ᄒᆞ고 首陽山에 드럿거니

현마 고사리를 머그려 킈야시라
物性이 구븐 줄 믜워 펴보려고 킈미라.

―朱義植,『珍本 靑丘永言』에서―

〈감상〉

세상 사람들이 불평과 불만에 가득 차서 남을 헐뜯고 모략하는 것만을 일삼는 것을 개구리가 울어대는 소리에 비유하여, 은연중 세상 사람들에게 경각심을 일깨워주는 시이다.

211. 잉어(鯉魚)

유영득관저호시	遊泳得觀底好時
금담사일녹양수.	錦潭斜日綠楊垂.
은번여무앵상화	銀翻如舞鶯相和
옥약선잠노독지.	玉躍旋潛鷺獨知.
영초횡운혐고함	影醮橫雲嫌罟陷
광침초월사조의.	光沈初月似釣疑.
귀래삼렬쌍모하	歸來森列雙眸下
화출심두일폭기.	畵出心頭一幅奇.

물이 맑아서 헤엄치며 노는 고기가 잘 보일 때에
비단 같은 연못가에 해가 저무니 수양버들이 더욱 푸르도다.
은비늘로 춤을 주면 꾀꼬리는 노래로 화답하는 것 같고
옥빛을 번쩍이며 뛰다가 텀벙하고 숨으면 간 곳은 백로만이 알리.

구름 그림자가 연못 위를 지나가면 그물인가 겁을 내고
초승달이 환히 비추면 저를 낚는 낚시인가 의심한다.
돌아와 두 눈을 감아도 물을 출렁이며 노는 모습 어리어
마음속에 한 폭의 신기한 그림을 그려주누나.

【주】

리어(鯉魚): 잉어. 리어→이어→잉어→잉어.

앵상화(鶯相和): 꾀꼬리가 서로 노래로 화답하다.

옥약(玉躍): 옥같이 고운 빛깔을 내며 뛰어오름.

선(旋): 재빠르다.

초(醮): 그림자가 물 위에 어리는 모습.

고(罟): 그물.

〈감상〉

함련(頷聯)과 경련(頸聯)의 비유가 압권(壓卷)이다. “물고기가 은비늘로 춤을 추면 꾀꼬리는 노래로 화답하고, 물고기가 뛰어오르다가 물속에 숨으면 숨은 곳은 백로만이 안다”는 비유도 그렇고, “구름 그림자를 그물로 착각하여 겁을 내고, 초승달이 비추면 저를 잡으려는 낚시인가 의심한다”는 표현도 뛰어나다. 이들의 노는 모습을 보고 있다가 집으로 돌아와 있으면 잉어들의 노는 모습이 마음속에 어른거려 한 폭의 아름다운 풍경화를 그려 놓는다.

俗客不到處　세속 사람들의 발 길이 이르지 않는 곳에
登臨意思清.　자연 속엘 찾아오니 마음이 한층 맑아지네.
山形秋更好　산의 모습은 단풍든 가을철이 더욱 좋고,
江色夜猶明.　강의 물빛은 달빛 어린 밤이 오히려 밝네.
白鳥高飛盡　흰 새는 높이 날아 가버리고,
孤帆獨去輕.　외로운 돛단배 한 척이 홀로 가벼이 떠가네.
自慙蝸角上　스스로 부끄럽네, 좁디좁은 이 세상에서
半世覓放浪.　반평생을 오로지 방랑(放浪)을 찾아서 헤맸네.

이 시는 고려 인종 때의 문신 김부식(金富軾)의 「감로사차운(甘露寺次韻)」인데 미련(尾聯)의 끝 두 글자 '功名'을 필자가 '放浪'으로 바꾸어 보았다. 이 시를 김삿갓이 읊었을 경우를 가정해서 고쳐 본 것이다. 김부식이 감로사에서 혜원(惠遠)의 시의 운(韻)을 따서 지은 것으로, 아름다운 자연 앞에서 한평생을 속된 욕망에 사로 잡혔던 자신을 반성한 참회(懺悔)의 시이다.

동가식서가숙(東家食西家宿: 떠돌아다니며 얻어먹고 지내는 사람 man who has no fixed a bode)하는 김삿갓, 오늘은 이 마을 어느 집에서 잠을 자며(今夜宿誰家), 내일은 어느 고을 누구네 대문을 두드려야 하나? 그러면서 죽장(竹杖)에 삿갓을 쓰고 이 나라 명산대찰(名山大刹)을 골고루 구경하였고, 산천을 노래하고 누각을 읊었다.

212. 금강산(金剛山) ①

만이천봉역력유	萬二千峰歷歷遊
춘풍독상중루우.	春風獨上衆樓隅.
조림일월원여경	照臨日月圓如鏡
복재건곤소사주.	覆載乾坤小似舟.
동압대양삼도근	東壓大洋三島近
북탱고옥육오부.	北撑高沃六鰲浮.
부지무극하년벽	不知無極何年闢
태고산형백로두.	太古山形白老頭.

일만 이천 봉을 차례대로 유람하여
봄바람에 나 홀로 여러 누각의 모퉁이에 올랐도다.
거울같이 둥근 해와 달 비춰 주니
아득히 먼 천지가 한 척의 조각배 같구나.
동쪽을 굽어보니 넓은 바다엔 세 섬이 가깝게 보이고
북쪽엔 높고 기름진 여섯 자라가 떠 있듯 고산이 버티고 서 있네.

어느 때 천지가 이와 같이 생겨났는지 모르겠으나
태고산의 생김새가 백발 노인의 머리처럼 흰 눈이 쌓였구나.

【주】

역력유(歷歷遊): 차례대로 유람하다.
중루우(衆樓隅): 여러 누각의 모퉁이.
건곤(乾坤): 천지(天地).
소사주(小似舟): 한 척의 조각배와 같다.
동압(東壓): 동쪽을 굽어보다.
북탱(北撑): 북쪽에 버티어 있다.
오(鰲): 큰 자라 오.
벽(闢): 개벽(開闢)의 뜻으로 쓰임. 개벽은 천지가 처음으로 생김의 뜻.

〈감상〉

금강산을 유람하고 높은 곳에 올라 금강산의 산세를 내려다보며 지은 작품이다. 둥근 해와 달이 비치니 천지가 조각배 같고, 동쪽으로 바다와 섬이 가까이 보이고, 북쪽으로 여섯 마리의 자라가 떠 있는 듯하다. 이 넓은 우주는 어느 때 생겼는지 알 수 없으나 높은 산꼭대기에는 노인의 백발처럼 흰 눈이 쌓였다.

송강 정철의 「금강산 잡영(金剛山 雜詠)」을 소개한다.

穴網峯前寺	혈망봉 앞엔 절이 있고
寒流對石門.	차디 찬 시냇물은 석문(石門)을 마주했네.
秋風一聲笛	가을바람에 한 줄기 피리소리
吹破萬山雲.	금강산 모든 봉우리의 구름을 뚫고 가네.

213. 금강산(金剛山) ②

태산재후천무북	泰山在後天無北
대해당전지진동.	大海當前地盡東.
교하동서남북로	橋下東西南北路
장두일만이천봉.	杖頭一萬二千峯.

큰 산이 뒤에 있으니 북쪽 하늘이 보이질 않고
큰 바다가 앞에 있으니 동쪽 땅이 다하였도다.
다리 밑으로는 사통팔달(四通八達)의 길이 있고
지팡이 위에는 일만 이천 봉이 바로 금강일세.

【주】

태산(泰山): 중국의 태산이 아니고 '큰 산'의 뜻.

〈감상〉

같은 제목의 작품으로 송시열(宋時烈 1606~1689)의 「금강산(金剛山)」도 뛰어나다. 구름이 걷히자 손에 잡힐 듯이 나타나는 일만 이천 봉… 두 작품 모두 간결하면서도 사실적(寫實的)인 작품이다.

山與雲俱白	산이 구름과 함께 희니
雲山不辨容.	구름과 산의 모습을 분별할 수 없구나.
雲歸山獨立	구름은 돌아가고 산이 홀로 서 있으니
一萬二千峯.	산봉우리가 일만 이천 봉이로다.

214. 금강산(金剛山) ③

장하거연근소추	長夏居然近素秋
탈건포말보사루.	脫巾抛襪步寺樓.
파성통야순장적	波聲通野巡墻滴
하색화연요옥부.	霞色和烟繞屋浮.
주도공호생폐갈	酒到空壺生肺喝
시유여채상미수.	詩猶餘債上眉愁.
여군분수파초우	與君分手芭蕉雨
응상귀가일몽유.	應相歸家一夢幽.

긴 여름 슬그머니 가고 가을이 되니
망건 벗고 버선도 벗고 맨발로 절의 누각을 거닐도다.
시냇물 소리는 들을 거쳐 담장을 끼고 돌고
노을빛은 연기와 함께 집을 싸고 떠 있도다.
술병은 다 기울여 텅 비었으니 다시 갈증이 나고
시 짓기만 더욱더 졸라서 양미간을 찌푸리게 되는구나.
그대와 헤어지려 할 때 파초에 비 내리니
응당 집에 돌아간 뒤에도 함께 놀던 그윽한 꿈꾸리라.

【주】

거연(居然): 모르는 사이에 슬그머니.

소추(素秋): 가을의 딴 이름. 소절(素節)과 같음.

탈건(脫巾): 망건(網巾: 갓 속에 쓰는 남성용 장신구. 주로 외출을 하지 않고 집에 있을 때는 이 망건만을 착용하기도 함)을 벗다.

포말(抛襪): 버선을 벗어 던지다.

파성(波聲): 시냇물이 흘러가는 소리.

순장(巡墻): 담장을 감돌다.

하색(霞色): 노을빛.

요옥부(繞屋浮): 집을 싸고 떠 있다.

공호(空壺): 술병(술항아리)이 텅 비다.

분수(分手): 작별함. 이별함.

〈감상〉

"술병은 다 기울여 텅 비었으니 다시 갈증이 나고(酒到空壺生肺喝)"는 만당 시인 두목(杜牧)의 「청명(淸明)」이라는 시의 전구(轉句)인 "借問酒家何處在(묻노니 술집이 어느 곳에 있는가?)"와 같은 경지의 심경이다. 술을 마시려도 술병이 텅 비어 마실 수 없는데 시객(詩客)들은 날더러 자꾸만 한 수 한 수 더 지어 달라고 조른다.

세속에서 체면 차리던 의관을 훌훌 벗어 던지고 금강산이라는 대자연 속에서 노니는 시인의 자유로운 행동이 눈에 선히 떠오른다. 금강산은 계절에 따라 그 이름을 다르게 부르는데 봄은 금강(金剛), 여름은 봉래(蓬萊), 가을은 풍악(楓嶽), 겨울은 개골(皆骨)산으로 불렀다.

위의 시가 가을철에 지은 작품이니 역시 가을철에 금강산을 읊은 시 한 수를 소개한다.

前途有好事	앞길에 좋은 일이 있을 것 같네
僧出白雲間.	중이 흰 구름 속을 벗어났구나.
萬二千峯樹	일만 이천 봉의 모든 나무들
秋來葉葉丹.	가을이니 잎잎이 단풍이겠지.

—송강 정철의 「풍악의 도중에서 중을 만나다(風嶽道中遇僧)」—

215. 금강산(金剛山) ④

강호낭적우봉추　　江湖浪跡又逢秋
약반시붕회사루.　　約伴詩朋會寺樓.
소동인래유수암　　小洞人來流水暗
고감승거백운부.　　古龕僧去白雲浮.
박유소답삼생원　　薄遊少答三生願
호음능소만종수.　　豪飮能消萬種愁.
의파청회청시엽　　擬把淸懷靑柹葉
와청서원우성유.　　臥聽西園雨聲幽.

강호를 방랑하던 이 몸이 또 다시 가을을 만나
시(詩) 잘 짓는 벗들과 함께 산사(山寺) 누각에 모였도다.
작은 골짜기에 사람들이 드니 흐르는 물이 그 그림자로 어둡고
옛 절로 중이 돌아가는 길 위에 흰 구름이 피어오르는구나.
널리 유람하고픈 삼생의 소원을 금강산에서 놀아 조금은 풀고
술을 많이 마셨더니 만 가지 수심이 사라졌도다.
내 이제 그윽한 회포를 읊어 감나무 잎에 시를 써 놓고
취중에 누워서 듣는 서원의 빗소리 더욱 그윽하도다.

【주】

강호(江湖): 강과 호수(rivers and lakes). 너른 세상(world). 선비가 숨어 사는 곳.

낭적(浪跡): 유랑한 흔적.

감(龕): 탑. 불탑. 여기선 절(寺)을 뜻함.
삼생(三生): 전생, 현생, 후생.
청(淸): 그윽하다(幽).

〈감상〉

가을철 금강산에 올라 시우들과 만났다. 거기에 술이 있어 대취해서 삼생의 소원을 조금은 풀었다. 실의와 절망에 허우적거리는 이 시인에게 술보다 더 좋은 탈출구가 있을까? 잠시나마 세상의 번뇌에서 벗어나 종이가 아닌 감나무 잎에 깊은 감회를 적어 본다. 가을 비 내리는 산중고사(山中古寺)에 누워 속세의 번뇌를 잊어 보려는 시인의 마음을 조금은 알겠다.

216. 금강산(金剛山) ⑤

원생고려국	願生高麗國
일견금강산.	一見金剛山.
아향청산거	我向青山去
녹수이래하.	綠水爾來何.

원컨대 고려국에 태어나서
금강산을 한 번 보았으면….
나는 지금 청산을 찾아가거니와
녹수야, 너는 어디서 왜 오느냐?

【주】
고려국(高麗國): 조선국(朝鮮國) 곧 한국을 뜻함.

〈감상〉

이 시는 원래 소식(蘇軾)의 작품으로도 알려져 있다.

금강산은 천하의 명산이어서 많은 시인들이 금강산을 예찬했는데, 여기에 권근(權近)의 「詠金剛山(금강산을 읊음)」을 소개한다. 금강산의 신비스러운 모습을 보고 그 조화의 무궁함을 예찬하여 읊은 작품이다.

雪立亭亭千萬峰　아름답게 눈에 덮여 솟아 있는 천 만 봉우리
海雲開出玉芙蓉.　바다 구름 걷히자 솟아오른 연꽃과 같다.
神光蕩漾滄溟闊　햇빛이 출렁이는 큰 바다는 끝없이 넓은데
淑氣蜿蜒造化鐘.　아득한 산줄기는 꿈틀꿈틀 조화를 이루었네.
突兀岡巒臨鳥道　우뚝 솟은 언덕과 산은 새나 날아갈 수 있는 길이요
淸幽洞壑秘仙蹤.　맑고 그윽한 골짜기는 신선이 놀고 간 자취가 있네.
東遊便欲淩高頂　문득 제일 높은 비로봉 동쪽에 올라 놀며
俯仰鴻濛一盪胸.　광대한 천지를 한 번 굽어보며 가슴을 열고 싶네.

217. 금강산 백운봉(金剛山白雲峰) ⑥

조상백운봉정관　朝上白雲峰頂觀
야투봉하고암숙.　夜投峰下孤庵宿.
야심승정객무안　夜深僧定客無眼
두우일성산월락.　杜宇一聲山月落.

아침엔 백운봉 꼭대기에서 금강산을 구경하고
어두워지면 산봉우리 아래 외로운 암자에서 잠을 잔다.
깊은 밤 스님께선 잠들었고 나그네는 홀로 깨어 있는데
두견새 한 울음소리에 산에 걸린 달이 스러지네.

【주】

야(夜): 어두울 야.

〈감상〉

김삿갓이 백운봉을 구경한 다음 백운암 승방에서 잠자리에 누웠으나 잠이 오지 않는 이 밤, 두견새마저 슬피 울어 나그네의 수심을 자아낸다.

218. 금강산(金剛山) ⑦

정처문비착아신	靜處門扉着我身
상심희사임청진.	賞心喜事任淸眞.
고봉파무경초월	孤峰罷霧擎初月
노수개화작만춘.	老樹開花作晩春.
주봉호우유무량	酒逢好友惟無量
시도명산첩유신.	詩到名山輒有神.
영경부수구외물	靈境不須求外物
세인자시소한인.	世人自是小閑人.

고요한 절간에 이 몸을 맡겨 두고

즐거운 마음 기쁜 일은 모두 임께 맡겼다네.

외로운 산봉우리에 안개 모두 걷히고 초승달이 떠올라

늙은 나무에 꽃이 필 때 늦봄이 되었네.

좋은 벗 만나면 술을 마시니 흥겹기 한이 없고

명산에 이르러 시 읊으니 오로지 신기로웠소.

선경이 따로 없으니 다른 곳에서 찾겠다고 여러 말 마오.

한가롭게 사는 이들 그가 바로 신선이오.

【주】

문비(門扉): 문선(門扇)과 같음. 문짝.
착(着): 착(著)의 속자. 여기선 둘 착(置也).
상심(賞心): 경치를 즐기는 마음. 마음이 즐겁고 기쁨.
무량(無量): 한없이 많음(無限量). 말로 표현할 수 없음.
영경(靈境): 영묘한 경지(仙景). 아주 외따로 조용한 곳.
불수(不須): 불수다언(不須多言)의 준말로, 여러 말할 필요가 없다는 뜻.

〈감상〉

김삿갓이 금강산 암자의 스님과 시 짓는 내기를 하다가 친하게 지내게 되었다. 김삿갓은 역마살이 몸에 밴 방랑시인이니, 언젠가는 이곳 금강산을 떠나야 할 몸이고 스님 또한 그가 떠날 것을 짐작했으며 마음이 통하는 지기(知己)를 떠나고 떠나보내는 이의 애달픈 심정을 시로 주고받았다. 이 시는 스님이 지은,

"風蕭蕭兮山水寒　　쓸쓸하게 부는 바람이여, 산수가 차가워지도다.
浪客一去兮不復還.　방랑객 한번 떠남이여, 다시 돌아오지 않으리니."

라는 송시(送詩)에 대한 김삿갓의 답시(答詩)였다.

219. 야귀승(夜歸僧)과의 문답(問答) ⑧

<김삿갓> 문여소승하처래　問汝小僧何處來
<스　님> 소승금강래.　小僧金剛來.

여보, 젊은 스님은 어디에서 오는가?
소승은 금강산에서 옵니다.

220. 금강산(金剛山) ⑨

〈선비〉 '물'이라는 글자 두 자, '산'이라는 글자 두 자, '곳곳마다'라는 글자 두 자, 운자(韻字)는 '기묘하다'라는 글자로 칠언시(七言詩)를 지어 보시오.

김삿갓: 송송백백암암회　松松栢栢岩岩廻
수수산산처처기.　水水山山處處奇.

소나무와 소나무, 잣나무와 잣나무, 바위와 바위 사이를 돌아서
물과 물, 산과 산이 곳곳마다 기묘하도다.

【주】

처처(處處): 곳곳마다. 가는 곳마다.

〈감상〉

금강산의 기기묘묘한 절경을 노래한 시로 같은 글자를 두 자씩 반복하였으나 알기 쉽게 표현한 작품이다.

기묘한 절경을 읊은 작품으로 헌종(憲宗) 때 등제(登第)하여 벼슬이 이조참판까지 이른 신좌모(申佐模)의 「장안사(長安寺)」도 뛰어나다.

矗矗尖尖怪怪奇 우뚝우뚝 뾰족뾰족 괴상하고 기이하여
人仙鬼佛總堪疑. 사람인지 신선인지 귀신인지 부처인지 다 기괴하다.
平生詩爲金剛惜 내 평생에 좋은 시구(詩句) 금강산 위해 아껴 뒀더니
及到金剛不敢詩. 금강산에 이르러 보니 감히 시(詩)를 못 짓겠네.

221. 금강산의 경치(金剛景) ⑩

약사금강경 若捨金剛景
청산개골여. 青山皆骨餘.
기후기려객 其後騎驢客
무흥단주저. 無興但躊躇.

만약 금강산의 경치를 빼어버린다면
청산은 모두가 뼈만 앙상하게 남을 것이다.
그 뒤에 당나귀를 탄 나그네는
흥이 없어 다만 주저하리라.

【주】

약사(若捨): 만약 ~을 버리다.

기려(騎驢): 당나귀를 타다.

〈감상〉

금강산의 경치가 뛰어남을 읊은 작품이다.

철종 때 등제(登弟)하여 영의정을 지낸 김병학(金炳學)의「금강산 신선봉(金剛山神仙峯)」역시 뛰어난 작품이다.

朱欄曲曲繞清流　맑은 물은 붉은 난간을 굽이굽이 돌아 흐르고
玉笛横吹碧落秋.　옥피리 소리는 푸른 가을 하늘 높이 들려오도다.
三十二峯仙不見　삼십 이봉 살폈으나 신선은 보이질 않고
白雲惆悵滿虛舟.　흰 구름만 빈 배에 가득 찼구나.

222. 금강산에 들어가서(入金剛) ⑪

녹청벽로입운중　綠青碧路入雲中
누사능시객주공.　樓使能詩客住笻.
용조화함비설폭　龍造化含飛雪瀑
검정신삭삽천봉.　劍精神削揷天峰.
선금백기천년학　仙禽白幾千年鶴
간수청삼백장송.　澗樹青三百丈松.
승부지오춘수뇌　僧不知吾春睡腦
홀무심타일변종.　忽無心打日邊鍾.

질푸른 산길을 따라 구름 속으로 들어가니

숲속 누각이 시객으로 하여금 지팡이를 머물게 하도다.

용의 조화는 눈 날리는 듯한 폭포를 머금었고

칼의 정신은 하늘 높이 솟은 천 봉우리를 깎아서 꽂아 놓았네.

하얀 두루미는 몇 천 년을 묵은 학인 듯

물가의 푸른 나무는 삼백 길이나 됨직한 소나무로다.

절간의 스님은 봄에 취한 나의 달콤한 꿈을 전혀 모르고

갑자기 정오를 알리는 종만 무심히 치고 있네.

【주】

사(使): 사역보조사로, ~로 하여금 ~게 하다.

주공(住笻): 지팡이를 머물다. 위의 使와 합쳐 지팡이를 머물게 하다.

용조화(龍造化): 용의 조화.

함비설폭(含飛雪爆): 눈 날리는 듯한 폭포를 머금다.

삭삽(削揷): 깎아서 꽂다.

천봉(天峰): 하늘에 닿을 듯한 높이 솟은 산봉우리.

선금(仙禽): 두루미. 학(鶴)의 딴 이름. 포조(鮑照)의 글에 "偉胎化之仙禽."

간수(澗樹): 물가의 나무.

오춘수뇌(吾春睡腦): 봄에 취한 나의 달콤한 꿈.

〈감상〉

봄철 금강산으로 들어가면서 아름답게 펼쳐진 대자연의 장관을 읊은 시이다. 속세를 멀리하고 선경에 노니는 시인의 자유분방함을 엿볼 수 있다. 이 작품은 한시의 정상적인 율조가 아니다. 첫 구는 4 · 3조로 읽고 나머지는 모두 3 · 4조로 읽어야 한다. 3 · 4조는 우리 가사나 시조의 음수율이다. 김삿갓이 일부러 이렇게 썼는지 또는 무의식중에 쓰고 보니 이렇게 되었는지는 알 수 없으나 하여간 우리 시의 율조여서 친근감

이 간다.

여기에 고종황제(高宗皇帝)의 「상춘(賞春)」을 적어본다.

花間看蝶舞	꽃 사이로 춤추는 나비 보이고
柳上聽鶯聲.	푸른 버들가지 위에선 꾀꼬리 소리 들리네.
羣生皆自樂	생명 있는 모든 것들 저렇게 즐기는데
最是愛民情.	봄을 만난 백성들도 즐겨하는지.

223. 금강산(金剛山) ⑫

촉촉금강산	矗矗金剛山
고봉만이천.	高峰萬二千.
수래평지망	遂來平地望
삼야숙청천.	三夜宿青天.

우뚝 높이 솟아 있는 금강산은

높은 봉우리가 일만 이천이로다.

드디어 평지를 보고 내려오다가 바라보니

삼일 밤을 푸른 하늘에서 자고 왔구나.

【주】

촉촉(矗矗): 높이 솟아 있는 모양.

수래(遂來): 드디어 오다.

〈감상〉

금강산의 봉우리들이 얼마나 높은지 평지로 내려오는 시간이 무려 3일 밤이나 잠을 자고 왔을 만큼 높단다. 일만 이천 봉이라는 금강산은 동서로 40km, 남북으로 60km, 넓이는 530km^{2}에 펼쳐 있고, 1,500m 이상의 봉우리가 100여 곳, 1,000m 이상의 봉우리들이 빽빽하게 들어 차 있다. 봉우리 대부분이 창날처럼 날카로우며 산세가 웅대하여 위엄이 있다. 금강산은 1,638m의 비로봉이 주봉으로 여기서 여러 산줄기가 갈라지고 봉우리들이 잇달아 솟아 있다. 그리고 금강산은 내 · 외 · 해금강으로 나누어진다. 내금강은 서해로 길게 이어지는 북한강 지류들, 금강천, 동금강천을 따라 장관을 보여 주고, 외금강은 다시 신금강(新金剛), 별금강(別金剛)으로 나누는데, 외금강은 동해로 흘러드는 남강 지류인 온정천, 신계천을 따라 펼쳐진다. 해금강은 해저금강(海低金剛)으로 나뉜다

금강산이 소재한 행정구역은 본래 내금강은 강원도 회양군(淮陽郡), 외금강과 해금강은 고성군(高城郡), 총석정은 통천군(通川郡)에 있었다. 그러다가 1952년 북한의 행정구역 개편으로 지금은 금강군(金剛郡)과 고성군에 걸쳐 있다. 금강군은 휴전선 이북으로 들어간 인제군, 양구군 일부와 회양군 일부가 합쳐진 새로운 행정구역이다.

금강산의 문화유산은 대부분 불교유적과 유물들이다. 『동국여지승람』에 따르면 내 · 외금강에 모두 108개의 절이 있다고 하였다. 그러나 일제 강점기 동안 일제는 많은 유물을 약탈해 갔다. 그리고 6 · 25전란으로 많은 절이 불타 없어졌다.

송강 정철의 「산승의 시축에 쓰다(題山僧軸)」를 소개한다.

曆日僧何識	산속 중이 역일(曆日)을 어찌 알 건가
山花記四時.	산에 피는 꽃을 보고 네 계절을 기억하네.
時於碧雲裏	때때로 푸른 구름 속에 앉아서
桐葉坐題詩.	오동나무 잎에다가 시를 쓴다오.

224. 금강산에 들어가(入金剛) ⑬

서위백발검사양 書爲白髮劍斜陽
천지무궁일한장. 天地無窮一恨長.
통음장안홍십두 痛飮長安紅十斗
추풍사립입금강. 秋風蓑笠入金剛.

책 읽느라 백발 되고 출세의 길 찾다가 다 늙었으니
천지는 다함이 없고 한 가지 사람이 품은 한은 길도다.
장안의 붉은 소주 열 말을 마신 다음
가을바람에 도롱이와 삿갓 쓰고 금강산에 들어가도다.

【주】

사양(斜陽): 서쪽으로 기울어진 해. 저녁 해(夕陽). 두목(杜牧)의 시에 "暮露生深樹 斜陽下小樓."

통음(痛飮): 술을 흠뻑 많이 마심. 『송사(宋史)』에 "與諸君痛飮耳."

장안(長安): 전한(前漢), 수(隋), 당(唐)의 수도(首都)였던 곳. 여기선 우리나라의 수도(首都)인 서울(漢陽)을 가리킴.

홍(紅): 홍소주(紅燒酒: 홍곡으로 담가 만든 소주인 듯)↔백소주(白燒酒).

사립(蓑笠): 도롱이와 삿갓. 중국 유종원(柳宗元)의 「강설(江雪)」이라는 시에 "孤舟蓑笠翁 獨釣寒江雪."

〈감상〉

이 시인은 금강산을 찾는 것이 그 아름다움을 보기 위해서가 아니고 꿈을 이루지 못한 한 맺힌 현실을 잊기 위한 수단이었을 것이다. 다시 말해서 이 시인이 금강산을 찾아가는 것은 현실의 괴로움을 잊기 위한 하나의 방편이었을 것이다.

225. 시승과 함께 읊음(金剛山立石峰下庵子詩僧共吟) ⑭

승: 조등입석운생족	朝登立石雲生足
김: 모음황천월괘순.	暮飮黃泉月掛脣.
승: 간송남와지북풍	澗松南臥知北風
김: 헌죽동경각일서.	軒竹東傾覺日西.
승: 절벽수위화소립	絶壁雖危花笑立
김: 양춘최호조제귀.	陽春最好鳥啼歸.
승: 천상백운명일우	天上白雲明日雨
김: 암간낙엽거년추.	岩間落葉去年秋.
승: 양성작배기유일최길	兩姓作配己酉日最吉
김: 반야생해해자시난분.	半夜生孩亥子時難分.
승: 영침녹수의무습	影浸綠水衣無濕
김: 몽답청산각불고.	夢踏靑山脚不苦.
승: 군아영리천가석	群鴉影裡千家夕
김: 일안성중사해추.	一雁聲中四海秋.
승: 가승목절월영헌	假僧木折月影軒
김: 진부채미산임춘.	眞婦菜美山姙春.
승: 석전천년방도지	石轉千年方倒地
김: 봉고일척감마천.	峰高一尺敢摩天.

승: 청산매득운공득	青山買得雲空得
김: 백수임래어자래.	白水臨來魚自來.
승: 추운만리어린백	秋雲萬里魚鱗白
김: 고목천년녹각고.	枯木千年鹿角高.
승: 운종초아두상기	雲從樵兒頭上起
김: 산입표아수중명.	山入漂娥手中鳴.
승: 등산조애갱	登山鳥艾羹
김: 임해어초병.	臨海魚草餠.
승: 수작은저용절벽	水作銀杵舂絶壁
김: 운위옥척도청산.	雲爲玉尺度青山.
승: 월백설백천지백	月白雪白天地白
김: 산심야심객수심.	山深夜深客愁深.
승: 등전등후분주야	燈前燈後分晝夜
김: 산남산북판음양.	山南山北判陰陽.

아침에 입석봉에 오르니 구름이 발 아래에서 일어나고
저녁에 황천탄(黃泉灘)을 마시니 달그림자가 입술에 걸렸다.
냇가의 소나무가 남쪽을 향해 누우니 북풍이 부는 줄 알겠고
난간의 대나무 그림자 동으로 기우니 해가 서로 기욺을 깨닫네.
절벽이 비록 위태로우나 꽃은 피어서 웃으며 서 있고
봄볕이 가장 좋은 때이건만 새는 울며 돌아가도다.
하늘에 흰 구름이 흐르니 내일은 비가 올 것이고
바위틈의 낙엽으로 작년 가을이 지나갔음을 알겠노라.

남녀가 짝을 짓는 데는 기유일(己酉日)이 가장 좋고
밤중에 아이 낳는 데는 해자시(亥子時)가 가장 좋다.
그림자가 녹수에 젖어 있으나 옷은 젖지 않고
꿈속에서 청산을 걸었으나 다리는 아프지 않도다.
까마귀 떼 그림자로 온 집에 날이 저문 듯하고
외기러기 슬피 우는 소리에 사해는 가을이로다.
가죽나무 가지가 부러지니 달그림자 난간에 어리고
참미나리 나물 맛이 좋으니 온 산이 봄을 잉태하였도다.
산 위의 돌은 천년을 굴러야 땅에 떨어질 듯하고
높이 솟은 산봉우리는 한 자만 더 자라면 하늘에 닿겠네.
청산을 얻고 보니 구름은 공으로 얻은 셈이요
맑은 물가에 오니 고기는 저절로 오도다.
가을 구름이 만 리에 뻗쳤으니 물고기 비늘같이 희게 빛나고
마른 나뭇가지가 천년을 묵었으니 사슴뿔같이 높도다.
구름은 나무꾼 아이의 머리 위에서 일어나고
산은 빨래하는 여인네의 방망이 소리에 울리도다.
산에 오르니 산새가 쑥국쑥국 울고
바다에 이르니 물고기가 풀떡풀떡 뛴다.
폭포수는 은절구공이가 되어 절벽을 찧고
구름은 옥으로 만든 자(尺) 모양으로 청산을 재도다.
달빛도 희고, 눈빛도 희고, 천지가 모두 흰데
산도 깊고, 밤도 깊고, 나그네의 수심도 깊도다.
등잔불을 켰다 껐다 함으로써 낮과 밤을 분별하고

산의 남쪽과 북쪽으로 양지와 음지를 판단하도다.

【주】

입석(立石): 입석봉(立石峯). 금강산의 산봉우리 이름.

황천(黃泉): 땅속에서 솟아오른 샘물.

월괘순(月掛脣): 달(그림자가) 입술에 걸리다.

간송(澗松): 澗은 산골물 간. 澗松은 물가에 있는 소나무.

헌죽(軒竹): 난간의 대나무.

기유(己酉): 배(配)의 파자(破字). 配는 짝짓다.

해자(亥子): 해(孩)의 파자. 孩는 아이.

영침녹수(影浸綠水): 그림자가 푸른 물에 잠기다(적시다).

무습(無濕): 젖지 않는다.

각불고(脚不苦): 다리가 괴롭지(아프지) 아니하다.

사해추(四海秋): 온 세상이 가을이다.

가승목(假僧木): 가중나무. 한자의 음(音)과 훈(訓)을 빌려서 표현한 것으로 假: 거짓 가+僧: 중 승=가중(죽)나무.

진부채(眞婦菜): 식용으로 쓰이는 나물. 眞: 참 진+婦: 며느리 부+菜: 나물 채=참며느리나물(참미나리나물).

미(美): 맛이 좋다.

산임춘(山姙春): 산이 봄을 배다. 곧 산이 봄빛을 띠었다.

석전천년(石轉千年): 돌이 천 년 동안을 구르다.

방도지(方倒地): 또한 땅에 떨어지다.

봉고일척(峰高一尺): 한 자만 더 높으면, 곧 한 자만 더 자라면.

마천(摩天): 하늘에 닿다.

운공득(雲空得): 구름은 공으로 얻다.

백수(白水): 깨끗하고 맑은 물.

어린백(魚鱗白): 물고기 비늘처럼 희다.

녹각고(鹿角高): 사슴뿔처럼 높다.

운종(雲從): 구름은 ~로부터(~에서). 從은 전치사로서 ~로부터, ~에서.

초아(樵兒): 나무꾼 아이.

표아(漂娥): 빨래하는 여인네.

애갱(艾羹): 艾는 쑥 애, 羹은 국 갱. 훈(訓)으로 쑥국. 한자의 훈으로 쑥국새 우는 소리를 표현.

초병(草餠): 草는 풀 초, 餠은 떡 병. 훈(訓)으로 풀떡. 한자의 훈으로 물고기의 뛰는 모양을 표현.

수작은저용절벽(水作銀杵舂絶壁): 물(폭포수)은 은절구공이가 되어 절벽을 찧다.

운위옥척도청산(雲爲玉尺度靑山): 구름은 옥으로 만든 자(尺)가 되어 청산을 잰다.

〈감상〉

이 시와 관련하여 다음과 같은 일화가 있다. 금강산 입석봉 아래 어느 암자에 시를 잘 짓는 노승(老僧)이 있었는데 시 짓기 내기를 하되 진 사람의 이(齒)를 뽑기로 하는 괴팍한 성격이었다. 그런데 이 노승은 한 번도 패해 본 적이 없었다. 김삿갓이 이 말을 전해 듣고 노승을 찾아가 시 짓기를 해서 마침내 김삿갓이 이겼다는데, 과연 노승에게 뽑을 이가 있었을까?

이 시와 같은 형식의 시를 연주체(聯珠體) 또는 연주시(聯珠詩)라고 하는바, ① 풍유(諷諭)와 거짓 핑계를 주장하여 대구(對句)로 잇대어 짓는 시문의 한 체, ② 두 사람 이상이 모여서 한 사람이 한 구씩 지은 것으로 한 편을 만든 시이다.

이 작품은 ②에 해당되며 독자를 위하여 연주시 한 편을 소개한다.

「與群臣聯句」(무술 8월 10일에 세종이 즉위하고 上王殿에 나아가 뵈올 새 여러 신하와 더불어 지은 聯句)

유정현: 天設錦筵期萬歲	임금께서 좋은 잔치를 베푸셨으니 만수무강하소서
태종: 民無菜色感君恩	굶주리는 백성 없어야만 임금 은혜 알리라.

하연: 恩波浩蕩溫言裏　온화하신 말씀 속에 넓은 은혜 베푸시어
이원: 國步昇平永樂中　국운의 태평을 길이 즐기니 나라가 편안하오리다.
한상경: 中外無處是今日　온 나라 신민(臣民)이 오늘 이 자리를 축하합니다.
태종: 君臣合道事朝廷　군신 사이 뜻이 맞아야 조정 일이 잘 되리니
하연: 廷臣祝壽呼山岳　조정 신하 축수하오니 남산수(南山壽)를 누리소서.
태종: 嗣子修身奉祖宗　대를 잇는 자손들 몸을 닦아 조상의 뜻 받들라.
세종: 宗社若危臣任責.　나라가 만약 위태로우면 저의 책임이 무겁습니다.

226. 하운다기봉(夏雲多奇峰) ⑮

일봉이봉삼사봉　一峰二峰三四峰
오봉육봉칠팔봉.　五峰六峰七八峰.
수유갱작천만봉　須臾更作千萬峰
구만장천도시봉.　九萬長天都是峰.

한 봉우리 두 봉우리 서너 봉우리
다섯 봉우리 여섯 봉우리 일곱 여덟 봉우리.
잠깐 동안 보는 사이에 다시 천만 봉을 만들어 내니
구만리장천이 온통 봉우리뿐이로다.

【주】

수유(須臾): 잠시. 촌각. 찰나.

구만장천(九萬長天): '九萬里長天.' 한없이 높고 넓은 하늘.

〈감상〉

구름이 갖가지 형상의 산봉우리를 만드는 모습을 읊은 시이다. 여름 구름이 뭉게뭉게 피어올라 천만 개의 봉우리가 되는 경이로운 자연의 장면이 어린아이의 장난감 같은 숫자 놀이로 단순하게 처리하였다. 아름다운 산천 누각을 보는 안목 역시 예외는 아니니다. 유한하게 자연을 감상하는 태도가 아닌 직접 체험하는 현실 조응으로 이미지를 부각시켰다.

조선 선조 때의 시인으로 삼당시인(三唐詩人)이라고 일컫는 이달(李達)의 「불일암증인운석(佛日庵贈因雲釋)」이라는 시를 소개한다. 자연에 묻혀서 속세를 멀리하고 세월의 흐름도 잊은 채 살아가는 삶의 경지를 노래한 작품이다.

寺在白雲中	절이 흰 구름 가운데 있으니
白雲僧不掃.	흰 구름이라서 스님은 쓸지를 않네.
客來門始開	바깥손님 와서야 겨우 문 열어 보니
萬壑松花老.	모든 골짜기에 송화가 이미 쇠었네.

227. 금강산(金剛山) ⑯

교하동서남북로	橋下東西南北路
장두일만이천봉.	杖頭一萬二千峰.
금강만이천봉월	金剛萬二千峰月
응작산승예불등.	應作山僧禮佛燈.

다리 아래 길은 동서남북으로 갈라졌고

지팡이 위로 일만 이천 봉우리가 솟아 있구나.

금강산 일만 이천 봉우리에 달이 뜬다면

응당 곳곳의 스님들은 부처님께 공양드리는 등불로 삼으리.

【주】

장두(杖頭): 지팡이의 머리(위).

불등(佛燈): 부처님께 공양하는 등.

〈감상〉

기 · 승구(起 · 承句)의 대구(對句)가 절묘하며, 금강산의 뛰어난 경치를 쉽게 잘 쓴 시이다. 絶唱!

228. 금강산(金剛山) ⑰

유계무석계환속	有溪無石溪還俗
유석무계석부기.	有石無溪石不奇.
차지유계겸유석	此地有溪兼有石
천위조화아위시.	天爲造化我爲詩.

시냇물이 있고 돌이 없으면 시냇물이 도리어 평범하고

돌은 있는데 시냇물이 없으면 돌이 신기롭지 못하다.

이 산엔 시냇물이 있고 겸하여 돌도 있으니

하느님은 조화를 짓고 나는 시를 짓는구나.

【주】

유계무석(有溪無石): 시냇물이 있고 돌이 없음. 여기에서 계(溪)는 계수(溪水. 산골짜기에서 흘러내리는 시냇물).

계환속(溪還俗): 시냇물이 오히려 평범함. 還은 도리어 환(却也), 俗은 범속할 속(凡庸)자로 평범하다.

석불기(石不奇): 돌이 신기(神奇: 신묘하고 기이함)롭지 못함.

위(爲): 지을 위(作文).

〈감상〉

금강산의 아름다움은 여러 측면에서 평가할 수 있는데, 이 시에서는 맑디맑은 玉水가 굽이쳐 흐르고, 그 玉水가 흐르는 물 밑의 盤石과 일만이천 봉 곳곳마다 기기묘묘한 바윗덩어리의 아름다움을 노래하였다.

229. 구월산(九月山)

작년구월과구월	昨年九月過九月
금년구월과구월.	今年九月過九月.
연년구월과구월	年年九月過九月
구월산광장구월.	九月山光長九月.

작년 구월에도 구월산을 지났고

금년 구월에도 구월산을 지나노라.

해마다 구월에 구월산을 지나니

구월산 풍경은 언제나 구월일세.

【주】

산광(山光): 경치.

장(長): 부사로 늘. 언제나.

〈감상〉

이 시는 한시(漢詩)에 대한 조예가 깊지 않은 사람도 이해할 수 있도록 쉽게 썼으면서도 구월산의 경치와 작자의 감회가 잘 드러나 있다. 명시(名詩) 중의 한 편이다. 1~3행에서 앞의 九月과 뒤의 九月은 다른 뜻으로 쓰였다. 4행은 또 이와는 반대의 뜻으로 쓰인 점이 특이하다.

구월산은 일명 아사달산(阿斯達山)이라고도 한다. 단군이 9월 9일 1,908세로 이 산의 산신이 되었다는 전설이 있다. 우리나라 서쪽에 있는 산으로서는 역사, 문화, 풍경 무엇으로나 가장 뛰어난 산이다. 지금은 빈터뿐인 삼성사(三聖祠)는 단군을 모시던 사당이었다. 황해도 은율군과 신천군 사이에 있는 산으로 해발 953m이다. 부근에 한산사(寒山寺)가 있다. 6·25때 반공 의용군의 격전지였다.

230. 관우를 모신 사당(關王廟)

고묘유심백일한	古廟幽深白日寒
전신부견한의관.	全身復見漢衣冠.
당시미료중원사	當時未了中原事
적토천년불해안.	赤兎千年不解鞍.

오래된 사당 그윽하고 깊숙하여 대낮에도 서늘한데

온몸에 걸친 한(漢)나라 의관 다시 본 듯하여라.

그때에 큰일을 마치지 못한 채 죽었으니

천년 세월 지난 지금도 말안장을 못 풀었네.

【주】

관왕묘(關王廟): 중국 삼국시대 촉한(蜀漢)의 장수인 관우(關羽)의 영(靈)을 모신 사당. 관제묘(關帝廟). 무묘(武廟).

고묘(古廟): 옛 사당. 오래된 사당.

유심(幽深): 그윽하고 깊숙함. 유수(幽邃). 조용하고 멀리 떨어진 곳.

백일한(白日寒): 대낮인데도 서늘함. 白日은 대낮, 백주(白晝), 백천(白天).

전신한의관(全身漢衣冠): 전신에 걸친 한나라 의관.

부견(復見): 다시 봄. 復는 다시 부(又也)자로 재차(再次).

미료(未了): 끝내지(마치지) 못함.

중원사(中原事): 중원의 일. 곧 오(吳)와 위(魏)를 정벌하여 중원을 평정하려던 과업. 중원(中原)은 한족(漢族)의 발상지인 황하유역(黃河流域), 하북(河北) · 하남(河南) · 산동(山東) · 섬서성(陝西省) 지방.

적토(赤兎): 적토마(赤兎馬). 관우(關羽)가 탔다는 준마(駿馬: 잘 닫는 우량한 말).

불해안(不解鞍): 말안장을 못 풀었음.

〈감상〉

중국 사대기서(四大奇書)의 하나인 나관중(羅貫中)이 쓴 『삼국지연의(三國志演義)』는 明初의 역사소설로서 全篇 120회 분량이다. 촉(蜀)의 삼걸인 劉備 · 關羽 · 張飛가 桃園에서 의를 맺는 데서 시작하여 오(吳)의 손호(孫皓)가 항복함으로써 天下가 하나로 統一된 사적을 소설체로 풀어 쓴 책이다.

관우(關羽)(?~219)의 자는 운장(雲長)이고, 하동(河東) 사람이다. 장비(張飛)와 함께 유비를 도와 전공치적(戰功治績)이 현저하였으나, 뒤에 손권(孫權)에게 모살(謀殺) 당하여 후세 사람들이 각처에 관왕묘(關王廟)를 세워 숭배하였다. 김삿갓이 찾은 관왕묘는 중국 땅에 있는 사당이 아니라, 임진왜란 이후 우리나라 어느 곳에 있던 관왕묘인 것으로 생각된다. 왜냐하면 김삿갓이 중국을 여행했다는 기록은 없으니까.

그 옛날 중원을 주름잡았던 영웅 관우가 천년의 한을 아직 풀지 못하고, 적토마에 얹혀 있는 안장도 풀지 않고 온몸에 걸친 한(漢)나라 때 의관을 입은 채 쓸쓸한 사당 안에 홀로 서 있는 모습을 읊었다.

231. 안변 표연정(安邊飄然亭) ①

일성답파유고루　　一城踏罷有高樓
멱주제시문기류.　　覓酒題詩問幾流.
고목다정황조지　　古木多情黃鳥至
대강무양백구비.　　大江無恙白鷗飛.
영웅과거풍연진　　英雄過去風煙盡
객자등림세월유.　　客子登臨歲月悠.
숙채관동유미료　　宿債關東猶未了
욕수정안하장주.　　欲隨征雁下長洲.

성을 따라 걸어나아가니 높다란 누각이 있어
술을 찾고 시를 지으며 강이 몇인가 묻노라.
고목은 다정하여 꾀꼬리가 찾아와 살고
큰 강은 시름없이 흐르고 백구가 날도다.
영웅이 사라지니 공중의 기운 없어지고
나그네는 누각에 올라 세월을 근심하도다.

빼어난 관동지방을 아직 못다 구경하였으니

기러기 따라 장주로 내려가려네.

【주】

답파(踏罷): 답파(踏破-먼 길이나 험한 길을 다 걸어 나감: travelling on foot)의 오기(誤記)인 듯.

멱주(覓酒): 술을 찾다. 술을 구하다.

제시(題詩): 시를 짓다. 題는 적다, 글 쓰다.

황조(黃鳥): 꾀꼬리.

무양(無恙): 몸에 탈이 없음. 병이 없음. 어른에게는 쓰지 아니함.

〈감상〉

안변 표연정에 올라서 술을 찾아 마시고 시를 지으며, 꾀꼬리의 노랫소리와 백구가 날아드는 경관을 구경하고 영웅들이 사라진 아쉬움과 세월의 무상함을 그렸다.

232. 안변 표연정(安邊飄然亭) ②

표연정자출장제	飄然亭子出長堤
학거누공조독제.	鶴去樓空鳥獨啼.
일리연하교상하	一里煙霞橋上下
일천풍월수동서.	一天風月水東西.
신선종적운과묘	神仙縱跡雲過杳
원객금회세모유.	遠客襟懷歲暮幽.

우화문전무문처　　羽化門前無問處
봉래소식몽중미.　　蓬萊消息夢中迷.

끝없이 긴 방축 끝에 높이 솟는 표연정
학은 떠나고 빈 누각에 새만 홀로 우짖는구나.
십리나 되는 다리의 위아래로 온통 안개가 피어오르고
온종일 풍월을 즐길 것들이 동서로 널려 있네.
신선이 노닐던 자취는 구름 속에 아득하고
멀리 떠도는 나그네의 회포가 세모에 그윽하도다.
우화문 앞에서 물어 볼 곳이 없으니
신선들이 산다는 봉래산의 소식은 꿈속에서조차 희미하네.

【주】

장제(長堤): 긴 방축(防築). 고려시대 정지상(鄭知常)의 「送人」에 "雨歇長堤草色多."

연하(煙霞): 봄 안개. 보얗게 피어오르는 안개. 고요한 山水의 경치.

일리(一里): 한 마장(거리의 단위).

풍월(風月): 자연계의 경치. 풍류를 즐김. 바람과 달에 부쳐 시가(詩歌)를 지음(吟風弄月).

종적(縱跡): 발자취(足跡). 뒤에 드러난 행적. 뒷자취(事跡).

금회(襟懷): 마음 속 깊이 품은 생각. 두목(杜牧)의 시에 "光潔疑可攬, 欲以襟懷貯."

우화(羽化): 날개가 돋은 선인(仙人)이 되어 하늘을 날다. 소식(蘇軾)의 「적벽부(赤壁賦)」에 "羽化而登仙."

봉래(蓬萊): 선인(仙人)이 산다는 섬으로 발해(渤海)에 있다는 세 山. 즉 영주(瀛洲)·방장(方丈)·봉래(蓬萊)를 가리킴.

〈감상〉

표연정에 올라가 그곳에 펼쳐진 경개를 완상하며 지은 시이다. 이곳은 그 옛날 신선들이 노닐다가 우화등선(羽化登仙)했다는 곳이다. 우화등선(羽化登仙) 또는 우화이등선(羽化而登仙)은 '날개가 돋은 선인(仙人)이 되어 하늘로 올라가 신선이 됨'의 뜻이다. 소식(蘇軾)의 「적벽부(赤壁賦)」에 "壬戌之秋七月旣望 … 縱一葦之所如 凌萬頃之茫然. 浩浩乎如馮虛御風而不知其所止, 飄飄乎如遺世獨立 羽化而登仙."(임술년 가을 7월 16일에… 작은 배가 가는대로 맡겨 넓은 강물 아득한 곳을 넘어가노라. 하도 넓어서 허공에서 바람을 몰고 달리는 것 같아 그 그치는 곳을 모르겠고, 표표히 속세를 버리고 홀로 우뚝 선 것 같아 깃(날개)이 돋은 신선이 되어 하늘로 오르는 것 같도다.)

233. 비 내린 뒤의 경치(霽後回頭詩)

반태벽초난명와	斑苔碧草亂鳴蛙
객단문전촌로사.	客斷門前村路斜.
산우취래풍동죽	山雨驟來風動竹
택어조천수번하.	澤魚跳濺水翻荷.
한음낭월송창만	閑吟朗月松窓滿
담말청연유항차.	淡抹青煙柳巷遮.
환로일소청경포	鰥老一宵清景飽
안주환각빈파파.	顔朱換却鬢皤皤.

얼룩진 이끼와 푸른 풀 속에서 개구리가 어지럽게 울고

나그네 발길이 끊어진 문전에는 비탈진 촌길이 저물었구나.
산중 소낙비 몰고오는 바람에 대밭이 움직이고
연못에서 고기가 텀벙텀벙 뛰어 물을 뿌리니 연꽃이 번득이도다.
한가롭게 글을 읊조리니 달빛은 소나무 창에 가득하고
비가 맑게 개니 푸른 연기가 버들 있는 마을에 자욱하도다.
늙은 홀아비 몸이 하룻밤을 맑은 경치로 배를 불리니
붉은 얼굴의 귀밑머리가 갑자기 서리같이 하얗게 되었도다.

【주】

반태(斑苔): 얼룩진 이끼.
난명와(亂鳴蛙): 개구리가 어지럽게 울다.
취래(驟來): 달려오다. 몰려오다. 몰아오다. 몰고 오다.
조천(跳濺): 텀벙텀벙 뛰어 물을 뿌리다.
번하(翻荷): 연꽃이 번득이다.
환로(鰥老): 늙은 홀아비.
청경포(淸景飽): 맑은 경치로 배를 불리다. 깨끗한 정경을 맘껏 구경하다.
담말(淡抹): (비가) 맑게 개다.
일소(一宵): 하룻밤(一夜).
빈(鬂): 빈(鬢)의 속자. 살쩍(귀밑머리).
파파(皤皤): 머리털이 하얗게 센 모양 또는 그런 머리털. 백발.

〈감상〉

방랑길에 오른 늙은 시인이 하룻밤 잠 잘 곳을 찾았으나, 오늘은 운수가 불길했던지 축객을 당하였다. 그래서 마을에서 떨어진 정자에서 밤을 지새우게 되었다. 비 온 뒤의 냉습한 산골 공기가 피곤한 늙은 몸에는 떨리도록 추웠을 것이다. 달빛은 밝고 두견새가 슬피 우는 처량한 밤이었으리라.

234. 안변 노고봉(安邊老姑峰)

엽락수용설만두	葉落瘦容雪滿頭
세여천탱흘연부.	勢如天撑屹然浮.
여령나립아해사	餘嶺羅立兒孩似
혹자중간선학유.	或者中間仙鶴遊.

낙엽이 져 여윈 산봉우리엔 눈이 덮였고

산은 하늘을 버티고 떠 있는 기세로 우뚝하네.

그 밑에 늘어선 모든 산고개들은 할머니의 손자 아이들 같고

그 중간 선경에는 학이 유유히 놀고 있도다.

【주】

수용(瘦容): 여윈 모양. 수척한 얼굴.

탱(撑): 버틸 탱(以柱撑物). 한유(韓愈)의 시에 "赤龍黑烏燒口熱 翎鬚倒側相攢撑." 그러므로 천탱(天撑)은 하늘을 버티다의 뜻.

흘연(屹然): 홀로 굴(屈)하지 않고 굳센 모양(의연함).

나립(羅立): 벌리어 늘어섬. 두보(杜甫)의 시에 "諸峰羅立似兒孫."

아해사(兒孩似): 아이와 같다. 아이와 비슷하다.

〈감상〉

김삿갓이 금강산 구경을 마치고 함경도 땅으로 들어섰을 때, 안변 지방의 노고봉을 찾았는데, 높은 산 위에는 벌써 눈이 덮여 있었다. 이름조차 늙은 이 유명한 노고봉을 바라보며 지팡이를 멈추고 지은 시이다.

235. 안변 학성산(安邊 鶴城山)의 산성(山城)에서

승개강산하처시	勝槪江山何處是
철령이북유안변.	鐵嶺以北有安邊.
삼대세기공천장	三臺勢氣拱天壯
만호농련박지련.	萬戶籠煉撲地連.
낙락창송망십리	落落蒼松望十里
잔잔녹수대남천.	潺潺綠水帶南天.
학루용취운중출	鶴樓聳翠雲中出
용각유단수저현.	龍閣流丹水底懸.
일점남산당호전	一點南山當戶轉
천가미현기작연.	千家美峴起勺煙.
층만첩첩장남북	層巒疊疊壯南北
대야망망분전후.	大野茫茫分前後.
지척조화천작부	咫尺造化天作府
만천승장지화전.	萬天勝壯地花餞.
조휘광덕서운기	朝輝廣德瑞雲起
석경북산봉화연.	夕景北山烽火燃.

아름답고 경치 좋은 강산이 어디인가 했더니

철령 북쪽의 안변 고을이었구나.

큰 세 봉우리의 반듯한 기세가

수많은 집에서 솟은 연기와 뒤엉켜 땅에까지 가득히 이어졌네.

가지가 축축 늘어진 푸른 소나무는 십리에 바라보이고
졸졸 흐르는 시냇물은 남녁 하늘에까지 뻗어 있네.
학가루의 비취빛은 구름 낀 산중에 솟아 있고
용각의 단청은 물 밑 바닥에 깊이 걸렸구나.
점 하나로 보이던 남산이 바로 눈앞인 듯 다가서고
수 많은 집과 아름다운 산 고개는 연기 속에 조금 솟았네.
여러 겹 산봉우리는 남북으로 뻗치고
아득히 크고 넓은 벌은 앞뒤로 나뉘었네.
지척에 보이는 조화는 하늘이 만든 고을 같고
천하의 온갖 정경은 땅으로 보면 꽃이 되었네.
넓게 빛나는 아침은 상서로운 구름을 일으키고
북녘 산의 저녁 풍경은 봉화가 타는 것 같이 붉구나.

【주】

안변(安邊): 함경남도에 있는 군(郡)이며, 명승 고적으로는 석왕사(釋王寺), 삼방약수(三防藥水), 지릉(智陵), 학가루(鶴駕樓), 학성산성(鶴城山城) 등이 유명함. 고려 때는 등주(登州)라고 하였음.

승개(勝概): 아름다운 경치. 승개(勝槩)로 쓰기도 함.

철령(鐵嶺): 강원도 회양군과 함경남도 안변군 사이에 있는 큰 재. 해발 685m.

삼대(三臺): 큰 산의 세 봉우리.

박지련(撲地連): 땅에 가득히 이어짐.

낙락창송(落落蒼松): 가지가 길게 축축 늘어진 소나무.

잔잔(潺潺): 물이 졸졸 흐르는 모양. 흐르는 물소리.

학루(鶴樓): 학가루(鶴駕樓). 안변에 있는 누각.

용취운산중(聳翠雲中出): 비취빛이 구름 낀 산중에 솟아있음.

수저현(水底懸): 물 밑바닥에 걸림.
층만(層巒): 첩첩한 산 봉우리.
망망(茫茫): 드넓은 모양. 아득히 멂.
천작(天作): 하늘이 만듦. 또는 저절로 이루어짐.

〈감상〉
수십 척 높이의 돌담으로 둘러 싸인 산성 안의 유적들과 우물, 군창(軍倉)을 둘러본 뒤에 학성루에 오르니 봉수대(烽燧臺)가 보이고, 용각이 내려다보이는 풍경을 읊은 시이다.

236. 함흥 구천각에 올라(登咸興九天閣)

인등누각임구천 人登樓閣臨九天
마도장교답만세. 馬渡長橋踏萬歲.
산의야협원원립 山疑野狹遠遠立
수외주행천천류. 水畏舟行淺淺流.
산의용반호거형 山意龍盤虎踞形
누각난비봉익세. 樓閣鸞飛鳳翼勢.

사람이 누각에 오르니 이름도 높은 구천각에 임하였고
말이 긴 다리를 건너니 이름도 긴 만세교로다.
산은 들이 좁아질까 봐 멀리멀리 서 있고
물은 배가 무서워할까봐 얕게 얕게 흐르네.
산세는 용이 서리었다고 용반산이나 범이 웅크린 형상이요 누각에는 난새 조각을 붙였으나 봉황새가 날개를 편 듯하다.

【주】

구천(九天): 하늘의 가장 높은 곳(九萬里長天). 여기선 구천각(九天閣)을 가리킴.

만세(萬歲): 만세교(萬歲橋)라는 다리 이름.

산의야협(山疑野狹): 산은 들이 좁아질까 의심하다.

난(鸞): 난새. 전설상의 새.

〈감상〉

미련(尾聯)이 채워지지 않은 미완성의 작품이다. 필사(筆寫)로 전해지는 과정에서 누락된 듯하다. 대구(對句)가 잘 맞추어져 있고, 특히 3, 4행의 표현은 다른 사람의 시에서는 보기 드문 압권이다. 구천각에 올라서 함흥의 경치를 읊었는데 이 함흥의 구천각 앞을 흐르는 성천강(城川江)은 수심이 얕기로 유명하다.

237. 최백담(崔白潭)과의 대련(對聯)

김삿갓:	산여검기충천립	山如劒氣衝天立
	수여병성동지류.	水如兵聲動地流.
최백담:	산욕도강강구립	山欲渡江江口立
	수장천석석두회.	水將穿石石頭廻.
김삿갓:	산불도강강구립	山不渡江江口立
	수난천석석두회.	水難穿石石頭廻.

산은 칼의 기상으로 하늘을 찌를 듯이 서 있고
물은 병정의 아우성 소리처럼 땅을 흔들고 흐른다.
산은 강을 건너려고 강어귀에 서 있고
물은 돌을 뚫으려고 돌머리를 돌고 있다.
산은 강을 건너지 못해서 강어귀에 서 있고
물은 돌을 뚫기 어려워서 돌머리를 돌아오도다.

【주】
충천립(衝天立): 공중에 높이 솟아올라서 하늘을 찌를 듯이 서 있음.
동지류(動地流): 땅을 흔들고 흐르다.
욕(欲): ~하고자 하다. ~하려고 하다.
도강(渡江): 강을 건너다.
강구립(江口立): 강어귀에 서 있다.
천석(穿石): 돌을 뚫다(鑽).

〈감상〉
단천 남대천(南大川) 산중에서 최백담(崔白潭)을 만나 글을 지어 석벽에 써 놓고 지기(知己)가 되었다. 그리고 술을 마시러 동행했다.

238. 개성 선죽교(開城 善竹橋)에서

고국강산입마수	故國江山立馬愁
반천왕업공일구.	半千王業空一邱.
연생폐장한아석	煙生廢墻寒鴉夕

엽락황대백안추.　　葉落荒臺白雁秋.
석구연심난전설　　石狗年深難轉舌
동대타멸단수두.　　銅臺陁滅但垂頭.
주관별유상심처　　周觀別有傷心處
선죽교천인불류.　　善竹橋川咽不流.

고국 강산에 말을 세우고 수심에 어려 바라보니
반천년이나 빛나던 왕업이 텅 빈 언덕이로다.
헐린 담장에 연기 피어오르고 갈까마귀 구슬피 우는 쓸쓸한 저녁에
황폐한 대 위에 낙엽 지고 기러기 날아가니 계절은 가을이구나.
돌로 만든 개도 여러 해가 되어 혀조차 굴리기 어렵고
구리로 만든 짐승도 허물어져 내려 다만 머리만 숙였도다.
두루 살펴보아 더욱 마음 아픈 곳 따로 있으니
선죽교 밑에 흐르는 냇물이 목이 메어 흐르지 못 하는구나.

【주】

폐장(廢墻): 허물어진 담장.
아(鴉): 갈까마귀.
백안(白雁): 기러기 비슷한 백색의 작은 새. 늦가을에 북극 지방에서 오는 후조(候鳥)의 한 종류. 『古今詩話』에 "北方白雁秋深乃來 則霜降謂之霜信."
석구(石狗): 돌로 만든 개의 상(像).
난전설(難轉舌): 혀를 굴리기 어렵다.
동대(銅臺): 구리로 만든 대.
타멸(陁滅): 허물어져 내리다.

〈감상〉

오백년 왕조의 도읍지였던 개성을 보며 그 화려했던 옛날의 자취는 찾을 길이 없고, 충신 정포은의 선혈이 낭자한 선죽교를 둘러보니 더욱 상심이 된다는 내용의 작품이다.

사육신(死六臣)의 한 사람인 이개(李塏)의 「선죽교」를 소개한다.

繁華往事已成空　영화도 지나고 보면 헛된 꿈과 같은 것
舞館歌臺野草中.　춤추고 노래 부르던 대는 들풀에 묻혀 있구나.
惟有斷橋名善竹　오직 선죽교 그 이름 남아 있으니
半千王業一文忠.　반천년 왕업 중 한 충신 정몽주를 아는가?

조선 철종(哲宗) 때 급제하여 승지(承旨)를 지낸 이설(李偰)이 지은 동제(同題)의 시 한 편을 더 소개한다.

善竹橋邊血　선죽교 위에 흘린 피
人悲我亦悲.　남들도 슬퍼하고 나 또한 슬퍼하네.
孤臣亡國後　외로운 신하는 나라가 망한 뒤에
不死竟何爲.　무슨 일을 하려고 끝내 죽지를 못하였는가.

239. 대동강 연광정(大同江練光亭)에서

절연호흘입고문　截然乎屹立高門
벽만경창파직번.　碧萬頃蒼波直翻.
일두주삼춘과객　一斗酒三春過客
천사류십리강촌.　千絲柳十里江村.
고단목대래하색　孤丹鶩帶來霞色

쌍백구비거설흔.　　雙白鳩飛去雪痕.
파상지정정상아　　波上之亭亭上我
좌초경야월황혼.　　坐初更夜月黃昏.

칼로 깎은 듯이 연관정 높은 문이 우뚝 서있고
그 아래엔 대동강의 만경 푸른 강물이 곧게 출렁이며 흐르네.
나그네는 한 말 술로 온 봄철을 다 보내고
천만 오리의 실을 늘인 버들이 십리 강촌에 늘어섰네.
외로운 붉은 따오기는 저녁 놀빛에 붉게 물들고
한 쌍의 백구가 날자 그 모습은 흰 함박눈이 내리는 것만 같다.
푸른 강물 위에 정자 떠 있고 정자 위에는 내가 앉았는데
황혼이 지나고 달이 뜬 밤에도 짐짓 떠나지를 못하겠네.

【주】

절연(截然): 칼로 자른 듯한 모양. 확연히.
흘립(屹立): 산을 깎아 세운 듯이 우뚝 솟아 있음. 용립(聳立)과 같은 뜻. 薩都剌의 시에 "雙崖屹立幾千仞."
만경창파(萬頃蒼波): 한없이 너른 바다.
직번(直翻): 물이 출렁거리는 모양.
삼춘(三春): 봄철 3개월. 즉 음력 정월은 孟春, 음력 이월은 仲春, 음력 삼월은 季春.
목(鶩): 따오기 목. 『예기(禮記)』에 "庶人執鶩."
하색(霞色): 놀 빛.

〈감상〉

한시의 일반적인 음률인 4 · 3조를 깨뜨리고 1행~6행까지는 3 · 4조

로, 7~8행은 4 · 3조로 되어 있는 기묘한 변격의 율을 읊어서 김삿갓의 진면목을 드러낸 작품이다. 절벽 위에 우뚝 서있는 연광정 아래로는 강물이 출렁이며 힘차게 흐르고, 축축 늘어진 버들은 십리 강촌에 늘어섰다. 따오기는 저녁 놀빛에 물들어 아름답고, 공중에 날아가는 한 쌍의 백구는 눈(雪)이 내리는 듯하다. 이 시는 평양 기생 죽향(竹香)이 지은 시 「강촌모경(江村暮景)」이라는 시를 읽고 반해 이에 화답으로 지은 작품이다.

다음이 「강촌모경」이다. 압운은 앞의 시와 같이 '門, 村, 昏.'

千絲萬縷柳垂門　실버들 천만 가지가 누각 문에 드리워지고
綠暗如雲不見村.　푸른 그늘 구름같이 눈을 가려 마을이 안 보이네.
忽有牧童吹笛過　갑자기 목동의 피리소리 그윽이 들리는데
一江烟雨白黃昏.　강여울 안개비에 날은 저물어 가네.

240. 매화유정(梅花幽情)

각방매화청아흥　却訪梅花淸我興
능령부옥소기봉.　能令蔀屋素其封.
주변파유정신죽　周邊頗有精神竹
조합시복동활용.　助合詩腹動活龍.

설중매화(雪中梅花)를 찾아서 내 흥취를 더 맑게 하려 하노니
그 그윽한 향기 속에는 가난한 집도 부잣집도 없도다.
매화꽃 피는 주변에는 정신이 산뜻 나는 푸른 대나무가 많으니
나의 시흥을 돋우어서 살아 있는 용처럼 꿈틀거리게 하도다.

【주】

각(却): 어조사 각(~해 버림을 나타내는 말).

부옥(蔀屋): 풀로 지붕을 이은 오막살이 집.

봉(封): 부자 봉(素封富厚).

〈감상〉

매화는 사군자(四君子)의 하나로 고금(古今)을 통하여 많은 시인(詩人) 묵객(墨客)들의 시제(詩題)와 화제(畫題)의 대상이었다.

조선시대 염암(念庵) 윤병수(尹秉綏)의 「매화(梅)」를 소개한다.

雪滿空山月滿城	빈 산엔 눈이 가득 성 안엔 달빛 가득
孤吟獨酌到深更.	홀로 술잔 들고 외로이 읊조리며 밤 깊도록 앉아 있소.
書燈睡熟殘燈冷	글소리는 졸고 있고 등불도 까물대는데
一樹梅花歲暮情.	한 그루 매화가 곱게 피어 가는 해(歲)를 지켜주네.

241. 청천강(淸川江) 가의 백상루(百祥樓)에서

청천강상백상루	淸川江上百祥樓
만경삼라미역수.	萬景森羅未易收.
금병영리비고목	錦屛影裡飛孤鶩
옥경광중점소주.	玉鏡光中點小舟.
초언장제청일면	草偃長堤靑一面
천저열산벽천두.	天低列山碧千頭.
불신인간선경재	不信人間仙境在
밀성금일견영주.	密城今日見瀛洲.

청천강 가의 이름도 좋은 백상루에
온갖 경개가 무성하게 펼쳐져 있어 이루 형언할 수 없도다.
비단 병풍을 두른 그림자 속에 외로운 따오기가 날고
옥거울이 빛나는 가운데에 조각배를 띄웠도다.
풀은 긴 강둑에 우거져서 한 면이 푸른 세계요
하늘은 늘어선 산에 맞닿아서 일천 봉우리가 푸른 천지로다.
사람이 사는 이 세상에 선경이 있다는 말을 믿지 않았더니
오늘 밀성에서 영주산을 보았도다.

【주】

삼라(森羅): 나무가 무성하게 늘어섬. 땅 위에 있는 온갖 물건의 모양.

인간(人間): 사람이 사는 세상.

영주(瀛洲): 삼신산(三神山)의 하나로 신선(神仙)이 있는 곳. 삼신산은 선인(仙人)이 산다는 섬으로 발해(渤海)에 있다는 세 산. 『한서(漢書) · 교사지(郊祀志)』에 "蓬來方丈瀛洲三神山在渤金銀爲宮闕."

〈감상〉

김삿갓의 지팡이가 청천강에 다다랐을 때는 모를 심은 들이 벌써 푸른 이랑의 파도를 치는 벼바다가 되는 한여름이었다. 녹음과 방초(芳草)가 꽃 시절보다도 더 좋은 훈풍을 타고 그는 청천강 가의 백상루에 올라가서 천하절경을 눈에 보이는 대로 읊어 나갔다.

242. 영남에서의 술회(嶺南述懷)

초초독의망향대　　超超獨倚望鄕臺
강염기수쾌안개.　　强厭羇愁快眼開.
여월경영관해거　　與月經營觀海去
승화소식입산래.　　乘花消息入山來.
장유우주여쌍리　　長遊宇宙餘雙履
진수영웅우일배.　　盡數英雄又一杯.
남국풍광비아토　　南國風光非我土
불여귀대한빈매.　　不如歸對漢濱梅.

높고 높은 망향대에 나 홀로 의지해서
북받치는 근심을 억누르며 눈을 번쩍 뜨고 주위를 둘러보노라.
영문(營門)을 지나 바다를 보려고 달과 함께 나갔다가
꽃 소식이 궁금해서 다시 산으로 들어왔네.
오랫동안 세상을 유람한 끝에 한 켤레의 신이 남았으니
운수(팔자)가 이러하므로 영웅은 또 한잔 술이로다.
남쪽의 풍광이 좋다 하나 내 고향은 아니니
고향에 돌아가 물가의 매화를 바라봄만 같지 못하도다.

【주】

초초(超超): 超는 높을 초(超然卓也). 超超는 높고 높다는 뜻. 『左傳』에 "超乘者三百乘."

의(倚): 기댈 의(依也).

강염(强厭): 厭은 누를 염. 억지로 누르다.

패수(霸愁): 근심이 많다.

경영(經營): 영문(營門)을 지나다. 영문은 군문(軍門). 군영의 문. 감영(監營).

우주(宇宙): 세계(世界). 천지(天地). 세상(世上).

수(數): 운수 수(運數).

영웅(英雄): 김삿갓 자신.

풍광(風光): 경치.

한빈(漢濱): 물가.

〈감상〉

망향대에 올라 자신의 기구한 신세를 회고하며 읊은 작품이다. 남쪽의 풍광이 아무리 좋더라도 자기 집으로 돌아가 물가의 매화를 바라보는 즐거움이 더 클 것이라는 생각이다. 차라리 고향에 돌아가 평범하게 사는 것이 낫지 않을까 하는 자탄이다.

243. 석굴암(石窟庵)의 조각미(彫刻美)

용면활수묘전신	龍眠活手妙傳神
옥부은도별양인.	玉斧銀刀別樣人.
만리부운장게처	萬里浮雲長憩處
구천명월원회진.	九天明月遠懷辰.
서기현포승란적	庶幾玄圃乘鸞跡
태반청성환학신.	太半靑城幻鶴身.
아욕상수연저립	我欲相隨延佇立

아군건리담비진. 訝君巾履淡非眞.

용면의 높은 솜씨에 신묘함을 전해

옥도끼로 쪼고 은장도로 깎아서 다른 세계의 사람이 나타났도다.

만 리 길을 떠나던 구름도 오랫동안 쉬어가는 곳이요

구만리장천의 명월도 멀리서 그리워하는 즈음이로다.

현인(賢人)이 현포라는 선경에서 난새를 탄 흔적도 이러하였고

청성이라는 선경에서 백학을 탄 몸도 이러하였으리라.

나는 이 살아 있는 듯한 신선을 따라가고자 머물러 섰노니

다만 그의 옷과 신이 진짜가 아닌가 의심할 뿐이로다.

【주】

석굴암(石窟庵): 경북 경주시 불국로 873-243 소재. 국보 제24호, 신라 경덕왕 10년(751년)에 김대성이 건조. 토함산 산정을 등진 동남향의 석굴사원.

용면(龍眠): 중국 북송의 문인화가인 이공린(李公麟, 1049~1106)의 호. 불교에 조예가 깊었고, 글씨와 그림에 뛰어났다.

옥부(玉斧): 옥도끼.

은도(銀刀): 은장도.

별양인(別樣人): 별다른 세계의 사람.

게(憩): 쉴 게(息也). 『시경(詩經)』에 "召伯所憩."

구천(九天): 九萬里長天. 한없이 넓고 먼 하늘. 구만리창공(九萬里蒼空).

진(辰): 때 진(時也). 기회.

서기(庶幾): 현인(賢人) (『論語 · 先進篇』).

현포(玄圃): 중국의 곤륜산상에 있다고 하는 선인(仙人)의 거소(居所).

승란적(乘鸞跡): 난새를 탔던 흔적.

태반(太半): 반수 이상.

저립(佇立): 머물러 섬.

아(訝): 의심할 아(疑怪).

군(君): 귀신의 존칭 군(湘君).

건리(巾履): 衣履. 옷과 신.

〈감상〉

석굴암은 국보 제24호로 토함산 산정을 등지고, 앞이 탁 트인 심산유곡에 자리 잡고 있다. 창건 당시의 이름은 석불사(石佛寺)로 가장 오랜 기록은 『삼국유사(三國遺事)·권5』의 「대성이 이세 부모에게 효도함(大城孝二世父母)」에서 찾을 수 있다.

모량리(牟梁里: 혹은 浮雲村)의 빈녀(貧女) 경조(慶祖)에게 아들이 있었는데 머리가 크고 정수리가 평평하여 성(城)과 같았으므로 이름을 대성(大城)이라 하였다. … 고용살이로 받은 돈을 법회에 보시해서 훗날의 응보를 도모하겠다며 밭을 점개(漸開) 스님에게 보시했다.

곧 대성은 세상을 떠나서 국상(國相) 김문량(金文亮)의 아들로 태어났는데, 7일 간이나 쥐고 있던 손을 펴보니 '대성(大城)' 두 자를 새긴 금간자(金簡子)가 나왔으므로 다시 이름을 '대성(大城)'이라 하였고 전생의 모친도 모셔와서 현세의 부모와 같이 봉양했다.

사냥에서 죽인 곰을 위해서 장수사(長壽寺)를 세웠고, 이승의 양친을 위해 불국사(佛國寺)를 세웠으며, 전생의 부모를 위해 석불사(石佛寺: 지금의 석굴암)를 세웠다. 아름답고 큰 불상을 세워 부모의 양육한 은혜를 갚았으니, 한 몸으로 전세와 현세의 두 부모에게 효도한 것은 옛적에도 또한 드문 일이었다. 착한 보시의 영험을 가히 믿지 않겠는가!

『삼국유사(三國遺事)』의 원문은 다음과 같다.

牟梁里(一作浮雲村)之 貧女 慶祖有兒 頭大 頂平如城 因名大城 … 施我傭田於法會 以圖後報何如 … 乃施田於開 未幾城物故 … 國宰金文亮家 … 七日乃開 有金簡子彫大城二字 又以名之. 迎其母於第中兼養之 …

爲熊創長壽寺於其捕地 … 乃爲現生二親創佛國寺 爲前世爺孃創石佛寺 … 茂張像設且酬鞠養之勞. 以一身孝二世父母 古亦罕聞 善施之驗 可不信乎.

244. 보림사를 지나며(過寶林寺)

궁달재천기이구	窮達在天豈易求
종오소호임유유.	從吾所好任悠悠.
가향북망운천리	家鄕北望雲千里
신세남유일해구.	身勢南遊一海漚.
소거수성배작추	掃去愁城盃作箒
조래시구월위구.	釣來詩句月爲鉤.
보림간진용천우	寶林看盡龍泉又
물외한적공비구.	物外閑跡共比丘.

빈궁과 영달은 하늘에 달려 있으니 어찌 쉽게 바꾸리오
내가 좋아하는 바를 따라 마음대로 유유히 지내도다.
북쪽 먼 고향을 바라보니 구름은 천리나 되고
나그네의 신세로 남쪽에서 노니 바다 위의 한낱 물거품 같도다.
술잔을 비 삼아서 쌓인 시름 쓸어버리고
시구(詩句)를 낚아 오니 초승달이 낚시가 되었는가?
보림사 절 구경을 다 하고 또 용천사를 보니
속세를 떠난 한가로운 몸이 비구승과 한가지로다.

【주】

궁달(窮達): 빈궁(貧窮)과 영달(英達).

종오소호(從吾所好): 내가 좋아하는 바대로 따르다.

유유(悠悠): 매우 한가한 모양. 느릿느릿한 모양. 『詩經』에 "悠悠旆旌", "悠悠南行."

가향(家鄕): 자기 집이 있는 고향(故鄕).

구(漚): 물거품 구(水泡). 「愣嚴經」에 "空生大覺中如海一漚."

추(箒): 비 추(箕箒篲也). 『전한 · 가의책(前漢 · 賈誼策)』에 "母取箕箒立而誶語."

〈감상〉

지리산을 구경한 김삿갓이 전남 장흥군에 있는 보림사를 지나 용천사에 와서 지은 시이다. 미연에서 "속세를 떠난 몸이 비구승과 한 가지"라는 말은 이미 부귀영화는 포기한 지 오래 되었으니 아무 욕심 없이 살아가겠다는 뜻으로 해석된다. 인생이란 원래 심해(深海)의 포말(泡沫)처럼 덧없으니 술잔을 빗물삼아 쌓인 시름을 씻어버린다는 내용이다.

245. 광한루에 올라(登廣寒樓)

남국풍광진차루	南國風光盡此樓
용성지하작교두.	龍城之下鵲橋頭.
강공급우무단과	江空急雨無端過
야활여운불긍수.	野闊餘雲不肯收.
천리공혜고객도	千里笻鞋孤客到
사시가고중선유.	四時茄鼓衆仙遊.

은하일맥연봉도　　銀河一脈連蓬島
미필영구입해구.　　未必靈區入海求.

남쪽의 경치는 이 광한루가 가장 좋으니
용성 아래 터를 잡고 오작교 머리맡에 있구나.
물 없는 강에 소나기가 오니 끝없이 흘러가고
넓은 들에는 구름이 남아 떠나지 않는구나.
외로운 나그네가 천릿길을 지팡이와 짚신발로 찾아와 보니
사시사철 피리 불고 북치며 뭇 신선이 노닐도다.
은하수 한 줄기가 봉래도에 연결되었으니
신령스런 곳 바다에 들어가서 찾을 필요는 없도다.

【주】

광한루(廣寒樓): 전라북도 남원 시내에 있는 누각. 『동국여지승람(東國輿地勝覽)·남원(南原)』에 "廣寒樓 黃守身記 府南二里許 地勢高平敞闊 有小樓 曰廣通 … 中略 … 甲子 河東鄭相國麟趾 易名以廣寒嗐湖南勝景 莫勝於吾鄕而吾鄕勝賞 尤莫勝於斯樓.

남국(南國): 삼남지방(三南地方), 곧 충청·전라·경상도를 가리킴.

풍광(風光): 경치(風景).

진차루(盡此樓): 이 누각에 다하였다. 이 누각이 가장 좋다.

용성(龍城): 지명. 남원의 옛 명칭인 듯, 또는 옛 마을 이름인 듯함.

작교(鵲橋): 광한루 경내의 연못을 가로질러 놓은 다리. 오작교(烏鵲橋).

강공(江空): 물 없는 강.

급우(急雨): 소나기(驟雨).

수(收): 모을 수.

공혜(筇鞋): 지팡이와 짚신.

가(笳): 호드기 가, 버들피리 가.
봉도(蓬島): 봉래도(蓬萊島). 신선이 산다는 상상의 섬. 발해에 있다고 함.
미필(未必): 부분 부정(반드시 ~한 것은 아니다).
영구(靈區): 신령스런 곳.

〈감상〉

광한루 경내에 숲을 이룬 수양버들 속에는 그림 같은 오작교가 걸려 있는데, 그 상류, 물 없는 강의 모래밭이 마치 견우와 직녀의 전설이 숨은 은하수가 아닌가? 이곳이 바로 선경이라는 시상의 전개다. 김삿갓은 그대로 낮잠이 들어서 신선의 세계를 거닐었는데, 이때 꿈에 나타난 미인은 춘향이 아니고 자신이 한때 극진히 사랑했던 가련이었으리라.

같은 제목(광한루)의 시로 남원 기생(南原 妓生) 계화(桂花)의 작품을 소개한다.

織罷氷梢獨上樓　비단 짜기 그치고 홀로 다락에 올라오니
水晶簾外桂花秋.　수정렴 틈으로 가을 달빛 스며드네.
牛郞一去無消息　견우성(牽牛星) 가버린 뒤론 소식마저 끊어지니
烏鵲橋邊夜夜愁.　오작교 바라보며 밤마다 시름하오.

246. 문성대(文星臺)에서

삭립암천첩　削立岩千疊
평포해일배.　平鋪海一杯.
임심조어뇨　林深鳥語鬧
일모도가회.　日暮棹歌回.
욕멱임공조　欲覓任公釣

유간학사대. 留看學士臺.
혹련산수요 酷憐山水樂
대월구배회. 待月久徘徊.

깎아지른 듯한 바위들이 겹겹이 쌓였는데
평평하게 펼쳐져 있는 바다는 한잔의 물이로다.
숲이 깊어 지저귀는 새소리 더더욱 시끄럽고
날이 저물어가니 뱃노래가 돌아오네.
임공의 낚시터가 어디인가 찾으려고
학사대에 머물면서 유심히 바라보네.
산수를 퍽도 사랑하고 그의 마음이 생각나서
달 뜨기를 기다리며 오랫동안 배회한다.

【주】

평포(平鋪): 평평하게 펼쳐짐.
뇨(鬧): 시끄러울 뇨.
도가(棹歌): 뱃노래(棹唱).
욕멱(欲覓): 찾고자 하다. 찾으려고 하다.
학사대(學士臺); 옛날 송(宋)나라 때 임호련(任鎬連)이라는 선비가 學士臺에 올라 앉아 평생 낚시질로 세월을 보냈다는 고사.
혹련(酷憐): 심하게 사랑하다. 지나치게 사랑하다.
요(樂): 좋아할 요. 『논어·옹야편(論語·雍也篇)』에 "知者樂水 仁者樂山."

〈감상〉

해주에서 황주를 거쳐 평안도로 가려면, 황평 양도에 걸쳐 있는 희환산(喜懽山)을 넘어야 한다. 희환산 기슭에 환희정(歡喜亭)이란 정자가 있고, 그 정자 아래로 오열탄(嗚咽灘)이라는 유명한 여울의 물보라에 옷을 적시며 구절양장(九折羊腸), 좁고 험한 오솔길을 따라 계곡을 한참 오르다 보면, 높다란 암벽에 커다란 글씨로 '문성대(文星臺)'라고 새겨진 세 글자가 보인다. 바위 위에 올라가 보니, 눈 아래 전개되는 경치는 일망무제(一望無際), 빼어난 경관이다. 주위에는 수목이 울창한데, 나무 숲 너머로는 바다인지 호수인지 분간하기 어려운 물까지 펼쳐져 있지 않은가! 숲속에선 뭇 새들이 끊임없이 지저귀고, 해는 저물어 낚시꾼이 돌아오는지, 어디선가 '어부사(漁父詞)'까지 들려온다. 눈앞의 풍경이 마치 선경인 것 같아 김삿갓이 한 수 읊었다.

247. 묘향산시(妙香山詩)

평생소욕자하구	平生所欲者何求
매의묘향산일유.	每擬妙香山一遊.
산첩첩천봉만인	山疊疊千峰萬仞
노층층십보구휴.	路層層十步九休.

내 평생에 하고자 하는 바가 무엇을 구하였던가
항상 묘향산에 한번 유람하기가 소원이었노라.
산은 첩첩하여 천 개의 봉우리가 만 길이나 되고
길은 층층으로 나 있어 열 걸음 가고 아홉 번은 쉰다.

〈감상〉

평생 소원하던 묘향산에 오르는데, 산은 첩첩 길은 꼬불꼬불, 하도

높고 험하여 거듭거듭 쉬어가는 모습을 사실적으로 묘사했다. 흰 구름과 푸른 안개가 눈 아래 내려다보이니, 자신이 하늘에 올라온 단 한 사람의 신선의 기분이 되어서 한 수 읊었다.

한시의 전통 율격을 벗어난 1, 2행은 5(2·3)·2조로, 다음 2행은 3·4조로 읽어야 풀이가 가능하다.

248. 촉석루(矗石樓)

연조비가사	燕趙悲歌士
상봉촉석루.	相逢矗石樓.
한연응지첩	寒烟凝知堞
낙엽하장주.	落葉下長洲.
소지원황권	素志遠黃卷
동심이백두.	同心已白頭.
명조남해거	明朝南海去
강월오경추.	江月五更秋.

울분을 노래하던 두 사나이
촉석루에서 서로 만났네.
차가운 가을 연기 성첩에 엉기고
낙엽은 져 긴 물가에 떨어져 내리네.
만 권 서적을 독파하려는 본디의 뜻 다 이루지 못하고
이미 세월은 헛되이 흘러 백발이 되었네.

내일 아침이면 또 남해로 떠나버릴 이 몸인데

새벽 강가엔 달빛만 스치네.

【주】

촉석루(矗石樓): 경상남도 진주(晋州)시 촉석성(矗石城) 안에 있는 누각. 『동국여지승람(東國輿地勝覽) · 진주(晋州)』에 "矗石樓 在矗石城內 河崙記 … 中略 … 樓在龍頭寺南石崖之上樓之 制宏敞軒豁俯臨渺茫 長江流其下 衆峰列于外 … 中略 … 其名樓之義 則淡菴白先生曰江之中有石矗 故樓曰矗石 始手於金公而再成於安常軒 皆壯之也 故又有壯元之名焉."

연조비가사(燕趙悲歌士): 전국 시대에 나라 일을 근심하여 울분한 마음을 노래로 부르던 연나라와 조나라의 선비들. 전기(錢起)의 「봉협자(逢俠者)」에 "燕趙悲歌士 相逢劇孟家. 寸心言不盡 前路日將斜."

소지(素志): 본디 품은 뜻.

황권(黃卷): 서적(書籍). 『당서(唐書)』에 "黃卷中方與聖賢對." 옛 사람들은 서적에 황지(黃紙)를 사용하였기 때문에 黃卷이라고 하였다. 『송경문공필기(宋景文公筆記)』에 "古人寫書盡用黃紙…."

동심(同心): 마음이 같음. 『서경(書經)』에 "予有亂臣十人同心."

백두(白頭): 희게 센 머리(白髮).

249. 오동 낙엽(梧桐落葉)

오동일엽락	梧桐一葉落
천하진여추.	天下盡如秋.

오동잎 하나가 떨어지니

천하에 가을이 왔음을 알겠노라.

〈감상〉

유수세월은 살같이 흘러 어느새 소슬한 가을이 왔음을 느끼고 지은 시이다.

250. 함관령(咸關嶺)에서

사월함관령	四月咸關嶺
북청군수한.	北青郡守寒.
두견금시발	杜鵑今始發
춘역상산난.	春亦上山難.

사월이건만 함관령에는 봄이 늦어서

북청 군수는 아마도 추울 것이다.

진달래꽃이 이제 겨우 피기 시작했으니

봄도 또한 산이 높아 오르기 어려운 모양이다.

【주】

두견(杜鵑): 진달래 꽃. 척촉(躑躅).

〈감상〉

이 지방은 지리적으로 북쪽이기도 하지만 높은 산에 둘러싸인 곳이

어서 다른 평지에서는 봄이 한창인 4월에, 이제야 진달래가 필 둥 말 둥하다. 봄 역시 나그네(김삿갓)의 다리와 같이 높은 산중에는 올라오기가 어려운 모양이다.

251. 낙민루(樂民樓)

선화당상선화당	宣化堂上宣火黨
낙민루하낙민루.	樂民樓下落民淚.
함경도민함경도	咸鏡道民咸驚逃
조기영가조기영.	趙岐泳家兆豈永.

선정을 펴야 할 관청에서 화적질 같은 학정을 펴니
백성들이 즐거워해야 할 정자 아래에서 백성들 눈물 흘리네.
함경도 백성들 모두 놀라 도망가니
조기영 관찰사의 집안 형편이 어찌 오래 가기를 바라리오.

【주】

宣化堂(선정을 베푸는 집) → 宣火黨(화적단 같은 도둑떼)
樂民樓(백성들이 즐거운 집) → 落民淚(백성들이 눈물 흘리다)
咸鏡道(우리나라 북쪽에 있는 도명) → 咸驚逃(모두 놀라 도망가다)
趙岐泳(관찰사의 성명) → 兆豈永(가세의 조짐이 어찌 오래 가겠는가)

〈감상〉

함경도 관찰사 조기영의 학정을 풍자한 시이다.

252. 송도를 지나며(過松都)

추풍필마노송신　　秋風匹馬老送身
방약행인의미한.　　方若行人衣微寒.
유수지금명간곡　　流水只今鳴間曲
부운의구쇄봉만.　　浮雲依舊鏁峰巒.
천년성곽석양외　　千年城郭夕陽外
일대의관춘몽간.　　一代衣冠春夢間.
오백흥망하처문　　五百興亡何處問
월대무득야화반.　　月臺無得野花斑.

가을바람은 불어오는데 한필의 말을 타고 떠도는 이 몸
바야흐로 날씨는 점점 추워 오는데 나그네의 옷이 너무 얇도다.
흐르는 물도 지금 춥다고 돌돌 곡조 소리를 맞춰 울고
뜬구름도 변함없이 산봉우리에 걸쳐 있네.
천년 낡은 성곽은 모두 석양에 설핏한데
찬란했던 고려의 문화는 일장춘몽이었던가.
오백 년 고려 왕조의 흥망을 어느 곳에 가서 물어야 하나
만월대 옛 터에 들꽃만 얼룩져 있네.

【주】

필마(匹馬): 한 필의 말. 필마단기(匹馬單騎)란 혼자 한 필의 말을 타고 간다는 뜻.

방(方): 이제 방(今也). 바야흐로 방(且也).

약(若): 같을 약(如也).
곡(曲): 곡조 곡, 가락 곡(歌詞調也).
쇄(鏁): 鎖의 속자(俗字). 자물쇠 쇄. 걸려 있다.
만(巒): 산봉우리 만(山圓峯).
성곽(城郭): 내성과 외성의 전부. 성의 둘레.
의관(衣冠): 의관문물(衣冠文物)로서 그 나라의 文人과 물질 방면의 모든 상황. 간단히 말하면 文化라고 할 수 있다.
춘몽간(春夢間): 일장춘몽간(一場春夢間). 한바탕의 봄꿈처럼 헛된 부귀영화. 인생이 무상함을 말할 때 씀.
월대(月臺): 만월대(滿月臺)로 고려 왕조의 도읍지였던 곳.
반(斑): 얼룩질 반.

〈감상〉

소슬한 가을바람이 불 때 고려 왕조 500년간 영화를 누렸던 만월대를 찾았다. 날씨는 추워 오는데 옷이 얇아 걱정된다. 그래서 문득 고향 생각도 떠오른다. 인생이 허무하듯이 왕조의 운명도 이다지 무상한가? 번화했던 옛 성터엔 들꽃만 무성하다.

조선시대에 시로써 이름을 드날린 이달(李達)의 「송도(松都)」라는 작품도 같은 느낌으로 쓴 시라고 생각되어 여기에 소개한다.

前朝臺殿草烟深　옛 왕조 대궐 터는 풀 속에 묻혀 있고
落日牛羊下夕陰.　석양에 우양들만 꼴 뜯고 내려오네.
同是等閒亡國地　이 모두 쓸쓸한 망국의 땅인데
笑看黃葉滿鶴林.　계림에만 단풍이 가득하다고 그 옛날에 비웃더니.

253. 대동강(大同江)

대동강상선주범	大同江上仙舟泛
취적가성영원풍.	吹笛歌聲泳遠風.
객자정참문불락	客子停驂聞不樂
창오산색모운중.	蒼梧山色暮雲中.

대동강 위에는 그림 같은 신선의 배가 떠 있고
피리 불며 노래하는 소리가 바람결에 은은히 들려오도다.
강 언덕에 머물러 선 나그네 마음이 즐겁지 않은데
창오산의 푸른빛이 구름 속에 저물어 간다.

【주】

선주범(仙舟泛): 신선의 배가 뜨다.

취적(吹笛): 피리를 불다.

객자(客子): 나그네(旅人, 遊人). 『史記』에 "得無與諸侯客子俱來乎."

창오산(蒼梧山): 순(舜)임금이 남순(南巡)하다가 죽어서 그를 장사 지냈다는 산. 두보(杜甫)의 「湘夫人祠」에 "蒼梧恨不淺 染淚在叢筠." 상부인(湘夫人)은 순(舜)임금의 두 부인인 아황(娥皇)과 여영(女英).

〈감상〉

대동강은 너무도 유명하여 많은 시인들이 많은 작품을 남겼는데, 조선 초 정도전은 일찍이 대동강에서 뱃놀이를 하다가, 흥에 겨워 강수지사(江水之辭)라는 노래를 남겼으니, 그 글에 하였으되,

江之水兮悠悠	대동강 물이여, 멀고도 푸르구나

泛蘭舟兮橫中流.	아름다운 배를 띄웠는데 중류에 걸렸도다.
高管激噪兮歌聲發	쌍피리소리 높고 시끄러우며 노랫소리 퍼져 가니
賓宴譽兮獻酬.	손님들은 잔치를 즐기며 술잔을 주고받도다.
或躍兮錦鯉	가끔가다 뛰어 오르는 것은 비단 잉어이고
飛來兮白鷗.	가벼이 날아오르는 것은 흰 갈매가로다.
煙沈沈兮極浦	연기는 모락모락 개(浦)의 가운데요
草萋萋兮芳洲.	풀이 무성하게 우거진 꽃다운 물가의 강둑이로다.
覽時物以自娛兮	제철 만난 자연 경관 구경하며 스스로 즐김이여
謇忘歸兮夷猶.	돌아갈 것을 잊고 머뭇거리도다.
景忽忽乎西馳兮	지는 해 바쁘게도 서쪽으로 달려가고
水浤浤兮逝不留.	물이 콸콸 흘러가서 머물지를 못하는 듯.
嘗歡樂之未幾兮	환락이란 언제나 그 동안이 길지 못하는 법
隱予心兮懷憂.	가슴속엔 남모르는 근심을 안고 사노라네.
嗟哉盛年不再至兮	아아, 젊은 시절 다시 오지 않음이니
老將及兮夫焉求.	늙음이 곧 닥쳐올 것이니 다시 무엇을 구하리오.
軒冕兮儻來	공명이란 뜻밖에 갑자기 굴러들어 오고
富貴兮雲浮.	부귀란 뜬 구름처럼 허망하다네.
惟君子所重者義兮	군자에게 소중한 것은 오직 변함없는 의리뿐이니
名萬古與千秋.	천추만대에 이름이 남는다네.
擧一杯相屬兮	술 한 잔을 들어 서로 권하노니
庶有企兮前修.	옛날 선현의 뜻을 기리며 닦아 나가세.

우리나라를 금수강산이라고 하지 않는가! 보면 볼수록 아름답다. 그래서 당나라 시인 사도(史道)는 평양의 아름다움을 표현하기를,

旣有錦繡山	비단에 수를 놓은 산이 이미 있는데
更見綾羅島.	능라도란 비단섬을 다시 보게 되는구나.
東人戒驕誇	조선 사람들은 그 이상은 사치라고 경계하여
衣裳多素縞.	일부러 흰 옷을 입는가보다.

라고 했다.

254. 부벽루(浮碧樓)에서

삼산반락청천외	三山半落青天外
이수중분백로주.	二水中分白鷺洲.
이의적선선아득	已矣謫仙先我得
사양투필하서루.	斜陽投筆下西樓.

높은 산들은 푸른 하늘 밖으로 아직도 떨어지는 중이요
물은 두 갈래로 백로가 노는 능라도를 끼고 흐르네.
아, 나보다 먼저 온 신선이 이미 놀았던 이 절경에
읊다 못하여 붓을 던지고 서쪽 정자로 내려가도다.

〈감상〉

부벽루는 평양 대동강변 모란대 밑 절벽 위에 있는 누각으로 천여 년 전에 세워졌는데, 경치가 빼어난 곳이어서 시인 묵객들이 많이 찾아드는 곳이다.

고려의 文官이었던 이혼(李混: 1252~1312)의 시 「부벽루」와 비교해 보자.

永明寺中人不見	영명사에는 찾아오는 사람 없고
永明寺前江自流.	영명사 앞엔 강물만 저절로 흐르네.
山空孤塔立庭際	고요한 산 외로운 탑만 뜰 앞에 서 있고

人斷小舟橫渡頭. 인적 끊긴 나루엔 빈 배만 매어 있네.
長天去鳥欲何向 먼 하늘을 날아가는 저 새는 어디로 가려는고
大野東風吹不休. 넓은 들 동쪽에서 부는 바람이 끊이질 않네.
往事微茫問無處 지난 일은 아득하여 물을 곳이 없으니
淡煙斜日使人愁. 뿌연 연기 지는 해가 시름겹게 하누나.

255. 강가의 집(江家)

선두어약은삼척 船頭魚躍銀三尺
문전봉고옥만층. 門前峰高玉萬層.
유수당창치자결 流水當窓稚子潔
낙화입실노처향. 落花入室老妻香.

물고기가 수면 위로 뛰어오르니 은(銀)이 석 자요
문 앞에 가로 놓인 산봉우리가 높으니 옥(玉)이 만 층이로다.
창 앞에 물이 흐르니 어린 아이가 깨끗하며
꽃잎이 방안에까지 날아드니 늙은 아내까지도 향기롭다.

【주】

어약(魚躍): 물고기가 수면 위로 뛰어 오름. 연비어약(鳶飛魚躍: 솔개가 날고 물고기가 뛰놂. 도가 행해져 만물이 각각 제자리를 얻음).

문전봉고(門前峰高): 문 앞의 산봉우리가 높음.

치자결(稚子潔): 어린 아이가 깨끗하다. 치자(稚子)는 어린 아들. 두보(杜甫)의 시 「강촌(江村)」에 "늙은 아내는 종이에 바둑판을 그리고, 어린 아들은 바늘을 두드려 낚시바늘을 만든다(老妻畵紙爲碁局, 稚

子敲針作釣鉤).”
노처향(老妻香): 늙은 아내가 향기로움.

〈감상〉

천의무봉(天衣無縫)이라는 말이 있으니, 그 뜻은 '하늘의 직녀가 짜 입은 옷은 솔기가 없다'는 뜻이니, 詩文 등이 매우 자연스러워 조금도 꾸민 데가 없이 완전무결하여 흠이 없다는 뜻이다. 바로 이런 시를 두고 일컬음이다.

뱃머리에선 흰 물고기가 펄떡펄떡 뛰는 모양을 '銀三尺', 집 앞을 가로막고 다가선 산봉우리를 '玉萬層'이라 표현하였고, 바로 창 앞에 흐르는 玉水가 있어서 어린이들이 몸을 깨끗이 씻을 수 있으며, 떨어지는 꽃잎이 방 안으로 날아드니 늙은 아내까지도 향기롭다고 읊었다. 絶唱이다.

256. 삼가정(三嘉亭)

산가수가정역가	山嘉水嘉亭亦嘉
정명자고시삼가.	亭名自古是三嘉.
삼가정상봉가객	三嘉亭上逢嘉客
정수삼가실사가.	亭雖三嘉實四嘉.

산 좋고 물 좋고 정자 또한 좋아서
정자 이름을 예로부터 삼가정이라 하였다.
삼가정 위에서 좋은 손님을 만났으니
정자는 비록 삼가정이나 실은 사가정(四嘉亭)이 되었네.

【주】

가(嘉): 아름다울 가(美也). 좋다. 『시경 · 빈풍동산(詩經 · 豳風東山)』에 "신혼 때 그토록 좋았으니 오래된 지금이야 더욱 어떠하랴(其新孔嘉, 其舊如之何)?"

자고(自古): 예로부터. 自는 전치사(前置詞)로서, '~으로부터'. 『논어 · 학이(論語 · 學而)』에 "벗이 먼 곳으로부터 찾아오니 또한 즐겁지 아니한가(有朋自遠方來, 不亦樂乎)!"

시(是): 이에 시(連詞). 그래서.

봉가객(逢嘉客): 좋은 손님을 만남.

〈감상〉

산이 좋고 물이 좋고 정자가 좋아서 삼가정(三嘉亭)이라 하였는데, 오늘 이 삼가정에서 좋은 손님을 만났으니 이제는 '사가정(四嘉亭)'이라고 읊었다.

257. 개잔령(開殘嶺)

귀래평지망	歸來平地望
삼야숙청천.	三夜宿青天.
앵앵과이변	鸎鸎過耳邊
지공타협인.	只恐打頰人.

평지를 바라보며 돌아오는데

산이 높아 사흘 밤을 하늘에서 잤구나.

산길(개잔령)을 지날 때 꾀꼬리가 귓가를 치는데

그것이 마치 뺨을 때리는 것 같아 무섭더라.

【주】

앵(鸎): 앵(鶯)과 같음. 꾀꼬리 앵(黃鳥). 황앵(黃鶯).

타협인(打頰人): 頰은 뺨 협(臉之面旁)자로 볼. 사람의 뺨을 치다. 『역경·함괘(易經·咸卦)』에 "그 광대뼈와 볼과 혀끝까지 감동된다(咸其輔頰舌)."

〈감상〉

개잔령이 얼마나 높고 험악한지 사흘 밤이나 산 위에서 잤다고 하였는데, 어떤 맹수가 달려들지 몰라 조마조마하며 걸을 때 꾀꼬리가 갑자기 귓가를 스치며 날아가 무서웠다는 내용의 시이다.

258. 바로 눈앞에 보이는 경치(卽景)

협집유번대일조	叶執猶煩帶一條
청풍재생부요료.	淸風纔生復寥寥.
녹련초엽양여잠	綠憐蕉葉涼如蘸
홍랑류화조욕소.	紅浪榴花照欲燒.
미뢰소우상쟁사	微雷小雨相爭篩
노발교염미격묘.	老魃驕炎未格苗.
문설강루감피음	聞說江樓堪避飮
어주준비월명소.	漁舟準備月明宵.

날씨가 너무 더워 띠 한 가닥 걸치기에도 번거로운데
시원한 바람 겨우 일었다가 다시 괴괴해졌구나.
푸른 파초 잎은 물에 담근 것 같이 청량(清凉)해 보이고
붉은 석류꽃은 불타는 듯 환히 빛나 보이네.
마른번개와 감질난 비는 서로 다투어 오락가락하고
늦더위 늦가뭄의 강렬한 불볕은 모든 모종까지 타게 하네.
듣건대 강가 누각에는 더위 피해 술 마실 수 있다고 하니
달 밝은 밤 고깃배 준비하겠네.

【주】

즉경(卽景): 바로 눈앞에 보이는 경치나 광경.

협집(叶執): 함께 잡음. 叶은 함께할 협(共也)자로서 함께, 다같이. 『금사 57 · 곽하마전(金史 57 · 郭蝦螞傳)』에 "又不能叶衆奉迎".

유번(猶煩): ~조차 번거로움. 猶는 오히려 유(尙且)자로 ~조차, 煩은 번잡할 번(煩雜)자로 많아서 번거롭다.

대일조(帶一條): 띠 한 가닥

재생(纔生): 겨우 일어남.

부요료(復寥寥): 다시 괴괴함

초엽(焦葉): 파초의 잎.

양여잠(凉如蘸): 물에 담금 것 같이 시원함. 蘸은 물에 담글 잠(侵入水).

홍랑유화(紅浪榴花): 돌보아 기르는 붉은 석류꽃. 浪은 돌볼 랑(護也)자로서 사랑하여 돌보다.

조욕소(照欲燒): 불타는 듯 환하게 빛남.

소우(小雨): 조금 오는 비. 감질나게 조금씩 오는 비.

상쟁사(相爭篩): 서로 다투어 뿌림. 篩는 뿌릴 사(洒也).

노발(老魃): 늦더위. 魃은 한귀 발(旱鬼)자로 가뭄을 맡은 귀신. 『시경 · 대아운한(詩經 · 大雅雲漢)』에 "가뭄 귀신이 날뛰어 불붙어 타는 듯합

니다(旱魃爲虐, 如惔如焚)".

교염(驕炎): 강렬한 늦가뭄. 驕는 왕성할 교(旺盛)자로 강렬하다.

묘(苗): 싹 묘(芽也)자로서 풀의 싹, 곧 모종. 모종이란 옮겨 심기 위하여 가꾼 온갖 씨앗의 싹. 벼의 싹은 볏모 또는 벼의 묘라 한다.

문설(聞說): 듣건대. 남이 말하는 것을 들음. 맹호연(孟浩然)의 시에 "聞說梅花早, 何如北地春."

감피음(堪避飮): 더위 피해 술 마실 수 있음. 堪은 할 수 있을 감(能够)자로 능히 ~할 수 있다. 『서경 · 다방(書經 · 多方)』에 "그러나 그대들 여러 나라는 그것을 돌아볼 수 있을 것이다(惟爾多方, 罔堪顧之)."

월명소(月明宵): 달이 밝은 밤.

〈감상〉

늦더위가 수그러질 줄을 모르고 기승을 부린다. 너무 더운 날이어서 띠 한 가닥 걸치기도 어려운데 짙푸른 파초 잎은 물에 담근 것처럼 청량(淸凉)해 보이고, 석류꽃은 불타는 듯이 화사한 꽃을 피우고 있다. 비는 내릴 듯하면서도 내리지 않아 강렬한 불볕은 모종까지 타죽게 한다. 그래도 강가에 있는 누각에는 이 더위를 피하여 술 한 잔을 마실 만 하다고 하니, 오늘 달 밝은 밤에 고깃배 한 척을 준비하려고 한다.

Ⅷ. 파자 · 육담(破字 · 肉談)

본래 파자법(破字法)이란 이 책 259번 시(人良具八 → 食具, 月月山山 → 朋出)처럼 글자를 깨뜨려 말한 것을 합쳐 보면 다른 글자와 다른 뜻이 되는 것을 말한다.

여기선 파자시와 함께 입에 담기 곤란한 성욕(性欲)이라든가, 패담(悖談), 파격(破格), 정사(情事), 욕(辱) 등이 담긴 시를 한 곳에 모았다. 물론 다른 단원의 많은 작품 속에도 부분적으로 한자의 독음(讀音)으로 또는 새김(訓)으로 풀이되는 작품들이 적지 않지만 여기엔 특히 드러나 보이는 것만 모았다.

여기 송세림(宋世琳)의 『어면순(禦眠楯)』에 실려 있는 「鳥鳴兒寒(새가 울면 아이는 춥다)」을 소개한다.

촌가의 내외가 동침할 때에는 항상 어린 아들이 내외의 발치에서 자도록 하였다. 이날 밤도 이들 내외는 즐거운 일을 시작하였는데 홍분과 즐거움이 절정에 달하자, 굴신 왕래(屈伸 往來)에 이불이 걷혀져 어린 아이는 이불을 덮지 못해서 추워 떨었다. 다음날 아침 어린 아이가 그 아비에게 물어 가로되,

"어젯밤에 이불 속에서 진흙을 밟는 소리가 난 것 같은데 이것

이 무슨 소리였습니까?"

하니 아비가 기로되,

"응, 그것은 진흙새(泥鳥聲) 소리였느리라"

라고 대답하자, 아이가 다시 묻되,

"이 새가 주로 우는 때는 어느 때입니까?"

하자, 아비가 가로되,

"별도로 정한 때가 없느니라"

라고 대답하였다. 아이가 다시 콧날을 찡그리며,

"그 새가 울 때에는 어찌나 추운지 혼났어요"

하고 말하니, 그 아비가 아이를 측은하게 여겨 어루만져 주었다고 한다.

(村家夫婦 共寢 常置稚子于跖底. 一日 夫婦 講歡屈伸 衾盡縮之 稚子 露臥 明朝 稚子 問于父曰 夜間衾裏有踏泥聲. 是何聲耶. 父曰 是泥鳥聲也. 稚子曰 此鳥政當何時鳴耶. 父曰 鳴無時矣. 稚子蹙頞曰 此鳥鳴時 兒甚寒矣哉 父 撫其子而胡盧.)

259. 파자시(破字詩) ①

<아들> 인량차팔 人良且八

<주인> 월월산산 月月山山.

<삿갓> 시자화중 豕者禾重

정구죽천 丁口竹天.

<아들> 식구(食具): 밥상 준비가 되었는데(내어 오리까?)

<주인> 붕출(朋出): 이 친구 가거든(밥상을 내어 오너라.)

<삿갓> 저종(猪種): (저 혼자만 먹는)돼지 종자 같은 놈의 꼴이

가소(可笑): 가히 우습다.

〈감상〉

화불단행(禍不單行)이란 말이 있다. 나쁜 일은 꼬리를 물고 계속해서 온다는 뜻이다. 김삿갓이 진주 원당리에서 조선에서 처음 보았다는 천대를 받은 바로 이튿날 밤에도 어느 유식한 집 사랑에서 유식한 명문답(名問答)의 진풍경을 겪었다. 해가 이미 기울어서 저녁때가 지났으나 주인의 밥상도 들어오지 않는다. 이윽고 아들이 나와서,

"인량차팔(人良且八) 하였나이다."

하고 아버지의 눈치를 본다. 이 네 글자는 비밀의 파자법(破字法)을 쓴 암호인데, 두 자를 합쳐보면 '식구(食具)'가 되어서 '밥상 준비가 되었는데 내어 오리까' 하고 아버지의 의향을 물은 것이다.

"월월산산(月月山山)하거든."

합치면 '붕출(朋出)'로서 '손님이 가거든 밥상을 내오라'는 뜻이다. 이 유식한 집안에서는 이것이 선조전래(先祖傳來)의 가헌(家憲)일지 모르나, 김삿갓 또한 그 정도는 유식하였으므로 곧 알아듣고 대꾸하였다.

"시자화중(豕者禾重)이 정구죽천(丁口竹天)이로다" → 저종(猪種) 곧 '저 혼자만 먹을 줄 아는 돼지 종자 같은 꼴이 우습다' 하는 욕이었다. 김삿갓은 이 유식한 집을 껄껄 웃고 나와 버렸다.

260. 파자시(破字詩) ②

선시산인불불인　　仙是山人佛不人
홍유강조계해조.　　鴻惟江鳥鷄奚鳥.
빙소일점환위수　　氷消一點還爲水
양목상대변성림.　　兩木相對便成林.

신선(仙)은 곧 산 사람(山人)이고, 부처는 사람이 아니며(弗人)
기러기는 오직 강의 새요(江鳥), 닭이야 어찌 새이겠는가?(奚鳥)
얼음(氷)에서 점하나 사라지면 다시 물(水)이 되고
나무 두 그루가 마주 보니 곧 수풀이 이루어졌도다(林).

【주】

유(惟): 오직 유.
해(奚): 의문부사로 어찌의 뜻(奚, 何, 安, 豈, 焉, 寧, 胡 모두 어찌).
소(消): 사라질 소.
변(便): 부사로 곧 변.

〈감상〉

이 시는 한자(漢字)의 만들어진 원리(原理) 즉 제자 원리(製字原理)와 그 운용방법(運用方法)을 설명한 육서(六書) 중, 회의(會意: 두 개 이상의 뜻을 가진 글자가 모여서 된 것)의 방법을 이용하여 이루어진 글자를 본래의 상형(象形: 사물의 형태를 본떠서 만들어진 것)이나 지사(指事: 점이나 선으로 어떤 사실을 나타낸 것)를 나타내는 글자로 풀어서 읊은 작품이다. 즉

仙은 山 + 人 → 山人(산사람)

佛은 弗(不) + 人 → 不人(부처는 사람이 아니다).

鴻은 江 + 鳥 → 江鳥(강의 새).

鷄는 奚 + 鳥 → 奚鳥(어찌 새이겠는가?)

氷 - 丶 → 水(얼음에서 점 하나 빼면 물).

木 + 木 → 林(나무 두 그루 모여 수풀이 된다).

261. 십사자(十四字)로 된 육담(肉談)

묘령소녀유소구	妙齡少女有小口
주타연후삽신야.	注唾然後插腎也.
처녀유막삽난성	處女有膜插難成
삽신도중필파막.	插腎道中必破膜.
기녀유병요주의	妓女有病要注意
삽신직후필세척.	插腎直後必洗滌.
탁발여승무모발	托鉢女僧無毛髮
정조준후삽신야.	正照準後插腎也.
인기사당탐재물	人氣寺黨貪財物
삽신이전필정산.	插腎以前必精算.
도녀도주요경계	盜女逃走要警戒
필착수갑삽신야.	必着手匣插腎也.
청상과부과색욕	靑孀寡婦過色慾
보신연후삽신야.	補身然後插腎也.

노년과부허색욕　　老年寡婦虛色慾
삽신진퇴필불속.　　揷腎進退必不速.
여비무개상개구　　女婢無蓋常開口
삽신연후봉개야.　　揷腎然後封蓋也.
다다투기대부인　　多多妬忌大夫人
화해연후필삽신.　　和解然後必揷腎.

어린 소녀는 거기가 작으니
침을 바른 다음 일을 보라.
처녀는 막이 있어 일을 보기 어려우니
일을 보는 도중에 그것을 터뜨리라.
기생은 병이 있으니 주의하고
일을 본 뒤엔 반드시 씻으라.
탁발 여승은 머리털이 없으니
혼동하지 말고 일을 보라.
인기 있는 사당은 재물을 탐하므로
일하기 전에 반드시 계산을 마쳐라.
도둑년은 도주하니 경계하여
반드시 두 손을 묶고 일을 보라.
젊은 과부는 색욕이 지나치니
몸을 보신한 뒤에 일을 보라.
나이 든 과부는 헛 색욕을 부리니
일은 보되 빠르게 끝내지 마라.

계집종은 입이 늘 열려있으니
일을 본 뒤에는 입단속을 하라.
지체 있는 부인은 투기가 심하니
반드시 화해를 하고 일을 보라.

〈감상〉

14자(字) 육담(肉談: 淫談悖說)은 김삿갓이 영월에 거주할 때 청년들 사이에서 은밀히 주고받으면서 즐기던 유치한 성어들을 김갓갓이 떠올려 정리(整理)한 것이라고 한다. 또 한 가지 한량들의 익살섞인 패담으로 여자들의 그 맛이 좋기로는 유부녀, 과부, 암중(여승), 무당, 백정 계집, 계집종, 처녀, 기생, 첩, 마누라의 순서라고 하였는데, 어떤 근거인지는 모르겠다.

262. 김삿갓의 한역시(漢譯詩)

㉮ 한산지세모시혜
제의상이의지혜
안성지청룡사혜
사당위업거혜
농지수혜문선지환혜
차한피한구섬집혜
농지구혜주순지배혜
차한피한구친접혜

㉯ 韓山之細毛施兮
製衣裳而衣之兮
安城之青龍寺兮
寺堂爲業去兮
儂之手兮門扇之鐶兮
此漢彼漢俱摻執兮
儂之口兮酒巡之盃兮
此漢彼漢俱親接兮

농지복혜진도지선혜 儂之腹兮津渡之船兮
차한피한구탑승혜 此漢彼漢俱搭乘兮

㉰ 한산의 가는 모시로
치마를 곱게곱게 차려 입고
안성 청룡사로
사당질가세.
이내 손은 문고리인가
이 사내도 잡고 저 사내도 잡네.
이내 입은 술잔인가
이 사내도 빨고 저 사내도 빠네.
이내 배는 나룻배인가
이 사내도 타고 저 사내도 타네.

〈감상〉

김삿갓이 색향(色鄕)인 평양에서 사귄 한량(閑良) 조상일(趙祥一)은 집안이 향반(鄕班)인데 하는 일 없이 매일같이 주지육림(酒池肉林)에 빠져 세월을 보내는 사람이었다. 그가 어느날 김삿갓에게 "양귀비(楊貴妃)의 오라비인 양국충(楊國忠)은 방에 병풍 대신 수십 명의 미녀들을 발가벗겨 둘러앉히고 그들의 체온과 분향(粉香)을 즐겼다던데, 우리라고 그런 육병(肉屛: 사람 병풍)을 즐기지 말라는 법이 어디 있습니까? 이 곳 평양에서 가장 크고 예쁜 기녀(妓女)들이 많기로 소문난 술집으로 모시겠습니다" 하면서 앞장서고, 김삿갓은 따라갔다.

조상일을 따라 그 홍등가(紅燈街)에 들어서니 과연 소문난 대로 대단한 곳이었다. 방에 들어서니 술상이 들어오고, 녹의홍상(綠衣紅裳)의 미녀(美女)들이 방 안 가득 차게 들어왔다. 술이 몇 순배(巡杯) 돌자 주객이 모두 홍이 올랐을 때 예쁜 기녀가 가야금을 타면서 ㉮의 노래를 불렀는데, 천하 문장인 김삿갓의 실력으로도 무슨 뜻의 말인지 알 수가 없어서 기생이 부른 가사를 ㉯와 같이 한자(漢字)로 옮겨 써 보았더니, ㉰와 같은 노래가사가 되었다고 한다.

263. 젖을 빨다(嚥乳三章)

보연기상	父嚥其上
부연기하	婦燕其下
상하부동	上下不同
기미즉동.	其味則同.
보연기이	父嚥其二
부연기일	婦嚥其一
일이부동	一二不同
기미즉동.	其味則同.
보연기감	父嚥其甘
부연기산	婦嚥其酸
감산부동	甘酸不同
기미즉동.	其味則同.

남자는 그 위를 빨고

여자는 그 아래를 빤다.

위와 아래가 서로 다르지만
그 맛은 한 가지라네.

남자는 그 둘을 빨고
여자는 그 하나를 빤다.
하나와 둘이 같지는 않으나
그 맛은 하나라네.

남자는 그 단맛을 빨고
여자는 그 신맛을 빤다.
달고 신맛이 같지는 않지만
그 맛은 한가지라네.

【주】
보(父): 아름다운 남자 보(男子美稱).
부(婦): 부인 또는 부녀자. 여자(女子).
연(嚥): 삼킬 연. 빨다.
산(酸): 신 산(酢味). 새큼새큼할 산.

〈감상〉

남녀 간의 애무를 너무 노골적으로 그렸다. 종래에는 이 시를 시아버지(父)와 며느리(婦) 사이의 불륜으로 해석해 왔으나 여기선 남자(父)와 여자(婦)로 해석하였다.

의원을 사칭하여 고름을 얻어내었다는(稱醫取膿) 이야기를 실어본다.

서울에 나이 젊은 불량(不良) 청년(靑年)이 있었는데 두메산골로 여행을 하게 되었다. 마침 타는 듯 목이 말라 길가 한 농부의 집에 들어가

한 모금의 물을 얻어 마시고자 하여 그 집안을 살펴보았더니, 마침 이제 꽃봉오리처럼 피어오르는 20세 안팎의 처녀가 있을 뿐 다른 사람은 없었다. 본래 이 낭자(娘子)는 음양(陰陽)의 일을 알지 못할 뿐만 아니라 천성이 순진하였다. 청년이 먼저 물을 얻어 마신 후에 낭자를 향하여,

"낭자의 안색이 어찌 그렇게 이상하게 보입니까? 반드시 깊은 병이 있을 것입니다."

"별로 다른 병이 없습니다."

"낭자께서는 별다른 병이 없다고 하시지만, 내가 자세히 보니 이상한 병 증세가 있습니다. 한 번 진맥을 해보는 것이 좋겠습니다."

하고 의원인 체 거짓말을 하고는 낭자의 손을 잡고,

"낭자의 몸속에는 이미 많은 고름이 배에 가득 차 있으니 지금 고치지 않으면 반드시 생명이 위태로울 것이외다."

"그렇다면 속히 치료하여 나를 구하여 주십시오."

낭자가 이렇게 말하자 청년이 감언이설(甘言利說)로 낭자를 유혹하여 바야흐로 운우(雲雨)가 무르익은 뒤에 그 정액(精液)을 그릇에 받은 후에 낭자에게 보이며,

"이렇게 많은 고름이 낭자의 몸속에 가득 차 있으니 조금만 늦었더라면 크게 위험할 뻔 했습니다."

하고, 청년은 떠나버렸다. 저녁 무렵 낭자의 양친이 집으로 돌아오거늘 낭자가 그 그릇에 담긴 고름(정액)을 보이면서 오늘 있었던 일을 이야기 하니, 그 부모가 자세히 본 즉 남자의 정액이라 크게 그 딸을 꾸짖고 그 그릇을 뜰아래로 던졌는데, 마침 이웃집 노파가 놀러 오다가 그 그릇을 주워가지고,

"아깝고 아깝도다! 미음 그릇을 왜 뜰 아래로 내버렸는가?"

하였다더라.

(京中有一浮浪年少者, 行旅於山峽村中, 適喉乾故, 入於路邊一田家, 請一器飮水而察見其內則只有一當嫁之娘子. 姿容頗美, 外無他人也. 元來其娘, 不知陰陽之事, 天性淳眞也. 年少先飮水後, 向娘言曰娘之顔色, 何其怪耶. 必有深病矣. 娘曰別無他病. 年少曰娘, 已稱無病, 我知其有異病之症. 見診脉可也假稱醫而執娘子手言曰娘之體內, 有膿腹, 不治則必危生命矣. 娘驚懼曰然則速治救我. 年少以甘言誘娘, 雲雨方濃後, 流其精液而入於皿, 示其娘曰如許膿, 充入娘體, 差晩則大危矣, 出其家登程矣. 薄暝娘之兩親歸家, 娘出迎後示其膿皿, 以告前事, 其親細見男之精液也, 大責其女, 投皿庭下, 適有隣婆來至, 拾其皿曰, 惜哉惜哉, 米飮皿, 何棄於庭下乎).

—강희맹(姜希孟)의 『촌담해이(村談解頤)』에서—

264. 빈집에서 읊음(吟空家)

심한한고조	甚寒漢高祖
불래도연명.	不來陶淵明.
욕격시황자	欲擊始皇子
기무초패왕.	豈無楚霸王.

㉮ 한고조가 몹시 추운데
도연명이 오지 않는구나.
진시황의 아들을 치려고 하는데
어찌 초패왕이 없는고?

㉯ 몹시 추운 방
잠이 오지를 않네.
부시를 치려고 하는데

어찌 부싯깃이 없느냐?

【주】

한고조의 이름은 '방(邦)' 도연명의 이름은 '잠(潛)'. 시황자는 진시황의 아들로서 부소(扶蘇) 곧 '부시', 초패왕의 이름은 '우(羽)'이다.

甚寒邦	㉯ 몹시 추운 방→방(房)
不來潛	잠이 오지 않아→잠(睡)
欲擊扶蘇	부시를 치려 하는데(불을 피우려는데)→부시
豈無羽	어찌 깃(부싯깃)마저 없느냐?→깃(솜이나 쑥을 비벼 만듦).

〈감상〉

㉮는 한자가 가진 본래의 뜻으로 풀이한 것이고, ㉯는 해학적으로 음과 새김으로 풀이한 것이다. 곧 "엄동설한 추운 밤에 불도 안 땐 냉방에서 홀로 누워 잠을 청하자니 너무 추워 잠이 오지 않는다. 일어나 부시를 쳐서 불을 지펴보고자 하나 부싯깃마저 떨어지고 없으니 이 추운 밤을 어찌 견딜 것인가?" 하는 작자 자신의 딱한 처지를 해학적으로 보여준 시이다.

265. 제삿집에 욕함(辱祭家)

연년납월십오야	年年臘月十五夜
군가제사내자지.	君家祭祀乃自知.
제전등물용도질	祭尊登物用刀疾
헌관집사개고알.	獻官執事皆告謁.

㉮ 해마다 섣달 보름날 밤에

당신네 집에 제사가 있음을 이미 아노니

제상에 오른 것은 칼질 잘한 제물

헌관이나 집사가 모두 아뢰어 뵙네

㉯ 해마다 섣달이면 씹오는밤(十五夜)에

네 놈의 집 제사에는 내조지(乃早知)

제사에 올린 음식에 용도질(用刀疾)을 치노니

헌관과 집사가 모두 개공알(皆告謁) 같다.

【주】

납월(臘月): 섣달. 『당서(唐書)』에 "以十二月爲臘月 建寅月爲一月."

군가(君家): 그대의 집. 君은 2인칭 대명사로 그대, 자네, 너, 당신의 뜻.

헌관(獻官): 제사 때 잔을 올리는 제관(祭官).

집사(執事): 제사를 맡아 준비한 사람.

〈감상〉

표면상의 뜻으로 보면 ㉮와 같이 평범한 축문으로 보이는 제삿집의 풍경을 묘사한 시이다. 그러나 ㉯와 같이 각 구 끝 3음절을 독음으로 읽어보면 지독한 욕을 한 풍자시이다. 김삿갓에게 제삿밥 대접을 안 했다가 죽은 조상까지 망신을 당했다.

266. 옥문(玉門)

원간사마안　　遠看似馬眼
근시여농창.　　近視如膿瘡.
양협무일치　　兩頰無一齒
능식일선강.　　能食一船薑.

멀리서 보면 마치 말눈깔과 흡사하고
가까이서 보면 짓물러 고름이 든 상처 같은데
두 볼에는 치아(齒牙)는 한 개도 없으면서
생강 한 배를 날름 먹어치웠구나.

【주】

옥문(玉門): 음문(陰門). 여자의 외부 생식기.

원간(遠看): 멀리에서 바라봄.

사마안(似馬眼): 마치 말의 눈과 같음. 似는 같을 사(似乎)자로 ~인 듯이 보임. 『논어 · 향당(論語 · 鄕黨)』에 "마치 말할 줄 모르는 사람 같으셨다(似不能言者)."

농창(膿瘡): 고름이 들어 있는 종양(腫瘍). 고름이 들어 있는 상처.

양협(兩頰): 두 볼(두 뺨). 頰은 뺨 협(臉之面旁)자로 볼. 『역경 · 함괘(易經 · 咸卦)』에 "그 광대뼈와 볼과 혀끝까지 감동된다(咸其輔頰舌)."

능식(能食): 먹을 수 있다. 能은 可, 得, 足, 可以, 得伊와 함께 가능보조사(可能補助詞)로 ~할 수 있다. "水深可知 人心難知."

일선강(一船薑): 배 한 척의 생강.

〈감상〉

평양이 평양다운 명승지로 손꼽히는 것은 대동강과 모란봉(牡丹峰)과 을밀대(乙密臺)와 능라도(綾羅島)가 있어서이다. 또 한 가지 평양에서 유명한 것은 사내들의 혼을 쏙 빼는 기생들의 존재이다.

김삿갓이 평양에 와서 들은 이야기는, "남자들은 코 밑에 있는 입으로만 음식을 먹을 줄 알지만, 기생들은 논이든 밭이든 소금이든 생강이든 닥치는 대로 먹어대는 입이 따로 있다"는 것이었다. 옹진 손님은 소금 한 배를 몽땅 빼앗겼고, 완주 봉동에서 온 생강 장수는 생강 한 배를 몽땅 빼앗겼단다. '빼앗겼다'는 것은 '기생에게 반해서 그 돈을 몽땅 기생의 옥문에 바쳤다'는 뜻이다. 이 생강 장수가 어느 날 기생의 玉門을 들여다보면서 읊었음직한 시이다.

267. 천탈관(天脫冠)

천탈관이득일점 天脫冠而得一點
내실장이횡일대. 乃失杖而橫一帶.

하늘 천(天)자 갓을 벗고(大), 한 점 얻고 → 犬(개)
이에 내(乃)자 지팡이를 잃고(了), 한 일자를 띠었다. → 子(아들)
犬子(개자식, 개새끼)

268. 서진사(徐進士)에게

봉비청산조은림　　鳳飛青山鳥隱林
용등벽해어잠수.　　龍登碧海魚潛水.

봉황이 청산에 날아오르니 좀새는 숲속에 숨어버리고
용이 벽해에 거동하시니 좀고기는 물속에 묻혀 버리는구나.

【주】
봉황과 용은 김삿갓이고, 좀새와 좀고기는 서진사(徐進士)임.

〈감상〉
서진사는 오래 전부터 가련을 자기의 첩으로 삼으려고 했는데 김삿갓이 나타나자, 가련이 김삿갓에 반해서 몸을 허락했으므로, 서진사는 김삿갓을 미워하고 경원하였다. 어느 날 김삿갓이 서진사를 찾아갔으나 만나 주지도 않자 남기고 온 시이다.

269. 원생원(元生員)

일출원생원　　日出猿生原(원숭이) → 元生員.
묘과서진사.　　猫過鼠盡死.(쥐)　 → 徐進士.
황혼문첨지　　黃昏蚊詹至(모기)　→ 文僉知.
야출조석사.　　夜出蚤席射.(벼룩)　→ 趙碩士.

해가 뜨니 '원숭이'가 언덕 위에 뛰어 다니고

고양이가 지나니 '쥐'가 모두 몰살을 했네.

황혼이 되니 '모기'가 처마에서 앵앵거리고

밤이 되니 '벼룩'이 자리 틈에서 쏘아대네.

〈감상〉

김삿갓이 서당 훈장 생활을 하며 가련과 인연을 맺고 사는 마을에 원 생원, 서진사, 문첨지, 조석사가 별로 유식하지도 않으면서 김삿갓을 시기하고 미워했다. 이에 김삿갓이 어느 날 네 사람이 모인 곳에서 그들을 싸잡아 욕한 시이다.

270. 조롱하는 시(弄詩)

유월염천조좌수	六月炎天鳥坐睡
구월양풍승진사.	九月凉風蠅盡死.
월출동령문첨지	月出東嶺蚊簷至
일락서산오향소.	日落西山烏向巢.

유월 더운 날에는 '새'가 앉아서 졸고

구월 서늘한 바람에는 '파리'가 다 죽는다.

달이 동쪽에서 뜨니 '모기'가 처마 끝에 이르고

해가 서산에 지니 '까마귀'가 제 집으로 향하도다.

【주】

조좌수(趙坐首) → 鳥坐睡 → 새가 앉아서 졸다.

승진사(承進士) → 蠅盡死 → 파리가 다 죽는다.

문첨지(文僉知) → 蚊簷至 → 모기가 처마 끝에 이르고

오향수(吳鄕首) → 烏向巢 → 까마귀가 집으로 돌아간다.

〈감상〉

어느 날 조좌수 집에 망령이 든 노인들이 모여 자기를 험담하는 말을 듣고 그 노인들을 놀려 주었다. 그의 자유자재한 글재주 앞에는 이처럼 이름 풀이의 재료가 되지 않을 존재가 없었다.

271. 패담시(悖談詩)

선생래불알	先生<u>來不謁</u>(래불알)
생도념이습.	生徒<u>念而習</u>(념이습).
서당내조지	書堂<u>乃早知</u>(내조지).
방중개존물.	房中<u>皆尊物</u>(개존물).

㉮ 선생을 찾았지만 보이지 아니하고

생도는 글만 열심히 읽구나.

서당은 내 일찍부터 알고 있나니

방 안엔 모두 귀한 집 자손이로다

㉯ 선생은 <u>내</u> <u>불알</u>이요

생도는 <u>념이습</u>(네미 씹)이다.

서당은 <u>내좆</u>이요

방중엔 <u>개존물</u>(개좆물)이다.

〈감상〉

김삿갓이 날이 저물어 어느 서당을 찾아갔더니 선생은 없고 아이들만 글을 읽고 있기에 "너희 선생님 어디 가셨느냐?"는 물음에 대답도 않고 김삿갓을 거지로만 취급하자 김삿갓이 울화가 치밀어 외쳐 댄 욕이었다. 단순히 ㉮의 내용을 보면 서당 풍경을 읊은 것이지만, ㉯는 서당과 훈장, 생도 모두를 싸잡아 욕하였다.

승구(承句)의 "念而習"을 일설(一說)에는 "제미십(諸未十)"이라고도 하며, 뜻은 "생도는 모두 합쳐도 열 명이 못 된다"로 풀이하기도 한다(제미십→제미 씹).

272. 파격시(破格詩)

천장거무집	天長去無執
화로접불래.	花老蝶不來.
국수한사발	菊樹寒沙發
지영반종지.	枝影半從地.
강정빈사과	江亭貧士過
대취복송하.	大醉伏松下.
월이산영개	月移山影改
통시구리내.	通市求利來.

㉮ 하늘이 길어서 가도 가도 잡을 수 없고
꽃이 시들면 나비도 찾아오지 않는다.
국화꽃은 찬 모래밭에 피고
나뭇가지는 땅을 향해 반쯤 늘어졌도다.
강가 정자에 가난한 선비가 지나다가
크게 취하여 소나무 아래 엎어지도다.
달이 기울어 산 그림자가 바뀌고
장꾼들은 돈을 벌어 오는구나.

㉯ 천장에는 거미집이 끼고
화로에서는 곗불 냄새가 나네.
국수는 한 사발씩
간장은 반 종지로구나.
강정과 빌린 사과와
대추, 복숭아로다.
워리, 사냥개야
통시(변소) 구린내를 맡고 오느냐?

〈감상〉

이와 같이 뜻으로 번역한 ㉮의 시가 ㉯처럼 음으로 읽으면 시골 어느 잔칫집의 모습을 풍자한 전혀 다른 시가 된다.

273. 평양(平壤)

천리평양십리어	千里平壤十里'於'
대사당도인개야.	大蛇當道人皆'也'.
낙일연광정하수	落日練光亭下水
백구무양거래호.	白鷗無恙去來乎.

천리 평양길이 아직도 십리가 '늘어'지게 남았는데
길에서 큰 뱀 나타나니 행인은 '잇끼'하고 놀라더라.
연광정 아래 대동강 물 위로 해는 저물어 가는데
백구만 근심 없이 가고 오느냐?

【주】

무양(無恙): 탈이 없음.

274. 사또의 답장 해독(答狀解讀)

김삿갓이 온종일 원주 치악산을 구경하고 해거름에 어떤 마을에 당도했을 때 부침개 냄새가 코를 자극하여 시장하던 차에 더욱 시장기가 들었다. 그래서 "어느 마을에서 무슨 잔치가 있기에 이렇게 부침개 냄새가 진동하고 사람들이 법석거리느냐?"고 물었더니, 마을 사람이 "내일이 오진사 진갑 잔칫날인데 본관 사또를 모시기 위해서 돼지를 다섯 마리씩이나 잡으며 준비하고 있으나, 오진사는 어쩐 일인지 초조해서 애를 태우고 있소" 하였다.

내용인즉, 이 고을 사또는 오진사와 동문수학(同門修學)하던 죽마고우(竹馬故友)이기도 하여 이 잔치에 초청해서 어려운 일도 부탁하고 뽐내보기도 하려고 했는데 사또에게서 보내온 편지의 답장을 해독할 수가 없어서 골치라는 이야기다. 김삿갓이 오진사댁을 방문하여 그 답서를 보여 달라고 했더니 사또의 답장은 예상을 뒤엎고 한지 반절 넓이의 지면에,

"來不往
 來不往"

이라는 여섯 글자만이 쓰여 있었다. 천하의 재주꾼인 김삿갓도 당황하였다.

그러나 천재 시인 김삿갓이 그것을 어찌 모르겠는가? 김삿갓은 사또의 답장을 다음과 같이 풀이했다.

來不, 往: 오지 말라고 해도, 가겠는데,
來, 不往: (하물며) 오라고 하는데, 왜 가지 않겠는가?

모두들 감탄의 소리를 질렀다. 글자 그대로 태산명동 서일필(泰山鳴動 鼠一匹)이라고나 할까? '來不往 來不往' 요즈음 말로 별것도 아닌데 무슨 큰일이나 난 듯 야단법석이었으니 그럴 만도

하였다. 이리하여 김삿갓은 사또의 답장 편지를 풀어 준 덕택에 주효(酒肴)를 포식하고 그날 밤에는 오진사댁 사랑방에서 하룻밤을 편히 지낼 수 있었다.

현대의 문장도 띄어쓰기에 따라서 전혀 다른 뜻의 문장이 된다.

장비 가마를 타고 간다.

장비가 말을 타고 간다.

주어와 목적어가 전연 다르게 된다. 또 한문 문장에도 다음과 같은 일화가 있다.

옛날에 어느 아버지가 임종(臨終) 때 재산을 물려주는데, 시집간 딸에게 모든 것을 주고, 자기 아들인 어린아이에게는 옷 한 벌, 신 한 켤레, 문서 하나만 주었다. 아들이 성장하여 관가(官家)에 호소하였으나, 번번이 패소(敗訴)를 했다. 그것은 유서 때문이었는데 이러하였다.

"七十生男非吾子家産傳之吾婿外人勿侵."

손변(孫抃)이 경상도 안렴사(慶尙道按廉使)로 갔다가 이 유서의 송사를 맡고는 아들에게 승소판결을 하여 재산을 반분(半分)시켰다 한다. 이 한 줄의 글은 문맥에 따라 서로 상반되는 결과를 가져온다.

각각의 문맥을 검토해 보면,

• 아들이 패소(敗訴)되는 문맥

七十에 生男하니 非吾子라, 家産을 傳之吾婿하니 外人은 勿侵하라.

(70에 아들을 낳으니 내 아들이 아니다. 집의 재산을 내 사위에게 전하노니 타인은 침범하지 마라.)

• 아들이 승소(勝訴)되는 문맥

七十에 生男인들 非吾子랴, 家産을 傳之하노니, 吾婿는 外人이라 勿侵하라.

(70에 생남인들 내 아들이 아니랴. 집의 재산을 그에게 전하노니, 내 사위는 남이니 침범하지 마라.)

275. 승속문답(僧俗問答)

행자: 근유숙이무질　芹有叔而無姪
　　서유부이무고.　鼠有婦而無姑.
삿갓: 미나리아재비는 있어도 미나리조카는 없고,
　　쥐며느리는 있어도 쥐시어머니는 없다.
행자: 춘절추, 주적야　春折秋, 晝摘夜. 秋 → 가을(갈)
삿갓: 봄에 갈(葦)을 꺾고, 낮에 밤(栗)을 딴다. 夜 → 밤(栗)

행자: 조거지이월　　　鳥去枝二月 → 한들한들 = 한 달 + 한 달 = 두 달

풍래엽팔분.　　　風來葉八分. → 너풀너풀 = 너 푼 + 너 푼 = 팔 푼

삿갓: 새가 날아가니 나뭇가지가 한들한들 흔들려 두 달이고

바람이 불어오니 나뭇잎이 너풀너풀 흔들려 팔푼이다.

행자: 화수화화립 花樹花花立 → 花花 : 꽃꽃 = 꼿꼿하게

송풍송송취. 松風松松吹. → 松松 : 솔솔

삿갓: 꽃나무는 꼿꼿하게 서 있고,

솔바람은 솔솔 불어온다.

행자: 가빈쌍월소 家貧雙月少 → 雙月(朋)

의폐반풍다. 衣弊半風多. → 半風(虱)

삿갓: 집이 가난하면 친구가 적고

옷이 낡으면 이가 많아진다.

행자: 인개이삼십일위일월　　　人皆以三十日爲一月

오독이이십오일위일월.　　　吾獨以二十五日爲一月.

삿갓: 남들은 열흘 셋을 한 달이라고 하지만,

나는 15일이 둘을 한 달이라고 말한다.

삿갓: 세개이휴월위반월　　　世皆以虧月爲半月

오독이만월위반월.　　　吾獨以滿月爲半月.

세상 사람은 모두 이지러진 달을 반달이라지만,

나는 보름날에 뜨는 둥근달을 만월이라 하오.

(곧 '세상 사람들은 반월 행자를 이지러진 달같이 못

난 사람이라고 말하지만, 나만은 반월행자를 보름달 처럼 원만한 사람으로 본다'는 속뜻이 있다.)

행자: 세상 사람들은 이지러진 달을 반달이라고 하지만, 선생만은 보름달을 만월(滿月)이라고 하시는군요. (결국 김선생은 '반월'이라는 제 이름을 가지고 문제를 내겠노라고 하셨는데, 그렇다면 이 문제는 반월이라는 저를 보름달처럼 원만한 사람이라고 칭찬해 주시는 말씀이로군요.)

〈감상〉

석왕사(釋王寺)에서 반월행자(半月行者) 스님과의 문답이다. 난해하기 이를 데 없는 문제를 제시해서 김삿갓의 기개를 꺾어 보려고 하였으나 김삿갓이 막힘 없이 풀어낼 뿐 아니라, 끝구에서는 행자스님을 추켜세우는 글귀를 써서 행자스님을 감동시켰다.

276. 중과 선비를 조롱함(嘲僧儒)

승수원원한마랑	僧首圓圓汗馬閬
유두첨첨좌구신.	儒頭尖尖坐狗腎.
성령동령영동정	聲令銅鈴零銅鼎
목약흑추낙백죽.	目若黑椒落白粥.

중의 둥글둥글한 대머리는 땀 흘리는 말 불알 같고

선비의 뾰족뾰족한 관은 쪼그리고 앉은 개좆이다.

목소리는 마치 구리방울을 굴리듯 우렁차지만

눈은 흰 죽에 빠뜨린 후추알 같도다.

【주】

한(汗): 땀.

랑(閬): 불알(腎囊). 그러므로 한마랑(汗馬閬)은 더워서 땀이 흘러 축 늘어진 말 불알이란 뜻.

첨(尖): 뾰족할 첨(末銳). 여기선 첩어로 뾰족뾰족의 뜻. 두보 시에 "萬點蜀山尖尖."

〈감상〉

금강산 유점사에서 주지승과 선비가 장기 두기에만 정신이 팔렸을 뿐, 김삿갓의 요구(저녁식사, 잠자리 요청)에는 못 들은 척하자 비꼬아 읊은 시이다. 땀과 땟국에 절어 꾀죄죄하고 냄새가 고약한 이 사람을 그 누가 반겨서 재워 주겠는가. 그저 모른 척 하는 것이 상책이라고 주지승은 생각했으리라.

김삿갓의 행색이 떠오르는 시 한 편을 소개한다.

東方有一士	동방에 한 선비 있으니
被服常不完.	의복이 항상 완전하지를 못하더라.
三旬九遇食	한 달이면 아홉 번 정도 밥을 먹고
十年着一冠.	십 년 동안에 갓 하나만을 쓰더라.

—도연명(陶淵明)의 「의고(擬古)」에서—

277. 새벽녘 누각에 올라

천고만리불거두　　天高萬里不擧頭
지활천리불선족.　　地濶千里不宣足.
오경등루비완월　　五更登樓非翫月
삼조벽곡불구선.　　三朝辟穀不求仙.

하늘은 만리나 되도록 높지만 머리를 들지 못하고
땅은 천리나 되도록 넓지만 다리 하나 펼 수가 없네.
새벽녘에 누각에 오른 것은 달을 구경하려 함이 아니고
삼일간이나 굶은 것은 신선이 되려는 풍류가 아니라네.

【주】

불거두(不擧頭): 머리를 들지 못하다. 아궁이 속에서 자기 때문이기도 함. 이백(李白)의 시 「정야사(靜夜思)」에 "擧頭望山月 低頭思故鄕."

활(濶): 활(闊: 넓을 활)의 속자(俗字). 그러므로 지활(地濶)은 땅이 넓다는 뜻.

불선족(不宣足): 宣은 펴다(弘也)의 뜻이므로 다리를 펼 수가 없다. 아궁이가 좁아서 다리를 마음대로 펼 수가 없다.

완월(翫月): 翫은 구경할 완(遊觀). 달을 구경하다.

벽곡(辟穀): 곡식을 물리침. 곡식을 버려 없앰. 곧 곡식으로 지은 밥을 먹지 아니하고 솔잎에 밤·대추 같은 것을 조금씩 먹고 사는 일.

〈감상〉

이 시는 147번 시와 유사하다. 기·승구는 조금 다르고, 전·결구는 147번 시와 동일하다. 어느 작품이 변형되지 않은 김삿갓의 작품인지 판단하기 어려워 두 작품을 모두 싣는다. 아궁이 속에 누워 잠을 청해보다가 머리도 들기 어렵고 다리도 펼 수 없어 누각에 올랐다. 삼일이나 굶어서 뱃속에선 쪼르륵 소리가 난다. 김삿갓이 자신의 처량한 신세를 위로하기 위해서 한 수 읊었다.

진묵대사(震默大師)의 게송(偈頌) 한 수를 읊어본다.

天衾地席山爲枕　하늘을 이불 삼고, 땅은 방석, 산은 베개로 삼아
月燭雲屛海作樽.　달을 촛불 삼고, 구름은 병풍, 바다는 술동이로 삼는다.
大醉居然仍起舞　대취하여 거연히 일어서서 춤을 추니
却嫌長袖掛崑崙.　곤륜산이 긴 옷 소매에 걸릴까 걱정이로다.

278. 정사(情事)

위위불염갱위위　爲爲不厭更爲爲
불위불위갱위위.　不爲不爲更爲爲.

해도 해도 싫지 않아 다시 하고 또 하고
안 하겠다 안 하겠다 하면서도 다시 하고 또 한다.

〈감상〉

남녀가 즐기는 운우(雲雨)의 정은 아무리 해도 끝도 없고 아무리 해도 싫증이 나지 않음을 불과 네 글자로 절묘하게 표현했다.

육담(肉談)에 가까운 시를 보는 참에 부안(扶安) 기생 계월(桂月)에 얽힌 시를 보자. 계월은 시 잘 짓고 거문고를 잘 탔는데, 스스로 호를 매창(梅窓)이라 하였다. 명기로 뽑혀 상경하니 장안의 오입쟁이들이 다투어 서로 맞이하지 않는 이 없고 더불어 수창(酬唱)하고 시를 짓는데, 하

루는 유모(柳某)가 찾아갔더니, 먼저 김(金), 최(崔) 양인이 협기(俠氣)깨나 있다고 뽐내면서, 이미 자리에 앉아 있는지라, 계월이 술상을 보아 대접하니 술이 반쯤 취하여 세 사람이 다 주목하여 서로 배격하고자 할새, 계월이 웃음을 머금고 가로되,

"여러분은 각각 풍류장시(風流場詩)를 읊어 즐거움을 도울진저"

하면서 먼저 한 수 읊었다.

玉臂千人枕	옥같이 고운 팔은 천 사람의 베개요
丹脣萬客嘗.	붉은 입술은 만 명 손님이 맛보았도다.
汝身非霜刃	네 몸이 날카로운 칼날이 아닐 텐데
何遽斷我腸.	어찌하여 내 창자를 끊어 내는가?
足舞三更月	다리는 한밤중 달빛 아래 춤을 추고
衾翻一陣風.	이불을 들썩이며 일진의 바람이 일어난다.
此時無限味	이때의 한없는 맛은
惟在兩人同.	오직 두 사람이 모두 같음에 있도다.

"이러한 천기(賤妓)들의 시가 아닌, 훌륭한 시를 지어 나의 마음을 흐뭇하게 해 줄 수 있다면, 가히 더불어 오늘밤을 즐기리라."

하자 김이 먼저 칠언절구로 송하여 가로되,

窓外三更細雨時	한밤중 창 밖에 가랑비 내릴 때에
兩人心事兩人知.	두 사람의 마음은 두 사람만이 아는구나.
新情未洽天將曉	새 정이 미흡한데 날은 장차 새려하니
更把羅杉問後期.	다시금 임의 옷깃 부여잡고 뒷기약을 묻노라.

최 또한 칠언 절구로 읊어 가로되,

抱向紗窓弄未休　사창을 향하여 끌어안고 희롱하니
半含嬌態半含羞.　반은 아양이고 반은 부끄러움을 띠었구나.
低聲暗問相思否　소리를 낮춰 작은 소리로 "사랑하느냐?"고 물었더니
手整金釵笑點頭.　손으로 금비녀 매만지며 웃으면서 고개만 끄덕이네.

이번에는 김이 읊어 가로되,

年纔十五窈窕娘　나이 겨우 열다섯인 아리따운 낭자가
名滿長安第一唱.　서울에서 명창으로 이름이 가득 찼네.
蕩子恩情深似海　방탕한 남자의 은정은 바다같이 깊고
花官威令肅如霜.　화관의 위령은 서릿발 같도다.
蘭窓日煖朝粧急　난초 창에 햇볕 따뜻하고 아침 단장이 급한데
松峴風高夕履忙.　소나무 고개 바람이 높으니 저녁놀이 바쁘다.
相別時多相見少　헤어질 때가 많고 만날 때가 적으니
陽臺雲雨惱襄王.　양대의 운우의 정이 양왕을 뇌살시키도다.

끝으로 유가 읊었는데, 계월이 흡족히 여겨 드디어 유가 계월을 껴안고 잤다.

探春豪士氣昂然　봄을 찾는 호걸이 힘이 솟구쳐
翡翠衾中有好緣.　비취 이불 속에서 그대와 좋은 인연을 맺네.
撑去玉臂兩脚屹　고운 팔을 끌어당겨 베고 누우니 두 다리는 드높고
貫來丹穴兩紋圓.　붉은 구멍을 꿰어 냈으니 두 줄이 둥글도다.
初看嬌眼迷如霧　교태로운 눈을 언뜻 보니 안개가 서린 듯하고
漸覺長天小似錢.　점차로 긴 하늘이 돈짝만큼 보임을 깨달았도다.
這裡若論滋味別　이 속에서 만약 재미가 유별남을 말한다면
一宵高價値千金.　하룻밤 비싼 값이 천금의 가치가 있네.

—『奇聞』에서—

279. 무제(無題)

평생불입무화동　　平生不入無花洞
십사난과유주촌.　　十死難過有酒村.

한평생을 꽃 없는 동네엔 들어가지 않았고
열 번 죽더라도 술 있는 마을 그냥 지나기는 어렵더라.

〈감상〉

첫 구의 꽃은 여인을 가리킨다. 김삿갓이 가는 곳에는 여인도 많았던 듯하다. 비록 떠돌이 신세일망정 멋을 아는 풍류시인이요, 또 일개 가정에 매여 사는 처지가 아니었기에 얼마든지 가능한 일이라고 본다. 그가 기녀나 또는 다른 여자들과 얽힌 이야기가 전해지고, 그의 많은 시가 여인을 주제로 하였다. 가련, 명순, 홍련, 부여기생 등.

다음 구 "難過有酒村"은 만당(晩唐)의 시인 두목(杜牧)의 시 「청명(淸明)」에 "借問酒家何處在"를 연상시킨다.

淸明時節雨紛紛　청명 시절 부슬부슬 내리는 비는
路上行人欲斷魂.　길 가는 나그네의 애를 끊누나.
借問酒家何處在　술집이 어디에 있느냐고 물었더니
牧童遙指杏花村.　목동은 멀리 살구꽃 핀 마을을 가리키더라.

280. 오랑캐 땅의 화초(胡地花草)

호지무화초	胡地無花草
호지무화초.	胡地無花草.
호지무화초	胡地無花草
호지무화초.	胡地無花草.

오랑캐 땅에는 화초가 없다고 하나
오랑캐 땅이라고 어찌 화초가 없겠는가?
오랑캐 땅에는 화초가 없다 하지만
오랑캐 땅엔들 화초가 어찌 없으리오?

【주】

이 작품을 푸는 비결은 시 자체에 있지 않고, 현토(懸吐: 토 달기)에 있다고 본다. 그리고 호(胡)자에 '오랑캐'라는 명사와 '어찌'라는 부사의 뜻이 들어 있음을 알 수 있다. 이 시는 시라기보다는 오히려 언어유희를 즐기는 수수께끼를 푸는 느낌이다.

281. 천렵(川獵)

- 제목: 직경(直景)
- 운자: 邊, 鵑, 傳

작은 시냇가에서 솥뚜껑을 돌에다 걸어 놓고
흰 가루와 푸른 기름으로 두견꽃을 지지는도다.
쌍젓가락으로 집어서 먹으니 입에 향기가 가득해서
일 년의 봄빛을 뱃속에 전하노라.

정관탱석소계변	鼎冠撑石少溪邊
백분청유자두견.	白粉青油煮杜鵑.
쌍저협래향만구	雙箸挾來香滿口
일년춘색복중전.	一年春色腹中傳.

【주】
정관(鼎冠): 솥뚜껑.
자(煮): 지지다.
두견(杜鵑): 여기에서 杜鵑은 두견새(소쩍새)가 아니고 두견화(杜鵑花), 곧 진달래꽃(두견꽃)이다.
협래(挾來): 집어 오다. 집어서 먹다. 가져오다. 挾은 가질 협.

〈감상〉
처음엔 언문(한글)으로 짓고, 한글 시에 맞추어 한시로 옮긴 것이다. 금강산의 어느 계곡에 이르렀을 때, 근방의 시객(詩客) 오륙 인이 모여서 천렵(川獵)을 하며 시회(詩會)를 열고 있었다. 목이 컬컬하던 참에 술 생각이 간절하여 자청해서 우리말로 읊은 것을 시객 중의 한 사람이 한시로 번역하여 지은 작품이다.

282. 불이 석 달 동안이나 꺼지지 않았다(火三月不滅)

위수탕탕동류거　　渭水湯湯東流去
강동어부습팽어.　　江東漁夫拾烹魚.
화염직충비상천　　火炎直沖飛上天
천제무둔왈열열.　　天帝撫臀曰熱熱.

위수가 펄펄 끓으면서 동해로 흘러가니
강동 어부들 삶아져 익은 고기를 주워담네.
불꽃이 곧게 날아 하늘로 올라가니
하느님께서 궁둥이를 만지면서 "앗, 뜨거워!" 하신다.

【주】

불멸(不滅): 멸망(滅亡)하지 아니함. 없어지지 아니함. 여기선 불이 꺼지지 않음. 항우(項羽)가 진(秦)나라를 치고 함양(咸陽)을 불사를 때 그 불이 3개월간이나 꺼지지 아니하고 타기를 계속한 것을 말한 것.

위수(渭水): 감숙성(甘肅省)에서 발원하여 황하로 흘러드는 강 이름. 『서경 · 우공(書經 · 禹貢)』에 "약수를 서쪽으로 끌어내고 경수(涇水)를 위수 북쪽 물굽이로 끌어들임(弱水旣西, 涇屬渭汭)."

탕탕(湯湯): 펄펄 끓다. 湯은 끓인 물 탕(熱水), 또는 끓일 탕(熱之)자로서 뜨겁게 끓이다, 데우다, 데치다, 찜질하다.

강동(江東): 양자강(揚子江) 하류(下流) 남안(南岸)의 땅. 초(楚)의 항우(項羽)가 기병한 곳. 강좌(江左). 『사기 · 항우기(史記 · 項羽紀)』에 "且籍與江東子弟八千人, 渡江而西."

습팽어(拾烹魚): 뜨거운 물에 삶아진 물고기를 주워 담음. 拾은 주울 습(掇也)자로 습득하다, 줍다, 모으다. 『논형 · 별통(論衡 · 別通)』에 "蕭

何入秦, 收拾文書.” 烹은 삶을 팽(煮也)자로서 음식물을 삶다.
화염(火炎): 불이 탐. 또는 그 불꽃. 화염(火焰)
직충(直沖): 곧게 오름. 沖은 오를 충(升也)자로서 위로 솟구치다.
천제무둔왈열열(天帝撫臀日熱熱): 하느님께서 궁둥이를 만지면서 “앗, 뜨거워”라고 하심. 천제(天帝)는 하느님, 무둔(撫臀)은 둔부를 만짐.

〈감상〉

이 작품은 항우가 진(秦) 나라를 치고 함양(咸陽)을 불사를 때, 이 불이 3개월간이나 타면서 위수를 끓게 하여, 물고기가 삶아져 떠 있는 것을 어부들은 그릇에 주워 담기만 하면 되었다. 따라서 이 불꽃이 하늘 위로 곧게 날아 올라가 하느님의 거처에도 온기가 너무 뜨거워서, “앗, 뜨거워!” 하시며 놀랐다는 표현이다. 승(承) · 결(結)구가 압권(壓卷)이다. 絶唱, 絶唱!

IX. 언문 · 진서 혼용시(諺文 · 眞書 混用詩)

한시(漢詩)란 글자 그대로 '한문(漢文)으로 된 시'이다. 다시 말하면 한 편의 시가 모두 한자(漢字)로 된 시이다. 그런데 김삿갓은,

靑松듬성듬성立,
人間여기저기有.

처럼 한글과 한자를 섞어서 짓거나, 또는 형식만 7언시의 모양을 갖추어,

사면 기둥 빨갛다
석양 행객 시장타
네 절 인심 고약타
지옥 가기 꼭 좋다.

와 같이 한글로만 지은 시들이 있다. 이와 같이 한글과 한문을 섞어서 지은 시를 사람들이 "그게 무슨 시냐?"고 비난하자 김삿갓은,

諺文眞書섞어作　　한글과 한자를 섞어 짓는다고
是耶非耶皆吾子.　　시비를 거는 놈은 모두 내 자식이다.

하여 사람들을 웃겨 주었다는데, 이와 같은 시편들은 개화기(開化期) 시가형식(詩歌形式)에 영향을 끼쳤으리라 생각된다.

283. 국문 운자(國文韻字)

기역(ㄱ): 요하패(腰下佩)　　기역 → 낫
이응(ㅇ): 우비천(牛鼻穿).　　이응 → 코뚜레
리을(ㄹ): 귀가수(歸家修)　　리을 → 己
디귿(ㄷ): 불연점(不然點).　　디귿 → 亡

네 허리에는 기역(ㄱ)字 낫을 차고
쇠코에는 이응(ㅇ)字 코뚜레를 끼웠구나.
집에 가서 리을(ㄹ)字의 몸을 닦아라
그렇지 않으면 디귿(ㄷ)에 점 찍고 망(亡)하리라.

【주】
요(腰): 허리.
패(佩): 차다. 패용(佩用)은 몸에 차다.
천(穿): 꿰다.
낫: 풀, 곡식 등을 베는 ㄱ자 모양의 연장.

기(己): 몸 기(身也).
불연(不然): 그렇지 아니하면.
코뚜레: 쇠코뚜레(소의 코청을 꿰뚫어 끼우는 고리 모양의 둥근 나무).

〈감상〉

이 시는 한글파자시의 성격을 띤다. 허리 아래 기역(ㄱ)을 찬다는 것은 '낫 놓고 ㄱ자도 모르느냐'와 마찬가지로 ㄱ자는 낫을 가리킨다. 이와 같이 이응(ㅇ)은 코뚜레의 모양, 리을(ㄹ)자는 몸 기(ㄹ)자의 모양과 같다. 디귿(ㄷ)에 점을 찍으면 한문 글자 망할 망(亡)자와 같게 된다.

284. 매를 찾는 판결(求鷹判題)

得於青山하여 失於青山하니	청산에서 얻어 청산에서 잃었으니
問於青山하여 青山不答커든	청산에게 물어 청산이 대답 않거든
青山을 卽刻促來하렸다.	청산을 곧 잡아 대령하렸다.

〈감상〉

사냥꾼이 매를 잃어버리고 속상해 하는 것을 보고 익살스럽게 한 수 읊은 시이다.

285. 봄철에 시회를 연 곳에서 지음(開春詩會作)

데걱데걱登南山	데걱데걱 남산 위에 올라오자니
씨끈벌떡息氣散.	씨끈벌떡 숨이 매우 가빠진다.
醉眼朦朧굽어觀	취한 눈으로 희미하게 굽어보니
울긋불긋花爛漫.	울긋불긋 꽃이 피어 난만하구나.

286. 언문풍월(諺文風月)

青松듬성듬성立	푸른 솔은 듬성듬성 서 있고
人間여기저기有.	사람들은 여기저기 있구나.
所謂어뚝삐뚝客	난척하는 어뚝삐뚝 손들이
平生쓰나다나酒.	한평생을 쓰나다나 술일세.

287. 언문시(諺文詩) ①

諺文眞書섞어作	언문하고 진서를 섞어서 지었다고
是耶非耶皆吾子.	시비를 거는 놈은 모두 내 자식이다.

288. 언문시(諺文詩) ②

사면(四面) 기둥 빨갛다
석양(夕陽) 행객 시장타
네 절(汝寺) 인심 고약타
지옥(地獄) 가기 꼭 좋다.

〈감상〉

김삿갓이 금강산 어느 절에 당도하였을 때였다. 마침 석양도 되고 시장하기도 하고, 다른 곳에 가보아야 하룻밤 잠잘 곳도 마땅치 않았다. 선비 한 사람과 중이 바둑을 두는데 끼어서 훈수를 하다가 김삿갓이 사정을 말하였으나 들어주지 아니하고 쫓아 버리므로 그 절 중에게 퍼부은 욕설이다. 지옥을 안 가고 극락세계에 들고 싶어서 불도를 닦는 중에게 "지옥에 가기 꼭 좋다"고 악담을 하였으니 중의 성난 표정이 어떠했는지 궁금하다. '타'라는 운자는 중 자신이 내고 자신이 욕을 당하였다.

<끝>

부록 1.

| 한시의 첫 구 순서 |

Ⅰ. 과체시편(科體詩篇)

1. 김병연(金炳淵)이 삿갓을 쓰고 방랑시인이 된 내력 / 2

2. 왈이세신김익순 曰爾世臣金益淳 / 7

3. 조소수혈개유거 鳥巢獸穴皆有居 / 13

4. 조화주인거로장 造化主人籧盧場 / 20

5. 화렴신권서산모 畫簾新捲西山暮 / 26

Ⅱ. 애정시편(愛情詩篇)

6. 연사출몰경사부 煙梭出沒輕似鳧 / 34

7. 가련행색가련신 可憐行色可憐身 / 35

8. 가련강포망 可憐江浦望 / 37

9. 모심내활 毛深內濶 / 38

10. 명지가련색가련 名之可憐色可憐 / 39

11. 대월사창농미휴 對月紗窓弄未休 / 40

12. 가련문전별가련 可憐門前別可憐 / 42

13. 화발다풍우 花發多風雨 / 42

14. 가련야조읍추회 可憐夜鳥泣秋灰 / 43

15. 심과농정천상주 椹顆濃情天上酒 / 44

16. 평양기생하소능 平壤妓生何所能 / 44

17. 수리회회성조란 手裡廻廻成鳥卵 / 45

18. 탐화광접반야행 探花狂蝶半夜行 / 47
19. 금조일별후 今朝一別後 / 48
20. 작야광접화리숙 昨夜狂蝶花裡宿 / 49
21. 중조동지숙 衆鳥同枝宿 / 49
22. 일종별후기감망 一從別後豈堪忘 / 50
23. 낙막낙혜신상지 樂莫樂兮新相知 / 51
24. 갈불음도천수 渴不飮盜泉水 / 52
25. 북망산하신분영 北邙山下新墳塋 / 53
26. 각파난동조 却把難同調 / 54
27. 백마강두황독명 白馬江頭黃犢鳴 / 57
28. 춘거무지노객하 春去無知老客何 / 58
29. 취금난희대부침 翠禽暖戲對浮沈 / 59
30. 객침소조몽불인 客枕蕭條夢不人 / 61
31. 누상상봉시목명 樓上相逢視目明 / 62
32. 유풍칠월송분명 幽風七月誦分明 / 63
33. 가상상봉시목명 街上相逢視目明 / 65
34. 화무일어다정밀 花無一語多情蜜 / 66
35. 동지생전쌍동지 同知生前雙同知 / 67
36. 파경일질송분명 葩經一帙誦分明 / 68
37. 경우소소입설루 輕雨蕭蕭入雪樓 / 73
38. 고인음망설련천 故人吟望雪連天 / 75
39. 절지이지삼지 折枝李之三枝 / 78
40. 쌍암병기의분쟁 雙岩竝起疑紛爭 / 79

Ⅲ. 인간 · 인생(人間 · 人生)

41. 사각송반죽일기 四脚松盤粥一器 / 81
42. 남산북산신령왈 南山北山神靈曰 / 83

43. 산중처자대여양　山中處子大如讓 ／ 84
44. 청산영리녹포란　青山影裡鹿抱卵 ／ 86
45. 준준무식이태백　蠢蠢無識李太白 ／ 87
46. 외연신세은관개　畏鳶身勢隱冠蓋 ／ 89
47. 화외완맹괴습여　化外頑氓怪習餘 ／ 90
48. 인개평직이하연　人皆平直爾何然 ／ 91
49. 십리평사안상사　十里平沙岸上莎 ／ 93
50. 연지분등매야부　臙脂粉等買耶否 ／ 94
51. 인도인가부대인　人到人家不待人 ／ 95
52. 세상수운훈장호　世上誰云訓長好 ／ 97
53. 청춘포기천금개　青春抱妓千金芥 ／ 98
54. 피양반차양반　彼兩班此兩班 ／ 100
55. 일보이보삼보립　一步二步三步立 ／ 101
56. 풍수선생본시허　風水先生本是虛 ／ 102
57. 가소용산임처사　可笑龍山林處士 ／ 103
58. 천방백기비일신　千方百技備一身 ／ 105
59. 한송고점리　寒松孤店裡 ／ 107
60. 부지여성불식명　不知汝姓不識名 ／ 108
61. 이적선옹골이상　李謫仙翁骨已霜 ／ 110
62. 향일관침사변삭　向日貫針糸變索 ／ 112
63. 무병무우세욕희　無病無憂洗浴稀 ／ 113
64. 사적여산의자관　事積如山意自寬 ／ 115
65. 타부야적엽　惰婦夜摘葉 ／ 116
66. 연년연거무궁거　年年年去無窮去 ／ 118
67. 좌사고선반괴염　坐似枯禪反愧髥 ／ 119
68. 불열불한이월천　不熱不寒二月天 ／ 121
69. 사냥칠전지독　四兩七錢之犢 ／ 123

70. 귀하처 귀하처 歸何處 歸何處 / 124
71. 금일우래견 今日雨來見 / 126
72. 풍동수지동 風動樹枝動 / 126
73. 오복수운일왈수 五福誰云一曰壽 / 127
74. 임우장안시맹추 霖雨長安時孟秋 / 129
75. 당혜송말수근면 唐鞋宋襪數斤綿 / 131
76. 곡자청산우장처 哭子青山又葬妻 / 132
77. 서린우부수방농 西隣愚婦睡方濃 / 134
78. 우하만야별하최 遇何晚也別何催 / 136
79. 만목춘양독포음 萬木春陽獨抱陰 / 137
80. 팔십년가우사년 八十年加又四年 / 140
81. 권마간산호 倦馬看山好 / 142
82. 백운내숙벽산정 白雲來宿碧山亭 / 144
83. 강비적벽범주객 江非赤壁泛舟客 / 146
84. 포수배산은일향 抱水背山隱逸鄉 / 147
85. 검사배회쾌마명 劍思徘徊快馬鳴 / 149
86. 청룡재좌백호우 青龍在左白虎右 / 151
87. 굴거굴거피척지항언 掘去掘去彼隻之恒言 / 152
88. 항우시의제투지강중 項羽弑義帝投之江中 / 153
89. 이사대부지녀 以士大夫之女 / 155
90. 적불선적불선 積不善積不善 / 157
91. 독좌계군행부행 獨坐計君行復行 / 161
92. 심추일엽 深秋一葉 / 163
93. 야지궁달불상모 也知窮達不相謀 / 165
94. 서행이과십삼주 西行已過十三州 / 167
95. 황주고로묘여천 皇州古路杳如天 / 168
96. 일립속중장세계 一粒粟中藏世界 / 170

97. 갈시일적여감로 渴時一滴如甘露 / 172
98. 모옥취연헐 茅屋炊煙歇 / 174
99. 문군당식이거법 問君倘識移去法 / 175
100. 백발여비김진사 白髮汝非金進士 / 176
101. 산욕도강강구립 山欲渡江江口立 / 177
102. 사군기사자동래 似君奇士自東來 / 178
103. 초연둔세피산파 超然遯世彼山坡 / 180
104. 인설시비오엄구 人說是非吾掩口 / 183

Ⅳ. 방랑 · 걸식(放浪 · 乞食)

105. 부부아립등허주 浮浮我笠等虛舟 / 186
106. 사양고립양시비 斜陽叩立兩柴扉 / 187
107. 곡목위연첨착진 曲木爲椽簷着塵 / 189
108. 만부인중독처빈 萬富人中獨處貧 / 190
109. 지상유선선견부 地上有仙仙見富 / 192
110. 세금수부부종빈 世今隨富不從貧 / 193
111. 허다운자하호멱 許多韻字何呼覓 / 194
112. 부인곤부빈곤빈 富人困富貧困貧 / 195
113. 소소슬슬우제제 蕭蕭瑟瑟又齊齊 / 197
114. 이십수하삼십객 二十樹下三十客 / 199
115. 사당동리문사당 祠堂洞里問祠堂 / 200
116. 대주욕가무고인 對酒欲歌無故人 / 201
117. 만사개유정 萬事皆有定 / 203
118. 강산유조시연작 江山有助詩然作 / 204
119. 만리노장재 萬里路長在 / 206
120. 기년단장만배회 幾年短杖謾徘徊 / 207
121. 옥지상지등지 屋之上之登之 / 210

122. 난지난지촉도난 難之難之蜀道難 / 210
123. 석백송청산로소 石白松靑山老少 / 211
124. 이언백지유중출 爾言白地由中出 / 212
125. 방분남산제일성 放糞南山第一聲 / 212
126. 임문노방폐공공 臨門老狵吠孔孔 / 213
127. 착립선수족 着笠先垂足 / 214
128. 차호천지간남아 嗟乎天地間男兒 / 216
129. 촌리중양불기명 邨裡重陽不記名 / 218
130. 소앙창궁좌가초 笑仰蒼穹坐可迢 / 220
131. 만성춘방독서가 滿城春訪讀書家 / 222
132. 산촌학장태다위 山村學長太多威 / 223
133. 탑상피금불 榻上彼金佛 / 225
134. 종일녹계불견인 終日綠溪不見人 / 226
135. 옥구김진사 沃溝金進士 / 227
136. 진주원당리 晋州元堂里 / 228
137. 동림산하춘초록 東林山下春草綠 / 230
138. 방관장죽양반아 方冠長竹兩班兒 / 231
139. 위인노석능성갈 威因老釋能成喝 / 232
140. 승호여재하산사 僧乎汝在何山寺 / 233
141. 안락성중욕모천 安樂城中欲暮天 / 234
142. 천리행장부일가 千里行裝付一柯 / 235
143. 읍호개성하폐문 邑號開城何閉門 / 236
144. 외모장군위 外貌將軍衛 / 237
145. 일립모정방소송 一笠茅亭傍小松 / 239
146. 석상난생초 石上難生草 / 240
147. 구만장천거두난 九萬長天擧頭難 / 242
148. 길주길주불길주 吉州吉州不吉州 / 243

149. 두자운중본무춘 頭字韻中本無春 / 244
150. 반중무육권귀채 盤中無肉權歸菜 / 245
151. 주인호운태환동 主人呼韻太環銅 / 247
152. 진말선아석리승 塵襪仙娥石履僧 / 248
153. 영웅과거풍운진 英雄過去風雲盡 / 250

V. 영물시편(詠物詩篇)
154. 사우상수독호군 四友相須獨號君 / 254
155. 진퇴수농막여공 進退隨儂莫如恭 / 255
156. 일인행작양인행 一人行作兩人行 / 257
157. 천황붕호인황붕 天皇崩乎人皇崩 / 259
158. 백설수식난쇄천 白屑誰飾亂洒天 / 260
159. 소소밀밀우비비 蕭蕭密密又霏霏 / 262
160. 원객유유임병신 遠客悠悠任病身 / 263
161. 송월개렴소벽봉 送月開簾小碧峯 / 264
162. 비래편편삼월접 飛來片片三月蝶 / 266
163. 족하삼동설 足下三冬雪 / 267
164. 뇌거심야불번비 賴渠深夜不煩扉 / 268
165. 휘수일인력 揮手一人力 / 270
166. 주유천하개환영 周遊天下皆歡迎 / 271
167. 구구장사종무력 苟求壯士終無力 / 272
168. 원두곡항우장신 圓頭曲項又長身 / 274
169. 신체장사항사연 身體長蛇項似鳶 / 275
170. 수관단의승삽화 首冠端儀勝插花 / 276
171. 종횡흑백진여위 縱橫黑白陣如圍 / 278
172. 활면등전목질정 闊面藤牋木質情 / 280
173. 복매수마액요지 腹埋受磨額凹池 / 282

174. 자재천황제일장 字在天皇第一章 / 284
175. 최의성시십가루 最宜城市十街樓 / 287
176. 수능산골작원원 誰能山骨作圓圓 / 289
177. 탱래편거반등사 撑來偏去伴燈斜 / 290
178. 진일성건탁탁아 盡日聲乾琢琢鴉 / 292
179. 강호백수노여구 江湖白首老如鷗 / 294
180. 우도수석시공박 虞陶燧石施功博 / 296
181. 용이분향욕반혼 用以焚香欲返魂 / 297
182. 차죽피죽화거죽 此竹彼竹化去竹 / 299
183. 시우주우의기동 詩友酒友意氣同 / 300
184. 설중한매주상기 雪中寒梅酒傷妓 / 302
185. 두사호표구사경 頭似虎豹口似鯨 / 303
186. 효기번경만산홍 曉起翻驚滿山紅 / 306
187. 호거천년수 虎距千年樹 / 308
188. 설일상다청일혹 雪日常多晴日或 / 311
189. 장승문이유하연 長丞問爾有何緣 / 312
190. 하천선녀실일유 何天仙女失一乳 / 314
191. 고목천년지이삼 古木千年枝二三 / 316
192. 경장팔척괘층헌 檠長八尺掛層軒 / 317
193. 망학지주직학공 網學蜘蛛織學蛩 / 320
194. 관훤점력시당우 觀萱占曆是唐虞 / 321
195. 간월하사의소루 看月何事依小樓 / 324
196. 십자상련구자횡 十字相連口字橫 / 326

VI. 곤충 · 동물(昆蟲 · 動物)

197. 문이창전조 問爾窓前鳥 / 329
198. 일임동풍연자사 一任東風燕子斜 / 330
199. 품성충어주궤인 禀性忠於主饋人 / 331
200. 사백구백양백백 沙白鷗白兩白白 / 336
201. 천주사신독천웅 擅主司晨獨擅雄 / 337
202. 박익천시회두우 搏翼天時回斗牛 / 339
203. 만리천여지척간 萬里天如咫尺間 / 340
204. 수골능릉만독모 瘦骨棱棱滿禿毛 / 341
205. 삼백군중수이재 三百群中秀爾才 / 343
206. 세칭호희색하현 世稱虎犧色何玄 / 344
207. 승야횡행노북남 乘夜橫行路北南 / 346
208. 모사조인용절륜 貌似棗仁勇絶倫 / 347
209. 기이전혈포이제 飢而吮血飽而擠 / 349
210. 초리봉사한불비 草裡逢蛇恨不飛 / 351
211. 유영득관저호시 遊泳得觀底好時 / 352

VII. 산천 · 누각(山川 · 樓閣)

212. 만이천봉역력유 萬二千峰歷歷遊 / 355
213. 태산재후천무북 泰山在後天無北 / 357
214. 장하거연근소추 長夏居然近素秋 / 358
215. 강호낭적우봉추 江湖浪跡又逢秋 / 360
216. 원생고려국 願生高麗國 / 361
217. 조상백운봉정관 朝上白雲峰頂觀 / 362
218. 정처문비착아신 靜處門扉着我身 / 363
219. 문여소승하처래 問汝小僧何處來 / 365
220. 송송백백암암회 松松栢栢岩岩廻 / 365

221. 약사금강경 若捨金剛景 / 366
222. 녹청벽로입운중 綠青碧路入雲中 / 367
223. 촉촉금강산 矗矗金剛山 / 369
224. 서위백발검사양 書爲白髮劍斜陽 / 371
225. 조등입석운생족 朝登立石雲生足 / 372
226. 일봉이봉삼사봉 一峰二峰三四峰 / 377
227. 교하동서남북로 橋下東西南北路 / 378
228. 유계무석계환속 有溪無石溪還俗 / 379
229. 작년구월과구월 昨年九月過九月 / 380
230. 고묘유심백일한 古廟幽深白日寒 / 381
231. 일성답파유고루 一城踏罷有高樓 / 383
232. 표연정자출장제 飄然亭子出長堤 / 384
233. 반태벽초난명와 斑苔碧草亂鳴蛙 / 386
234. 엽락수용설만두 葉落瘦容雪滿頭 / 388
235. 승개강산하처시 勝槪江山何處是 / 389
236. 인등누각임구천 人登樓閣臨九天 / 391
237. 산여검기충천립 山如劒氣衝天立 / 392
238. 고국강산입마수 故國江山立馬愁 / 393
239. 절연호흘입고문 截然乎屹立高門 / 395
240. 각방매화청아흥 却訪梅花淸我興 / 397
241. 청천강상백상루 淸川江上百祥樓 / 398
242. 초초독의망향대 超超獨倚望鄕臺 / 400
243. 용면활수묘전신 龍眠活手妙傳神 / 401
244. 궁달재천기이구 窮達在天豈易求 / 404
245. 남국풍광진차루 南國風光盡此樓 / 405
246. 삭립암천첩 削立岩千疊 / 407
247. 평생소욕자하구 平生所欲者何求 / 409

248. 연조비가사 燕趙悲歌士 / 410
249. 오동일엽락 梧桐一葉落 / 411
250. 사월함관령 四月咸關嶺 / 412
251. 선화당상선화당 宣化堂上宣火黨 / 413
252. 추풍필마노송신 秋風匹馬老送身 / 414
253. 대동강상선주범 大同江上仙舟泛 / 416
254. 삼산반락청천외 三山半落青天外 / 418
255. 선두어약은삼척 船頭魚躍銀三尺 / 419
256. 산가수가정역가 山嘉水嘉亭亦嘉 / 420
257. 귀래평지망 歸來平地望 / 421
258. 협집유번대일조 叶執猶煩帶一條 / 422

Ⅷ. 파자시편(破字詩篇)

259. 인량차팔 人良且八 / 426
260. 선시산인불불인 仙是山人佛不人 / 428
261. 묘령소녀유소구 妙齡少女有小口 / 429
262. 한산지세모시혜 韓山之細毛施兮 / 431
263. 보연기상 父嚥其上 / 433
264. 심한한고조 甚寒漢高祖 / 436
265. 연년납월십오야 年年臘月十五夜 / 437
266. 원간사마안 遠看似馬眼 / 439
267. 천탈관이득일점 天脫冠而得一點 / 440
268. 봉비청산조은림 鳳飛青山鳥隱林 / 441
269. 일출원생원 日出猿生原 / 441
270. 유월염천조좌수 六月炎天鳥坐睡 / 442
271. 선생래불알 先生來不謁 / 443
272. 천장거무집 天長去無執 / 444

273. 천리평양십리어 千里平壤十里'於' / 446
275. 근유숙이무질 芹有叔而無姪 / 449
276. 승수원원한마랑 僧首圓圓汗馬閬 / 451
277. 천고만리불거두 天高萬里不擧頭 / 453
278. 위위불염갱위위 爲爲不厭更爲爲 / 454
279. 평생불입무화동 平生不入無花洞 / 457
280. 호지무화초 胡地無花草 / 458
281. 정관탱석소계변 鼎冠撑石少溪邊 / 459
282. 위수탕탕동류거 渭水湯湯東流去 / 460

IX. 언문 · 진서 혼용시(混用詩)

283. 요하패(腰下佩) 기역 → 낫 / 463
284. 得於靑山하여 失於靑山하니 청산에서 얻어 청산에서 잃었으니 / 464
285. 데걱데걱登南山 데걱데걱 남산 위에 올라오자니 / 465
286. 靑松듬성듬성立 푸른 솔은 듬성듬성 서 있고 / 465
287. 諺文眞書섞어作 언문하고 진서를 섞어서 지었다고 / 465
288. 사면(四面) 기둥 빨갛다 / 466

| 참고서적 |

- 權寧漢 譯, 김삿갓 시 모음집, 전원문화사, 2001.
- 金龍濟 著, 金笠放浪記, 開拓社, 단기 4287.
- 金智勇 논문, 茶山文學論, 정음문화사, 1966.
- 金學主 譯著, 古文眞寶前集, 명문당, 2005
- 金學主 譯著, 唐詩選, 명문당, 2011.
- 盧台俊 譯解, 古文眞寶, 홍신문화사, 1976.
- 신영준 해설, 방랑시인 김삿갓의 한시(漢詩), 투영미디어, 1999.
- 양기원 엮음, 김삿갓 이야기, 학민사, 1994.
- 梁相卿 譯, (時調譯) 唐詩選(上 · 下), 을유문화사, 1974.
- 梁柱東 著, 麗謠箋注, 을유문화사, 1992.
- 李明雨 譯註, 唐詩選, 대명사, 2017.
- 李明雨 譯註, 韓國歷代漢詩選集(1, 2), 集文堂, 2007.
- 李明雨 編纂, 譯註, 夕露集, 대명사, 2014.
- 李丙斗 譯, 韓國歷代名詩全書, 문헌편찬회 출판부, 1959.
- 李丙疇 著, 杜甫: 시와 삶, 민음사. 1993.
- 李丙疇 譯注, 韓國漢詩選, 探求堂, 1954.
- 李丙疇 外, 大學漢文, 集文堂, 2004.
- 李丙疇 外, 漢文學史, 새문사, 2009.
- 이병한 外 역해, 唐詩選, 서울대출판문화원, 2008.

- 이순화 외, 正本 김삿갓 풍자시전집, 실천문학사, 2000.
- 이신성 著, 우리古典文學 教材의 이해, 보고사, 1999.
- 이장우 外 옮김, 古文眞寶前集, 을유문화사, 2003.
- 이장우 外 옮김, 古文眞寶後集, 을유문화사, 2012.
- 정대구 著, 김삿갓 연구, 문학아카데미, 1989.
- 鄭飛石 著, 소설 김삿갓, 고려원, 1988.
- 鄭存澤 編輯, (國譯) 松江集, 松江遺蹟保存會, 1988.
- 鄭澈 著, 松江歌辭(星州本), 通文館, 1959.
- 曹斗鉉 著, 漢詩의 理解(中國篇), 일지사, 1976.
- 曹斗鉉 著, 漢詩의 理解(韓國篇), 일지사, 1982.
- 趙靈巖 譯著, 古今笑叢, 신양사, 1962.
- 황병국 옮김, 김삿갓 시집, 범우사, 1995.

| 시선(詩仙) 김삿갓의 난고선생 유적비(蘭皐先生 遺蹟碑) |

如初 書

天才詩人 放浪 김삿갓은 安東金氏로서 本名은 炳淵이요 號는 蘭皐라 하였는데 祖父가 洪景來亂에 降伏하여 逆臣의 子孫이 된 것도 모르고 어머니 李氏夫人의 哀切하고도 强靭한 庇護로 幼年期를 黃海道 谷山 山峽에서 從僕 金聖秀의 도움으로 자라나고 거기서도 오래지 않아 이곳 寧越로까지 轉轉 苟命圖生의 流浪으로 이어갔다 하며 그 사이 漢學의 工夫는 이 고을 白日場에 應試한다.

運命의 作戱는 何必 詩題가 「嘆 金益淳罪通于天」인데다가 不義를 整然히 論罪한 김삿갓의 詩作이라 壯元은 되었으나 及其也 그것이 자기 祖父를 糾彈한 骨肉의 殘忍無道로 言語道斷에 옭잡힌다.

忠義와 不孝가 相剋하는 데서 오는 人間 金炳淵도 倫理的 破綻에 이르르고 出仕의 野望도 散散히 부서지며 거듭되는 自虐은 드디어 하늘을 삿갓으로라도 가리고 放浪 三千里 길을 걷지 않으면 못 배기는 天涯의 孑孑單身 乞客이 되고 반 것이다.

先生의 詩想은 人生의 喜怒哀樂을 或은 淡白하게 或은 銳利하게 絶妙 切實 또는 凄切 아니면 傍觀者인 樣 無關하게 번득이며 때로는 悲憤慷慨 諷刺와 諧謔과 呵呵大笑로 逆境을 自慰하고 旣

成虛構의 假面을 힘 안 들이고 박박 벗겨 버리는 데도 高手이다.

그러나 삿갓 先生으로의 眞實로 特出한 보람이라면 漢詩로도 그의 科擧詩의 功令詩가 한 시대를 風靡했다 함은 이미 世人이 衆知하는 바 군말이 더 必要없지만 이제와 그것보다는 같은 漢字로 시를 쓰기는 썼으나 그의 詩作 態度의 本領은 朝鮮風인 民衆의 底邊에서 진짜 이 나랏 사람의 詩를 지었다는 데 있을 것이니 卽 着想이나 描寫 作法에 있어 漢文字라는 것이 우리에게는 國文字가 아니라 中國文字이기 때문에 言文一致가 어려워 잘 表現하지 못하는 것도 거뜬히 우리의 말재주와 그의 글 솜씨로 어렵지 않게 到處에서 詩作을 해낸 그 自由奔放 前無後無한 人間 本然의 얼굴, 그런 것들의 換骨奪胎에 있다 하리라. 그래서 名聲은 공감을 일으켜 선비들도 金笠詩流의 僞作을 즐겨 썼던가 보다.

先生은 1807年(純祖 7年)에 出生하시어 57歲를 一期로 全南 同福에서 한 많은 一生을 詩로 雪憤하시기를 마쳤다.

여기에 살던 次男 翼均이 이곳에 옮겨 모시었으니 올해 先生의 125週忌를 맞으매 追慕의 感懷가 새로워 서울의 寧越鄕友會員은 뜻을 모아 이 碑를 세운다.

西紀 1988年 5月 14日(戊辰年 3月 29日)

在京寧越鄕友會 會長 行政學 博士 張承台 세움
東國大學校 敎授 文學博士 李東林 글을 짓고
第6代 國會議員 東泉 嚴廷柱 글씨 쓰고
松亭 趙文馨 새김